Ein nach dem Pull-Prinzip gedrucktes Lehrbuch

Lagerkosten versus Zentrallager-Bestellpunkt

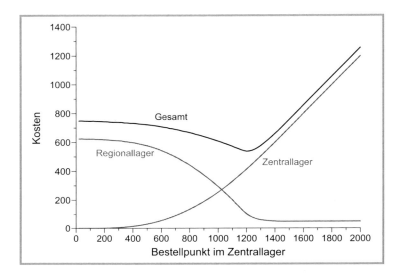

Gesamtkosten bei lieferzeitabhängigen Preisnachlässen

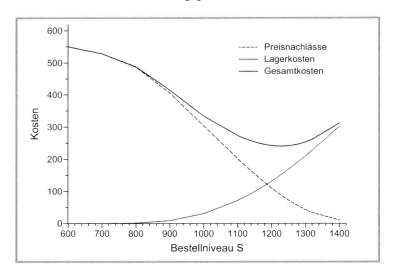

Horst Tempelmeier

Bestandsmanagement in Supply Chains

6., wesentlich erweiterte und verbesserte Auflage

Prof. Dr. Horst Tempelmeier

Universität zu Köln
Seminar für Supply Chain Management und Produktion
Albertus-Magnus-Platz
D-50923 Köln
Germany
http://www.scmp.uni-koeln.de
http://www.pom-consult.de
tempelmeier@wiso.uni-koeln.de

Bibliografische Information Der Deutschen Bibliothek
Die Deutsche Bibliothek verzeichnet diese Publikation in der Deutschen Nationalbibliografie;
detaillierte bibliografische Daten sind im Internet über <http://dnb.ddb.de> abrufbar.

Herstellung und Verlag: BoD- Books on Demand, Norderstedt

ISBN 9-978-3-7460-2771-5

Vorwort zur 6. Auflage

Im vorliegenden Lehrbuch werden Probleme des Bestandsmanagements bei stationärer und stochastischer Nachfrage aus wissenschaftlicher und zugleich praxisorientierter Sicht behandelt. Dabei werden auch Verfahren zur Nachfrageprognose dargestellt, die z. B. im Rahmen des Bestandsmanagements für die Bestimmung der Nachfragemenge in der Wiederbeschaffungszeit benötigt werden. Das Buch ergänzt mein Lehrbuch „Produktionsplanung in Supply Chains". Fragen des Bestandsmanagements unter Unsicherheit werden dort nur im Rahmen der Losgrößenplanung bei dynamischer Nachfrage behandelt.

Aufgrund unserer Erfahrungen in zahlreichen Beratungsprojekten in der betrieblichen Praxis berücksichtigen wir über die formale Behandlung der Probleme hinaus auch wichtige praktische Gesichtspunkte, die in vielen „theoretischen" Lehrbüchern zum Supply Chain Management und zur Lagerhaltungstheorie nicht detailliert diskutiert oder sogar vollständig vernachlässigt werden.

Zielgruppe sind Studierende der Betriebswirtschaftslehre sowie des Wirtschaftsingenieurwesens und der Wirtschaftsinformatik, aber auch interessierte Praktiker, die in ihrem beruflichen Alltag mit Problemen des Supply Chain Managements oder der Logistik zu tun haben.

Viele der im Text präsentierten numerischen Beispiele lassen sich mit der unter MS-Windows lauffähigen Übungssoftware *Produktions-Management-Trainer* nachvollziehen. Die entsprechenden Beispiele und Abschnitte sind am Rand mit dem Symbol

gekennzeichnet. Siehe hierzu: http://www.pom-consult.de/PMT/index.html

Köln, im Juli 2018   Horst Tempelmeier

Inhaltsverzeichnis

Kapitel A

Grundlagen

A.1 Einführung

Das vorliegende Buch behandelt Probleme aus dem Bereich des Bestandsmanagements. Im Gegensatz zu anderen Entscheidungsproblemen, die ebenfalls Auswirkungen auf die Höhe der Lagerbestände haben, z. B. Entscheidungen zur aggregierten Produktionsplanung oder Losgrößenentscheidungen, konzentrieren wir uns auf die Höhe und die Positionierung von Sicherheitsbeständen in einem logistischen Netzwerk (Supply Chain, Supply Network). **Sicherheitsbestand** wird an verschiedenen Knoten einer Supply-Chain benötigt, damit der Ablauf der Wertschöpfungsprozesse vor **Zufallsein-flüssen** geschützt ist. So kann es z. B. erforderlich sein, Sicherheitsbestand für ein fremdbezogenes Einzelteil zu bevorraten, um den Nachschub einer Produktionslinie auch dann sicherzustellen, wenn der Lieferant einen geplanten Liefertermin nicht einhalten kann. Oder in einem regionalen Distributionszentrum wird Sicherheitsbestand benötigt, damit die Kunden mit einer hohen Wahrscheinlichkeit ohne lagerbedingte Wartezeiten beliefert werden können.

Es gibt zahlreiche weitere Ursachen dafür, daß in einem Unternehmen Lagerbestand existiert. Ein wichtiger Grund für den Aufbau von Lagerbeständen ist die Existenz von Rüstzeiten oder Rüstkosten. In diesem Fall muß im Rahmen der Losgrößenplanung darüber entschieden werden, welcher Anteil der zukünftigen Nachfragemenge bereits vor dem Bedarfstermin produziert werden soll, damit unproduktive Rüstzeiten vermieden werden.

Im vorliegenden Lehrbuch werden vor allem Probleme des Bestandsmanagements bei **stationärer Nachfrage** behandelt. Dabei wird davon ausgegangen, daß die **Stochastik der Nachfrage** das dominierende Problemmerkmal ist. Die Losgrößen werden dagegen weitgehend als gegeben angenommen. Die mit der Losgrößenplanung verbundenen Fragestellungen, vor allem die Berücksichtigung dynamischer Periodennachfragemengen, sind Gegenstand des Lehrbuches „Produktionsplanung in Supply Chains".[1] Dort werden auch Losgrößenprobleme bei stochastischer und dynamischer Nachfrage betrachtet.

A.2   Struktur einer Supply Chain

Bild A.1 zeigt die Einbettung der betrachteten Unternehmung in ein logistisches Netzwerk. Vereinfachend sprechen wir im Folgenden von einer Supply Chain – auch wenn der Begriff „Supply Network" zutreffender wäre. Verschiedene Vorprodukte werden über mehrere Ebenen von Zulieferern bezogen, in einem auf zwei Fabriken verteilten Wertschöpfungsprozeß zu drei Endprodukten verarbeitet, die in einem mehrstufigen Distributionsprozeß unter Einsatz von verschiedenen Lager- und Handelsstufen an die Endkunden ausgeliefert werden. Über das gesamte System verteilt sind Lagerbestände zu finden. Eine Ausnahme bildet die mit „ATO" (Assemble-To-Order) bezeichnete Produktionsstufe, die kundenauftragsbezogen produziert und daher ohne Lagerbestand auskommt. Beachtenswert ist auch der Materialfluß des Produkts P2, das sowohl über ein Regionallager als auch direkt an Endkunden ausgeliefert wird. Dabei sind die Ser-

---

1   vgl. *Tempelmeier* (2017).

viceanforderungen der Endkunden oft wesentlich höher als die der Regionallager. Das Endproduktlager in der Fabrik B beliefert somit zwei Kundenklassen. In einem konkreten Unternehmen handelt es sich z. B. um ca. 30 über den ganzen Globus verteilte Regionallager, die mit einem Servicegrad[2] von 80% beliefert werden, während für die direkt aus einem Zentrallager belieferten Endkunden ein Servicegrad von 97% angestrebt wird.

Betrachtet man die Knoten des logistischen Netzwerks genauer, dann erkennt man verschiedene **Knotentypen**. So findet man Produktionsknoten, Montageknoten oder auch Lagerknoten. Jeder dieser Knoten hat Eigenschaften, die bei seiner Analyse und der Optimierung der in dem Knoten ablaufenden Prozesse zu berücksichtigen sind. Ein Produktionsknoten kann z. B. ein mit einem deterministischen Planungsmodell geplantes Produktionssegment repräsentieren. In einem Regionallagerknoten wird dagegen üblicherweise eine der weiter unten dargestellten Lagerhaltungspolitiken eingesetzt.

Von besonderer Bedeutung für die Analyse einer derartigen mehrstufigen Supply Chain ist der Umstand, daß die Knoten durch **Lieferanten-Kunden-Beziehungen** miteinander verknüpft sind. Dies bedeutet, daß das Verhalten der Kundenknoten (stromabwärts gelegene Knoten) die Struktur der Nachfrage beeinflußt, die ein Lieferknoten im Zeitablauf beobachtet. Betrachten wir z. B. einen Großhändler und die durch ihn belieferten Einzelhändler, dann ist die Periodennachfrage, die beim Großhändler eintrifft, das Ergebnis der summierten Bestellentscheidungen der Einzelhändler.

In Abhängigkeit davon, welchen Nachfragen sich die Einzelhändler gegenübersehen und welche Lagerhaltungspolitiken sie verwenden, ergeben sich für den Großhändler unterschiedliche Nachfragestrukturen. Andererseits wirkt sich die beim Großhändler verfolgte Lagerhaltungspolitik auf die Wiederbeschaffungszeiten der Einzelhändler aus. Hält der Großhändler aus Kostengründen nur einen geringen Sicherheitsbestand, dann müssen die Einzelhändler mit langen Wiederbeschaffungszeiten rechnen, was sich wiederum ungünstig auf ihren eigenen Sicherheitsbestand auswirkt.

In der Literatur existiert mittlerweile eine große Anzahl von Veröffentlichungen, die sich mit dem Problem der Bewältigung der Unsicherheit in Supply Chains bzw. mit Problemen mehrstufiger Lagerhaltung unter stochastischen Bedingungen befassen. Allerdings kann man feststellen, daß noch viele Fragen offen sind. Dies liegt einerseits an der kombinatorischen Vielfalt möglicher Strukturen von Supply Chains, die sich aus den Kombinationsmöglichkeiten der Eigenschaften ergeben, die die einzelnen Knoten in einer Supply Chain haben können. Andererseits bereitet die gemeinsame Betrachtung der deterministischen Problemaspekte, wie sie z. B. in den Modellen zur Losgrößenoptimierung enthalten sind, und der stochastischen Einflüsse im Rahmen eines integrierten Planungskonzeptes erhebliche Schwierigkeiten.

---

2   siehe hierzu Abschnitt A.4.3.1

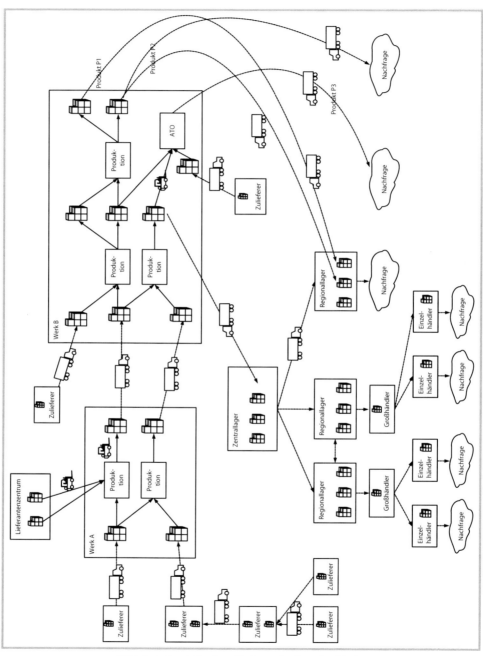

Bild A.1: Logistisches Netzwerk, Supply Chain

A.3   Einflußgrößen der Unsicherheit in Supply Chains

Betrachten wir zunächst die Einflußgrößen, deren stochastischer Charakter Unsicherheit bei der Planung der Wertschöpfungsprozesse in einer Supply Chain hervorruft. Von besonderer Bedeutung ist die Unsicherheit bezüglich der Höhe der **Prognosefehler** im Hinblick auf die zukünftige Nachfrage. Der Prognosefehler ist nach Gleichung (A.1) die Differenz zwischen der zuletzt (vor der endgültigen Fixierung eines produktbezogenen Produktionsplans) prognostizierten und der tatsächlich eingetretenen Nachfragemenge in der Periode τ. Nehmen wir an, daß zum Zeitpunkt t der letzte Prognosewert für die Periode τ ermittelt wurde, dann beträgt der Prognosefehler:[3]

$$E_t(\tau) = Y_\tau - P_t(\tau)$$

$\llcorner$ zuletzt (in Periode t) ermittelter Prognosewert des Bedarfs in Periode τ

$\llcorner$ beobachteter Bedarf in Periode τ

$\llcorner$ Prognosefehler in Periode t bezüglich des Bedarfs in Periode τ

(A.1)

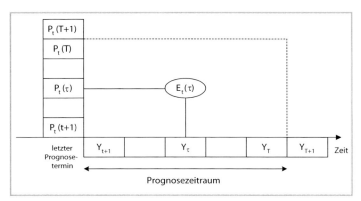

Bild A.2: Zusammenhang zwischen Prognosezeitpunkt, Prognosezeitraum und Prognosefehlern

Bild A.2 zeigt die Zusammenhänge zwischen den betrachteten Größen. Im Prognosezeitpunkt t werden die Prognosewerte für die Bedarfsmengen des Prognosezeitraums $(\tau = t+1, t+2, ..., t+T)$ ermittelt. Aufgrund dieser Prognose wird der verbindliche Produktionsplan für die ersten Perioden des Prognosezeitraums aufgestellt. Weicht die für die Periode τ zuletzt erstellte Prognose von der tatsächlich eintretenden Bedarfsmenge ab, dann entsteht ein Prognosefehler.

---

3   Im Folgenden unterscheiden wir zwischen einer Zufallsvariablen und ihren Realisationen durch Groß- und Kleinschreibung.

Werden im Planungsabstand von R Perioden jeweils neue Prognosen für den gesamten Prognosezeitraum erstellt und führen Änderungen dieser Prognosen unmittelbar zu Änderungen des Produktionsplans, dann sind die **Schwankungen der Prognosen** im Zeitablauf von Interesse. Die Unsicherheit bezüglich der Dauerhaftigkeit der Prognosewerte ist abhängig von dem eingesetzten Prognoseverfahren und dem Verlauf der beobachteten Zeitreihe der Bedarfsmengen. Dies ist dann von Bedeutung, wenn Produktionsaufträge für untergeordnete Produktkomponenten schon aufgrund vorliegender (Sekundär-)Bedarfsprognosen ausgelöst werden müssen, da sonst die angestrebten Lieferzeiten nicht gehalten werden können. Wenn sich nun nach Produktionsbeginn eines Vorprodukts die tatsächlichen Sekundärbedarfsmengen für dieses Erzeugnis aufgrund von Veränderungen der Primärbedarfsmengen der übergeordneten Produkte verändern, dann können – falls der Sicherheitsbestand des Vorprodukts nicht ausreicht – Fehlmengen bzw. Lieferverzögerungen entstehen.

Für den Planer kann sich die Unsicherheit bezüglich der Nachfrage damit auf verschiedene Weise darstellen:

- Unsicherheit bezüglich der **Dauerhaftigkeit** eines Bedarfsprognosewertes[4]
- Unsicherheit bezüglich der Übereinstimmung zwischen dem zuletzt, d. h. vor der Planfixierung, ermittelten Bedarfsprognosewert und der tatsächlichen Bedarfsmenge (**Prognosefehler**)

Vor allem in Supply Chains, in denen die Lieferanten und Abnehmer sich kooperativ verhalten, besteht die Möglichkeit, die Unsicherheit der Nachfrageprognose durch eine frühzeitige verbindliche Auftragserteilung zu reduzieren.[5]

Ein weiterer Bereich, in dem Unsicherheit besteht, betrifft die

- **Durchlaufzeiten** der Produktionsaufträge bzw. die Wiederbeschaffungszeiten der externen Beschaffungsaufträge.

Die Ergebnisse empirischer Untersuchungen über die Häufigkeitsverteilung von Auftragsdurchlaufzeiten in Unternehmen legen den Schluß nahe, daß die Durchlaufzeit eines Auftrags in vielen Fällen – zumindest aus der Sicht des Produktionsplaners – eine **Zufallsvariable** mit einer linkssteilen Verteilung und einer sehr hohen Varianz ist.

---

4   In manchen Branchen ändern industrielle Abnehmer ihre Auftragsmengen im Zeitablauf mehrfach, so daß die ursprünglich vereinbarten Nachfragemengen starken Schwankungen unterworfen sein können. Diese Schwankungen wirken sich unmittelbar auf die aktuellen Prognosen aus.

5   siehe auch Abschnitt E.4

Die Ursachen dafür liegen einmal in externen **Störungen**, die auf den Produktionsprozeß in unvorhersehbarer Weise einwirken, z. B. **Maschinenausfälle**, und die zu nicht aufholbaren Verzögerungen im Produktionsprozeß führen.

Darüber hinaus werden die Schwankungen der Durchlaufzeit aber auch durch **Entscheidungen der Produktionsplanung und -steuerung** verursacht. So hat z. B. in der kurzfristigen Ablaufplanung die Anwendung einiger Prioritätsregeln zur Folge, daß bestimmte Aufträge vor einer Maschine länger warten müssen als andere, weil sie durch Anwendung dieser Prioritätsregeln mehrfach an das Ende der Warteschlange vor der Maschine gesetzt werden. Die wichtigste Ursache für die Unvorhersehbarkeit der tatsächlichen Durchlaufzeit eines Auftrags besteht aber darin, daß der in der Materialbedarfs- und Losgrößenplanung vernachlässigte Tatbestand **beschränkter Kapazitäten** zu terminlich nicht realisierbaren Produktionsplänen führt. Übersteigt die geplante Produktionsmenge einer Periode die verfügbare Kapazität, dann ist dies oft mit einer Verschiebung von Produktionsmengen in die Zukunft verbunden. Dadurch ergeben sich ungeplante **Verspätungen** der Produktionsaufträge. Da die Planung das Ausmaß der Verspätung nicht vorhersehen kann, kommt es zu systembedingten, aus der Sicht eines einzelnen Produktionsauftrages jedoch zufälligen Verlängerungen der Durchlaufzeit. In mehrstufigen Systemen pflanzt sich dieser Planungsfehler dann über die verschiedenen Wertschöpfungsstufen fort.

Da für die Vorlaufzeitverschiebung nach dem Konzept der Materialbedarfs- und Losgrößenplanung, wie es in der betrieblichen Praxis zum Einsatz kommt, ein konkreter Wert für die Durchlaufzeit eines Auftrags benötigt wird, bleibt dem Produktionsplaner vielfach nur die Möglichkeit, die Durchlaufzeit eines Auftrags (oder eines Arbeitsgangs) zu schätzen. Als grober Schätzwert wird dabei in einigen Fällen der um einen Risikozuschlag erhöhte Mittelwert vergangener Beobachtungswerte der Durchlaufzeit (für vergleichbare Aufträge) verwendet.

Ein Planer, der das Risiko eines Produktionsstillstands wegen mangelnder Verfügbarkeit des benötigten Materials vermeiden will, wird den Risikozuschlag auf die Durchlaufzeit großzügig bemessen. Wird die tatsächliche Durchlaufzeit überschätzt, dann werden Produktionsaufträge früher als notwendig zur Fertigung freigegeben. Das wiederum bewirkt, daß sich die Aufträge und das entsprechende Material im Produktionsbereich vor einzelnen Maschinen stauen. Dadurch kommt es zu Lagerbeständen, die mit weiteren Erhöhungen der zu beobachtenden Durchlaufzeiten verbunden sind. Wird dagegen die tatsächliche Durchlaufzeit unterschätzt, dann kann dies Produktionsstillstand bzw. die Überschreitung von Lieferterminen zur Folge haben, da evtl. zur Fertigstellung eines Auftrags benötigtes Material nicht rechtzeitig bereitsteht.

Da in den Softwaresystemen zur Produktionsplanung und -steuerung das Problem der beschränkten Kapazitäten weitgehend vernachlässigt wird, ist es auch nicht verwunderlich, daß die Durchlaufzeit i. d. R. unabhängig von der aktuellen Auslastung des Produktionssystems als Bestandteil der Stammdaten eines Erzeugnisses gespeichert wird. Daß die Durchlaufzeit von der Auslastung der Ressourcen und damit auch von dem Ergebnis der Produktionsplanung abhängt, wird von *Tempelmeier*[6] ausführlich diskutiert. Schließlich ist die

- **Informationsunsicherheit**

zu erwähnen. Sie tritt dann auf, wenn das betriebliche Informationssystem nicht immer Auskunft über die aktuelle Höhe der Lagerbestände geben kann, z. B. weil die Lagerbestandsüberwachung nur periodisch vorgenommen wird oder weil die Notwendigkeit einer aktuellen Datenpflege nicht ernst genommen wird. Dies scheint in der betrieblichen Praxis – auch in Großunternehmen – ein erhebliches Problem zu sein. In diesem Fall besteht Unsicherheit bezüglich der innerhalb der Überwachungsintervalle eingetretenen Ereignisse, die zwar schon geschehen, aber der Planung noch nicht bekannt sind.[7]

Charakterisiert man die Produkte nach der mengenmäßigen und der zeitlichen Verteilung des Bedarfs (Lagerabgang) und der Produktion (Lagerzugang), dann lassen sich in dieser Hinsicht folgende zwei Dimensionen der Unsicherheit unterscheiden:[8]

- **Unsicherheit bezüglich der Menge**
- **Unsicherheit bezüglich des Zeitpunkts**

Unsicherheit bezüglich der **Menge** kann sich auf die Bedarfsmenge (Output) und/oder auf die Lagerzugangsmenge (Input) beziehen. In beiden Fällen wird der Nettobedarf in einer Periode beeinflußt. Unsicherheit bezüglich des **Zeitpunkts** kann einmal den Bedarfstermin (Output) betreffen; zum anderen kann sie sich aber auch auf den Beschaffungstermin (Anlieferungstermin; Input) oder den Fertigstellungstermin eines Produktionsauftrags für das betrachtete Produkt beziehen. Im letztgenannten Fall hat sich die Bearbeitungszeit eines produktbezogenen Auftrags verlängert. Während das Ausmaß der mengenmäßigen Bedarfsunsicherheit bei untergeordneten Produkten, d. h. bei abhängigem Bedarf, – zumindest für den Zeitraum, für den der Produktionsplan festgeschrieben worden ist – vergleichsweise gering ist, sind zeitliche Abweichungen in der betrieblichen Praxis an der Tagesordnung.

Es ist offensichtlich, daß in vielen Fällen eine eindeutige Trennung von mengenmäßigen und zeitlichen Abweichungen kaum durchführbar ist. So kann man z. B. auch zeitliche

---

6   vgl. *Tempelmeier* (2017)
7   Zum Problem der Informationsunsicherheit vgl. insb. *Morey* (1985).
8   vgl. *Whybark und Williams* (1976); *Vollmann et al.* (2004)

Verschiebungen von einer Periode in eine andere in beiden betroffenen Perioden als mengenmäßige Verschiebungen interpretieren.

Sofern allerdings die Mengen konstant sind und nur die Zeitpunkte der Lagerzugänge bzw. der Lagerabgänge stochastisch schwanken, kann man auch hier zeitbezogene Prognosen erstellen und die Prognosefehler erfassen. Insbesondere bei Zulieferungen von externen Lieferanten ist die systematische Erfassung der externen Wiederbeschaffungszeiten von großer Bedeutung. Wenn diese Zeiten aus der Sicht des Abnehmers i. d. R. nicht beeinflußbar sind, bietet es sich an, sie als Zufallsvariablen aufzufassen und in der Planung entsprechend zu behandeln.

Werden die betrachteten Produkte hingegen in einem anderen Produktionssegment bzw. Knoten der Supply Chain derselben Unternehmung produziert, dann hängt die Verläßlichkeit, mit der ein geplanter Lagerzugangszeitpunkt (z. B. in einem Zwischenproduktlager) eingehalten wird, von der Qualität der Produktionsplanung in dem liefernden Produktionssegment ab. Werden bei der Aufstellung des Produktionsplans zukünftige Kapazitätsengpässe antizipiert und durch geeignete Planungsmaßnahmen vermieden, dann werden die geplanten Lagerzugangszeitpunkte mit hoher Wahrscheinlichkeit eingehalten. Der Rückgriff auf Vergangenheitsdaten ist in diesem Fall wenig aussagekräftig.

Gegenstand der folgenden Ausführungen sind Möglichkeiten zur Bewältigung der Unsicherheit in Supply Chains. Dabei wird es nicht möglich sein, für jede in der Praxis vorkommende Systemstruktur ein theoretisch wie praktisch zufriedenstellendes Konzept zu präsentieren. Für zahlreiche Situationen müssen die geeigneten Lösungsansätze erst noch gefunden werden. Im Folgenden greifen wir zunächst einzelne häufig vorkommende Lagerknotentypen auf und analysieren diese unter der Prämisse, daß die Parameter dieser isoliert betrachteten Knoten keinen Einfluß auf die restlichen Knoten der Supply Chain haben. Dieser Sichtweise folgend behandeln wir ausgewählte einstufige Lagerhaltungspolitiken, denen gemeinsam ist, daß sie von einer gegebenen Struktur der Nachfrage (Output des Knotens) und einem gegebenen Lieferverhalten der Lieferanten (Input des Knotens) ausgehen. Später wird die Betrachtung auf ausgewählte mehrstufige Systemstrukturen erweitert, wobei mehrere Knoten der Supply Chain mit ihren Leistungsbeziehungen integriert betrachtet werden. Abschließend wird auf einige Praxisansätze zur Bewältigung der Unsicherheit eingegangen.

A.4 Modellierung von Supply Chains

Bevor wir uns mit Problemen der Analyse und Optimierung einer Supply Chain befassen, werden zunächst einige generelle Fragen angesprochen, die unabhängig von der Struktur der betrachteten Supply Chain zu beantworten sind. Nach der Diskussion einiger **Grundbegriffe** behandeln wir zunächst verschiedene Möglichkeiten zur Modellierung der **Zeitachse** sowohl im Hinblick auf die Nachfrageankünfte als auch auf die Auslösung von Lagerbestellungen (Lagerüberwachung). Es folgt eine Diskussion der Kriterien, mit denen die logistische **Leistung eines Lagerknotens** in einer Supply Chain beurteilt werden kann. Dann wird die Bestimmung der Wahrscheinlichkeitsverteilung und der Parameter der **Nachfragemenge im Risikozeitraum** erläutert, wobei die grundsätzliche Vorgehensweise anhand der Nachfragemenge in der Wiederbeschaffungszeit beschrieben wird.

A.4.1   Grundbegriffe

Zur Vorbereitung der nachfolgenden Analysen von Lagersystemen unter stochastischen Bedingungen werden folgende Begriffe eingeführt.

- *Physischer Bestand: I_t^p*

Der physische Lagerbestand am Ende der Periode t, I_t^p, ist der Bestand eines Produkts, den wir bei einem Blick in das Lager physisch vorfinden. Trifft ein Auftrag auf einen physischen Lagerbestand von Null, dann kommt es zu einem Fehlmengenereignis. Ist der Kunde bereit, auf die Belieferung zu warten, dann erhöht sich der Fehlbestand. Andernfalls kommt es zu einem Auftragsverlust. Der physische Lagerbestand bildet die Basis für die Berechnung der Lagerkosten.

- *Bestellbestand: I_t^o*

Der Bestellbestand am Ende der Periode t, I_t^o, ist die gesamte Menge eines Produkts, die beim Lieferanten bestellt worden ist, aber noch nicht im Lager eingetroffen ist.

- *Fehlbestand: I_t^f*

Der Fehlbestand am Ende der Periode t, I_t^f, ist die kumulierte Kundenauftragsmenge, die wegen fehlenden Lagerbestands noch nicht an die Kunden ausgeliefert werden konnte und die daher als Rückstandsauftragsmenge vorgemerkt worden ist.

- *Fehlmenge: F*

Als Fehlmenge bezeichnen wir diejenige Nachfragemenge, die nicht sofort, sondern erst nach einer lagerbedingten Lieferzeit an die Kunden ausgeliefert wird. Eine Nachfragemenge trifft in einer Periode ein, wird u. U. zu einer Fehlmenge und erhöht den Fehlbestand. Kumuliert man die Fehlmengen im Zeitablauf und bezieht man sie auf die gesamte beobachtete Nachfragemenge des Bezugszeitraums, dann kann man daraus Kennziffern für die Lagerleistung, sog. Servicegrade, ableiten. In manchen Optimierungsansätzen wird auch mit Fehlmengenkosten gearbeitet, die sich auf die Fehlmenge beziehen.

- *Nettobestand: I_t^n*

Der Nettobestand ist gleich dem physischen Bestand I_t^p abzüglich des Fehlbestands I_t^f:

$$I_t^n = I_t^p - I_t^f \tag{A.2}$$

Wenn $I_t^n > 0$, dann ist $I_t^p = I_t^n$ und $I_t^f = 0$. Aus $I_t^n < 0$ folgt $I_t^f = -I_t^n$ und $I_t^p = 0$. Während zu einem bestimmten Zeitpunkt immer nur eine dieser beiden Bestandsarten von Null verschieden ist, sind ihre Durchschnittswerte über die Zeitachse betrachtet i. d. R. beide größer als Null.

- *Disponibler Bestand: I_t^d*

Der disponible Bestand am Ende der Periode t, I_t^d, ist die Summe aus dem Nettobestand I_t^n und dem Bestellbestand I_t^o:

$$I_t^d = I_t^n + I_t^o \tag{A.3}$$

Tabelle A.1 veranschaulicht den Zusammenhang zwischen den verschiedenen Bestandsarten für den Fall, daß eine Bestellung der Höhe $q = 400$ ausgelöst wird, wenn der disponible Lagerbestand am Ende einer Periode den Bestellpunkt $s = 236$ erreicht oder unterschritten hat. In der Tabelle sieht man, daß am Ende der Periode 1 eine Bestellung der Höhe $q = 400$ ausgelöst wird, die nach einer Wiederbeschaffungszeit von $\ell = 5$, also am Ende der Periode 6, zu einem Wareneingang führt. Zu Beginn der Periode 7 wird zunächst der Fehlbestand abgebaut und dann die aktuelle Periodennachfrage erfüllt.

Ist die Bestellmenge im Verhältnis zur Nachfragemenge in der Wiederbeschaffungszeit klein, dann kann es erforderlich sein, daß bereits eine weitere Bestellung ausgelöst werden muß, während die Wiederbeschaffungszeit der vorhergehenden Bestellung noch läuft. Dies zeigt Tabelle A.2. Hier ist der disponible Lagerbestand am Ende der Periode 4 vor Eintreffen der laufenden Bestellung bereits wieder unter den Bestellpunkt gesunken. Daher wird eine weitere Lagerbestellung ausgelöst, die den Bestellbestand auf 400 erhöht.

Periode t	0	1	2	3	4	5	6	7	8
Nachfrage d_t	–	59	54	50	83	44	57	46	54
Physischer Bestand I_t^p	248	189	135	85	2	0	0	255	201
Bestellbestand I_t^o	–	0	400	400	400	400	400	0	0
Fehlbestand I_t^f	–	0	0	0	0	42	99	0	0
Nettobestand I_t^n	248	189	135	85	2	-42	-99	255	201
Disponibler Bestand I_t^d	248	189	535	485	402	358	301	255	201

Tabelle A.1: Entwicklung der Bestandsarten (Bestellmenge = 400)

Periode t	0	1	2	3	4	5	6	7	8
Nachfrage d_t	–	59	54	50	83	44	57	46	54
Physischer Bestand I_t^p	248	189	135	85	2	0	0	55	1
Bestellbestand I_t^o	–	0	200	200	200	400	400	200	200
Fehlbestand I_t^f	–	0	0	0	0	42	99	0	0
Nettobestand I_t^n	248	189	135	85	2	-42	-99	55	1
Disponibler Bestand I_t^d	248	189	335	285	202	358	301	255	201

Tabelle A.2: Entwicklung der Bestandsarten (Bestellmenge = 200)

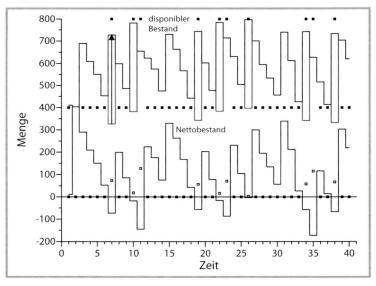

Bild A.3: Bestandsentwicklung

Bild A.3 zeigt für ein anderes Lager (mit anderen Nachfragedaten und Parametern) eine typische Bestandsentwicklung bei Anwendung einer (s, q)-Politik. Die dunklen Punkte markieren den Bestellbestand am Periodenende, nach der Lagerüberwachung. Oben sieht man die Entwicklung des disponiblen Lagerbestands unmittelbar vor und nach der Lagerüberwachung und der damit evtl. verbundenen Bestellung. Nur in den Perioden, in denen der Bestellpunkt ($s = 400$) unterschritten wird, unterscheiden sich diese beiden Größen. Der senkrechte Pfeil zeigt den Sprung des disponiblen Lagerbestands infolge einer Bestellung ($q = 400$). Unten erkennt man die Entwicklung des Nettobestands, der in den meisten Perioden positiv (physischer Bestand) und in einigen Perioden negativ (Fehlbestand) ist. Die hellen Punkte sind die jeweils aufgetretenen Fehlmengen.

Man sieht auch hier, daß in einigen Perioden mehrere Bestellungen simultan ausstehen. In vielen Lagerhaltungsmodellen wird für diesen Fall angenommen, daß die Bestellungen in der Reihenfolge im Lager eintreffen, in der sie ausgelöst worden sind (no order crossing). Diese Bedingung wird bei deterministischen Wiederbeschaffungszeiten und einem Lieferanten niemals verletzt. In diesem Fall sind alle Bestellungen, die älter als die Wiederbeschaffungszeit ℓ sind, die also vor Periode $(t - \ell)$ ausgelöst wurden, in Periode t bereits im Lager eingetroffen und Bestandteil des Nettobestands. Bei stochastischen Wiederbeschaffungszeiten oder bei mehreren Lieferanten ist das aber nicht gesichert.

A.4.2   Modellierung der Zeitachse

Für die Analyse einer Lagerhaltungspolitik ist die Modellierung der Zeitachse in zweifacher Hinsicht von großer Bedeutung. Hier sind sowohl Annahmen über das Überwachungsintervall als auch über die zeitliche Struktur der Auftragsankünfte zu treffen.

Das **Überwachungsintervall** ist der zeitliche Abstand zwischen zwei aufeinanderfolgenden Bestandserfassungen. Man unterscheidet periodische und kontinuierliche Lagerüberwachung. Bei **periodischer Lagerüberwachung** wird der Lagerbestand in regelmäßigen Abständen, z. B. am Ende eines jeden Tages, aktualisiert. Bestandsreduzierungen, die innerhalb des Überwachungsintervalls auftreten, werden erst nach einer zeitlichen Verzögerung erkannt. Erst im Anschluß daran kann auf eine außergewöhnlich hohe Nachfrage mit einer Wiederauffüllung des Lagers reagiert werden. Das dadurch entstehende Fehlmengenrisiko muß durch einen entsprechend erhöhten Sicherheitsbestand abgefangen werden.

Dieselbe Situation wie bei periodischer Lagerüberwachung entsteht, wenn die Nachfragemenge pro eintreffendem Kundenauftrag größer als eins ist. Werden z. B. zu einem Zeitpunkt durch einen Auftrag zehn Einheiten eines Produkts aus dem Lager entnommen, dann werden die Lagerbestandsdaten erst nach der Entnahme der *gesamten Auftragsmenge* aktualisiert. Selbst dann, wenn sofort eine Wiederauffüllung des Lagers eingeleitet wird, kann der aktuelle Lagerbestand bereits weit unter den Mindestbestand gesunken sein, der als Anhaltspunkt für die Auslösung einer Lagerbestellung angesehen wird. Dies ist selbst in einem Supermarkt zu beobachten, wo ein Kunde nicht selten z. B. mehrere Becher desselben Joghurts kauft. Wenn er dann, nachdem er die Ware aus dem Regal genommen hat und dann möglicherweise noch eine Viertelstunde mit weiterem Einsammeln von Produkten verbracht hat, an der Kasse eintrifft und die Warenentnahme durch den Scanner registriert wird, kann der disponible Lagerbestand bereits weit unter den Bestellpunkt gesunken sein. Das dadurch entstehende Fehlmengenrisiko muß ebenfalls bei der Bestimmung des Sicherheitsbestands berücksichtigt werden.

Anders ist die Situation bei **kontinuierlicher Lagerüberwachung**. Hier wird angenommen, daß der Lagerdisponent (bzw. die Lagerdispositionssoftware) zu jedem beliebigen Zeitpunkt genaue Informationen über den Lagerbestand hat und jeweils unverzüglich die evtl. erforderlichen Lagerbestellungen auslöst. Das setzt voraus, daß die Auftragsgrößen immer gleich eins sind. In zahlreichen Lagermodellen, die kontinuierliche Lagerüberwachung unterstellen, wird oft zusätzlich angenommen, daß die Lagerbestellung nach einer deterministischen Wiederbeschaffungszeit ℓ im Lager eintrifft. Dabei wird ausgeklammert, daß die Lagerüberwachung und die Bestellauslösung in einen logistischen Auftragsabwicklungsprozeß eingebettet sind. Selbst wenn die Bestellung z. B. um 13.30 Uhr ausgelöst wird und unverzüglich über das Internet beim Lieferanten eintrifft, kommt es regelmäßig durch die Prozesse der Materialhandhabung und des Transports zu zusätzlichen Verzögerungen, die zu einer Diskretisierung der Zeitachse führen. So starten zum Beispiel Auslieferungsfahrzeuge in einem Regionallager üblicherweise morgens – unabhängig davon, wann der zu erfüllende Auftrag am Tag vorher eingetroffen ist.

Ein weiterer zu beachtender Gesichtspunkt betrifft die **Zeitachse, auf der Kundenaufträge im Lager eintreffen**. In vielen Lagerhaltungsmodellen wird eine **kontinuierliche Zeitachse** des Auftragseingangs unterstellt. So nimmt man z. B. bei der Lagerhaltung von Ersatzteilen an, daß die Abstände zwischen aufeinanderfolgenden Nachfrageereignissen (mit der Auftragsgröße 1) exponentialverteilt sind, was gleichbedeutend mit **Poisson-verteilten** Nachfragen auf einer kontinuierlichen Zeitachse ist.

Oft wird auch angenommen, daß sich die Nachfrage aus zufällig, mit kontinuierlichen Zwischenankunftszeiten A eintreffenden Aufträgen und jeweils zufälliger, von der Zwischenankunftszeit unabhängiger Nachfragemenge D^a pro Auftrag bildet („compound demand").[9] Hier werden vor allem zwei Fälle unterschieden, wobei der Nachfrageprozeß im Zeitablauf durch das Variablenpaar (A_n, D_n^a) $(n = 1, 2, \ldots)$ charakterisiert werden kann. Bild A.4 veranschaulicht die Struktur dieses Nachfrageprozesses.

---

9   Dies ist auch die Sichtweise des Prognoseverfahrens von *Croston*. Vgl. Abschnitt B.4, S. 123

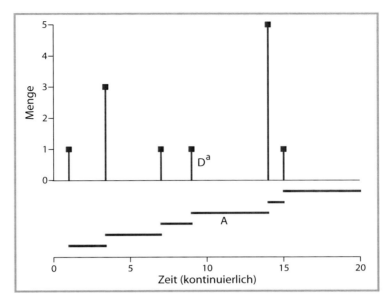

Bild A.4: Nachfrageprozeß (A, D^a)

Die konkrete Form des Nachfrageprozesses hängt von den **Zwischenankunftszeiten** der Aufträge und den **Auftragsgrößen** ab.

- Bei einem **zusammengesetzten Poisson-Prozeß** ("compound poisson demand") folgt A einer Exponentialverteilung mit dem Parameter λ und D^a ist eine nicht-negative – i. d. R. diskrete – Zufallsvariable.[10] Zur Bestimmung der Wahrscheinlichkeitsverteilung der Periodennachfrage eignet sich die folgende rekursive Berechnungsweise für $t \geq 0$:[11]

$$P\{D = 0\} = e^{-\lambda \cdot t \cdot (1 - P\{D^a = 0\})} \tag{A.4}$$

und

$$P\{D = d\} = \frac{\lambda \cdot t}{d} \cdot \sum_{j=0}^{d-1} (d - j) \cdot P\{D^a = d - j\} \cdot P\{D = j\} \qquad d = 1, 2, \dots \tag{A.5}$$

Die resultierenden Wahrscheinlichkeitsverteilungen können sehr unterschiedliche Formen annehmen. Bild A.5 veranschaulicht dies.

---

10 Ist D^a deterministisch gleich 1, dann liegt ein einfacher Poisson-Prozeß vor.

11 vgl. *Adelson* (1966); *Tijms* (1994)

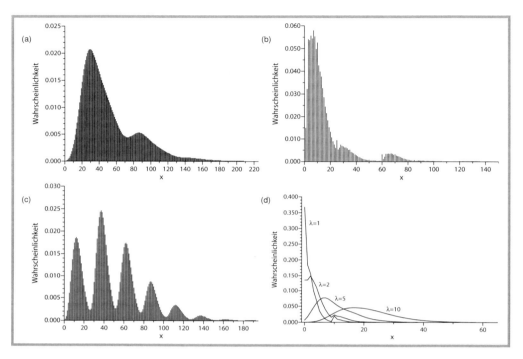

Bild A.5: Wahrscheinlichkeitsverteilungen der Nachfragemenge

Die Verteilung (a) ergibt sich für die in Tabelle A.3 angegebene Auftragsgrößenverteilung bei einer Ankunftsrate $\lambda = 10$ (und $t = 1$).

d	1	2	3	4	5	10	25	60
$P\{D^a = d\}$	0.1	0.2	0.3	0.2	0.1	0.05	0.03	0.02

Tabelle A.3: Wahrscheinlichkeiten der Auftragsgrößen

Für $\lambda = 3$ erhält man Verteilung (b). Die mehrgipfelige Verteilung (c) resultiert aus $\lambda = 10$ und den in Tabelle A.4 angegebenen Wahrscheinlichkeiten.

d	1	2	3	4	5	25	50
$P\{D^a = d\}$	0.61	0.11	0.07	0.05	0.022	0.132	0.006

Tabelle A.4: Wahrscheinlichkeiten der Auftragsgrößen

d	1	2	3	4	10
$P\{D^a = d\}$	0.5	0.3	0.1	0.05	0.05

Tabelle A.5: Wahrscheinlichkeiten der Auftragsgrößen

Schließlich zeigen die Verteilungen (d) den Einfluß von $\lambda \in \{1, 2, 5, 10\}$ bei Annahme der in Tabelle A.5 angegebenen Auftragsgrößenverteilung. Je größer λ ist, umso mehr nähert sich die Verteilung an eine Normalverteilung an.

Für den Fall, daß nur λ und die ersten beiden Momente der Auftragsgrößenverteilung und nicht die gesamte Wahrscheinlichkeitsverteilung bekannt sind, kann auf verschiedene Approximationen zurückgegriffen werden.[12]

- Bei einem **zusammengesetzten Erneuerungsprozeß** („compound renewal demand") sind die Zwischenankunftszeiten unabhängige, identisch verteilte Zufallsvariablen, die einer beliebigen Verteilung folgen können. D^a ist wieder eine positive – i. d. R. diskrete – Zufallsvariable.

Die Annahme einer kontinuierlichen Zeitachse ist vertretbar, wenn die zeitlichen Abstände zwischen Nachfrageereignissen im Vergleich zur Periodenlänge sehr groß sind und wenn auch die Wiederbeschaffungszeit relativ lang ist.

Demgegenüber bezieht man in der Praxis die registrierten Nachfragemengen üblicherweise auf diskrete Perioden (z. B. Tage, Wochen, . . .). In diesem Fall einer **diskreten Zeitachse** liegt ein **periodischer Nachfrageprozeß** vor. Die Nachfrage bildet dann eine Zeitreihe. In vielen Lehrbüchern wird die Nachfrage in dieser Weise als **Periodennachfrage** betrachtet. Sind in einem praktischen Fall nur Zwischenankunftszeiten A und Auftragsgrößen D^a empirisch erfaßt worden, dann kann die Periodennachfragemenge D_t als zufällige Summe von Zufallsvariablen bestimmt werden.[13]

Ein periodischer Nachfrageprozeß wird auch in den meisten Prognosemodellen für regelmäßigen Bedarf[14] sowie in den dynamischen Losgrößenmodellen[15] unterstellt.

A.4.3 Lagerbezogene Leistungskriterien

Unter stochastischen Bedingungen ist es i. d. R. nicht zu vermeiden, daß in einigen Perioden der physische Lagerbestand erschöpft ist und ein Bedarf für ein Produkt erst nach einer Wartezeit (lagerbedingte Lieferzeit) erfüllt werden kann. Wir wollen hier

---

12 vgl. *Dominey und Hill* (2004)
13 Siehe hierzu auch im Zusammenhang mit der Bestimmung der Nachfragemenge in der Wiederbeschaffungszeit Abschnitt A.4.5.
14 vgl. Kapitel C
15 vgl. *Tempelmeier* (2017), Kapitel B

nur den Fall betrachten, daß alle Nachfragemengen, die aufgrund mangelnder Lieferfähigkeit des Lagers nicht unverzüglich ausgeliefert werden können, als sog. Fehlmengen (Rückstandsaufträge) vorgemerkt und bei nächster Gelegenheit bevorzugt ausgeliefert werden.[16] Das Ausmaß der Fehlmengen kann dadurch beeinflußt werden, daß man sog. **Fehlmengenkosten** in die Zielfunktion eines Entscheidungsmodells zur Bestimmung der optimalen Parameter einer Lagerhaltungspolitik aufnimmt und dann zusammen mit dem Minimum der Zielfunktion auch die optimale Höhe der Fehlmenge bestimmt.[17] Diese Vorgehensweise setzt jedoch die Kenntnis der Fehlmengenkosten voraus. Da Fehlmengenkosten in der Praxis nur sehr selten quantifizierbar sind, werden zur Beschreibung der logistischen Leistung eines Lagers technizitäre Kriterien eingesetzt, deren Sollwerte von den Entscheidungsträgern festgelegt werden.

In der Literatur werden verschiedene Varianten lagerbezogener Leistungskriterien[18] diskutiert, die sich sowohl in sachlicher Hinsicht, nach der Anzahl der in die Betrachtung einbezogenen Produkte als auch z. T. durch ihren zeitlichen Bezug unterscheiden. Diese Größen sind die „Key Performance"-Indikatoren eines Lagerknotens, deren kontinuierliche Erfassung für die Beurteilung seines Leistungsbeitrags in einer Supply Chain unumgänglich ist.

Im Folgenden werden wir zunächst ausführlich verschiedene auf **ein Produkt** bezogene Leistungsdefinitionen diskutieren. Im Anschluß daran gehen wir kurz auf die in der Literatur vergleichsweise selten behandelte, aber zunehmend wichtiger werdende Situation ein, daß sich die Leistung des Lagers für einen Kunden als aggregierte Größe darstellt, die sich auf **mehrere Produkte** bezieht. Diese Situation findet man z. B. in der Teilevorratung bei kundenauftragsorientierter Montage („assemble-to-order"), wenn die gelagerten Komponenten eines Endprodukts erst nach Auftragseingang zu einer Endproduktvariante zusammengebaut werden. Aber auch dann, wenn eine Kundenbestellung mehrere produktbezogene Auftragspositionen enthält, kann es für einen Kunden wichtig sein, daß alle in seiner Bestellung enthaltenen Positionen simultan und vollständig erfüllt werden. In diesen Fällen sind isolierte, einproduktbezogene Leistungskriterien zu optimistisch. Denn die Leistung des (Mehrprodukt-)Lagers wird bereits dann als unzureichend empfunden, wenn mindestens für eines der bestellten Produkte Lieferunfähigkeit auftritt.

Schließlich wird das Problem der **kundenklassenspezifischen Differenzierung** von Leistungskriterien erörtert, das nicht nur aufgrund von Marketing-Überlegungen, son-

---

16   Im Gegensatz dazu steht der sog. „lost sales"-Fall, bei dem angenommen wird, daß die Kunden nicht bereit sind zu warten und demzufolge ein Umsatzverlust eintritt.

17   siehe Abschnitt C.1.1.3

18   vgl. *Schneider* (1981); *Robrade* (1991), S. 84–99; *Suchanek* (1996), Abschnitt 4.1.4; *Silver et al.* (1998), Abschnitt 7.4.3; *Hausman et al.* (1998)

dern auch im Rahmen der Optimierung des Sicherheitsbestands in einer mehrstufigen Supply Chain von Bedeutung ist.

A.4.3.1 Produktbezogene Leistungskriterien

Betrachten wir zunächst den Fall, daß ein Kundenauftrag nur eine Auftragsposition enthält bzw. daß jede Auftragsposition wie ein isoliert eingegangener Einproduktauftrag behandelt werden kann. Die Unterschiede zwischen den einzelnen auf ein Produkt bezogenen Leistungskriterien sollen anhand der in Tabelle A.6 angegebenen Lagerbestandsentwicklung[19] erläutert werden. In dem betrachteten Zeitraum (50 Perioden) werden am Ende der Perioden 4, 11, 18, 28, 36 und 44 Lagerbestellungen mit $q = 400$ ME ausgelöst, die nach einer Wiederbeschaffungszeit von 5 Perioden angeliefert werden und zu Beginn der jeweiligen Folgeperiode zur Bedarfsdeckung zur Verfügung stehen. Die Bestandsüberwachung erfolgt immer am Ende einer Periode.

A.4.3.1.1 α-Servicegrad

Der α-Servicegrad ist eine **ereignisorientierte** Kennziffer. Er gibt die Wahrscheinlichkeit dafür an, daß ein eintreffender Bedarf vollständig aus dem bei seiner Ankunft vorhandenen physischen Lagerbestand erfüllt werden kann.

Wählt man als Bezugszeitraum eine Nachfrageperiode (zeitnormierte Definition), dann beschreibt α die Wahrscheinlichkeit, mit der ein zu einem beliebigen Zeitpunkt im Lager eintreffender Auftrag vollständig aus dem Lagerbestand erfüllt werden kann:

$$\alpha_{\text{Per}} = P\{\text{Periodennachfragemenge} \\ \leq \text{physischer Bestand zu Beginn einer Periode}\} \tag{A.6}$$

In dem in Tabelle A.6 angegebenen Beispiel beträgt der realisierte α-Servicegrad $\alpha_{\text{Per}} = 86\%$, da in sieben Perioden eine Fehlmenge aufgetreten ist. Zur Bestimmung des Sicherheitsbestands, bei dem ein angestrebter α-Servicegrad erreicht wird, muß die stationäre Wahrscheinlichkeitsverteilung des Lagerbestands bekannt sein.

Wählt man als Bezugszeitraum einen Beschaffungszyklus, dann beschreibt α die Wahrscheinlichkeit dafür, daß innerhalb eines Beschaffungszyklus keine Fehlmenge auftritt. Dieses Kriterium ist gleichbedeutend mit dem Anteil der Beschaffungszyklen, in denen keine Fehlmenge auftritt.

$$\alpha_{\text{Zyk}} = P\{\text{Nachfragemenge in der Wiederbeschaffungszeit} \\ \leq \text{physischer Bestand zu Beginn der Wiederbeschaffungszeit}\} \tag{A.7}$$

---

19 Es wurde eine (s, q)-Politik mit periodischer Lagerüberwachung ($s = 236$, $q = 400$) verwendet. Siehe hierzu Abschnitt C.1.

Periode	Nachfrage	Bestand physisch	Bestand disponibel	Bestellung oder Wareneingang	Fehlbestand (Periodenende)	Fehlmenge (pro Zyklus)
1	50	350	350		–	–
2	58	292	292		–	–
3	44	248	248		–	–
4	59	189	189→589	✉	–	–
5	54	135	535		–	–
6	50	85	485		–	–
7	83	2	402		–	–
8	44	–	358		42	–
9	57	–	301	🚚	99	99
10	46	255	255		–	–
11	54	201	201→601	✉	–	–
12	74	127	527		–	–
13	64	63	463		–	–
14	46	17	417		–	–
15	57	–	360		40	–
16	38	–	322	🚚	78	78
17	34	288	288		–	–
18	58	230	230→630	✉	–	–
19	53	177	577		–	–
20	54	123	523		–	–
21	18	105	505		–	–
22	44	61	461		–	–
23	54	7	407	🚚	0	0
24	46	361	361		–	–
25	38	323	323		–	–
26	14	309	309		–	–
27	55	254	254		–	–
28	56	198	198→598	✉	–	–
29	36	162	562		–	–
30	57	105	505		–	–
31	71	34	434		–	–
32	60	–	374		26	–
33	45	–	329	🚚	71	71
34	42	287	287		–	–
35	35	252	252		–	–
36	67	185	185→585	✉	–	–
37	40	145	545		–	–
38	45	100	500		–	–
39	59	41	441		–	–
40	33	8	408		–	–
41	50	–	358	🚚	42	42
42	67	291	291		–	–
43	16	275	275		–	–
44	46	229	229→629	✉	–	–
45	32	197	597		–	–
46	40	157	557		–	–
47	77	80	480		–	–
48	51	29	429		–	–
49	28	1	401	🚚	0	0
50	60	341	341		–	–
				Mittelwert:	7.96	5.8

Tabelle A.6: Lagerbestandsentwicklung (jeweils am Periodenende)

In dem in Tabelle A.6 angegebenen Beispiel ist diese Version des α-Servicegrades $\alpha_{\text{Zyk}} = 33.33\%$, da nur in zwei von sechs Zyklen der Lagerbestand zur vollständigen Bedarfsdeckung ausgereicht hat. Bei Verwendung dieses Servicekriteriums kann man zur Bestimmung des Sicherheitsbestands auf die Wahrscheinlichkeitsverteilung der Nachfragemenge in der Wiederbeschaffungszeit, Y, zurückgreifen. Ist Y z. B. normalverteilt, dann wird ein α-Servicegrad von 97.5% erreicht, wenn man als Sicherheitsbestand das 1.96-fache der Standardabweichung der Nachfragemenge in der Wiederbeschaffungszeit festlegt.

A.4.3.1.2 β-Servicegrad

Der β-Servicegrad gibt als mengenorientierte Kennziffer den Anteil der Gesamtnachfragemenge an, der ohne eine lagerbedingte Lieferzeit ausgeliefert werden kann. Bezeichnet man mit B_t die in Periode t neu aufgetretene Fehlmenge und mit D_t die Nachfragemenge dieser Periode, dann gilt:

$$\beta = 1 - \frac{\text{kumulierte Fehlmenge}}{\text{kumulierte Nachfragemenge}} = 1 - \frac{B_1 + B_2 + \cdots}{D_1 + D_2 + \cdots} \tag{A.8}$$

Da sowohl die Nachfragemengen D_t als auch die Fehlmengen B_t *Zufallsvariablen* sind, schreiben wir:

$$\beta = 1 - E\left\{\frac{B_1 + B_2 + \cdots}{D_1 + D_2 + \cdots}\right\} \tag{A.9}$$

Diese Größe ist eine Zufallsvariable, die von der Länge des Betrachtungszeitraums beeinflußt wird. Da die Höhe der Fehlmenge in einer Periode i. d. R. von der Höhe der Nachfrage abhängt, stellt sich zunächst die Frage, wie man den Erwartungswerts des Quotienten aus Gleichung (A.9) bestimmen kann. Diese Frage läßt sich für die in diesem Buch betrachteten stationären Lagerhaltungspolitiken sehr einfach beantworten. Denn im stationären Zustand, d. h. für eine unendlich lange Zeitspanne, gilt:

$$\beta = 1 - \frac{E\{B\}}{E\{D\}} \tag{A.10}$$

Um zu begründen, warum hier der Erwartungswert eines Quotienten gleich dem Quotienten der Erwartungswerte ist, greifen wir auf die Erneuerungstheorie zurück und beschreiben die Entwicklung der Nachfrage und der Fehlmengen im Zeitablauf als einen sog. „Renewal-Reward-Prozeß".[20] Betrachten wir einmal allgemein die Folge von $n \geq$

---

20 vgl. *Ross* (1997)

1 unabhängig und identisch verteilten Paaren von Zufallsvariablen $\{(L_n, R_n)\}$, wobei $P\{L_1 > 0\} = 1$. Man kann sich L_n als den zeitlichen Abstand zwischen dem $(n-1)$-ten und dem n-ten Ausfall einer Maschine vorstellen. R_n wären dann z. B. die mit diesem Ausfall verbundenen Kosten (rewards). Typischerweise hängt R_n von L_n ab. Zu einem beliebigen Betrachtungszeitpunkt t sind dann $N(t)$ Ereignisse (Maschinenausfälle mit den zugehörigen Kosten), d. h. Realisationen von (L_n, R_n) aufgetreten. Dabei gilt

$$N(t) = \max\{n \geq 0 \,|\, S_n \leq t\} \qquad t \geq 0 \tag{A.11}$$

mit

$$S_n = L_1 + L_2 + \cdots + L_n \qquad n \geq 1 \tag{A.12}$$

Die bis zum Zeitpunkt t kumulierten Kosten $R(t)$ berechnen sich wie folgt:

$$R(t) = \sum_{n=1}^{N(t)} R_n \qquad t \geq 0 \tag{A.13}$$

Den stochastischen Prozeß $\{R(t), t \geq 0\}$ bezeichnet man als **Renewal-Reward-Pro-zeß**. Für einen solchen Prozeß gilt:[21]

$$\lim_{t \to \infty} \frac{R(t)}{t} = \frac{E\{R_1\}}{E\{L_1\}} \tag{A.14}$$

D. h. die langfristigen durchschnittlichen Kosten pro Zeiteinheit sind gleich dem Erwartungswert der Kosten pro Ausfall dividiert durch den Erwartungswert des Abstands zwischen zwei Ausfällen.

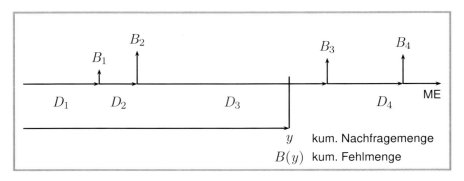

Bild A.6: Nachfrage- und Fehlmengenentwicklung als Renewal-Reward-Prozeß

21   vgl. *Tijms* (1994), S. 33

Bild A.6 zeigt die Äquivalenz zwischen der betrachteten Nachfrage- und Fehlmengenentwicklung und einem Renewal-Reward-Prozess. Es sind 4 Perioden mit den Nachfragemengen D_1 bis D_4 dargestellt. Die Zufallsvariablen D_n entsprechen den Lebensdauern L_n. Am Ende jeder Periode kommt es zu einer Fehlmenge B_n, wobei B_n den Kosten (rewards) R_n entspricht. y ist die kumulierte Nachfragemenge, die dem Betrachtungszeitpunkt t aus der Erneuerungstheorie entspricht. Die kumulierte Fehlmenge $B(y)$, die bei einer kumulierten Nachfrage in Höhe von y auftritt, ist das Gegenstück zu $R(t)$. Überträgt man Beziehung (A.14) auf die betrachtete Nachfrage- und Fehlmengenentwicklung, dann erhält man:

$$\lim_{t \to \infty} \frac{B(y)}{y} = \frac{E\{B_1\}}{E\{D_1\}} \qquad \Rightarrow \qquad \beta = 1 - \frac{E\{B\}}{E\{D\}} \tag{A.15}$$

Bei langfristiger Betrachtung kann man den β-Servicegrad also mit Hilfe des Quotienten der Erwartungswerte exakt bestimmen. Diese Vorgehensweise ist allerdings *nicht mehr exakt*, wenn man den β-Servicegrad auf eine *begrenzte Anzahl von Perioden* bezieht.[22]

Der β-Servicegrad kann auch als Wahrscheinlichkeit dafür interpretiert werden, daß eine beliebige Mengeneinheit der Nachfrage ohne lagerbedingte Wartezeit ausgeliefert wird. In dem in Tabelle A.6 angegebenen Beispiel ist der realisierte β-Servicegrad 88.21%, da bei einer durchschnittlichen Periodennachfrage von 49.18 ME eine durchschnittliche Fehlmenge von 5.8 ME aufgetreten ist.

Da der β-Servicegrad im Gegensatz zum α-Servicegrad nicht nur die Tatsache, daß eine Fehlmenge auftritt, sondern auch die Höhe der Fehlmenge erfaßt, wird er in der Praxis bevorzugt als Leistungskriterium eines Lagers verwendet.

A.4.3.1.3 γ-Servicegrad

Mit dem γ-Servicegrad, einer zeit- und mengenorientierten Kennziffer, versucht man, sowohl die Höhe der Fehlmenge als auch die jeweiligen Wartezeiten der als Rückstandsaufträge vorgemerkten Bedarfe zu erfassen. Der γ-Servicegrad ist wie folgt definiert:

$$\gamma = 1 - \frac{E\{\text{Fehlbestand pro Periode}\}}{E\{\text{Periodennachfragemenge}\}} \tag{A.16}$$

Während für den β-Servicegrad nur der Fehlbestand unmittelbar vor der Wiederauffüllung des Lagers relevant ist, erfaßt der γ-Servicegrad auch die Fehlbestandsentwicklung in den davorliegenden Perioden. In dem in Tabelle A.6 angegebenen Beispiel beträgt

---

22 vgl. *Thomas* (2005); *Tempelmeier* (2017)

der realisierte γ-Servicegrad 83.81%, da bei einer durchschnittlichen Periodennachfrage von 49.18 ME der durchschnittliche Fehlbestand pro Periode 7.96 ME beträgt. Der γ-Servicegrad wird in der Theorie intensiv diskutiert, in der betrieblichen Praxis bislang aber kaum eingesetzt.

A.4.3.1.4   Dauer der Lieferunfähigkeit

Eine weitere zeitorientierte Kennziffer ist die Zeitspanne, während der Fehlmengen existieren. Approximiert man die Entwicklung des Lagerbestands bei Anwendung einer (s, q)-Lagerhaltungspolitik[23] in einer typisch verlaufenden Wiederbeschaffungszeit ℓ durch eine Gerade (siehe Bild A.7) zwischen dem Bestellpunkt s und dem Erwartungswert des Fehlbestands unmittelbar vor der Wiederauffüllung des Lagerbestands, dann kann man den Schnittpunkt dieser Geraden mit der Abszissenachse und damit die erwartete **Dauer der Lieferunfähigkeit**, J, des Lagers wie folgt errechnen:

$$E\{J\} = \frac{E\left\{\text{Fehlbestand am Zyklusende}\right\}}{\text{Bestellpunkt} + E\left\{\text{Fehlbestand am Zyklusende}\right\}} \cdot \ell \qquad (A.17)$$

In dem in Tabelle A.6 angegebenen Beispiel beträgt die realisierte mittlere Dauer der Lieferunfähigkeit 1.167 Perioden, da bei insgesamt sechs Beschaffungszyklen die Lieferunfähigkeit dreimal zwei Perioden und einmal eine Periode andauerte.

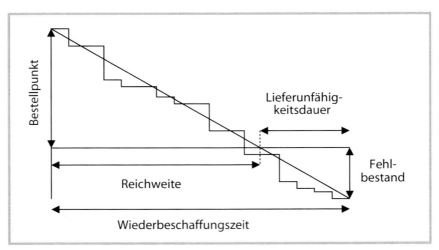

Bild A.7: Zusammenhang zwischen Bestellpunkt, Fehlbestand, Wiederbeschaffungszeit, Reichweite und Lieferunfähigkeitsdauer

---

23   siehe hierzu Abschnitt C.1

Eine zur Dauer der Lieferunfähigkeit komplementäre Größe ist die **Reichweite** N. Sie gibt die Anzahl von Perioden an, deren Bedarfe vollständig aus einem gegebenen Lagerbestand gedeckt werden können. Unter stochastischen Bedingungen sind N und J Zufallsvariablen. Die Dauer der Lieferunfähigkeit ist für den Abnehmer der gelagerten Produkte von Interesse, da sie eine **obere Schranke für die Wartezeit eines Auftrags** darstellt. Vor allem bei stark streuenden Periodenbedarfen können die tatsächlichen Lieferunfähigkeitsdauern erheblichen Schwankungen unterliegen. Wir wollen daher die Wahrscheinlichkeitsverteilung der Lieferunfähigkeitsdauer bestimmen. Zu diesem Zweck sei angenommen, daß der Lagerbestand bei Auslösung einer Bestellung genau s beträgt. Die Wiederbeschaffungszeit möge ℓ Perioden betragen und die Lagerzugangsmenge sei immer so groß, daß sie zur Deckung des Fehlbestands ausreicht.

Die maximale Dauer der Lieferunfähigkeit, J, beträgt genau ℓ Perioden. Diese Situation tritt dann ein, wenn der Lagerbestand bereits in der ersten Periode der Wiederbeschaffungszeit auf Null sinkt. Das entspricht einer Reichweite des Bestands s von $N = 0$. Die Wahrscheinlichkeit dafür beträgt:[24]

$$P\{N = 0\} = P\{D > s\} = 1 - P\{D \le s\} \tag{A.18}$$

Die Reichweite des Bestands s beträgt genau n Perioden, wenn die kumulierte Nachfrage aus n Perioden kleiner als oder gleich s, die kumulierte Nachfrage aus $(n + 1)$ Perioden aber größer als s ist. Bezeichnen wir mit $Y^{(n)}$ die Summe der ersten n Periodennachfragen in der Wiederbeschaffungszeit, dann kann die Wahrscheinlichkeit dafür, daß die Reichweite des Bestellpunkts s genau n Perioden beträgt, wie folgt geschrieben werden:

$$P\{N = n\} = P\{Y^{(n)} \le s\} - P\{Y^{(n+1)} \le s\} \qquad n = 1, 2, \dots \tag{A.19}$$

Die Wahrscheinlichkeiten der kumulierten Nachfragemengen aus n Perioden, $Y^{(n)}$, können durch n-fache Faltung der Verteilung der Periodennachfragemenge mit sich selbst ermittelt werden.[25] Sind die Periodennachfragemengen z. B. normalverteilt, dann gilt:

$$P\{N = 0\} = 1 - \Phi_N \left(\frac{s - \mu_D}{\sigma_D} \right) \tag{A.20}$$

$$P\{N = n\} = \Phi_N \left(\frac{s - \mu_D \cdot n}{\sigma_D \cdot \sqrt{n}} \right) - \Phi_N \left(\frac{s - \mu_D \cdot (n + 1)}{\sigma_D \cdot \sqrt{n + 1}} \right) \qquad n = 1, 2, \dots \tag{A.21}$$

Dabei bezeichnet $\Phi_N(\cdot)$ die Verteilungsfunktion der Standardnormalverteilung. Zur Veranschaulichung betrachten wir ein Beispiel. Die Periodennachfragemenge ist mit dem

---

24 vgl. *Tempelmeier* (1985)
25 siehe auch Abschnitt A.4.5, S. 40 ff.

Mittelwert $\mu_D = 100$ und der Standardabweichung $\sigma_D = 30$ normalverteilt. Die Wiederbeschaffungszeit beträgt deterministisch $\ell = 5$. Der Bestellpunkt möge $s = 400$ betragen. Wir erhalten:

$$P\{N = 0\} = P\{J = 5\} = 1 - \Phi_N\left(\frac{400 - 100}{30}\right) \approx 0$$

Tabelle A.7 faßt die restlichen Ergebnisse zusammen, wobei v_1 (v_2) den ersten (zweiten) Term in Klammern auf der rechten Seite in Gleichung (A.21) bezeichnet.

n	$j = \ell - n$	v_1	$\Phi_N(v_1)$	v_2	$\Phi_N(v_2)$	$P\{N = n\} = P\{J = j\}$
1	4	10.00	0.9999	4.71	0.9999	0.0000
2	3	4.71	0.9999	1.92	0.9728	0.0271
3	2	1.92	0.9728	0.00	0.5000	0.4728
4	1	0.00	0.5000	-1.49	0.0681	0.4319

Tabelle A.7: Bestimmung der Wahrscheinlichkeitverteilung der Lieferunfähigkeitsdauer J

Die Wahrscheinlichkeit dafür, daß überhaupt keine Lieferunfähigkeit und damit keine Fehlmenge in einem Bestellzyklus auftritt, beträgt $P\{Y^{(\ell)} < s\}$. Im betrachteten Beispiel mit $s = 400$ gilt $P\{Y^{(\ell)} < s\} = 0.0681$. Unterstellt man für das Beispiel schließlich eine Bestellmenge von $q = 1000$ und einen β-Servicegrad von 90% ($E\{$Fehlmenge pro Bestellzyklus$\} = 100$), dann ergibt sich nach Gleichung (A.17):

$$E\{J\} = \frac{100}{400 + 100} \cdot 5 = 1.0$$

Der aus den Werten in Tabelle A.7 berechnete Erwartungswert von J beträgt demgegenüber $E\{J\} = 1.4588$.

Man kann die Wahrscheinlichkeitsverteilung der Lieferunfähigkeitsdauer auch für die (r, S)-Politik[26] bestimmen. In dieser Lagerhaltungspolitik ist der Risikozeitraum als Summe aus Bestellzyklus r und Wiederbeschaffungszeit ℓ i. d. R. erheblich länger als in der (s, q)-Politik. Dies führt dazu, daß die maximale Dauer der Lieferunfähigkeit ebenfalls wesentlich länger ist. Daraus ergeben sich beträchtliche negative Konsequenzen für die Lieferzeiten der Kundenaufträge.

Die Kenntnis der Wahrscheinlichkeitsverteilung der Dauer der Lieferunfähigkeit des Lagers bildet die Grundlage für die Bestimmung der Wahrscheinlichkeitsverteilung der Lieferzeit eines Kundenauftrags.

---

26 Vgl. *Johnson et al.* (1996); *Tempelmeier* (2000). Für die (s, S)-Politik lassen sich ähnliche Überlegungen wie für die (s, q)-Politik anstellen.

A.4.3.1.5 Lieferzeit eines Kundenauftrags

Aus der Sicht des in einem Lager eintreffenden produktbezogenen Auftrags (bzw. Kunden) konkretisiert sich die logistische Leistung des Lagers vor allem darin, ob er sofort bedient wird oder ob und gegebenenfalls **wie lange er warten** muß.

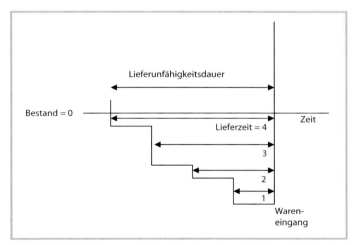

Bild A.8: Zusammenhang zwischen Lieferzeit und Lieferunfähigkeitsdauer

Die Tatsache, daß ein Kundenauftrag möglicherweise warten muß, wird durch die oben diskutierten Servicegrade erfaßt, die man auch als **lieferantenfokussiert** bezeichnen kann. Für den Kunden ist es aber i. d. R. nicht nur wichtig, **ob** er warten muß, sondern auch, **wie lange** diese Wartezeit (Wiederbeschaffungszeit aus Sicht des Kunden) ist.[27] Ist der Kunde ein Händler, der selbst ein Lager unterhält, dann ist für ihn auch die Wahrscheinlichkeitsverteilung der Wartezeit von Interesse, da diese die für seine Sicherheitsbestandsberechnungen wichtige Entwicklung der Nachfragemenge in der Wiederbeschaffungszeit beeinflußt.

Keines der bisher betrachteten Leistungskriterien, auch nicht der γ-Servicegrad und die Dauer der Lieferunfähigkeit, geben hierüber in ausreichendem Maße Auskunft. Die **lagerbedingte Lieferzeit** bietet sich hier als **kundenfokussiertes** Kriterium an. Sie steht in enger Beziehung zur Lieferunfähigkeitsdauer. In Bild A.8 ist der Teil einer Wiederbeschaffungsfrist dargestellt, in dem der Bestand unter Null gesunken ist und demzufolge Lieferunfähigkeit besteht. Alle Aufträge, die nun eintreffen, müssen bis zum nächsten Wareneingang warten. Der erste Auftrag muß vier Perioden warten, der zweite drei Peri-

---

27 vgl. *Tempelmeier* (1985)

oden usw. Da die Lieferunfähigkeitsdauer eine Zufallsvariable ist, gilt dies auch für die lagerbedingte Lieferzeit W. Unter bestimmten Voraussetzungen kann man deren Wahrscheinlichkeitsverteilung bestimmen und die Parameter einer Lagerhaltungspolitik, z. B. den Bestellpunkt s, so setzen, daß die Wahrscheinlichkeitsverteilung der lagerbedingten Lieferzeit bestimmte Kriterien erfüllt. So könnte man fordern, daß die Lieferzeit mit einer Wahrscheinlichkeit von 98% höchstens 2 Tage beträgt, d. h. $P\{W \leq 2\} \geq 0.98$, und den Bestellpunkt entsprechend festsetzen.

Zählt man im Beispiel aus Tabelle A.6 jeden Periodenbedarf als einen Auftrag, dann ergibt sich nach Auswertung der Tabelle A.6 folgende realisierte Verteilung der Lieferzeiten: $P\{W = 0\} = 0.86$, $P\{W = 1\} = 0.08$, $P\{W = 2\} = 0.06$.

In der betrieblichen Praxis findet man oft Aussagen von Logistik-Verantwortlichen über die angestrebte logistische Leistung eines Lagers, die etwa wie folgt lauten: „Es sollen 90% aller Aufträge sofort (lagerbedingte Lieferzeit = 0), 95% spätestens nach einem Tag (lagerbedingte Lieferzeit = 1) und alle Aufträge spätestens nach zwei Tagen ausgeliefert werden." Diese Aussage demonstriert die Bedeutung des Zeitaspekts als Wettbewerbsinstrument. Sie offenbart aber gleichzeitig Unkenntnis über die Tatsache, daß eine auf die Form der Wahrscheinlichkeitsverteilung der lagerbedingten Lieferzeit abhebende Zielsetzung nicht systematisch durch Festlegung der Parameter einer Lagerhaltungspolitik erreicht werden kann, da die Form der Verteilung der lagerbedingten Lieferzeit nicht beeinflußbar ist.

Die Form der **Wahrscheinlichkeitsverteilung der Lieferzeit** hängt von der Streuung der Periodennachfragemengen und der Länge des Risikozeitraums ab. Zur Verdeutlichung des Einflusses des **Risikozeitraums** auf die Lieferzeit betrachten wir vier hypothetische Lieferanten (bzw. deren Endproduktlager), die dasselbe Produkt anbieten und jeweils eine (s, q)-Lagerhaltungspolitik verfolgen. Der Periodenbedarf sei mit den Parametern $\mu_D = 100$ und $\sigma_D = 30$ normalverteilt. Alle Lieferanten offerieren ihren Kunden jeweils einen β-Servicegrad von 90%. Sind die Lieferanten auch hinsichtlich aller anderen Kriterien gleich gut, dann hat ein potentieller Kunde keinen Anhaltspunkt für die Lieferantenauswahl.

Nimmt man nun an, daß die Lieferanten **unterschiedliche Wiederbeschaffungszeiten** haben, dann ergeben sich auch unterschiedliche Wahrscheinlichkeitsverteilungen der lagerbedingten Lieferzeiten. In Tabelle A.8 sind die Lieferzeitverteilungen in Abhängigkeit von den Wiederbeschaffungszeiten angegeben. Für die Berechnung[28] dieser Wahrscheinlichkeitsverteilungen, die hier nicht dargestellt werden soll, wurde jeweils von einer Bestellmenge $q = 500$ ausgegangen.

---

28   vgl. *Tempelmeier* (2000)

ℓ	Lieferzeit					
	0	1	2	3	4	5
5	0.9000	0.0828	0.0168	0.0004	–	–
10	0.9000	0.0759	0.0216	0.0024	0.0001	–
15	0.9000	0.0708	0.0244	0.0044	0.0004	–
30	0.9000	0.0613	0.0275	0.0089	0.0020	0.0003

Tabelle A.8: Lieferzeitverteilungen bei unterschiedlichen Wiederbeschaffungszeiten und konstantem β-Servicegrad von 90%

Zieht man zur Beurteilung der Lieferanten (bzw. Lager) jeweils ausschließlich den β-Servicegrad heran, dann sind alle Lieferanten gleich gut. Die Tabelle zeigt jedoch, daß die Streuung der Lieferzeiten mit steigender Wiederbeschaffungszeit zunimmt. Aus der Sicht eines Abnehmers kann diese Information von großer Bedeutung sein. So wird er sich unter sonst gleichen Bedingungen i. d. R. für den Anbieter entscheiden, dessen Lieferzeiten die geringste Streuung aufweisen.

Nehmen wir nun an, daß der Kunde seinerseits eine Lagerhaltungspolitik verfolgt. In diesem Fall würde er bei Wahl des Lieferanten mit $\ell = 5$ einen Bestellpunkt in Höhe von z. B. $s = 228$ benötigen, um einen β-Servicegrad von 95% gegenüber seinen Kunden zu gewährleisten. Bei Wahl des Lieferanten mit $\ell = 30$ dagegen müßte der Bestellpunkt $s = 250$ betragen. Strebt der Abnehmer einen β-Servicegrad von 99% an, dann ergibt sich für $\ell = 5$ ein Bestellpunkt von $s = 312$ und für $\ell = 30$ ein Bestellpunkt von $s = 383$. Zwischen dem besten Lieferanten und dem schlechtesten Lieferanten besteht aus der Sicht des Abnehmers ein Unterschied bezüglich der Lagerkosten, der nur bei Kenntnis der Wahrscheinlichkeitsverteilung der Wiederbeschaffungszeit quantifiziert werden kann.

Verwendet ein Lieferant die **Lieferzeit als Leistungskriterium** seines Lagers, dann kann er ihre Verteilung als Wettbewerbsargument einsetzen. Darüber hinaus bietet die Lieferzeit aber auch als einheitliche Dimension zur Beschreibung von Logistikprozessen die Möglichkeit, **prozeßübergreifende Optimierungsüberlegungen** anzustellen.[29] Zwar kann man die genaue Form der Lieferzeit-Verteilung nicht beeinflussen. Diese wird vor allem durch die Wahrscheinlichkeitsverteilung der Periodennachfragemengen bestimmt. Allerdings ist es möglich, die Parameter einer Lagerhaltungspolitik so einzustellen, daß sich eine bestimmte angestrebte durchschnittliche lagerbedingte Lieferzeit ergibt. In diesem Fall kann man z. B. bei Konstanz der dem Kunden zugesagten durchschnittlichen Gesamtlieferzeit die optimale Verteilung dieser Zeit auf die logistischen Prozesse bestimmen. Auch auf kumulierte Wahrscheinlichkeiten bezogene Zielsetzungen der Form „98% der Kundenaufträge sollen spätestens nach 2 Tagen ausgeliefert

---

29 vgl. *Zillus* (2003) sowie Abschnitt D

sein!" lassen sich erreichen. Manche Internet-Händler offerieren ihren Kunden bei Überschreitung einer bestimmten Lieferzeit einen Preisnachlaß. Um die dadurch entstehenden Kosten in seine Lagerhaltungsoptimierung einbeziehen zu können, muß ein solcher Händler allerdings in der Lage sein, die Lieferzeitverteilung ex ante zu bestimmen. Auf diese Fragen gehen wir in den Abschnitten C.5.2 und C.5.3 ein.

Ein Beispiel zur optimalen Abstimmung zwischen Lagerhaltung und kundenorientierter Endproduktmontage findet sich bei *Tempelmeier*[30]. Dort wird auch ein Verfahren zur Approximation der Lieferzeitverteilung für eine (r, S)-Politik in diskreter Zeit beschrieben. Weiter unten in Abschnitt C.2.4 werden wir die exakte Wahrscheinlichkeitsverteilung der Lieferzeit für eine Base-Stock-Politik bzw. $(r = 1, S)$-Politik in diskreter Zeit herleiten.

Weitet man die Betrachtung allgemein auf beliebige (Liefer-)Knoten in einer Supply Chain aus, die andere (Abnehmer-)Knoten versorgen, dann kann prinzipiell in jeder Lieferanten-Abnehmer-Relation eine (zufällige) Wartezeit auftreten. Ist der Lieferknoten eine Produktionsstätte oder eine Produktionsstufe, dann wird zur Beschreibung der Bedeutung des Lieferknotens für die gesamte Supply Chain oft auf die **durchschnittliche Auslastung** des Knotens zurückgegriffen. Als **Engpaß** und damit als kritisch angesehen wird dann der Knoten mit der höchsten durchschnittlichen Auslastung. Diese Sichtweise wird von *Glasserman und Wang*[31] kritisiert. Sie zeigen, daß es für den Beitrag eines Knotens zur Absorption der Unsicherheit in einer Supply Chain nicht so sehr auf die durchschnittliche Auslastung ankommt, sondern vielmehr auf deren Variabilität.

	$M/M/1$	$M/G/1$
λ	0.75	0.8
μ	1	
$E\{B\}$		1
Var$\{B\}$	1	0.36
Auslastung	75%	80%
Bestand L	3.00	2.98
Durchlaufzeit W	4.00	3.72

Tabelle A.9: Vergleich von $M/M/1$- und $M/G/1$-Warteschlangenmodell

Dies kann man leicht mit Hilfe zweier Warteschlangenmodelle zeigen. Es sei angenommen, daß zwei Produktionsknoten mit identischen mittleren Bearbeitungszeiten $E\{B\} = 1$ produzieren. Die Zwischenankunftszeiten von Aufträgen an beiden Knoten seien exponentialverteilt, wobei die Ankunftsrate am Knoten 1 $\lambda_1 = 0.75$ und

---

30 vgl. *Tempelmeier* (2000)
31 vgl. *Glasserman und Wang* (1999)

die Ankunfsrate am Knoten 2 $\lambda_2 = 0.80$ ist. Damit ist der Produktionsknoten 2 höher ausgelastet. Produktionsknoten 1 hat exponentialverteilte Bearbeitungszeiten (mit einer Varianz von 1), während die Bearbeitungszeiten im Produktionsknoten 2 mit einer Varianz von 0.36 allgemein verteilt sind. Wir bilden den Knoten 1 als $M/M/1$-Warteschlangenmodell und Knoten 2 als $M/G/1$-Modell[32] ab. Die Kenngrößen beider Warteschlangenmodelle sind in Tabelle A.9 zusammengefaßt. Es zeigt sich, daß der $M/M/1$-Knoten trotz geringerer Auslastung im Hinblick auf den Bestand und die **Durchlaufzeit** der **kritische Knoten** ist.

A.4.3.2 Produktgruppenbezogene Leistungskriterien

Betrachten wir nun den Fall, daß durch einen Auftrag mehrere gelagerte Produkte in der Weise betroffen sind, daß der Auftrag erst dann als erfüllt gilt, wenn alle benötigten Produkte geliefert worden sind. Werden z. B. auf Lager produzierte Produktkomponenten in einem Montageprozeß nach Eingang eines Kundenauftrags für ein Endprodukt in Abhängigkeit von den Wünschen des Kunden in kurzer Zeit zusammengebaut (auftragsorientierte Montage, „assemble-to-order"), dann kann das Endprodukt erst dann an den Kunden ausgeliefert werden, wenn alle benötigten Komponenten bereitgestellt und montiert worden sind. Derartige Produktions- und Montagekonzepte werden von Computerherstellern, z. B. Dell, verfolgt. In diesem Fall gibt ein isolierter produktbezogener Servicegrad nur unzureichend Auskunft über die Leistung des Lagersystems, die die Kunden der Endprodukte beobachten. Aber auch dann, wenn alle Endprodukte auf Lager produziert werden, kann es erforderlich sein, statt produktbezogener Leistungskriterien ein auf eine **Produktgruppe** bezogenes Leistungsmaß zu verwenden. Dies ist z. B. dann der Fall, wenn ein Kundenauftrag mehrere Auftragspositionen für unterschiedliche Endprodukte enthält und es entweder für den Kunden (z. B. bei Selbstabholung) oder die liefernde Unternehmung (z. B. im Versandhandel) zur Vermeidung zusätzlicher Logistikkosten von Bedeutung ist, daß der gesamte Auftrag mit einem logistischen Vorgang vollständig erfüllt wird.

Ein weiterer Anwendungsfall für auftragsorientierte Leistungskriterien findet sich in Reparatursystemen, z. B. in der Flugzeugwartung oder in Automobilwerkstätten. Hier kommt es oft vor, daß bei einer Inspektion die Notwendigkeit erkannt wird, mit einer Reparaturmaßnahme gleich mehrere Ersatzteile auszutauschen. Die Reparatur ist dann erst abgeschlossen, wenn alle Ersatzteile ausgetauscht worden sind.

Die im Folgenden betrachtete Problemstruktur wird in Bild A.9 veranschaulicht. Es treffen Kunden in der Verkaufsabteilung (oder auf einer Internet-Seite) eines Unternehmens ein, wo sie zunächst das gewünschte Endprodukt konfigurieren. Aus der Nachfrageent-

---

32 vgl. *Taha* (2003)

wicklung der Endprodukte und ihrer Erzeugnisstruktur leitet sich der Sekundärbedarf nach den gelagerten Produktkomponenten ab, die in die Endprodukte eingebaut werden.

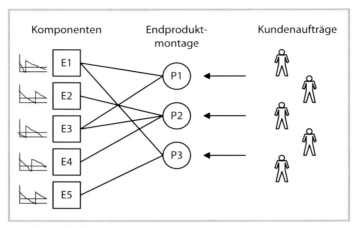

Bild A.9: Kundenauftragsorientierte Endproduktmontage

Das Problem besteht nun darin, die Parameter der Lagerhaltungspolitiken für die Produktkomponenten so festzulegen, daß angestrebte Leistungsziele, die sich auf die Endprodukte beziehen, erreicht werden. Bei auftragsorientierter Montage stellt sich auch die Frage, ob die bei Eingang eines Endproduktauftrags verfügbaren Sekundärbedarfsmengen der Komponenten bereits reserviert werden sollen oder nicht. Im erstgenannten Fall kann es geschehen, daß sie u. U. sehr lange im Lager auf die für die Komplettierung des Kundenauftrags noch fehlenden Komponenten warten müssen, obwohl ein anderer Kundenauftrag, der diese Komponenten ebenfalls benötigt, vollständig erfüllt werden könnte und dieser nun seinerseits warten muß.

In den genannten Fällen ist es erforderlich, die Leistung eines Lagers auf die Gesamtheit der von einem Auftrag betroffenen Produkte zu beziehen. Die bisher behandelten produktindividuellen Leistungskriterien überschätzen dabei die tatsächliche Leistung des Lagers.

 Zur Veranschaulichung betrachten wir folgendes einfache Beispiel. Ein kundenauftragsbezogen montiertes Endprodukt $P1$ besteht u. a. aus den beiden Komponenten $k \in \{E1, E2\}$, für die jeweils eine $(r = 1, S)$-Lagerhaltungspolitik[33] verfolgt wird, nach der am Ende einer jeden Periode genau die in der Periode aufgetretene Nachfragemenge beim Lieferanten bestellt wird, wodurch der disponible Lagerbestand des Produkts wie-

---

33   siehe Abschnitt C.1.2

der auf das Bestellniveau S_k steigt. Falls in einer Periode mehrere Endproduktaufträge eintreffen, werden diese als ein aggregierter Auftrag betrachtet.

Hätten die Kunden keine Wahlmöglichkeit, d. h. bei nur einem Endprodukt, dann würde jede ausgelieferte Endprodukteinheit eine Einheit von $E1$ und eine Einheit von $E2$ enthalten. Bei identischen deterministischen Wiederbeschaffungszeiten könnte man dann $E1$ und $E2$ zu einem Produktbündel zusammenfassen und in der Lagerhaltungsplanung wie ein einzelnes Produkt behandeln.

Schwieriger wird der Fall, wenn die Möglichkeit besteht, entweder nur $E1$ oder nur $E2$ oder aber auch $E1$ und $E2$ gemeinsam in das Endprodukt einzubauen. Aus den Realisationen der Kundenwünsche ergeben sich dann stochastische Sekundärbedarfsmengen für die Komponenten $E1$ und $E2$. Angenommen, die Sekundärbedarfsmengen im Risikozeitraum (Wiederbeschaffungszeit zuzüglich Überwachungszyklus r), Z_k, seien mit den Mittelwerten $\mu_k = 5$ und den Standardabweichungen $\sigma_k = 1$ ($k \in \{E1, E2\}$) normalverteilt. Bei isolierter Betrachtung der Produkte beträgt dann die Wahrscheinlichkeit dafür, daß während des Risikozeitraums des Produkts k keine Fehlmenge auftritt (α_{Zyk}-Servicegrad):

$$P\{\text{Keine Fehlmenge für Produkt } k\} = P\{Z_k \leq S_k\} \qquad k \in \{E1, E2\} \qquad \text{(A.22)}$$

Für $S_k = 7$ erhält man z. B. $P\{Z_k \leq 7\} = 0.9772$ ($k \in \{E1, E2\}$). Für das Endprodukt $P1$ dagegen kommt es bereits zu einer Fehlmenge, wenn der Lagerbestand für **mindestens eine** der Komponenten erschöpft ist. Zur Bestimmung der Wahrscheinlichkeit dieses Ereignisses muß die gemeinsame Entwicklung der Sekundärbedarfsmengen für $E1$ und $E2$ betrachtet werden, die sich aus den Bestellungen der Kunden für das Endprodukt $P1$ (und evtl. für andere, hier nicht betrachtete Endprodukte) ergeben. Die Sekundärbedarfsmengen sind in diesem Fall **gemeinsam verteilte Zufallsvariablen**, die durch die Form ihrer Wahrscheinlichkeitsverteilungen, ihre Erwartungswerte sowie ihre Varianzen und Kovarianzen beschrieben werden. Im betrachteten Beispiel ergibt sich die Wahrscheinlichkeit dafür, daß es für das Endprodukt zu keiner Fehlmenge kommt, aus den gemeinsamen Wahrscheinlichkeiten dafür, daß es für beide Produkte innerhalb des Risikozeitraums zu keiner Lieferunfähigkeit kommt:

$$P\{\text{Keine Fehlmenge für } P1\} = P\{Z_{E1} \leq S_{E1}, Z_{E2} \leq S_{E2}\} \qquad \text{(A.23)}$$

Die numerische Auswertung der Gleichung (A.23) erfordert die Kenntnis der Korrelation zwischen den beiden Zufallsvariablen. Unabhängig von der Erhöhung der Komplexität der Analyse entsteht somit auch ein Datenproblem, da neben den produktbezogenen Wahrscheinlichkeiten nun zusätzlich die Varianz-Kovarianz-Matrix aus empirischen Daten ermittelt werden muß.

Eine beträchtliche Vereinfachung ergibt sich für den Sonderfall, daß die Sekundärbedarfsmengen der Produktkomponenten **unabhängige** Zufallsvariablen (alle Korrelationskoeffizienten $\rho_{ij} = 0$) sind. In diesem Fall ist die Wahrscheinlichkeit dafür, daß der Endproduktauftrag ohne Verzögerung erfüllt werden kann, gleich dem Produkt der Lieferwahrscheinlichkeiten der Produktkomponenten. Für das Beispiel gilt dann

$$P\{\text{Keine Fehlmenge für } P1\} = P\{Z_{E1} \leq S_{E1}, Z_{E2} \leq S_{E2}\}$$

$$= P\{Z_{E1} \leq S_{E1}\} \cdot P\{Z_{E2} \leq S_{E2}\} \qquad \text{(A.24)}$$

$$= 0.9772 \cdot 0.9772 = 0.9549$$

Die Wahrscheinlichkeit dafür, daß das Endprodukt ohne Lieferverzögerung der Komponenten montiert und ausgeliefert werden kann, nimmt dabei mit der Anzahl der Produktkomponenten ab. Bei zehn identischen Komponenten würde sich im Beispiel eine Lieferwahrscheinlichkeit (α_{Zyk}-Servicegrad) von nur noch $0.9772^{10} = 0.7940$ ergeben. Allgemein gilt, daß die Lieferwahrscheinlichkeit für ein Endprodukt (einen Auftrag) nicht größer sein kann als die niedrigste Lieferwahrscheinlichkeit einer seiner Komponenten, da für gemeinsam verteilte Zufallsvariablen die Beziehung $P\{X_1 \leq x_1, \ldots, X_K \leq x_K\} \leq P\{X_k \leq x_k\}$ ($k = 1, 2, \ldots, K$) gilt.

Wesentlich komplizierter wird die Situation, wenn **Korrelation** zwischen den Sekundärbedarfsmengen besteht. So ist in der Praxis oft zu beobachten, daß bestimmte Ausstattungsvarianten von Produkten gemeinsam bestellt werden. Nehmen wir z. B. an, daß zwischen den Bedarfen für die beiden Produktkomponenten eine positive Korrelation von $\rho_{E1,E2} = 0.8$ besteht. Die gemeinsame Wahrscheinlichkeitsverteilung der Sekundärbedarfsmengen beider Produkte, mit deren Hilfe im betrachteten Beispiel der α_{Zyk}-Servicegrad für das Endprodukt berechnet werden kann, ist in Tabelle A.10 und in Bild A.10 dargestellt.

S_{E1}	S_{E2} 3	4	5	6	7
3	0.0098	0.0209	0.0227	0.0228	0.0228
4	0.0209	0.0976	0.1531	0.1586	0.1587
5	0.0227	0.1531	0.3976	0.4944	0.5000
6	0.0228	0.1586	0.4944	0.7803	0.8395
7	0.0228	0.1587	0.5000	0.8395	0.9643

Tabelle A.10: Gemeinsame Wahrscheinlichkeiten der Sekundärbedarfsmengen
$P\{Z_{E1} \leq S_{E1}, Z_{E2} \leq S_{E2}\}$

Die angenommene positive Korrelation hat zu einer Vergrößerung des endproduktbezogenen Servicegrades für gegebene Werte der Bestellniveaus S_k geführt. Während bei Unabhängigkeit der Sekundärbedarfsmengen der α_{Zyk}-Servicegrad für $S_k = 7$ ($k = E1, E2$) $\alpha_{Zyk} = 0.9520$ beträgt, ergibt sich bei der hier angenommenen Korrelation ein Wert von $\alpha_{Zyk} = 0.9643$. Da ein gegebener auftragsbezogener Servicegrad durch unterschiedliche Kombinationen der produktspezifischen Parameter S_k erreicht werden kann, stellt sich aus ökonomischer Sicht ein Optimierungsproblem. So kann man z. B. fragen, wie ein gegebener Gesamt-Lagerbestandswert so auf die einzelnen Produkte verteilt wird, daß der Servicegrad des Endprodukts maximiert wird.[34] Alternativ könnte man auch nach dem minimalen (bewerteten) Gesamt-Lagerbestand suchen, mit dem ein angestrebter Servicegrad des Endprodukts gerade noch erreicht wird. Dabei ist klar, daß billigere Produkte einen höheren Beitrag zur Einhaltung des Endproduktservicegrades leisten müssen als teurere Produkte.

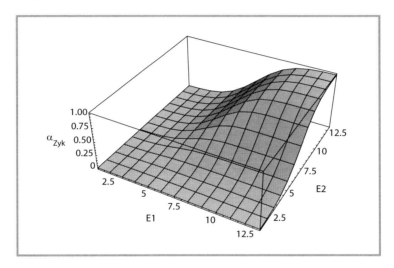

Bild A.10: α_{Zyk} als Funktion der gemeinsamen Wahrscheinlichkeitsverteilung der Sekundärbedarfsmengen für $E1$ und $E2$

Mit der Analyse von Lagerhaltungspolitiken bei auftragsorientierter Montage[35] befassen sich zahlreiche Veröffentlichungen. In den meisten Fällen wird als Leistungskriterium der auftragsbezogene α_{Zyk}-Servicegrad („order fill rate") verwendet. Es zeigt sich dabei, daß die numerische Auswertung der gemeinsamen Wahrscheinlichkeitsverteilung der Sekundärbedarfsmengen erhebliche Schwierigkeiten aufwirft.

---

34   vgl. *Hausman et al.* (1998)
35   vgl. *Song und Zipkin* (2003)

A.4.3.3 Kundenklassenspezifische Leistungskriterien

Bislang wurde unterstellt, daß das in einem Lagerknoten gültige Leistungskriterium für **alle Kunden** gleichermaßen verwendet wird. Aus dem Marketing ist jedoch bekannt, daß es sinnvoll sein kann, Marktsegmente zu bilden und differenziert zu bearbeiten. Im vorliegenden Fall bedeutet dies, daß es sinnvoll sein kann, die Menge der Kunden in mehrere Gruppen aufzuteilen, denen unterschiedlich lange Lieferzeiten offeriert werden[36] oder für die gruppenspezifische Servicegrade unterschiedlicher Höhe angestrebt werden.

In dieser Situation hat man im Hinblick auf den **Sicherheitsbestand** mehrere Optionen:[37]

- Man hält für alle Kundengruppen einen **gemeinsamen Sicherheitsbestand** und orientiert dessen Höhe an den Bedürfnissen der anspruchsvollsten Kundengruppe. Dies ist keine gute Idee, da den Kunden mit geringeren Service-Anforderungen ebenfalls ein (zu) hoher Service geboten wird, den sie zwar akzeptieren, vermutlich aber nicht honorieren werden.

- Man hält für jede Kundengruppe einen **getrennten Lagerbestand**, aus dem ausschließlich diese Kundengruppe beliefert wird. Dies ist ebenfalls keine gute Idee, da die Risikoausgleichseffekte zwischen den Sicherheitsbeständen nicht genutzt werden. Es kann vorkommen, daß ein Kunde aus der (wichtigen) Kundengruppe A erst nach einer Wartezeit beliefert wird, obwohl noch Sicherheitsbestand für die (unwichtige) Kundengruppe B bei Wiederauffüllung des Lagers vorhanden ist.

- Man bedient alle Kunden aus demselben Lagerbestand. Allerdings **reserviert** man einen Teil des Sicherheitsbestands ausschließlich für die wichtige Kundengruppe A. Das heißt, man stellt die Belieferung der Kundengruppe B nicht erst ein, wenn der Lagerbestand erschöpft ist, sondern bereits dann, wenn noch ein Restbestand vorhanden ist. Dieser Restbestand wird für die Belieferung der Kundengruppe A reserviert.

Die letztgenannte Option hat den Vorteil, daß sie eine differenzierte Marktbearbeitung erlaubt, ohne daß dadurch auf den Risikoausgleichseffekt vollständig verzichtet werden muß, der sich aus der gemeinsamen Betrachtung des gesamten Sicherheitsbestands ergibt. Damit verbindet sich das Problem der Bestimmung der optimalen Höhe des für die Kundengruppe A reservierten Lagerbestands. Dabei ist zu beachten, daß dieser reservierte Bestand mit abnehmendem Abstand bis zur nächsten Lagerauffüllung sinkt.

---

36 vgl. *Wang et al.* (2002)

37 vgl. *Tempelmeier* (2006)

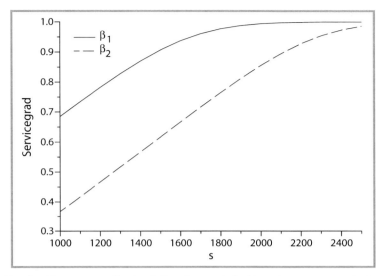

Bild A.11: Kundenklassenspezifische β-Servicegrade bei konstantem reserviertem Bestand k und variablem Bestellpunkt s

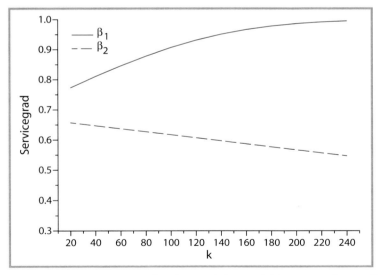

Bild A.12: Kundenklassenspezifische β-Servicegrade bei variablem reserviertem Bestand k und konstantem Bestellpunkt s

In Abschnitt C.3 wird ein reservierter Bestand k im Rahmen einer (s, q)-Politik verwendet. Nimmt man die Bestellmenge q als gegeben an, dann sind in dieser (s, q, k)-Politik mit zwei Kundenklassen drei Entscheidungsvariablen unter Berücksichtigung von zwei kundenklassenspezifischen Servicegraden, β_1 und β_2, zu optimieren. Bild A.11 zeigt, daß eine Erhöhung des Bestellpunkts s bei konstantem reserviertem Bestand k sich positiv auf die β-Servicegrade beider Kundenklassen auswirkt. Dies überrascht nicht. Allerdings steigt β_2 dabei stärker an als β_1.

Bild A.12 dagegen zeigt, daß eine Erhöhung des reservierten Bestands k bei konstantem Bestellpunkt s gegenläufige Effekte auf die beiden Servicegrade hat. Da der Anteil an s, der für die Nachfrage der Kundenklasse 2 übrigbleibt, mit zunehmendem k sinkt, fällt β_2, während β_1 gleichzeitig ansteigt. Es kommt also zu einer Verschiebung des Sicherheitsbestands von der Kundenklasse 2 in Richtung auf die Kundenklasse 1. Diese Zusammenhänge kann man nutzen, um s und k so einzustellen, daß angestrebte Servicegrade β_1 und β_2 genau erreicht werden.

A.4.4   Die Kennziffer „Bestandsreichweite"

In der betrieblichen Praxis wird zur Messung der Leistungsfähigkeit eines Logistiksystems u. a. auf die **Bestandsreichweite** zurückgegriffen. Auch Analysten vergleichen unterschiedliche Unternehmen aus einer Branche mit Hilfe dieses Kriteriums. Die Bestandsreichweite gibt die Anzahl von Perioden an, die der Lagerbestand eines Produkts noch ausreicht, um die erwarteten Periodennachfragemengen zu decken. Es entsteht dabei der Eindruck, daß ein Unternehmen mit einer geringen Bestandsreichweite eine bessere Logistik hat als ein Unternehmen mit einer höheren Bestandsreichweite. Daraus folgt, daß ein Unternehmen in einem Betriebsvergleich besser dasteht, wenn es mit geringen Beständen auskommt.

Für die Beurteilung der **Qualität eines Logistiksystems** ist aber die Kenntnis der **Bestandsursachen** von Bedeutung. In einem hierarchischen Planungssystem werden auf verschiedenen Planungsebenen Lagerbestände induziert:[38]

* **Saisonaler Bestand.** Sofern die Entscheidungen der aggregierten Gesamtplanung nicht dazu führen, daß die Produktion sich reaktiv an die prognostizierte Nachfrageentwicklung anpaßt, kann es bei saisonal schwankenden Nachfragen kostengünstig sein, vorausschauend saisonale Lagerbestände aufzubauen. Saisonaler Bestand ist dann das Ergebnis einer systematischen Optimierungsrechnung.[39] Hoher saisonaler Lagerbestand kann also ein Zeichen für eine systematische, vorausschauende

---

38 vgl. *Fleischmann* (1996)

39 Die meisten Advanced Planning Systeme unterstützen durch geeignete Optimierungsmodule den Aufbau von saisonalem Lagerbestand. Vgl. auch *Günther und Tempelmeier* (2016).

Planung sein, deren Ziel darin besteht, die Nachfrage kostenminimal bzw. gewinn-maximal zu erfüllen. Zu geringe saisonale Lagerbestände können ein Zeichen für die nicht problemadäquate Durchführung der aggregierten Gesamtplanung sein.

- **Losgrößenbestand.** Immer dann, wenn durch die Vorbereitung einer Ressource für die Durchführung eines Wertschöpfungsprozesses Rüstzeitverluste oder Rüst-kosten entstehen, kann es sinnvoll – oft sogar zwingend notwendig – sein, zukünfti-ge Bedarfsmengen bereits vor dem spätestzulässigen Bedarfstermin zu produzieren. Damit ist zwangsläufig ein Losgrößenbestand (Grundbestand, cycle stock) verbun-den, dessen Höhe von den Rüstkosten (bzw. den Opportunitätskosten der Rüstzeit) bestimmt wird. Auch wenn die Kapazität hoch ausgelastet ist, müssen bestimm-te Nachfragemengen bei absehbaren Kapazitätsengpässen vor dem Bedarfstermin produziert werden. Große Losgrößen und hohe Lagerbestände können somit auf knappe bzw. gut ausgelastete Ressourcen hinweisen. Ein niedriger Losgrößenbe-stand kann ein Zeichen für eine geringe Auslastung der Ressourcen sein.

- **Transportlosgrößenbestand.** Im Transportbereich ist es oft sinnvoll, kleinere Sen-dungen (Less Than Truck Load, LTL) zu ganzen Wagenladungen (Full Truck Load, FTL) zusammenzufassen. Dies erzwingt die Lagerung der zu früh verfügbaren Pro-duktmengen bis zu dem Zeitpunkt, an dem der kumulierte Bestand die volle Wagen-ladung erreicht hat. Ein niedriger Transportlosgrößenbestand kann somit ein Zei-chen für die suboptimale Duchführung der Transportpozesse und die zu geringe Auslastung des Fuhrparks sein.

- **Transitbestand.** Sofern Transporte nicht unendlich schnell ablaufen, entsteht ein Lagerbestand (Transitbestand) während des Transportvorgangs. Hohe Transportbe-stände können ein Zeichen dafür sein, daß das Unternehmen einen regional weit gestreuten Absatzmarkt beliefert.

- **Kommissionierbestand.** Wenn mehrere unterschiedliche Produkte zu einer Waren-sendung zusammengefaßt werden, kommt es während der Kommissionierung zu einem Lagerbestand. Ein derartiger Bestand kann ein Zeichen dafür sein, daß Ko-stendegressionseffekte im Transportbereich genutzt werden.

- **Sicherheitsbestand.** Immer dann, wenn der Lagerzugang aufgrund von unzuver-lässigen Anlieferungen und/oder der Lagerabgang infolge der auftretenden Nach-fragemengen nicht deterministisch sind, muß das Lager durch Sicherheitsbestand gegen die Unsicherheit im Risikozeitraum geschützt werden. Geschieht das nicht, kommt es zu Lieferproblemen. Unter bestimmten Annahmen kann der Sicherheits-bestand als ein Vielfaches v_{opt} der **Standardabweichung** der Nachfragemenge in der Wiederbeschaffungszeit, σ_Y, dargestellt werden:[40]

---

40 Bei einem α-Servicegrad von 99% und normalverteilter Nachfrage ist v_{opt} gleich 2.33.

$$SB = v_{\text{opt}} \cdot \sigma_Y \tag{A.25}$$

Ein **Zusammenhang zwischen dem Sicherheitsbestand und der durchschnittlichen Periodennachfragemenge**, wie er durch die Bestandsreichweite abgebildet wird, besteht hier **nicht**. Es hat somit keinen Sinn, die Höhe des Sicherheitsbestands mithilfe der Reichweite auszudrücken.[41]

A.4.5 Die Nachfragemenge im Risikozeitraum

Unter stochastischen Bedingungen ist die Nachfragemenge im Risikozeitraum von besonderem Interesse. Der Risikozeitraum setzt sich zusammen aus

- dem **Überwachungsintervall** und
- der **Wiederbeschaffungszeit**.

Innerhalb dieser Zeitspanne, die üblicherweise mehrere Perioden umfaßt, tritt stochastische Nachfrage auf, deren Wahrscheinlichkeitsverteilung für die Festlegung der Parameter einer Lagerpolitik bekannt sein muß. Wir gehen nun davon aus, daß die Nachfragemengen D je Periode[42] für das betrachtete Produkt Zufallsvariablen sind, die einer im Zeitablauf gleichbleibenden und periodenweise unabhängigen Wahrscheinlichkeitsverteilung (z. B. Normalverteilung, Gamma-Verteilung, diskrete empirische Verteilung) folgen.[43] Die Wahrscheinlichkeitsverteilung bzw. ihre Parameter seien aus Aufzeichnungen über die Nachfrageentwicklung in der Vergangenheit geschätzt worden. Die empirische Analyse der Nachfrageentwicklung ist eine in der Praxis oft vernachlässigte, aber unverzichtbare Voraussetzung für die Anwendung einer Lagerhaltungspolitik.

Die Periodennachfragemengen werden, falls sie durch kontinuierliche Zufallsvariablen modelliert werden, durch ihre Dichtefunktion $f_D(d)$ und ihre Verteilungsfunktion $F_D(d) = P\{D \leq d\}$ beschrieben. Im diskreten Fall sind Wahrscheinlichkeiten $P\{D = d, d = d_{\min}, \ldots, d_{\max}\}$ gegeben.

Auch die Wiederbeschaffungszeit L kann als Zufallsvariable modelliert werden, wobei wir im Folgenden davon ausgehen wollen, daß L durch eine diskrete Wahrscheinlichkeitsverteilung $P\{L = \ell, \ell = \ell_{\min}, \ldots, \ell_{\max}\}$ beschrieben wird. Diese Diskretisierung

---

41 Siehe hierzu auch *Tempelmeier* (2016), Aufgabe C3.2
42 Als Periodenlänge wird im Folgenden jeweils ein Tag angenommen.
43 Die folgenden Überlegungen lassen sich auch auf den Fall anwenden, daß die Nachfrage sich im Zeitablauf verschiebt oder in ihrer Struktur verändert. In diesem Fall wird zur Nachfrageprognose ein geeignetes Prognoseverfahren eingesetzt und die Prognosefehler werden als die Größe interpretiert, deren zufällige Ausprägungen durch Sicherheitsbestände aufgefangen werden müssen. Vgl. *Schneider* (1978); *Robrade* (1991).

der Zeitachse stimmt mit dem normalen Ablauf logistischer Prozesse in der betrieblichen Praxis überein. Wird z. B. eine Bestellung an einen Lieferanten ausgelöst, dann wird die bestellte Ware selbst unter günstigen Bedingungen (z. B. bei telefonischer Bestellannahme, Lieferfähigkeit des Lieferanten und unverzüglicher Auftragsabwicklung mit einer Wiederschaffungszeit $L = 0$) i. d. R. erst zu Beginn des nächsten Tages angeliefert. Kontinuierliche, z. B. exponentialverteilte, Wiederbeschaffungszeiten dagegen sind in der Praxis eher selten anzutreffen.

A.4.5.1   Deterministische Wiederbeschaffungszeiten

Für einen gegebenen Wert ℓ der Wiederbeschaffungszeit ergibt sich die Nachfragemenge in der Wiederbeschaffungszeit, Y, als Summe der ℓ einzelnen Periodennachfragemengen. Die Wahrscheinlichkeitsverteilung dieser Summe kann in Abhängigkeit von der Verteilung der Periodennachfragemenge bestimmt werden. In der betrieblichen Praxis beobachtet man sehr unterschiedliche Nachfrageverteilungen. So folgt die Periodennachfrage bei Produkten mit sporadischem Bedarf oft einer Poisson-Verteilung. Auch die Gamma-Verteilung bietet eine flexible Möglichkeit zur Abbildung der Periodennachfrage. Stellvertretend für die Vielzahl möglicher Verteilungstypen werden im Folgenden die Normalverteilung, die Gamma-Verteilung sowie eine diskrete empirische Verteilung betrachtet.

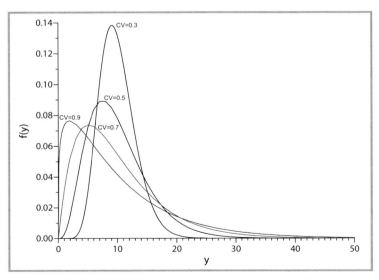

Bild A.13: Dichtefunktionen der Gamma-Verteilung

Normalverteilung. Ist die Periodennachfragemenge D mit dem Mittelwert μ_D und der Standardabweichung σ_D normalverteilt, dann ist die Nachfragemenge in der Wiederbeschaffungszeit mit dem Mittelwert $\mu_Y = \mu_D \cdot \ell$ und der Standardabweichung $\sigma_Y = \sigma_D \cdot \sqrt{\ell}$ ebenfalls normalverteilt.

Gamma-Verteilung. Ist die Periodennachfragemenge D mit dem Skalenparameter α_D und dem Formparameter k_D Gamma-verteilt, dann ist die Nachfragemenge in der Wiederbeschaffungszeit mit dem Skalenparameter $\alpha_Y = \alpha_D$ und dem Formparameter $k_Y = k_D \cdot \ell$ ebenfalls Gamma-verteilt. Bild A.13 zeigt die Dichtefunktion der Gamma-Verteilung für verschiedene Werte des Variationskoeffizienten $\mathrm{CV}\{Y\} = \frac{\sqrt{\mathrm{Var}\{Y\}}}{E\{Y\}}$. Wie man sieht, können sehr unterschiedliche Nachfragestrukturen durch die Gamma-Verteilung abgebildet werden.

Diskrete empirische Verteilung. Im Falle einer diskreten empirischen Verteilung der Periodennachfragemenge kann die Wahrscheinlichkeitsverteilung der Nachfragemenge in der Wiederbeschaffungszeit durch ℓ-fache Faltung der Verteilung der Periodennachfragemenge wie folgt bestimmt werden.[44] Bezeichnen wir mit $Y^{(\ell)}$ die Summe der Nachfragemengen aus ℓ aufeinanderfolgenden Perioden, dann gilt:

$$P\left\{Y^{(1)} = y_k\right\} = P\left\{D = y_k\right\} \tag{A.26}$$

und

$$P\left\{Y^{(\ell)} = y_k\right\} = \sum_{x_i + d_j = y_k} P\left\{Y^{(\ell-1)} = x_i, D = d_j\right\} \qquad \ell \geq 2 \tag{A.27}$$

Die möglichen Ausprägungen der Zufallsvariablen $Y^{(\ell)}$ liegen in einem Bereich zwischen $\left(\min\left\{y_k^{(\ell-1)}\right\} + d_{\min}\right)$ und $\left(\max\left\{y_k^{(\ell-1)}\right\} + d_{\max}\right)$. Die Anzahl der unterschiedlichen Ausprägungen von $Y^{(\ell)}$ hängt von den möglichen Kombinationen von x_i und d_j ab. Zur Erläuterung sei folgendes Beispiel betrachtet. Die Wiederbeschaffungszeit möge $\ell = 3$ Tage betragen. Die tägliche Nachfragemenge D sei eine diskrete Zufallsvariable mit den Wahrscheinlichkeiten $P\{D = 0\} = 0.1$, $P\{D = 1\} = 0.4$ und $P\{D = 2\} = 0.5$. Die Wahrscheinlichkeitsverteilung der Nachfragemenge in der Wiederbeschaffungszeit ergibt sich dann wie folgt:

$$\boxed{\ell = 1 : 0 \leq y_k \leq 2}$$

$P\left\{Y^{(1)} = 0\right\} = 0.1$
$P\left\{Y^{(1)} = 1\right\} = 0.4$
$P\left\{Y^{(1)} = 2\right\} = 0.5$

---

44   vgl. auch *Hübner* (1996), S. 81

$$\boxed{\ell = 2 : 0 \leq y_k \leq 2 + 2 = 4}$$

$$
\begin{aligned}
P\left\{Y^{(2)} = 0\right\} &= P\left\{Y^{(1)} = 0\right\} \cdot P\{D = 0\} \\
&= 0.1 \cdot 0.1 = 0.01
\end{aligned}
$$

$$
\begin{aligned}
P\left\{Y^{(2)} = 1\right\} &= P\left\{Y^{(1)} = 0\right\} \cdot P\{D = 1\} \\
&+ P\left\{Y^{(1)} = 1\right\} \cdot P\{D = 0\} \\
&= 0.1 \cdot 0.4 + 0.4 \cdot 0.1 = 0.08
\end{aligned}
$$

$$
\begin{aligned}
P\left\{Y^{(2)} = 2\right\} &= P\left\{Y^{(1)} = 0\right\} \cdot P\{D = 2\} \\
&+ P\left\{Y^{(1)} = 1\right\} \cdot P\{D = 1\} \\
&+ P\left\{Y^{(1)} = 2\right\} \cdot P\{D = 0\} \\
&= 0.1 \cdot 0.5 + 0.4 \cdot 0.4 + 0.5 \cdot 0.1 = 0.26
\end{aligned}
$$

$$
\begin{aligned}
P\left\{Y^{(2)} = 3\right\} &= P\left\{Y^{(1)} = 1\right\} \cdot P\{D = 2\} \\
&+ P\left\{Y^{(1)} = 2\right\} \cdot P\{D = 1\} \\
&= 0.4 \cdot 0.5 + 0.5 \cdot 0.4 = 0.40
\end{aligned}
$$

$$
\begin{aligned}
P\left\{Y^{(2)} = 4\right\} &= P\left\{Y^{(1)} = 2\right\} \cdot P\{D = 2\} \\
&= 0.5 \cdot 0.5 = 0.25
\end{aligned}
$$

$$\boxed{\ell = 3 : 0 \leq y_k \leq 4 + 2 = 6}$$

$$
\begin{aligned}
P\left\{Y^{(3)} = 0\right\} &= P\left\{Y^{(2)} = 0\right\} \cdot P\{D = 0\} \\
&= 0.01 \cdot 0.1 = 0.001
\end{aligned}
$$

$$
\begin{aligned}
P\left\{Y^{(3)} = 1\right\} &= P\left\{Y^{(2)} = 0\right\} \cdot P\{D = 1\} \\
&+ P\left\{Y^{(2)} = 1\right\} \cdot P\{D = 0\} \\
&= 0.01 \cdot 0.4 + 0.08 \cdot 0.1 = 0.012
\end{aligned}
$$

$$
\begin{aligned}
P\left\{Y^{(3)} = 2\right\} &= P\left\{Y^{(2)} = 0\right\} \cdot P\{D = 2\} \\
&+ P\left\{Y^{(2)} = 1\right\} \cdot P\{D = 1\} \\
&+ P\left\{Y^{(2)} = 2\right\} \cdot P\{D = 0\} \\
&= 0.01 \cdot 0.5 + 0.08 \cdot 0.4 + 0.26 \cdot 0.1 = 0.063
\end{aligned}
$$

$$
\begin{aligned}
P\left\{Y^{(3)} = 3\right\} &= P\left\{Y^{(2)} = 1\right\} \cdot P\{D = 2\} \\
&+ P\left\{Y^{(2)} = 2\right\} \cdot P\{D = 1\} \\
&+ P\left\{Y^{(2)} = 3\right\} \cdot P\{D = 0\} \\
&= 0.08 \cdot 0.5 + 0.26 \cdot 0.4 + 0.4 \cdot 0.1 = 0.184
\end{aligned}
$$

$$
\begin{aligned}
P\left\{Y^{(3)}=4\right\}=&P\left\{Y^{(2)}=2\right\}\cdot P\left\{D=2\right\}\\
&+P\left\{Y^{(2)}=3\right\}\cdot P\left\{D=1\right\}\\
&+P\left\{Y^{(2)}=4\right\}\cdot P\left\{D=0\right\}\\
=&0.26\cdot 0.5+0.4\cdot 0.4+0.25\cdot 0.1=0.315\\
P\left\{Y^{(3)}=5\right\}=&P\left\{Y^{(2)}=3\right\}\cdot P\left\{D=2\right\}\\
&+P\left\{Y^{(2)}=4\right\}\cdot P\left\{D=1\right\}\\
=&0.4\cdot 0.5+0.25\cdot 0.4=0.300\\
P\left\{Y^{(3)}=6\right\}=&P\left\{Y^{(2)}=4\right\}\cdot P\left\{D=2\right\}\\
=&0.25\cdot 0.5=0.125
\end{aligned}
$$

A.4.5.2   Stochastische Wiederbeschaffungszeiten

In der Praxis sind die Wiederbeschaffungszeiten oft **stochastisch**. Denn die Wiederbeschaffungszeit aus der Sicht des Kunden ist die Lieferzeit aus der Sicht des Lieferanten. Und dessen **Lieferzeiten** sind dann **stochastisch**, wenn

– der Lieferant nur auftragsbezogen produziert und **stochastische Durchlaufzeiten** (aufgrund von Störungen, Produktionsfehlern etc.) oder **nicht-kontrollierte Durchlaufzeiten** in der Produktion auftreten. Eine Ursache hierfür können unzureichende Produktionsplanungsverfahren sein, z. B. die Vernachlässigung der Kapazitäten in der Losgrößenplanung nach dem MRP-Sukzessivplanungskonzept.[45]

– der Lieferant lagerbezogen produziert, aber **keinen lagerbedingten Servicegrad von 100%** garantieren kann. Dabei wird die Wiederbeschaffungszeit auch von der Lagerhaltungspolitik beeinflußt, die der Lieferant einsetzt.[46] Verfolgt der Lieferant z. B. eine (r, S)-Politik, dann ist die Gefahr einer langen Lieferzeit c. p. größer als bei einer (s, q)-Politik mit derselben Wiederbeschaffungszeit.

– **weitere logistische Prozesse mit stochastischer Dauer**, z. B. Auftragsabwicklungs- und Transportprozesse zu berücksichtigen sind. Das ist in der Praxis regelmäßig der Fall.

– das Planungssystem eines Abnehmers eine **feinere Einteilung** der Zeitachse hat als die Auftragsabwicklung des Lieferanten, z. B. wenn dieser seine Auftragseingänge mit einem festen Lieferrhythmus bearbeitet. In diesem Fall reagiert der Abnehmer schnell auf Entwicklungen seines Lagerbestands. Allerdings bringt die

---

45   vgl. *Drexl et al.* (1994); *Tempelmeier* (2017)
46   vgl. *Tempelmeier* (2000)

schnelle Reaktion keinen Vorteil, da beim Lieferanten durch das gröbere Zeitraster eine Verzögerung in der Auftragsabwicklung eintritt. In Abhängigkeit davon, wie lange der Abnehmer bis zur nächsten Auftragsbearbeitung des Lieferanten warten muß, kommt es zu einer mehr oder weniger langen (stochastischen) Wiederbeschaffungszeit.[47]

Stochastische Wiederbeschaffungszeiten werden in Lagerhaltungsmodellen oft wie folgt berücksichtigt. Man nimmt an, daß die Wiederbeschaffungszeiten stationäre Zufallsvariablen mit dem Erwartungswert $E\{L\}$ und der Varianz $\mathrm{Var}\{L\}$ sind und daß sie unabhängig von den Periodennachfragen sind. Die Nachfragemenge in der Wiederbeschaffungszeit, Y, ist dann **eine zufällige Summe von Zufallsvariablen**. Ihre Momente lassen sich wie folgt bestimmen. Der Erwartungswert ist:

$$E\{Y\} = E\{L\} \cdot E\{D\} \tag{A.28}$$

Für einen **gegebenen** Wert der Wiederbeschaffungszeit, $L = \ell$, gilt wegen der Beziehung $\mathrm{Var}\{X\} = E\{X^2\} - E\{X\}^2$ folgender Zusammenhang:

$$\mathrm{Var}\{Y|L = \ell\} = E\{Y^2|L = \ell\} - (\ell \cdot E\{D\})^2 \tag{A.29}$$

oder

$$E\{Y^2|L = \ell\} = \ell \cdot \mathrm{Var}\{D\} + (\ell \cdot E\{D\})^2 \tag{A.30}$$

Bei stochastischem L gilt dann:

$$\mathrm{Var}\{Y\} = \sum_\ell \left[\ell \cdot \mathrm{Var}\{D\} + (\ell \cdot E\{D\})^2 \right] \cdot P\{L = \ell\} - E\{D\}^2 \cdot E\{L\}^2 \tag{A.31}$$

Daraus folgt:

$$\mathrm{Var}\{Y\} = E\{L\} \cdot \mathrm{Var}\{D\} + \underbrace{E\{L^2\}}_{=\mathrm{Var}\{L\}+E\{L\}^2} \cdot E\{D\}^2 - E\{D\}^2 \cdot E\{L\}^2 \tag{A.32}$$

und

$$\mathrm{Var}\{Y\} = E\{L\} \cdot \mathrm{Var}\{D\} + \mathrm{Var}\{L\} \cdot E\{D\}^2$$
$$+ \underbrace{E\{L\}^2 \cdot E\{D\}^2 - E\{D\}^2 \cdot E\{L\}^2}_{=0} \tag{A.33}$$

---

47 Diese Situation liegt auch vor, wenn der Abnehmer eine kontinuierliche Lagerüberwachung betreibt, der Lieferant aber nur täglich liefert.

Die Varianz der Nachfrage in der Wiederbeschaffungszeit beträgt damit:

$$\text{Var}\{Y\} = E\{L\} \cdot \text{Var}\{D\} + \text{Var}\{L\} \cdot E\{D\}^2 \tag{A.34}$$

Es wird nun in der Literatur empfohlen, die Parameter der Lagerhaltungspolitik auf der Grundlage einer Nachfrage in der Wiederbeschaffungszeit mit derart errechneten Momenten zu bestimmen. So könnte man z. B. die Normalverteilung mit dem Mittelwert $E\{Y\}$ und der Standardabweichung $\sqrt{\text{Var}\{Y\}}$ aus Gleichung (A.34) zur Modellierung der Nachfragemenge in der Wiederbeschaffungszeit verwenden. Die folgenden Überlegungen werden aber zeigen, daß diese Vorgehensweise auch zu sehr ungenauen Ergebnissen führen kann.

Die **Form der Wahrscheinlichkeitsverteilung** der Zufallsvariablen Y hängt u. a. von der Form der Wahrscheinlichkeitsverteilung der Wiederbeschaffungszeiten ab, wobei sich auch mehrgipflige Verteilungen von Y ergeben können.

Ist die Wiederbeschaffungszeit eine diskrete Zufallsvariable mit möglichen Ausprägungen im Bereich $\ell_{\min} \leq \ell \leq \ell_{\max}$, dann kann die Wahrscheinlichkeitsverteilung der Nachfragemenge in der Wiederbeschaffungszeit durch Gewichtung der (bedingten) Wahrscheinlichkeitsverteilungen ermittelt werden.

Wird die Periodennachfragemenge als kontinuierliche Zufallsvariable modelliert, dann beträgt die Dichtefunktion der Nachfragemenge in der Wiederbeschaffungszeit:[48]

$$f_Y(y) = \sum_{\ell=\ell_{\min}}^{\ell_{\max}} f_Y(y\,|\,L=\ell) \cdot P\{L=\ell\} \tag{A.35}$$

Für die Verteilungsfunktion von Y erhalten wir:

$$F_Y(y) = \sum_{\ell=\ell_{\min}}^{\ell_{\max}} \left[\int_0^y f_Y(x\,|\,L=\ell) \cdot dx \right] \cdot P\{L=\ell\} \tag{A.36}$$

Modelliert man die Nachfragemenge als diskrete Zufallsvariable, dann erhält man:

$$P\{Y \leq y\} = \sum_{\ell=\ell_{\min}}^{\ell_{\max}} P\{Y \leq y\,|\,L=\ell\} \cdot P\{L=\ell\} \tag{A.37}$$

 Nehmen wir im obigen Beispiel $P\{L=2\} = 0.4$ und $P\{L=3\} = 0.6$ an, dann ergibt sich:

---

48   vgl. *Eppen und Martin* (1988); *Suchanek* (1996)

$$P\{Y=0\} = P\{Y^{(2)}=0\} \cdot 0.4 + P\{Y^{(3)}=0\} \cdot 0.6 = 0.004 + 0.0006 = 0.0046$$
$$P\{Y=1\} = P\{Y^{(2)}=1\} \cdot 0.4 + P\{Y^{(3)}=1\} \cdot 0.6 = 0.032 + 0.0072 = 0.0392$$
$$P\{Y=2\} = P\{Y^{(2)}=2\} \cdot 0.4 + P\{Y^{(3)}=2\} \cdot 0.6 = 0.104 + 0.0378 = 0.1418$$
$$P\{Y=3\} = P\{Y^{(2)}=3\} \cdot 0.4 + P\{Y^{(3)}=3\} \cdot 0.6 = 0.160 + 0.1104 = 0.2704$$
$$P\{Y=4\} = P\{Y^{(2)}=4\} \cdot 0.4 + P\{Y^{(3)}=4\} \cdot 0.6 = 0.100 + 0.1890 = 0.2890$$
$$P\{Y=5\} = P\{Y^{(2)}=5\} \cdot 0.4 + P\{Y^{(3)}=5\} \cdot 0.6 = 0 + 0.1800 = 0.1800$$
$$P\{Y=6\} = P\{Y^{(2)}=6\} \cdot 0.4 + P\{Y^{(3)}=6\} \cdot 0.6 = 0 + 0.0750 = 0.0750$$

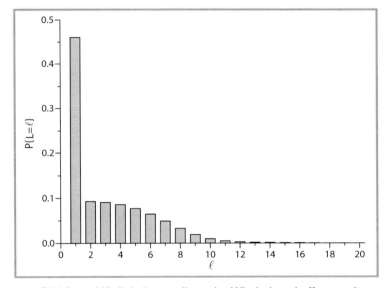

Bild A.14: Häufigkeitsverteilung der Wiederbeschaffungszeit

In diesem einfachen Beispiel kann man wohl noch davon ausgehen, daß Y normalverteilt ist. In realistischeren Fällen erhält man dagegen oft ein völlig anderes Bild. Die in Bild A.14 dargestellte Verteilung der Wiederbeschaffungszeit ist z. B. typisch für den Fall, daß der Lieferant ebenfalls eine Lagerhaltungspolitik anwendet und dabei einen sehr niedrigen Servicegrad erreicht.[49] Diese Situation findet man oft in mehrstufigen Logistik-Systemen bzw. Supply Chains vor, wenn sowohl der Lieferknoten als auch der Abnehmerknoten demselben Unternehmen gehören und gemeinsam optimiert werden. In diesem Fall kann die Bevorratung eines niedrigen Sicherheitsbestands mit einer daraus folgenden ungünstigen Wahrscheinlichkeitsverteilung der Lieferzeiten im Liefer-

---

49 Im Bild wurde zu der lagerbedingten Wartezeit der Kundenaufträge eine Auftragsabwicklungs- und Transportzeit von einer Periode addiert.

knoten und entsprechend hohem erforderlichen Sicherheitsbestand im Abnehmerknoten aus der Perspektive des Gesamtsystems vorteilhaft sein.[50]

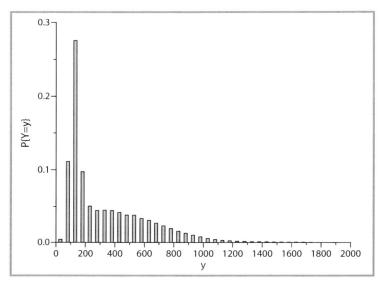

Bild A.15: Häufigkeitsverteilung der Nachfragemenge in der Wiederbeschaffungszeit

Nimmt man z. B. an, daß die Periodennachfragemenge mit $\mu = 100$ und $\sigma = 30$ normalverteilt ist, dann erhält man aufgrund der oben erläuterten Zusammenhänge bei Annahme der abgebildeten Wiederbeschaffungszeitverteilung (mit $E\{L\} = 3.12$, $\text{Var}\{L\} = 7.28$) eine mittlere Nachfragemenge $E\{Y\} = 312$ mit der Varianz $\text{Var}\{Y\} = 75617$ bzw. der Standardabweichung 275. Der Variationskoeffizient dieser Verteilung ist 0.88. Bild A.15 zeigt, daß es sich keinesfalls um eine Normalverteilung handeln kann. Bei einer Normalverteilung mit einem derartig großen Variationskoeffizienten käme es zudem sehr häufig zu negativen Nachfragemengen.

Geht man ungeachtet dieses Abbildungsfehlers bei der Bestimmung des Sicherheitsbestands von einer normalverteilten Nachfragemenge in der Wiederbeschaffungszeit aus, dann wird der Sicherheitsbestand nicht korrekt berechnet. Auf dieses Problem wird in zahlreichen Veröffentlichungen eingegangen.[51]

In der Praxis wird das aber kaum zur Kenntnis genommen. Welche kostenmäßigen Konsequenzen daraus resultieren können, zeigt das folgende Beispiel. Wird in dem betrachteten Lager z. B. eine (r, S)-Politik[52] mit $r = 10$ und einem angestrebten β-

---

50   Ein Beispiel hierzu ist in Abschnitt D.3.1.4 beschrieben.

51   vgl. *McFadden* (1972); *Bagchi et al.* (1982); *Eppen und Martin* (1988); *Lau und Lau* (2003)

52   siehe Abschnitt C.1.2, S. 169

Servicegrad $\beta = 0.95$ verfolgt, dann beträgt der korrekt berechnete Wert des Bestellniveaus $S = 1505$. Die Approximation von Y durch eine Normalverteilung mit den Parametern $\mu_Y = 312$ und $\sigma_Y = 275$ würde $S = 3971$ ergeben, wobei zu berücksichtigen ist, daß eine Normalverteilung mit diesen Parametern weit in den negativen Bereich hineinragt und damit fälschlicherweise auch negative Nachfragemengen abbildet.

Die oben dargestellte Verwendung der Momente der Nachfragemenge in der Wiederbeschaffungszeit gemäß den Gleichungen (A.28) und (A.34) in einem auf der Normalverteilung basierenden Kalkül wird in zahlreichen Lehrbüchern empfohlen und auch in der Praxis eingesetzt – sofern diese überhaupt stochastische Wiederbeschaffungszeiten berücksichtigt. Das numerische Beispiel zeigt jedoch, daß diese Vorgehensweise zu hohe Lagerkosten verursacht.

A.4.5.3 Der Einfluß der Wahrscheinlichkeitsverteilung der Wiederbeschaffungszeit auf Kosten und Service

Im nachfolgenden Kapitel C behandeln wir Lagerpolitiken unter der Annahme, daß die Wiederbeschaffungszeiten deterministisch sind. In diesem Fall wird bei einer langen Wiederbeschaffungszeit mehr Sicherheitsbestand benötigt als bei einer kurzen Wiederbeschaffungszeit. Zum Beispiel ergibt sich der Sicherheitsbestand SB bei normalverteilten Periodennachfragemengen und bei Anwendung einer (s, q)-Politik nach der auch in der Praxis weit verbreiteten Formel $SB = v_{\text{opt}} \cdot \sqrt{\ell \cdot V\{D\}}$. Dabei bezeichnet v_{opt} den vom gewünschten Servicegrad abhängigen Sicherheitsfaktor, $V\{D\}$ die Varianz der Periodennachfragemenge und ℓ die deterministische Wiederbeschaffungszeit. Aus dieser Beziehung folgt, daß eine kurze Wiederbeschaffungszeit im Hinblick auf die Lagerkosten günstiger ist als eine längere Wiederbeschaffungszeit. Der Lieferant könnte somit für eine Verkürzung seiner Lieferzeit (=Wiederbeschaffungszeit des betrachteten Lagers) eine Gegenleistung in Form eines höheren Preises verlangen.

Zur Veranschaulichung betrachten wir ein Produkt, dessen Periodennachfragemenge D mit dem Mittelwert 100 und der Standardabweichung 30 gamma-verteilt ist. Die Bestellmenge sei $q = 1000$. Es wird ein β-Servicegrad von 95% angestrebt. Tabelle A.11 zeigt die Bestellpunkte und die durchschnittlichen Lagerbestände, die sich bei den deterministischen Wiederbeschaffungszeiten $\ell = 5$ und $\ell = 10$ ergeben.[53] Wie zu erwarten, benötigt man bei der längeren Wiederbeschaffungszeit einer höheren Lagerbestand, um den gewünschten Servicegrad zu erreichen.

---

53 Zur Berechnung siehe Abschnitt C.1.1.2.

Wiederbeschaffungszeit ℓ	5	10
Bestellpunkt	521.1	1036.78
Durchschnittlicher Lagerbestand	426.74	442.88

Tabelle A.11: Lagerbestand bei alternativen deterministischen Wiederbeschaffungszeiten

Jetzt betrachten wir den Fall, daß die Wiederbeschaffungszeit eine *Zufallsvariable* mit den beiden möglichen Werten 5 und 10 ist. Tabelle A.12 und Bild A.16 zeigen die Entwicklung des durchschnittlichen Lagerbestands für unterschiedliche Wahrscheinlichkeitsverteilungen der Wiederbeschaffungszeit mit diesen beiden Stützstellen.

$P\{L = 5\}$	–	0.2	0.4	0.6	0.8	1.0
$P\{L = 10\}$	1.0	0.8	0.6	0.4	0.2	–
Bestellpunkt	1036.78	1016.23	986.43	935.54	804.77	521.10
Lagerbestand	442.88	522.54	593.08	642.89	614.47	426.74

Tabelle A.12: Lagerbestand bei alternativen Verteilungen der Wiederbeschaffungszeit

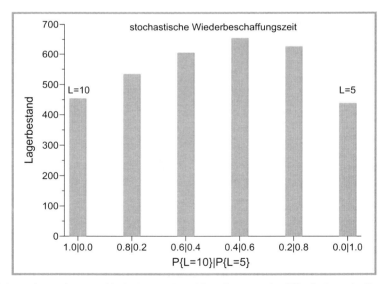

Bild A.16: Lagerbestand bei alternativen Verteilungen der Wiederbeschaffungszeit

Wie man sieht, *steigen* die Lagerkosten unter den betrachteten Bedingungen bei einer Reduktion der mittleren Wiederbeschaffungszeit zunächst an und sinken erst mit zunehmender Wahrscheinlichkeit der kürzeren Wiederbeschaffungszeit.[54] Es ist folglich für das betrachtete Lager günstiger, wenn die Lieferant immer die lange Wiederbeschaffungszeit realisiert, anstatt manchmal schon nach einer kürzeren Wiederbeschaffungszeit zu liefern. Die Ursache für diese auf den ersten Blick erstaunliche Beobachtung liegt darin, daß bei einer Realisation der kurzen Wiederbeschaffungszeit der Lagerbestand zu hoch ist, da der Bestellpunkt ja auch die längere Wiederbeschaffungszeit berücksichtigt.

Fall 2		Fall 3		Fall 4	
ℓ	$P\{L = \ell\}$	ℓ	$P\{L = \ell\}$	ℓ	$P\{L = \ell\}$
3	0.3	2	0.2548	2	0.35
4	0.4	3	0.2162	3	0.24
5	0.3	4	0.1776	4	0.13
		5	0.1390	5	0.05
		6	0.1005	6	0.05
		7	0.0619	7	0.05
		8	0.0500	8	0.05
				9	0.05
				10	0.02
				11	0.01
$E\{L\}$	4		4		4
$\mathrm{Var}\{L\}$	0.60		3.13		5.60

Tabelle A.13: Verteilungen der Wiederbeschaffungszeiten

Selbst bei identischen **mittleren** Wiederbeschaffungszeiten können Veränderungen der **Verteilungsform** erhebliche Auswirkungen auf die Leistung eines Lagers und damit auf den Lagerbestand haben. Um dies zu demonstrieren, betrachten wir eine (s, q)-Politik mit kontinuierlicher Lagerüberwachung und einer mit dem Parameter λ Poisson-verteilten Nachfrage, die auf einer kontinuierlichen Zeitachse eintrifft.[55] Es gelten folgende Parameter: $\lambda = 2$, $q = 10$, $s = 9$. Die Auftragsgröße ist immer 1.

Das Lager wird für verschiedene Verteilungen der Wiederbeschaffungszeit mit identischen Erwartungswerten $E\{L\} = 4$ mit Hilfe eines Simulationsmodells analysiert. Neben einer deterministischen Wiederbeschaffungszeit (Fall 1) betrachten wir die in Tabelle A.13 zusammengefaßten Verteilungsformen.

---

54 Bereits *Eppen und Martin* (1988) haben diesen Effekt für den Fall diskreter Wiederbeschaffungszeiten bei normalverteilter Nachfrage und einem α-Servicegrad gezeigt.

55 siehe Abschnitt C.2

Zur Beurteilung der Leistung des Lagers verwenden wir den β-Servicegrad.[56] In Tabelle A.14 sind die Ergebnisse der Simulation zusammengefaßt.

Fall	1	2	3	4
β	92.91	91.32	86.29	83.86

Tabelle A.14: β-Servicegrade

Es zeigt sich, daß die Wiederbeschaffungszeit einen signifikanten Einfluß auf die Leistung des Lagers haben kann. Dieser Einfluß ist c. p. umso ungünstiger, je größer die Streuung der Wiederbeschaffungszeit ist. Läßt sich die Ursache der Streuung nicht beseitigen, dann muß Sicherheitsbestand gehalten werden. *Zillus*[57] untersucht u. a. den Einfluß der Form der Wahrscheinlichkeitsverteilung der Wiederbeschaffungszeit auf die Wahrscheinlichkeitsverteilung der Lieferzeit und kommt zu ähnlichen Ergebnissen.

Mit dem dargestellten Zusammenhang eng verbunden ist die ökonomische Fragestellung nach dem Wert einer Reduktion des Erwartungswertes und der Streuung der Wiederbeschaffungszeit, was z. B. durch organisatorische Maßnahmen, durch Investitionsmaßnahmen oder auch kurzfristig durch Rückgriff auf andere logistische Konzepte erreicht werden kann.[58] Diese Frage läßt sich beantworten, indem man für verschiedene Szenarien die in den nachfolgenden Abschnitten behandelten Lagerhaltungspolitiken anwendet und dann die Lagerbestände miteinander vergleicht.

Ergänzende Literatur zu Kapitel A:
Axsäter (2015)
Eppen und Martin (1988)
Lau und Lau (2003)
Lee und Billington (1992)
Thomas (2002)
Silver et al. (1998)
Zipkin (2000)

---

56   siehe Abschnitt A.4.3
57   vgl. *Zillus* (2003)
58   vgl. *Chang* (2005) und die dort angegebene Literatur

Prognoseverfahren

Bei der Anwendung eines Prognoseverfahrens wird der in der Vergangenheit beobachtete Bedarf eines Produkts auf der Basis der bisherigen Beobachtungswerte in die Zukunft extrapoliert. Prognoseverfahren werden für die Prognose der Nachfragemenge in der Wiederbeschaffungszeit eingesetzt. Sie kommen aber auch im Zusammenhang mit der Beschäftigungsglättung und der Hauptproduktionsprogrammplanung zum Einsatz. Prognosemethoden stehen auch in den Planungskonzepten zur sog. „Supply Chain Optimization" – dort unter der Bezeichnung „Demand Planning" – zur Verfügung.

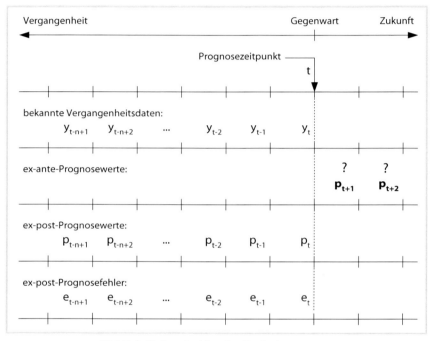

Bild B.1: Datenstruktur der Bedarfsprognose

Die für die Prognose relevanten Daten eines Produkts sind in Bild B.1 wiedergegeben. Der Vergangenheitsbedarf wird als eine **Zeitreihe** interpretiert, d. h. als eine zeitlich geordnete Folge von Periodenbedarfsmengen. Bezeichnet man mit y_t die in der Periode t beobachtete Bedarfsmenge, dann kann die Zeitreihe der Periodenbedarfsmengen durch die geordnete Folge $(y_1, y_2, ..., y_t, ...)$ beschrieben werden. Der Prognosewert für die zukünftige Periode $(t + 1)$ wird im Folgenden durch das Symbol p_{t+1} dargestellt. Der Bedarf der Periode $(t + 1)$ wird jeweils am Ende der Periode t prognostiziert, nachdem der Beobachtungswert y_t für diese Periode vorliegt. Als Datengrundlage zur Errechnung eines Prognosewertes stehen dann die Zeitreihe von Periodenbedarfsmengen in den Vorperioden $(y_1, y_2, ..., y_t)$ und möglicherweise einige andere Daten[1] zur Verfügung.

Auf der Grundlage der vorliegenden Vergangenheitsdaten werden unter Anwendung eines **Prognosemodells** die Modellparameter (z. B. bei einem Trendmodell der Achsenabschnitt und die Steigung) geschätzt. Ein Prognosemodell beschreibt die (angenommene) Gesetzmäßigkeit, die dem Verlauf einer Zeitreihe zugrundeliegt. Die Qualität der Anpassung des Prognosemodells an die Zeitreihe wird durch einen Vergleich von ex-post-Prognosewerten mit den entsprechenden Beobachtungswerten überprüft. Durch Extrapolation des für die Vergangenheit als zutreffend angenommenen Prognosemodells werden die voraussichtlichen Bedarfsmengen zukünftiger Perioden, $(p_{t+1}, p_{t+2}, ...)$, errechnet.

Außer bei der Nachfrageprognose für Endprodukte werden **Prognoseverfahren** eingesetzt

- bei **geringwertigen** Gütern, wie z. B. Hilfsstoffen, Betriebsstoffen und Verschleißwerkzeugen, die in der betrieblichen Praxis der Gruppe der C-Produkte zugeordnet werden. Hier wären programmorientierte Verfahren zu aufwendig.

- bei **untergeordneten Produkten**, die in sehr viele unterschiedliche übergeordnete Baugruppen und Endprodukte eingebaut werden. In diesem Fall nimmt der Bedarf oft einen regelmäßigen Verlauf an, der mit geeigneten Verfahren bei geringem Aufwand vergleichsweise genau prognostiziert werden kann.

- wenn programmorientierte, **deterministische Verfahren nicht anwendbar** sind, weil die zum Einsatz dieser Verfahren notwendigen Informationen nicht verfügbar sind, z. B. bei Ersatzteilbedarf.

Man kann die Prognoseverfahren zunächst danach unterscheiden, ob sie für *regelmäßigen* oder für *unregelmäßigen* Bedarfsverlauf konzipiert sind. An dieser Unterscheidung orientiert sich auch die Struktur der folgenden Ausführungen. Zuvor wird jedoch die unabhängig von dem eingesetzten Prognoseverfahren zu untersuchende Frage der Prognosequalität diskutiert. Wir stellen diesen Abschnitt der Darstellung der einzelnen Prognoseverfahren voran, da eine Verfahrensauswahl die Kenntnis der Qualitätskriterien zur Beurteilung eines Prognoseverfahrens voraussetzt.

---

[1]   Falls kausale Prognosemodelle verwendet werden, erfolgt die Prognose der zukünftigen Bedarfsmengen unter Rückgriff auf den beobachteten und den prognostizierten Verlauf mehrerer Zeitreihen von Einflußgrößen. Vgl. *DeLurgio* (1998).

B.1   Beurteilung der Qualität eines Prognoseverfahrens

Prognosen beziehen sich immer auf zukünftige Ereignisse (z. B. das Eintreffen von Kundenaufträgen). Da deren Vorhersage aber i. a. nicht mit Sicherheit möglich ist, treten regelmäßig **Prognosefehler** auf. Prognosefehler können verschiedene Ursachen haben:

- Es wird ein **ungeeignetes**, d. h. nicht dem tatsächlichen Verlauf der zu prognostizierenden Zeitreihe angepaßtes **Prognosemodell** verwendet. Das ist z. B. der Fall, wenn zur Prognose eines trendförmig ansteigenden Bedarfs das Verfahren der exponentiellen Glättung erster Ordnung eingesetzt wird.

- Es ist ein **Strukturbruch** in der Zeitreihe aufgetreten. Diese Situation kann entstehen, wenn aufgrund nicht vorhersehbarer Ereignisse sich das Verbrauchsverhalten der Abnehmer oder die Menge der Abnehmer verändert hat. Derartige grundlegende Änderungen im Zeitreihenverlauf können entweder Parameteränderungen des bereits verwendeten Prognosemodells oder den vollständigen Übergang zu einem anderen Prognosemodell erfordern.

Zur Gewährleistung einer hohen Prognosequalität ist es notwendig, die Leistungsfähigkeit eines Prognoseverfahrens sowohl vor dem erstmaligen Einsatz des Verfahrens – bei der Verfahrenswahl – als auch im Zeitablauf zu beurteilen. Dies kann durch die **Analyse der Prognosefehler** geschehen. Der Prognosefehler ist die Differenz zwischen dem tatsächlich eingetretenen Beobachtungswert y_t einer Zeitreihe in einer Periode t und dem prognostizierten Wert p_t:

$$e_t = y_t - p_t$$

$\llcorner$ Prognosewert für Periode t

$\llcorner$ Beobachtungswert in Periode t

$\llcorner$ Prognosefehler in Periode t

(B.1)

Zwei Eigenschaften der Prognosefehler sind für die Beurteilung der Güte eines Prognoseverfahrens von besonderer Bedeutung:

- das **Niveau** der Prognosefehler und
- die **Streuung** der Prognosefehler.

Das **Niveau** der Prognosefehler erlaubt eine Aussage darüber, ob eine systematische Abweichung der Prognosewerte von den beobachteten Werten einer Zeitreihe vorliegt. So tritt z. B. eine systematische Unterschätzung der Bedarfsmengen dann auf (positive Prognosefehler), wenn bei trendförmig ansteigendem Bedarf ein Prognoseverfahren eingesetzt wird, das sich lediglich zur Prognose bei konstantem Zeitreihenverlauf eignet. Für ein gutes Prognoseverfahren ist zu fordern, daß die prognostizierten Werte im Durchschnitt (über einen längeren Zeitraum betrachtet) gleich den beobachteten Werten sind. Daraus leitet sich die Bedingung ab, daß das Niveau der Prognosefehler um Null schwanken muß.

Die **Streuung** der Prognosefehler erlaubt eine Aussage über den Sicherheitsgrad, mit dem prognostizierte Bedarfsmengen in der Zukunft auch tatsächlich realisiert werden. Häufig wird unterstellt, die Prognosefehler folgen einer Normalverteilung. Aus dem Verlauf der Normalverteilung läßt sich dann die Aussage ableiten, daß ca. 95% aller Prognosefehler innerhalb eines Bereichs von zwei Standardabweichungen (σ_e) um Null liegen. Das bedeutet: Der tatsächliche Beobachtungswert in der Periode t wird mit der Wahrscheinlichkeit von 95% im Intervall ($p_t \pm 2 \cdot \sigma_e$) liegen.

Zur Beurteilung der Streuung der Prognosefehler können im Prinzip die aus der Statistik bekannten Streuungsmaße (z. B. Varianz, Standardabweichung, Variationskoeffizient, Spannweite) eingesetzt werden. So wird die **Varianz** der Prognosefehler z. B. wie folgt berechnet, wenn man sich am Ende der Periode t befindet und die letzten n Perioden betrachtet:

$$\sigma_{et}^2 = \frac{1}{n-1} \cdot \sum_{k=t-n+1}^{t} (e_k - \mu_{et})^2 \tag{B.2}$$

wobei μ_{et} den **Mittelwert** der Prognosefehler in den Perioden $[t-n+1, t-n+2, ..., t]$ bezeichnet:

$$\mu_{et} = \frac{1}{n} \cdot \sum_{k=t-n+1}^{t} e_k \tag{B.3}$$

Die **Standardabweichung** der Prognosefehler beträgt dann:

$$\sigma_{et} = \sqrt{\sigma_{et}^2} \tag{B.4}$$

Obwohl die routinemäßige Berechnung der Standardabweichung bei Einsatz eines Computers recht einfach ist, bereitet ihre Interpretation in der betrieblichen Praxis doch einige Schwierigkeiten. Vor allem aus diesem Grund wird die **mittlere absolute Abweichung** der Prognosefehler, MAD_t, zur Beurteilung der Streuung der Prognosefehler und damit der Verläßlichkeit einer Prognose verwendet:

$$\mathrm{MAD}_t = \frac{1}{n} \cdot \sum_{k=t-n+1}^{t} |e_k| \tag{B.5}$$

Sofern die Prognosefehler einer Normalverteilung folgen, besteht folgender Zusammenhang zwischen der mittleren absoluten Abweichung und der Standardabweichung:

$$\sigma_{et} = \sqrt{\frac{\pi}{2}} \cdot \text{MAD}_t \approx 1.25 \cdot \text{MAD}_t \tag{B.6}$$

Um die für die Berechnung der mittleren absoluten Abweichung notwendige Speicherung der letzten n Prognosefehler zu vermeiden, empfiehlt sich folgende Berechnungsweise, bei der lediglich ein Glättungsparameter γ und MAD_{t-1} zu speichern sind:

$$\text{MAD}_t = \gamma \cdot \mid e_t \mid + (1 - \gamma) \cdot \text{MAD}_{t-1} \tag{B.7}$$

Diese Berechnungsweise ist eine exponentiell gewogene gleitende Durchschnittsbildung (exponentielle Glättung) mit dem Glättungsparameter γ, auf die weiter unten im Zusammenhang mit der Prognose detailliert eingegangen wird. Auch der mittlere Prognosefehler kann mit Hilfe der exponentiellen Glättung errechnet werden:

$$\text{ERR}_t = \delta \cdot e_t + (1 - \delta) \cdot \text{ERR}_{t-1} \tag{B.8}$$

Wie bereits erwähnt, ist es eine notwendige Eigenschaft eines guten Prognoseverfahrens, daß die Prognosefehler um den Wert Null schwanken. *Trigg*[2] schlägt zur Überwachung der Prognosequalität folgende Größe vor:

$$\text{SIG}_t = \frac{\text{ERR}_t}{\text{MAD}_t} \tag{B.9}$$

Das **Abweichungssignal** SIG_t nimmt Werte zwischen -1 und $+1$ an. Bei geringen systematischen Abweichungen sollte es um Null schwanken. Überschreitet der Absolutbetrag des Abweichungssignals SIG_t einen tolerierbaren Grenzwert, dann sollte das Prognoseverfahren auf seine Eignung hin überprüft werden. Als tolerierbarer Grenzwert wird in der Praxis 0.5 angesehen. Man kann das Abweichungssignal SIG_t bei der adaptiven exponentiellen Glättung zur automatischen Anpassung des Glättungsparameters verwenden, indem man den Glättungsparameter für die Periode $t + 1$, α_{t+1}, gleich dem Absolutbetrag des Abweichungssignals am Ende der Periode t, SIG_t, setzt:

$$\alpha_{t+1} = \mid \text{SIG}_t \mid \tag{B.10}$$

Eine Erhöhung des Glättungsparameters α führt dazu, daß die aktuellen Beobachtungswerte bei der Berechnung des Prognosewertes stärker berücksichtigt werden als bisher und die Prognosewerte damit schneller auf Veränderungen in der Zeitreihe reagieren.

---

2   vgl. *Trigg* (1964); *Trigg und Leach* (1967)

Als möglicher **Nachteil** des Abweichungssignals SIG_t ist anzusehen, daß grundlegende Änderungen im Verlauf der Zeitreihe erst nach einer zeitlichen Verzögerung entdeckt werden, da die Komponenten des Abweichungssignals, MAD_t und ERR_t, exponentiell geglättet werden. Weiterhin wird die Identifizierung des Zeitpunkts, an dem die Veränderung des Zeitreihenverlaufs aufgetreten ist, erschwert.[3]

B.2 Klassifizierung von Produkten nach ihrem Bedarfsverlauf

Der Bedarf eines Produkts im Zeitablauf zeigt i. a. ein charakteristisches Verlaufsmuster. Viele Produkte haben einen regelmäßigen Bedarf, der gut prognostizierbar ist. Dies sind einerseits Produkte mit einem sehr **gleichmäßigen Bedarf**, der zwar zufälligen Schwankungen unterliegt. Diese bewegen sich aber um ein konstantes Niveau, das sich langfristig nur gering verändert. Im Unterschied dazu zeigen die Bedarfe zahlreicher Produkte ein ausgeprägtes **saisonales** oder sich **trendförmig** veränderndes Verlaufsmuster. Schließlich gibt es Produkte, deren Bedarfsmengen nur einen sehr **unregelmäßigen** Verlauf aufweisen. Dabei ist weiter zu differenzieren zwischen **stark schwankendem** Bedarf und **sporadischem** Bedarf. Letzterer ist dadurch gekennzeichnet, daß in einem großen Anteil der Perioden überhaupt kein Bedarf auftritt.

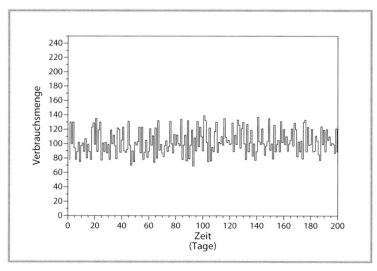

Bild B.2: Bedarfszeitreihe bei regelmäßigem Bedarfsverlauf

---

3   vgl. *Silver et al.* (1998)

Die Bilder B.2 und B.3 zeigen Zeitreihen der täglichen Bedarfsmengen für Produkte mit regelmäßigem und mit sporadischem Verlauf.

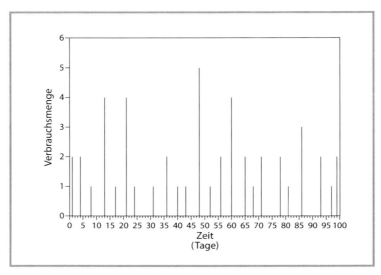

Bild B.3: Bedarfszeitreihe bei sporadischem Bedarfsverlauf

Das Erscheinungsbild der in Bild B.2 wiedergegebenen Zeitreihe wird durch zufällige Schwankungen geprägt. Da die Schwankungen im Verhältnis zum Mittelwert der Zeitreihe aber relativ gering sind (Variationskoeffizient $= 0.17$), kann der dargestellte Bedarfsverlauf als *regelmäßig* betrachtet werden. Dagegen weist die in Bild B.3 dargestellte Bedarfszeitreihe ein wesentlich niedrigeres Niveau mit relativ großen Schwankungen auf (Variationskoeffizient $= 2.15$). Vor allem aber ist ein hoher Anteil von Perioden zu beobachten, in denen überhaupt kein Bedarf auftritt (76%). Daher kann von *sporadischem* Bedarf ausgegangen werden.

Bild B.4 zeigt eine mögliche Klassifikation von Bedarfsverläufen, die im Hinblick auf die weiter unten darzustellenden Prognoseverfahren vorgenommen wurde. Zunächst wird unterschieden zwischen stationärem und nicht-stationärem Bedarfsverlauf. Ein nicht-stationärer Verlauf tritt oft bei Produkten auf, die einem ausgeprägten Lebenszyklus unterliegen. So gibt es Unternehmen, die 40% ihres Umsatzes mit Produkten machen, die jünger als zwei Jahre sind. Auch saisonale Nachfrageverläufe sind hier zu nennen.

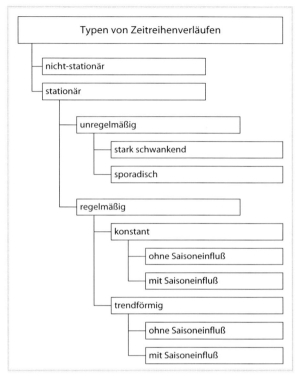

Bild B.4: Typen von Bedarfsverläufen

Bei der Produktklassifikation prüft man für ein Produkt zunächst, ob der Bedarf regelmäßig oder unregelmäßig ist. Hierzu wird über einen Zeitraum der Länge T der Mittelwert μ [Gleichung (B.11)] und die **mittlere absolute Abweichung** vom Mittelwert, MAD, [Gleichung (B.12)] berechnet.

$$\mu = \frac{1}{T} \cdot \sum_{t=1}^{T} y_t \qquad (B.11)$$

$$\mathrm{MAD} = \frac{1}{T} \cdot \sum_{t=1}^{T} \mid y_t - \mu \mid \qquad (B.12)$$

Aus diesen beiden Größen läßt sich der sog. **Störpegel** $SP = \frac{\mathrm{MAD}}{\mu}$ berechnen.[4]

---

4 vgl. *Trux* (1972), S. 82. Der Störpegel kann bei normalverteilter Bedarfsmenge in den Variationskoeffizienten überführt werden.

Überschreitet der Störpegel für ein Produkt den Wert von ca. 0.5, dann kann vermutet werden, daß **stark schwankender** Bedarf vorliegt. Ein Anzeichen für das Vorliegen von **sporadischem** Bedarf bietet der Anteil von Perioden, in denen überhaupt kein Bedarf auftritt. Als kritischer Grenzwert, bei dessen Überschreitung von sporadischem Bedarf auszugehen ist, kann etwa 0.3 bis 0.4 angesehen werden. Für die in Tabelle B.1 dargestellte Bedarfszeitreihe beträgt der Störpegel $SP = 1.0782$ und der Anteil von Perioden ohne Bedarf 28.57%. Es kann somit davon ausgegangen werden, daß unregelmäßiger, stark schwankender, aber nicht sporadischer Bedarf vorliegt.

t	1	2	3	4	5	6	7	8	9	10	11	12	13	14
y_t	0	50	390	140	0	20	0	200	750	70	50	1000	355	0

Tabelle B.1: Stark schwankender Bedarf

Eine wertvolle Hilfe zur Erkennung des grundsätzlichen Verlaufsmusters einer Zeitreihe bietet die Analyse der Autokorrelationskoeffizienten. Der **Autokorrelationskoeffizient** ist ein Maß für die Stärke des Zusammenhangs zwischen Paaren von Beobachtungswerten derselben Zeitreihe, zwischen denen jeweils ein zeitlicher Abstand von τ Perioden besteht. Er ist wie folgt definiert:

$$\rho_\tau = \frac{\sum_{t=1}^{T-\tau} y_t \cdot y_{t+\tau} - \frac{1}{T-\tau} \cdot \sum_{t=1}^{T-\tau} y_t \cdot \sum_{t=1+\tau}^{T} y_t}{\sqrt{\left[\sum_{t=1}^{T-\tau} y_t^2 - \frac{1}{T-\tau} \cdot \left(\sum_{t=1}^{T-\tau} y_t\right)^2\right] \cdot \left[\sum_{t=1+\tau}^{T} y_t^2 - \frac{1}{T-\tau} \cdot \left(\sum_{t=1+\tau}^{T} y_t\right)^2\right]}} \quad \text{(B.13)}$$

Die funktionale Beziehung zwischen der Höhe der Autokorrelationskoeffizienten und der Länge der Zeitverschiebungen bezeichnet man als (empirische) Autokorrelationsfunktion. Ihre graphische Darstellung nennt man **Autokorrelogramm**. Die Form des Autokorrelogramms gibt Aufschluß über das dominierende Verlaufsmuster einer Zeitreihe. So kann auf das Vorliegen eines saisonalen Bedarfsverlaufs ohne Trend geschlossen werden, wenn die Autokorrelationskoeffizienten zyklisch um 0 schwanken und in regelmäßigen Abständen signifikant von 0 abweichen. Eine stetig abnehmende Korrelationsfunktion deutet auf das Vorliegen eines Trends hin. Bewegen sich die Autokorrelationskoeffizienten unregelmäßig um die Abszisse, dann kann auf ein konstantes Niveau der Zeitreihe bei Dominanz der zufälligen Schwankungen geschlossen werden. Die Bilder B.5 und B.6 zeigen Autokorrelogramme für eine Zeitreihe mit Saisonschwankungen und eine Zeitreihe mit trendförmigem Verlauf.

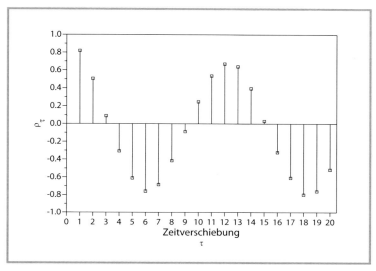

Bild B.5: Autokorrelogramm für eine Zeitreihe mit saisonalem Verlauf

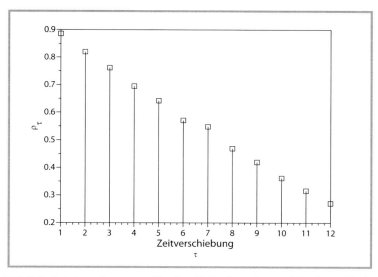

Bild B.6: Autokorrelogramm für eine Zeitreihe mit trendförmigem Verlauf

Die Existenz eines trendförmigen Verlaufs kann auch durch Einsatz der linearen Regressionsrechnung oder mit Hilfe eines Run-Tests[5] nachgewiesen werden, bei dem die Folge

---

5   vgl. *Hoel* (1962)

der (positiven oder negativen) Abweichungen der Beobachtungen von ihrem gemeinsamen Mittelwert auf ein systematisches Verlaufsmuster hin untersucht werden.

B.3   Prognose bei regelmäßigem Bedarf

Mit Hilfe eines quantitativen Prognoseverfahrens wird aus dem Verlauf des Vergangenheitsbedarfs eines Verbrauchsfaktors, d. h. aus dem zum Prognosezeitpunkt bekannten, empirisch beobachteten auf den zu erwartenden zukünftigen Bedarf geschlossen. Zur quantitativen Prognose wurden zahlreiche Prognosemodelle mit sehr unterschiedlichen Strukturen und Komplexitätsgraden entwickelt.[6] Bei der Auswahl und dem laufenden Einsatz eines quantitativen Prognoseverfahrens ist in folgenden Schritten vorzugehen:

1.   Untersuchung der charakteristischen Merkmale der Zeitreihe.
2.   Entwicklung eines formalen Prognosemodells.
3.   Schätzung der Koeffizienten des Prognosemodells (einschl. Bestimmung von Startwerten).
4.   Berechnung der Prognosewerte (für zukünftige Perioden), evtl. unter Rückgriff auf qualitative Urteile, die nicht im formalen Prognosemodell erfaßt sind.
5.   Beobachtung und Analyse der Prognosegenauigkeit im Zeitablauf; evtl. Anpassung der Koeffizienten des Prognosemodells oder Änderung des Prognosemodells.

Vor dem Einsatz eines geeigneten Prognoseverfahrens muß man sich zunächst einen Überblick über den grundlegenden Verlauf der betrachteten Zeitreihe von Bedarfsmengen verschaffen. Ein nützliches Instrument ist hier die graphische Darstellung der Zeitreihe, aus der das charakteristische Verlaufsmuster oft deutlich erkennbar wird. Zeitreihen werden üblicherweise in vier Komponenten zerlegt:

- T – langfristiger Trend
- C – mittelfristige zyklische Schwankungen (Konjunkturzyklen)
- S – saisonale Schwankungen (innerhalb eines Jahres)
- I – unregelmäßige Schwankungen (irreguläre Komponente)

Die Bilder B.8 bis B.11 stellen die mit Hilfe von Methoden der Zeitreihenanalyse ermittelten Komponenten der in Bild B.7 wiedergegebenen empirisch beobachteten Zeitreihe graphisch dar. Dabei wurde von einer multiplikativen Verknüpfung der Komponenten der Zeitreihe ausgegangen. Die lang- und mittelfristig sich verändernden Komponenten wurden – eine häufig gewählte Variante – zu einer glatten Komponente zusammengefaßt.

---

6   Zu umfassenden Übersichten vgl. *Gaynor und Kirkpatrick* (1994); *DeLurgio* (1998).

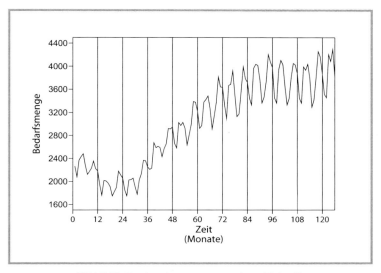

Bild B.7: Beobachtungswerte einer Zeitreihe

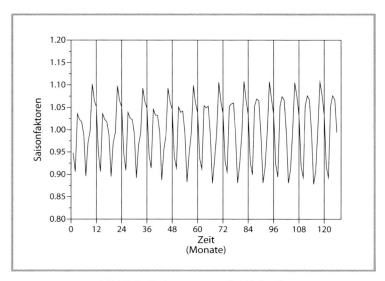

Bild B.8: Saisonmuster der Zeitreihe

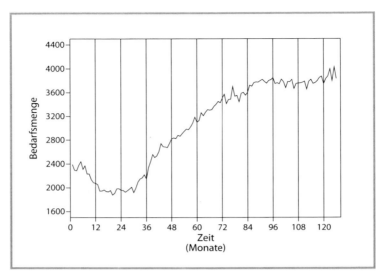

Bild B.9: Saisonbereinigte Zeitreihe

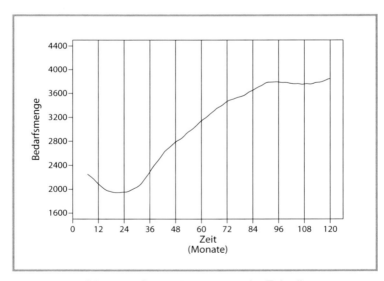

Bild B.10: Glatte Komponente der Zeitreihe

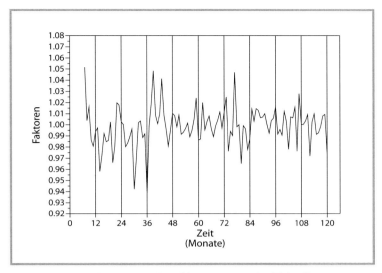

Bild B.11: Irreguläre Komponente der Zeitreihe

Man geht i. a. von der Vorstellung aus, daß die vier Komponenten einer Zeitreihe entweder additiv oder multiplikativ miteinander verknüpft sind. Bei der additiven Verknüpfung gilt die Definitionsgleichung (B.14).

$$Y = \underbrace{T + C + S}_{\text{prognostizierbar}} + \underbrace{I}_{\text{nicht prognostizierbar}} \tag{B.14}$$

Bei multiplikativer Verknüpfung der Zeitreihenkomponenten erhalten wir:

$$Y = T \cdot C \cdot S \cdot I \tag{B.15}$$

Die meisten Ansätze zur Zeitreihenanalyse versuchen, einzelne Komponenten der Zeitreihe oder Kombinationen davon zu isolieren, d. h. deren Regelmäßigkeiten zu erkennen. So könnte man z. B. die lang- und mittelfristigen systematischen Schwankungen, d. h. die Verbindung von Trend und Konjunkturzyklen, aus der Zeitreihe herauslösen und damit getrennt von den anderen Komponenten prognostizieren.

Bei der Klassifikation der Verbrauchsfaktoren nach ihrem Bedarfsverlauf wurden bereits typische Formen von Zeitreihen mit regelmäßigem Verlauf unterschieden. Im Folgenden sollen hierfür geeignete Prognoseverfahren dargestellt werden.

B.3.1   Prognose bei konstantem Niveau des Bedarfs

Ist das Bedarfsniveau im Zeitablauf konstant, dann kann die Zeitreihe der Bedarfsmengen durch folgendes Prognosemodell abgebildet werden:

$$y_t = \beta_0 + \epsilon_t \qquad\qquad t = 1, 2, \dots \qquad \text{(B.16)}$$

Die Zeitreihe schwankt unregelmäßig um ein konstantes Niveau. Dabei bezeichnet β_0 einen zu schätzenden konstanten Koeffizienten, während ϵ_t den Einfluß der irregulären Komponente wiedergeben soll. Es wird i. a. unterstellt, daß die zufällige Größe ϵ_t mit dem Mittelwert $E\{\epsilon_t\} = 0$ und der Varianz $\text{Var}\{\epsilon_t\}$ normalverteilt ist und daß keine Autokorrelation zwischen den einzelnen Ausprägungen der irregulären Komponente in verschiedenen Perioden besteht. Das bedeutet: Die Höhe der irregulären Komponente in Periode t ist unabhängig von der Höhe der irregulären Komponente in Periode $t - 1$.

Das Problem besteht nun darin, die obige – noch recht allgemein gehaltene – Prognosefunktion durch eine numerisch spezifizierte Beziehung zu schätzen. Das heißt, es wird notwendig, den Parameter β_0 durch einen bestimmten numerischen Wert b_0 zu approximieren. Da für die irregulären Schwankungen ϵ_t angenommen wird, daß ihr Mittelwert $E\{\epsilon_t\} = 0$ beträgt, gleichen sich die Werte dieser Zufallsgröße im Zeitablauf aus und wir müssen lediglich noch den konstanten Parameter β_0 schätzen. Die Bestimmung des Schätzwertes b_0 erfolgt üblicherweise durch Rückgriff auf empirische Daten, d. h. auf die bereits bekannte Zeitreihe der Bedarfsmengen. Dies kann unter Einsatz verschiedener Verfahren geschehen, von denen zunächst das Verfahren der gleitenden Durchschnitte und dann – als Spezialfall der gleitenden Durchschnittsbildung – die exponentielle Glättung erster Ordnung dargestellt werden.

B.3.1.1   Gleitende Durchschnitte

Es soll zunächst das der Zeitreihe zugrundeliegende (tatsächliche) Modell[7]

$$y_t = \beta_0 + \epsilon_t \qquad\qquad t = 1, 2, \dots \qquad \text{(B.17)}$$

durch die Schätzfunktion

$$y_t^{(1)} = b_0 + 0 \qquad\qquad t = 1, 2, \dots \qquad \text{(B.18)}$$

approximiert werden.[8] Die Größe $y_t^{(1)}$ wird dann als Prognosewert für die Bedarfsmenge der Periode $(t + 1)$, p_{t+1}, verwendet. Zur Berechnung von $y_t^{(1)}$ können im Prin-

---

7   vgl. auch *Johnson und Montgomery* (1974), S. 410–412; *Silver et al.* (1998), S. 102–105; *Weber* (1990), S. 188–190

8   Das Superskript "(1)"dient zur Kennzeichnung der Ordnung des Schätzwertes, die im Zusammenhang mit der exponentiellen Glättung näher erläutert wird.

zip alle bereits bekannten Bedarfsmengen der Vergangenheit, $(y_1, y_2, ..., y_t)$, verwendet werden. Dann nimmt jedoch der Einfluß einer einzelnen Beobachtung auf den Wert von b_0 mit zunehmender Länge der Zeitreihe sehr stark ab, so daß $y_t^{(1)}$ nur noch schwach auf Schwankungen der Beobachtungswerte reagiert. Man begnügt sich für die Schätzung von b_0 daher i. a. mit den n neuesten Bedarfswerten, d. h. mit den Realisationen $(y_{t-n+1}, ..., y_{t-2}, y_{t-1}, y_t)$. Der Parameter b_0 des Prognosemodells soll in der Weise festgelegt werden, daß die Anpassung des tatsächlichen Zeitreihenverlaufs durch die Schätzfunktion möglichst genau wird. Zur Beurteilung der Genauigkeit der Anpassung kann auf die Prognosefehler

$$e_k = y_k - p_k \qquad\qquad k = t-n+1, t-n+2, ..., t \qquad \text{(B.19)}$$

zurückgegriffen werden. Man kann nun versuchen, b_0 so zu bestimmen, daß die mit Gleichung (B.20) beschriebene Summe der quadrierten Prognosefehler minimal wird. Es entsteht dann ein Modell mit der Entscheidungsvariablen b_0 und der Zielfunktion (B.21).

$$
\begin{aligned}
\text{SQA} &= e_t^2 + e_{t-1}^2 + \cdots + e_{t-n+1}^2 \\
&= \sum_{k=t-n+1}^{t} e_k^2 \\
&= \sum_{k=t-n+1}^{t} (y_k - p_k)^2
\end{aligned}
\qquad \text{(B.20)}
$$

$$\text{Minimiere SQA}(b_0) = \sum_{k=t-n+1}^{t} (y_k - b_0)^2 \qquad \text{(B.21)}$$

Zur Bestimmung des Minimums leitet man Beziehung (B.21) nach b_0 ab und setzt die Ableitung gleich Null:

$$\frac{d\text{SQA}(b_0)}{db_0} = -2 \cdot \sum_{k=t-n+1}^{t} (y_k - b_0) \overset{!}{=} 0 \qquad \text{(B.22)}$$

Die Auflösung von Gleichung (B.22) nach b_0 ergibt:

$$b_0 = \frac{1}{n} \cdot \sum_{k=t-n+1}^{t} y_k \qquad \text{(B.23)}$$

Bezieht man die Größe b_0 auf einen beliebigen Zeitpunkt t, dann ergibt sich:

$$b_{0,t} = \frac{1}{n} \cdot \sum_{k=t-n+1}^{t} y_k = p_{t+1} \qquad\qquad t = n, n+1, n+2, ... \qquad \text{(B.24)}$$

Beziehung (B.24) beschreibt den **n-periodigen ungewogenen gleitenden Mittelwert** einer Zeitreihe, bezogen auf den Zeitpunkt t. Schätzt man das Niveau einer stationären Zeitreihe nach dem Kriterium der kleinsten Quadratsumme, d. h. mit dem Ziel, die Summe der quadrierten Abweichungen der Prognosewerte von den Realisationen zu minimieren, dann ist das optimale Verfahren die Methode der (ungewogenen) gleitenden Durchschnittsbildung.

Bei der Bemessung des für die Mittelwertbildung erforderlichen Zeitabschnitts n ist darauf zu achten, daß einerseits die Vorhersage auf Schwankungen des Bedarfs umso eher reagiert, je kürzer der Zeitabschnitt n ist. Andererseits kann aber auch nicht ein beliebig kurzer Zeitabschnitt angesetzt werden, da sonst die zufälligen Schwankungen der Zeitreihe nur ungenügend ausgeglichen werden (Extremfall: $n = 1$). Typische Werte für n liegen zwischen 3 und 12.

Zur Veranschaulichung des Verfahrens der gleitenden Durchschnitte sei die in Tabelle B.2 wiedergegebene Zeitreihe betrachtet:

t	1	2	3	4	5	6	7	8
Monat	Mai	Jun	Jul	Aug	Sep	Okt	Nov	Dez
Bedarfsmenge	100	103	138	114	126	98	169	144

Tabelle B.2: Bedarfsmengen

Die Anzahl der Perioden, die für die Berechnung des Prognosewertes herangezogen werden sollen, bleibt stets gleich n. Bei Hinzukommen eines neuen empirischen Bedarfswertes der Periode t entfällt der älteste Wert, d. h. der Wert der Periode $(t - n)$. Der Prognosewert für den Monat Januar $(t + 1 = 9)$ mit $n = 6$ beträgt damit:

$$p_9 = \frac{y_3 + y_4 + y_5 + y_6 + y_7 + y_8}{6}$$

$$p_9 = \frac{138 + 114 + 126 + 98 + 169 + 144}{6} = 131.5$$

Liegt nun die Realisation des Bedarfs für den Monat Januar $(t = 9)$ vor, dann entfällt für die Berechnung des Prognosewertes für Februar $(t + 1 = 10)$ der beobachtete Wert für Juli $(t - 6 = 3)$ und der Wert für Januar $(t = 9)$ kommt hinzu. Der Wert am Anfang des verwendeten Zeitreihenausschnitts entfällt also, während am Ende ein neuer Wert angehängt wird.

Als *Nachteil* der ungewogenen gleitenden Durchschnittsbildung wird genannt, daß für jedes Produkt immer die letzten n Beobachtungen der Bedarfsmenge gespeichert werden müssen. Darüber hinaus erscheint die *gleichmäßige Gewichtung* aller Beobachtungen des Stützbereichs bei der Durchschnittsbildung unbefriedigend.

B.3.1.2 Exponentielle Glättung erster Ordnung

In der im vorangegangenen Abschnitt dargestellten Form der gleitenden Mittelwertbildung erhält jede Beobachtung im Hinblick auf die Errechnung des Prognosewertes dasselbe Gewicht $\frac{1}{n}$. Eine andere, den aktuellen Verlauf der beobachteten Zeitreihe stärker berücksichtigende Vorgehensweise besteht darin, daß man Abweichungen der jüngeren Realisationen von den Prognosewerten stärker gewichtet als bereits weiter zurückliegende Prognosefehler. In diesem Fall ist der Parameter b_0 des Prognosemodells so festzulegen, daß folgende Zielfunktion minimiert wird:

$$\text{Minimiere WSQA}(b_0) = \sum_{k=t-n+1}^{t} w_k \cdot (y_k - b_0)^2 \tag{B.25}$$

Dabei bezeichnet w_k das Gewicht, das die quadrierte Abweichung (Abstandsquadrat) des Prognosewertes für Periode k von der Beobachtung des Bedarfs in dieser Periode erhält. Wenn die neueren Abweichungen höher gewichtet werden sollen als ältere Abweichungen, dann muß gelten:

$$w_{t-n+1} < w_{t-n+2} < \cdots < w_{t-1} < w_t \qquad t = n, n+1, \ldots \tag{B.26}$$

Ein sehr populärer, in der betrieblichen Praxis weit verbreiteter Spezialfall der gewogenen Mittelwertbildung besteht darin, daß man die Gewichte der zurückliegenden Beobachtungswerte wie folgt festsetzt:[9]

$$w_k = \alpha \cdot (1-\alpha)^{t-k} \qquad k = t-n+1, t-n+2, \ldots, t;\ 0 < \alpha < 1 \tag{B.27}$$

Die Größe α ist ein Parameter, der Werte zwischen 0 und 1 annehmen kann. Diese Form der Gewichtung hat die Eigenschaft, daß jüngere Prognosefehler stärker gewichtet werden als ältere. Bei Verwendung dieses Gewichtungsschemas spricht man auch von exponentieller Glättung erster Ordnung. Der Parameter b_0 des Prognosemodells für die betrachtete stationäre Zeitreihe ist nun so festzulegen, daß folgende Zielfunktion minimiert wird:

$$\text{Minimiere WSQA}(b_0) = \sum_{k=t-n+1}^{t} \alpha \cdot (1-\alpha)^{t-k} \cdot (y_k - b_0)^2 \tag{B.28}$$

Zur Bestimmung des Wertes b_0, bei dem die in der Zielfunktion beschriebene Summe der gewogenen Abstandsquadrate WSQA minimiert wird, bilden wir die erste Ableitung

---

9   Andere Gewichtungsschemata sind möglich. Die Gewichtung kann z. B. auch polynomisch erfolgen. Vgl. *Kendall und Ord* (1990); *Weber* (1990), S. 252–256.

der Zielfunktion (B.28) und setzen sie gleich Null:

$$\frac{d\text{WSQA}(b_0)}{db_0} = -2 \cdot \sum_{k=t-n+1}^{t} \alpha \cdot (1-\alpha)^{t-k} \cdot (y_k - b_0) \overset{!}{=} 0 \qquad \text{(B.29)}$$

Daraus ergibt sich:

$$b_0 \cdot (-2) \cdot \sum_{k=t-n+1}^{t} \alpha \cdot (1-\alpha)^{t-k} = -2 \cdot \sum_{k=t-n+1}^{t} \alpha \cdot (1-\alpha)^{t-k} \cdot y_k \qquad \text{(B.30)}$$

Löst man Gleichung B.30 nach b_0 auf, dann erhält man:

$$b_0 = \frac{\sum\limits_{k=t-n+1}^{t} \alpha \cdot (1-\alpha)^{t-k} \cdot y_k}{\sum\limits_{k=t-n+1}^{t} \alpha \cdot (1-\alpha)^{t-k}} \qquad \text{(B.31)}$$

Der Ausdruck im Nenner der Gleichung (B.31) ist eine **geometrische Reihe**, d. h. eine Reihe mit einem konstanten Quotienten. Sie ist in Tabelle B.3 ausführlich ausgeschrieben.

k	$t-n+1$	$t-n+2$	$t-n+3$	$\cdots$	t
geom. Reihe	$\alpha \cdot (1-\alpha)^{t-1}$	$\alpha \cdot (1-\alpha)^{t-2}$	$\alpha \cdot (1-\alpha)^{t-3}$	$\cdots$	$\alpha \cdot (1-\alpha)^{t-n}$

Tabelle B.3: Geometrische Reihe

Die Summe der ersten n Glieder einer geometrischen Reihe beträgt:[10]

$$S_n = c + c \cdot q + \cdots + c \cdot q^{n-1} = c \cdot \frac{1-q^n}{1-q} \qquad \text{(B.32)}$$

Für den Nenner in Beziehung (B.31) ergibt sich nun:

$$\sum_{k=t-n+1}^{t} \alpha \cdot (1-\alpha)^{t-k} = \alpha \cdot \frac{1-(1-\alpha)^n}{1-(1-\alpha)} = 1-(1-\alpha)^n \qquad \text{(B.33)}$$

Damit beträgt der Parameter b_0, bezogen auf einen bestimmten Zeitpunkt t:

$$b_{0,t} = \frac{1}{1-(1-\alpha)^n} \cdot \sum_{k=t-n+1}^{t} \alpha \cdot (1-\alpha)^{t-k} \cdot y_k \qquad t = n, n+1, \dots \quad \text{(B.34)}$$

---

10 Es gilt: $c = \alpha$; $q = 1-\alpha$

Lassen wir die Anzahl n der bei der gleitenden Durchschnittsbildung berücksichtigten Beobachtungswerte gegen ∞ laufen, dann wird der Ausdruck vor dem Summenzeichen gleich 1 und es kann weiter vereinfacht werden:

$$b_{0,t} = \sum_{k=-\infty}^{t} \alpha \cdot (1-\alpha)^{t-k} \cdot y_k$$
$$= \alpha \cdot y_t + \alpha \cdot (1-\alpha) \cdot y_{t-1} + \alpha \cdot (1-\alpha)^2 \cdot y_{t-2} + \cdots$$

(B.35)

Entsprechend erhält man für b_0, bezogen auf die Vorperiode $(t-1)$, $b_{0,t-1}$:

$$b_{0,t-1} = \sum_{k=-\infty}^{t-1} \alpha \cdot (1-\alpha)^{t-1-k} \cdot y_k$$
$$= \alpha \cdot y_{t-1} + \alpha \cdot (1-\alpha) \cdot y_{t-2} + \alpha \cdot (1-\alpha)^2 \cdot y_{t-3} + \cdots$$

(B.36)

Multipliziert man nun $b_{0,t-1}$ mit dem Faktor $(1-\alpha)$, dann ergibt sich:

$$(1-\alpha) \cdot b_{0,t-1} = \alpha \cdot (1-\alpha) \cdot y_{t-1} +$$
$$\alpha \cdot (1-\alpha)^2 \cdot y_{t-2} +$$
$$\alpha \cdot (1-\alpha)^3 \cdot y_{t-3} + \cdots$$

(B.37)

Durch Bildung der Differenz der Gleichungen (B.35) und (B.37),

$$b_{0,t} - (1-\alpha) \cdot b_{0,t-1} \qquad\qquad t = 1, 2, \ldots \quad \text{(B.38)}$$

erhalten wir

$$b_{0,t} - (1-\alpha) \cdot b_{0,t-1} = \alpha \cdot y_t \qquad\qquad t = 1, 2, \ldots \quad \text{(B.39)}$$

oder

$$b_{0,t} = \alpha \cdot y_t + (1-\alpha) \cdot b_{0,t-1} \qquad\qquad t = 1, 2, \ldots \quad \text{(B.40)}$$

Beziehung (B.40) beschreibt einen gewogenen gleitenden Durchschnitt, der am Ende der Periode t errechnet wird. Man bezeichnet diesen Durchschnitt auch als Durchschnitt **erster Ordnung**, da er im Gegensatz zu dem weiter unten eingeführten Durchschnitt zweiter Ordnung auf den Beobachtungswerten der Zeitreihe basiert. Die Ordnung des Durchschnitts wird durch das Superskript „$(\cdot)$" gekennzeichnet:

$$y_t^{(1)} = \alpha \cdot y_t + (1-\alpha) \cdot y_{t-1}^{(1)} \qquad\qquad t = 1, 2, \ldots \quad \text{(B.41)}$$

Zur **Prognose** der Bedarfsmenge der Periode $(t+1)$, die am Ende der Periode t durchgeführt wird, setzen wir nun:

$$p_{t+1} = y_t^{(1)} = b_{0,t} \qquad\qquad\qquad t = 1, 2, \dots \qquad \text{(B.42)}$$

Der Prognosewert für die Periode $(t+1)$ kann damit wie folgt errechnet werden:

$$
\begin{aligned}
p_{t+1} &= \alpha \cdot y_t + (1 - \alpha) \cdot p_t \\
&= p_t + \alpha \cdot (y_t - p_t) \qquad\qquad\qquad\qquad\qquad \text{(B.43)} \\
&= p_t + \alpha \cdot e_t \qquad\qquad\qquad\qquad t = 1, 2, \dots
\end{aligned}
$$

Bei diesem Verfahren wird der Prognosewert für den Bedarf in der Periode $(t+1)$ also als ein gewogenes arithmetisches Mittel aus dem tatsächlichen Bedarf der Periode t – gewogen mit dem Faktor α – und dem für Periode t prognostizierten Bedarf – gewogen mit dem Faktor $(1 - \alpha)$ – errechnet. Die Differenz $(y_t - p_t)$, der Prognosefehler, kann auch als eine „Beobachtung" der irregulären Komponente der Zeitreihe, ϵ_t, aufgefaßt werden. Die Gleichung (B.43) für den Prognosewert der Periode $(t+1)$ entspricht einer Gewichtung der Beobachtungswerte der vergangenen Perioden k mit den Faktoren $w_k = \alpha \cdot (1 - \alpha)^{t-k}$ $(k = 1, \dots, t)$. Das läßt sich wie folgt nachweisen. Es gilt:

$$
\begin{aligned}
y_t^{(1)} &= \alpha \cdot y_t + (1 - \alpha) \cdot y_{t-1}^{(1)} \\
&= \alpha \cdot y_t + (1 - \alpha) \cdot \left[\alpha \cdot y_{t-1} + (1 - \alpha) \cdot y_{t-2}^{(1)} \right] \\
&= \alpha \cdot y_t + \alpha \cdot (1 - \alpha) \cdot y_{t-1} + (1 - \alpha)^2 \cdot y_{t-2}^{(1)} \\
&= \alpha \cdot y_t + \alpha \cdot (1 - \alpha) \cdot y_{t-1} + (1 - \alpha)^2 \cdot \left[\alpha \cdot y_{t-2} + (1 - \alpha) \cdot y_{t-3}^{(1)} \right] \\
&= \alpha \cdot y_t + \alpha \cdot (1 - \alpha) \cdot y_{t-1} + \alpha \cdot (1 - \alpha)^2 \cdot y_{t-2} + (1 - \alpha)^3 \cdot y_{t-3}^{(1)} \\
&= \text{usw.}
\end{aligned} \qquad \text{(B.44)}
$$

Durch rekursives Einsetzen erhält man schließlich:

$$
\begin{aligned}
y_t^{(1)} &= \alpha \cdot y_t + \alpha \cdot (1 - \alpha) \cdot y_{t-1} + \alpha \cdot (1 - \alpha)^2 \cdot y_{t-2} + \dots \\
&\quad + \alpha \cdot (1 - \alpha)^{t-1} \cdot y_{t-(t-1)} + (1 - \alpha)^t \cdot y_0^{(1)}
\end{aligned} \qquad \text{(B.45)}
$$

oder

$$y_t^{(1)} = \sum_{k=1}^{t} \alpha \cdot (1 - \alpha)^{t-k} \cdot y_k + (1 - \alpha)^t \cdot y_0^{(1)} \qquad\qquad t = 1, 2, \dots \qquad \text{(B.46)}$$

Die Größe $y_0^{(1)}$ ist der erste Durchschnittswert (Prognosewert) der betrachteten Zeitreihe. Dieser Wert muß am Ende der Periode 0 (zu Beginn der Periode 1) extern vorgegeben werden, da noch keine empirischen Beobachtungen zu seiner Berechnung vorliegen. In einer anderen Indizierung kann man auch schreiben:

$$y_t^{(1)} = \sum_{k=0}^{t-1} \alpha \cdot (1-\alpha)^k \cdot y_{t-k} + (1-\alpha)^t \cdot y_0^{(1)} \qquad\qquad t = 1, 2, ... \quad \text{(B.47)}$$

Hier läuft der Periodenindex rückwärts. Aus dieser Schreibweise für den Prognosewert des Bedarfs in Periode $(t+1)$ wird deutlich, daß der Einfluß einer Beobachtung auf den Prognosewert mit zunehmendem Alter k der Beobachtungen exponentiell abnimmt: je weiter eine Beobachtung zurückliegt, umso geringer wird ihr Einfluß auf den aktuellen Prognosewert.

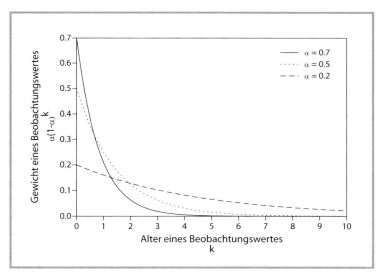

Bild B.12: Zusammenhang zwischen Alter und Gewicht eines Beobachtungswertes

Der Parameter α wird auch als **Glättungsparameter** bezeichnet. Er bestimmt das Ausmaß, in dem ein in Periode t aufgetretener Prognosefehler sich auf den Prognosewert für die nächste Periode $(t+1)$ auswirkt. Je näher der Glättungsparameter α bei 0 liegt, umso stärker wird die Zeitreihe geglättet, d. h. umso mehr Gewicht erhalten die weiter zurückliegenden Beobachtungen. Ein α-Wert nahe bei 1 dagegen führt dazu, daß die Prognosewerte sehr stark mit den jüngsten Beobachtungen schwanken. In der Praxis haben sich Werte für α zwischen 0.1 und 0.3 als günstig erwiesen.

Bild B.12 zeigt die Wirkung des Glättungsparameters α auf die Höhe der Gewichtungsfaktoren. Es ist erkennbar, daß bei einem extrem hohen Gewichtungsfaktor $\alpha = 0.7$ praktisch nur noch die letzten vier Beobachtungswerte (aus den Perioden t, $t-1$, $t-2$ und $t-3$) zur Prognose der Bedarfsmenge der Periode $(t+1)$ herangezogen werden.

Gegenüber der ungewogenen gleitenden Durchschnittsbildung, bei der mindestens n Beobachtungen zu speichern sind, kommt die exponentielle Glättung erster Ordnung in ihrer einfachsten Form mit zwei Speicherplätzen pro Produkt aus (zu speichern sind lediglich der Glättungsparameter α und der letzte Prognosewert p_t). Das ist ein Vorteil, der insbesondere dann wirksam wird, wenn der Bedarf für viele tausend Produktarten zu prognostizieren ist.

t	1	2	3	4	5	6	7	8	9	10	11	12	13	14
y_t	3119	3591	1885	1680	3160	1975	2473	229	3882	2358	2250	2860	2650	2050

Tabelle B.4: Bedarfszeitreihe

Betrachten wir als Beispiel die in Tabelle B.4 dargestellte Zeitreihe von beobachteten Bedarfsmengen. Als Glättungsparameter soll $\alpha = 0.15$ verwendet werden. Um den Prognoseprozeß zu initialisieren, benötigt man einen Startwert $y_0^{(1)}$. Dieser muß extern geschätzt werden. Prinzipiell läßt sich jeder beliebige Wert verwenden, z. B. der Durchschnitt der ersten n Beobachtungen oder auch nur die erste Beobachtung. Da der Einfluß des Startwertes aufgrund des Gewichtungsschemas ohnehin später sehr gering wird, kann man hier einen groben Schätzwert einsetzen. Bei einem konstanten Zeitreihen-Modell mit einer relativ schwachen irregulären Komponente kann ohne weiteres der erste Bedarfswert verwendet werden. Diese Vorgehensweise wird auch im vorliegenden Beispiel gewählt. Tabelle B.5 zeigt die Berechnung der Prognosewerte nach dem Verfahren der exponentiellen Glättung erster Ordnung.

In den beiden rechten Spalten der Tabelle B.5 sind die mittlere absolute Abweichung MAD_t und das Abweichungssignal SIG_t angegeben. Zur Initialisierung dieser Größen wurde der durchschnittliche absolute Prognosefehler der ersten drei Perioden ermittelt, d. h. $\text{MAD}_3 = 592.267 = \frac{0+472+1304.8}{3}$. Als Glättungsparameter γ (für MAD_t) und δ (für ERR_t) wurde jeweils 0.05 angenommen. Als Startwert für ERR_t wurde 0 eingesetzt. Ab Periode 4 erfolgte dann eine Glättung von MAD_t und ERR_t.[11]

---

11 Für $t = 4$ ergibt sich: $\text{MAD}_4 = 0.95 \cdot \frac{0+472+1304.8}{3} + 0.05 \cdot 1314.08 = 628.357$

t	y_t	$p_{t+1} = y_t^{(1)}$	e_t	ERR$_t$	MAD$_t$	SIG$_t$
0		3119.000	← Start			
1	3119	3119.000	0.000			
2	3591	3189.800	472.000			
3	1885	2994.080	−1304.800	0	592.267	← Start
4	1680	2796.968	−1314.080	−65.704	628.357	−0.105
5	3160	2851.423	363.032	−44.267	615.091	−0.072
6	1975	2719.960	−876.423	−85.875	628.158	−0.137
⋮	⋮	⋮	⋮	⋮	⋮	⋮

Tabelle B.5: Beispiel zur exponentiellen Glättung erster Ordnung

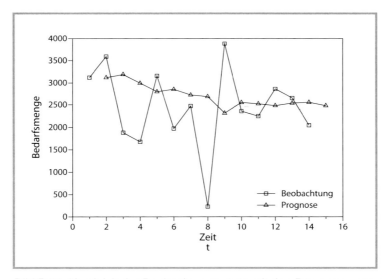

Bild B.13: Vergleich der Beobachtungswerte mit den Prognosewerten

Die angegebenen Werte sind die Ergebnisse einer *ex-post-Prognose*. Denn die Beobachtungen in den Perioden 1 bis 14 sind bereits bekannt. Beginnend mit der Periode 15 kann das Verfahren der exponentiellen Glättung erster Ordnung zur echten Prognose eingesetzt werden. Als Prognosewert für die Bedarfsmenge der Periode 15 wird der am Ende der Periode 14 ermittelte exponentiell geglättete Durchschnittswert (2478.635) verwendet. Wie aus Bild B.13 zu erkennen ist, treten im vorliegenden Beispiel beträchtliche Prognosefehler auf, die durch den hohen Anteil der zufälligen Komponente in der Zeitreihe bedingt sind.

Ergänzende Literatur zu den Abschnitten B.1-B.3.1:
Gaynor und Kirkpatrick (1994)
Makridakis und Wheelwright (1989)
Silver et al. (1998)
Weber (1990)

B.3.2   Prognose bei trendförmigem Bedarf

Im vorangegangenen Abschnitt B.3.1 wurde ein Zeitreihenmodell betrachtet, bei dem das Niveau der Zeitreihe trotz auftretender unregelmäßiger Schwankungen im Zeitablauf konstant bleibt. Die Anwendung des Kriteriums der Summe der *ungewogenen* Abstandsquadrate führte zu dem Ergebnis, daß der Modellparameter b_0 am besten durch einen ungewogenen gleitenden Durchschnitt der Beobachtungswerte geschätzt wird. Bei Verwendung des Kriteriums der Summe der *exponentiell gewogenen* Abstandsquadrate ergab sich als optimales Verfahren die exponentielle Glättung erster Ordnung.

Im Folgenden sollen dieselben Kriterien auf den Fall angewandt werden, daß das Niveau der Bedarfszeitreihe einem **linearen Trend** folgt, der wiederum von unregelmäßigen, zufälligen Schwankungen überlagert wird. Das Modell der Zeitreihe hat dann für das betrachtete Zeitfenster der letzten n Perioden die folgende Form:

$$y_k = \beta_0 + \beta_1 \cdot k + \epsilon_k \qquad\qquad k = t - n + 1, t - n + 2, \ldots, t$$

$\quad$ zufällige Schwankungen

$\quad$ Zeit (unabhängige Variable)

$\quad$ Steigung der Trendgeraden

$\quad$ Achsenabschnitt der Trendgeraden

$$\text{(B.48)}$$

Für die zufälligen Schwankungen ϵ_k wird wieder angenommen, daß ihr Erwartungswert Null ist: $E\{\epsilon_k\} = 0$. Weiterhin seien sie unabhängig voneinander, d. h. für die Kovarianzen gilt $\sigma\{\epsilon_k, \epsilon_j\} = 0$ (alle $k, j; k \neq j$). Schließlich wird unterstellt, daß die Varianz der zufälligen Schwankungen $\sigma^2\{\epsilon_k\} = \sigma^2$ konstant ist. Da die Komponente $\beta_0 + \beta_1 \cdot k$ des betrachteten Zeitreihenmodells eine Konstante ist, folgt für die Varianz von y_k: $\sigma^2\{y_k\} = \sigma^2\{\beta_0 + \beta_1 \cdot k + \epsilon_k\} = \sigma^2\{\epsilon_k\} = \sigma^2$ und die Varianz-Kovarianz-Matrix der zufälligen Schwankungen ist $\sigma^2\{\boldsymbol{\epsilon}\} = \sigma^2 \boldsymbol{I}$.

Befinden wir uns am Ende der Periode t und blicken wir auf die letzten n Perioden zurück, dann erhalten wir das folgende Gleichungssystem mit n Gleichungen:

$$
\begin{aligned}
y_{t-n+1} &= \beta_0 + \beta_1 \cdot (t-n+1) + \epsilon_{t-n+1} \\
y_{t-n+2} &= \beta_0 + \beta_1 \cdot (t-n+2) + \epsilon_{t-n+2} \\
\vdots \qquad & \quad \vdots \quad \vdots \qquad\qquad\quad \vdots \\
y_t &= \beta_0 + \beta_1 \cdot (t) \qquad\quad + \epsilon_t
\end{aligned}
\qquad\text{(B.49)}
$$

In Matrixschreibweise lautet dieses Gleichungssystem:

$$
\underset{n\times 1}{\mathbf{y}} = \underset{n\times 2}{\mathbf{X}} \; \underset{2\times 1}{\beta} + \underset{n\times 1}{\epsilon}
\qquad\text{(B.50)}
$$

Die einzelnen Matrizen bzw. Vektoren des betrachteten Zeitreihenmodells haben folgende Struktur:

$$
\underset{n\times 1}{\mathbf{y}} = \begin{bmatrix} y_{t-n+1} \\ y_{t-n+2} \\ \vdots \\ y_t \end{bmatrix}
\quad
\underset{n\times 2}{\mathbf{X}} = \begin{bmatrix} 1 & t-n+1 \\ 1 & t-n+2 \\ \vdots & \vdots \\ 1 & t \end{bmatrix}
\quad
\underset{2\times 1}{\beta} = \begin{bmatrix} \beta_0 \\ \beta_1 \end{bmatrix}
\quad
\underset{n\times 1}{\epsilon} = \begin{bmatrix} \epsilon_{t-n+1} \\ \epsilon_{t-n+2} \\ \vdots \\ \epsilon_t \end{bmatrix}
\qquad\text{(B.51)}
$$

Zur Prognose des zukünftigen Verlaufs der Zeitreihe müssen der Achsenabschnitt β_0 und die Steigung β_1 der Trendfunktion bekannt sein. Für die Schätzung dieser beiden Größen auf der Grundlage empirischer Beobachtungen der Bedarfszeitreihe stehen mehrere Verfahren zur Verfügung. Im folgenden sollen die *lineare Regressionsrechnung*, Modelle der *linearen Programmierung* sowie die *exponentielle Glättung zweiter Ordnung* und das *Verfahren von Holt* dargestellt werden.

B.3.2.1   Lineare Regressionsrechnung

Die lineare Regressionsrechnung[12] ist ein statistisches Verfahren zur Quantifizierung des funktionalen Zusammenhangs zwischen einer abhängigen und einer (oder mehreren) unabhängigen Variablen. Im betrachteten Anwendungsfall kann die Zeit, die in der vorliegenden Indizierung der Beobachtungswerte von $(t-n+1)$ bis t läuft, als unabhängige Variable und die Zeitreihe der Bedarfswerte eines Produkts als abhängige Variable aufgefaßt werden. Bei Einsatz der linearen Regressionsrechnung werden die Modellparameter b_0 (**Achsenabschnitt**) und b_1 (**Steigung** der Trendgeraden) i. d. R. so festgelegt, daß die Summe der ungewogenen *quadrierten Abweichungen* der Beobachtungen von der Trendgeraden minimal wird. Die Modellparameter werden in diesem Fall mit Hilfe der folgenden Zielfunktion bestimmt:

$$
\text{Minimiere } SQA(b_0, b_1) = \sum_{k=t-n+1}^{t} (y_k - b_0 - b_1 \cdot k)^2
\qquad\text{(B.52)}
$$

---

12   vgl. *Kutner et al.* (2005)

Zur Minimierung der Funktion (B.52) bildet man die partiellen Ableitungen nach b_0 und b_1 und setzt sie gleich Null. Die partielle Ableitung nach b_0 lautet:

$$\frac{\partial \mathrm{SQA}(b_0, b_1)}{\partial b_0} = -2 \cdot \sum_{k=t-n+1}^{t} (y_k - b_0 - b_1 \cdot k) \overset{!}{=} 0 \tag{B.53}$$

Aus Beziehung (B.53) folgt nach einigen Umformungen die erste Normalgleichung:

$$\sum_{k=t-n+1}^{t} y_k = n \cdot b_0 + b_1 \cdot \sum_{k=t-n+1}^{t} k \tag{B.54}$$

Als partielle Ableitung der Gleichung (B.52) nach b_1 ergibt sich:

$$\frac{\partial \mathrm{SQA}(b_0, b_1)}{\partial b_1} = 2 \cdot \sum_{k=t-n+1}^{t} (y_k - b_0 - b_1 \cdot k) \cdot (-k) \overset{!}{=} 0 \tag{B.55}$$

Nach einigen Umformungen der Beziehung (B.55) erhalten wir die zweite Normalgleichung:

$$\sum_{k=t-n+1}^{t} y_k \cdot k = b_0 \cdot \sum_{k=t-n+1}^{t} k + b_1 \cdot \sum_{k=t-n+1}^{t} k^2 \tag{B.56}$$

Damit liegt ein System aus zwei linearen Gleichungen mit zwei Unbekannten vor, das nach b_0 und b_1 aufgelöst werden kann. Die Lösungen lauten:

$$b_0 = \frac{\displaystyle\sum_{k=t-n+1}^{t} k^2 \cdot \sum_{k=t-n+1}^{t} y_k - \sum_{k=t-n+1}^{t} k \cdot \sum_{k=t-n+1}^{t} k \cdot y_k}{n \cdot \displaystyle\sum_{k=t-n+1}^{t} k^2 - \left(\sum_{k=t-n+1}^{t} k\right)^2} \tag{B.57}$$

$$b_1 = \frac{n \cdot \displaystyle\sum_{k=t-n+1}^{t} k \cdot y_k - \sum_{k=t-n+1}^{t} k \cdot \sum_{k=t-n+1}^{t} y_k}{n \cdot \displaystyle\sum_{k=t-n+1}^{t} k^2 - \left(\sum_{k=t-n+1}^{t} k\right)^2} \tag{B.58}$$

Die Differenz zwischen einem Beobachtungswert und dem zugehörigen Prognosewert, $e_k = y_k - p_k$, bezeichnet man als **Residuum**. Die Beurteilung der Güte der Anpassung der empirischen Bedarfswerte durch die Trendgerade ist mit Hilfe einer **Varianzanalyse** möglich. Diese basiert auf der Zerlegung der Summe der quadrierten Abweichungen der Beobachtungswerte von deren gemeinsamen Mittelwert in einzelne Komponenten.[13] Die Gesamtvariation der Beobachtungswerte y_k um ihren Mittelwert μ_t besteht aus einem Anteil, der durch die Regressionsgerade mit den ex-post-Prognosewerten $p_k = b_0 + b_1 \cdot k$ erklärt wird und einem Anteil, der nicht durch den Einfluß der unabhängigen Variablen begründet werden kann. Es gelten nun folgende Zusammenhänge:

- **Gesamtvariation**

$$\text{SQT} = \sum_{k=t-n+1}^{t} \left(y_k - \mu_t \right)^2$$

    └ Mittelwert der Zeitreihe (bezogen auf die
     letzten n Perioden)   (B.59)

   └ Beobachtungswert in Periode k

- **durch den Verlauf der Trendgeraden erklärte Variation**

$$\text{SQR} = \sum_{k=t-n+1}^{t} \left(p_k - \mu_t \right)^2$$

    └ Mittelwert der Zeitreihe (bezogen auf die
     letzten n Perioden)   (B.60)

   └ ex-post-Prognosewert für Periode k: $p_k = b_0 + b_1 \cdot k$

- **nicht erklärte Restvariation**

$$\text{SQE} = \sum_{k=t-n+1}^{t} \left(y_k - p_k \right)^2$$

    └ ex-post-Prognosewert für Per+iode k
                    (B.61)

   └ Beobachtungswert in Periode k

Bild B.14 veranschaulicht den Zusammenhang zwischen der Gesamtvariation und den Teilvariationen. Man sieht, daß ein Teil der Abweichungen der Beobachtungen von ihrem gemeinsamen Mittelwert durch den linearen Trend bedingt ist.

---

13   Die Summe der Abweichungsquadrate wird im Folgenden als Variation bezeichnet.

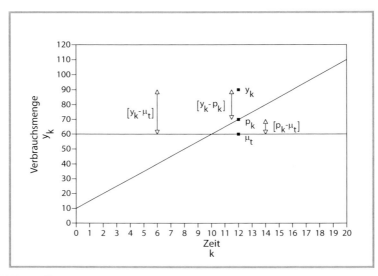

Bild B.14: Zusammenfassende Darstellung der Komponenten der Summe der Abweichungsquadrate

Mit Hilfe dieser Größen kann das **Bestimmtheitsmaß** als Gütekriterium der Regression berechnet werden. Das Bestimmtheitsmaß ist ein dimensionsloses Maß für den Anteil der Gesamtvariation, der auf den Einfluß der unabhängigen Variablen – im vorliegenden Zusammenhang ist das die Zeit – zurückzuführen ist. Es errechnet sich nach Gleichung (B.62) als Quotient aus der durch den Verlauf der Regressionsgeraden erklärten Variation SQR und der Gesamtvariation SQT.

$$r^2 = \frac{\text{SQR}}{\text{SQT}} \qquad\qquad (\text{B.62})$$

Das Bestimmtheitsmaß kann Werte zwischen 0 und 1 annehmen. Je höher r^2 ist, umso höher ist der Grad der Anpassung der Trendgeraden an die Zeitreihe. Das Bestimmtheitsmaß kann zur Beantwortung der Frage verwendet werden, ob ein signifikanter Trend vorliegt. Als in der Praxis anwendbare Faustregel gilt, daß ab einem Wert von $r^2 > 0.5$ von einem trendförmigen Verlauf der Zeitreihe ausgegangen werden kann.[14]

Für die Erweiterung der Betrachtung auf mehrere Einflußgrößen, insb. unter Einbeziehung transformierter Formen der Zeitvariablen, ist die Matrixschreibweise der Regressi-

---

14   Ein hoher Wert des Bestimmtheitsmaßes bedeutet nicht notwendigerweise, daß das unterstellte Regressionsmodell brauchbar ist. Wenn die Regressionsrechnung nur auf einem geringen Stichprobenumfang n basiert, kann in einigen Fällen das Bestimmtheitsmaß einen hohen Wert annehmen, obwohl die nicht erklärte Varianz für eine praktische Verwendung des Regressionsmodells zu hoch ist.

onsrechnung hilfreich. In Matrixschreibweise lauten die Normalgleichungen:

$$
\begin{bmatrix} \sum_{k=t-n+1}^{t} y_k \\ \sum_{k=t-n+1}^{t} k \cdot y_k \end{bmatrix} = \begin{bmatrix} n & \sum_{k=t-n+1}^{t} k \\ \sum_{k=t-n+1}^{t} k & \sum_{k=t-n+1}^{t} k^2 \end{bmatrix} \cdot \begin{bmatrix} b_0 \\ b_1 \end{bmatrix}
\tag{B.63}
$$

Berücksichtigen wir die in (B.51) angegebene Definition des Vektors $\mathbf{y}$ und der Matrix $\mathbf{X}$, dann sehen wir, daß die Normalgleichungen durch folgende Beziehung beschrieben werden:

$$
\underset{2 \times 1}{\mathbf{X}^T \mathbf{y}} = \underset{2 \times 2}{\mathbf{X}^T \mathbf{X}} \ \underset{2 \times 1}{\mathbf{b}}
\tag{B.64}
$$

Dieses Gleichungssystem kann nach dem Vektor $\mathbf{b}$ aufgelöst werden, indem man beide Seiten der Gleichung mit der Inversen von $\mathbf{X}^T \mathbf{X}$ multipliziert:

$$
\left(\mathbf{X}^T \mathbf{X} \right)^{-1} \mathbf{X}^T \mathbf{y} = \left(\mathbf{X}^T \mathbf{X} \right)^{-1} \mathbf{X}^T \mathbf{X} \mathbf{b}
\tag{B.65}
$$

Die Regressionskoeffizienten sind dann:

$$
\underset{2 \times 1}{\mathbf{b}} = \left(\underset{2 \times 2}{\mathbf{X}^T \mathbf{X}} \right)^{-1} \underset{2 \times 1}{\mathbf{X}^T \mathbf{y}}
\tag{B.66}
$$

Die prognostizierten Werte sind:

$$
\underset{n \times 1}{\mathbf{p}} = \underset{n \times 2}{\mathbf{X}} \ \underset{2 \times 1}{\mathbf{b}} = \underbrace{\mathbf{X} \left(\mathbf{X}^T \mathbf{X} \right)^{-1} \mathbf{X}^T}_{\mathbf{H}} \mathbf{y} = \underset{n \times n}{\mathbf{H}} \ \underset{n \times 1}{\mathbf{y}}
\tag{B.67}
$$

Die Matrix $\mathbf{H}$ wird Prädiktionsmatrix (eng. hat matrix) genannt. Sie ist idempotent, d. h. multipliziert man sie mit sich selbst, dann ergibt sich wieder dieselbe Matrix: $\mathbf{HH} = \mathbf{H}$. Interessant ist auch, daß die Differenz aus der Einheitsmatrix $\mathbf{I}$ und $\mathbf{H}$, $\mathbf{I} - \mathbf{H}$, ebenfalls idempotent ist.

Der Vektor der Residuen $e_k = y_k - p_k$ ist:

$$
\underset{n \times 1}{\mathbf{e}} = \underset{n \times 1}{\mathbf{y}} - \underset{n \times 1}{\mathbf{p}} = \underset{n \times 1}{\mathbf{y}} - \underset{n \times n}{\mathbf{H}} \ \underset{n \times 1}{\mathbf{y}} = (\underset{n \times n}{\mathbf{I}} - \underset{n \times n}{\mathbf{H}}) \ \underset{n \times 1}{\mathbf{y}}
\tag{B.68}
$$

Die Variationen lauten in Matrixschreibweise wie folgt:[15]

$$
\text{SQT} = \mathbf{y}^T \mathbf{y} - n \cdot \mu_t^2
\tag{B.69}
$$

---

15 vgl. *Kutner et al.* (2005), Abschnitt 5.12

$$SQR = \mathbf{b}^T \mathbf{X}^T \mathbf{y} - n \cdot \mu_t^2 \tag{B.70}$$

$$SQE = \mathbf{y}^T \mathbf{y} - \mathbf{b}^T \mathbf{X}^T \mathbf{y} \tag{B.71}$$

Sind die Parameter der Regressionsgleichung bekannt, dann können die Prognosen für zukünftige Bedarfswerte der Perioden $(t + 1, t + 2, ...)$ erstellt werden. Für die Periode $(t + j)$ ergibt sich:

$$p_{t+j} = b_0 + b_1 \cdot (t + j) \tag{B.72}$$

In der dargestellten Matrixschreibweise kann die Regressionsgleichung sehr leicht mit Hilfe von Standardsoftware zur linearen Algebra errechnet werden. Dies soll anhand der in Tabelle B.6 angegebenen Bedarfszeitreihe erläutert werden.

k	1	2	3	4	5	6	7
y_k	15	20	35	40	55	70	80

Tabelle B.6: Bedarfszeitreihe

Wir wollen den Bedarf für Periode 8 prognostizieren. Zunächst berechnen wir die Regressionsgerade. Die Daten und Ergebnisse der Regressionsrechnung in Matrixschreibweise sind in (B.73) wiedergegeben.

$$\mathbf{X} = \begin{bmatrix} 1 & 1 \\ 1 & 2 \\ 1 & 3 \\ 1 & 4 \\ 1 & 5 \\ 1 & 6 \\ 1 & 7 \end{bmatrix} \quad \mathbf{y} = \begin{bmatrix} 15 \\ 20 \\ 35 \\ 40 \\ 55 \\ 70 \\ 80 \end{bmatrix} \quad \mathbf{X}^T \mathbf{X} = \begin{bmatrix} 7 & 28 \\ 28 & 140 \end{bmatrix} \quad \mathbf{X}^T \mathbf{y} = \begin{bmatrix} 315 \\ 1575 \end{bmatrix}$$

$$\left(\mathbf{X}^T \mathbf{X} \right)^{-1} = \begin{bmatrix} 0.7142857 & -0.14285714 \\ -0.1428571 & 0.03571429 \end{bmatrix} \quad \mathbf{b} = \begin{bmatrix} 0.0 \\ 11.25 \end{bmatrix} \tag{B.73}$$

$$\mu_t = 45 \quad SQT = 3600 \quad SQR = 3536.75 \quad SQE = 56.25 \quad r^2 = 0.9844$$

Mit Hilfe des Vektors $\mathbf{b}$ kann nun die Regressionsgleichung aufgestellt werden. Sie lautet:

$$y_k = b_0 + b_1 \cdot k = 0.0 + 11.25 \cdot k \qquad\qquad k = 1, 2, ..., 7$$

Bild B.15 zeigt ein Protokoll der Bearbeitung des Beispiels mit der Statistik-Software R. Die Eingabezeilen beginnen mit dem Symbol >.[16]

```
> y <- c(15,20,35,40,55,70,80)
> x0 <- c(1,1,1,1,1,1,1)
> x1 <- c(1,2,3,4,5,6,7)
> n <- length(y)
>
> (X <- matrix(c(x0,x1),ncol=2))
     [,1] [,2]
[1,]    1    1
[2,]    1    2
[3,]    1    3
[4,]    1    4
[5,]    1    5
[6,]    1    6
[7,]    1    7
> (XTX <- t(X) %*% X)
     [,1] [,2]
[1,]    7   28
[2,]   28  140
> (XTy <- t(X) %*% y)
     [,1]
[1,]  315
[2,] 1575
> (XTXinv = solve(XTX))
           [,1]        [,2]
[1,]  0.7142857 -0.14285714
[2,] -0.1428571  0.03571429
> (b <- XTXinv %*% XTy)
      [,1]
[1,]  0.00
[2,] 11.25
> (p <- X %*% b)
      [,1]
[1,] 11.25
[2,] 22.50
[3,] 33.75
[4,] 45.00
[5,] 56.25
[6,] 67.50
[7,] 78.75
> (SQR <- t(b) %*% XTy - n * mean(y) * mean(y))
        [,1]
[1,] 3536.75
> (SQT <- t(y) %*% y - n * mean(y) * mean(y))
     [,1]
[1,] 3600

> (r2 <- SQR/SQT)
         [,1]
[1,] 0.984375
```

Bild B.15: Lösung des Beispiels mit R

Der für Periode $t = 8$ prognostizierte Bedarf ist dann $p_8 = 0.0 + 11.25 \cdot 8 = 90$.

---

16 Siehe https://www.r-project.org

Die beschriebene Methode zur Berechnung einer Trendgleichung ist nicht an das Vorliegen eines linearen Trends gebunden. Vielmehr kann sie immer dann eingesetzt werden, wenn die funktionale Beziehung zwischen den unabhängigen Variablen (hier: Zeit) und der abhängigen Variablen (hier: Bedarfsmenge) durch geeignete Transformationen in eine lineare Form überführt werden kann. In einem ersten Schritt linearisiert man die nichtlineare Funktion und berechnet dann die Parameter der (linearisierten) Regressionsgleichung. Die Prognosewerte werden schließlich mit der linearisierten Prognosegleichung berechnet. Tabelle B.7 zeigt einige nichtlineare Funktionstypen und die entsprechenden Transformationen.[17]

Funktion		Transformation	linearisierte Form
Exponentialfunktion	$Y = a \cdot e^{b \cdot X}$	$Y^* = \ln Y$	$Y^* = a^* + b \cdot X$ $a^* = \ln a$
Potenzfunktion	$Y = a \cdot X^b$	$Y^* = \ln Y$ $X^* = \ln X$	$Y^* = a^* + b \cdot X^*$ $a^* = \ln a$
Logarithm. Funktion	$Y = a + b \cdot \ln X$	$X^* = \ln X$	$Y = a + b \cdot X^*$
Hyperbel	$Y = a + \dfrac{b}{X}$	$X^* = \dfrac{1}{X}$	$Y = a + b \cdot X^*$
Polynom 2. Ordnung	$Y = a + b \cdot X + c \cdot X^2$	$X^* = X^2$	$Y = a + b \cdot X + c \cdot X^*$

Tabelle B.7: Linearisierbare Funktionen (Beispiele)

Durch die Variablentransformation lassen sich viele auf den ersten Blick nichtlineare Funktionsverläufe in eine linearisierte Form überführen. Bei zahlreichen Produkten kann davon ausgegangen werden, daß nach einer bestimmten Zeitspanne eine gewisse Sättigung erreicht wird. Eine derartige Situation kann z. B. durch eine logarithmische Funktion erfaßt werden. Betrachten wir die in Tabelle B.8 angegebene Bedarfszeitreihe, deren $n = 12$ Beobachtungswerte zur Schätzung einer Prognosegleichung herangezogen werden sollen.

t	1	2	3	4	5	6	7	8	9	10	11	12
y_t	2.0	6.0	10.0	13.5	17.0	19.0	22.0	23.0	25.0	24.0	26.0	27.0

Tabelle B.8: Bedarfszeitreihe mit nichtlinearer Entwicklung

Ersetzt man die unabhängige Variable $k = 1, 2, \ldots, 12$ durch $\ln k$, dann erhält man durch Anwendung der linearen Regressionsrechnung folgende Funktion:

$$y_k = -0.21709 + 10.8622 \cdot \ln k \qquad\qquad k = 1, 2, ..., 12 \qquad \text{(B.74)}$$

---

17   vgl. *Weber* (1990), S. 69–77; *DeLurgio* (1998), S. 121

Zur Bestimmung eines Prognosewertes für die Periode $t > 12$ wird der natürliche Logarithmus von t in die Prognosegleichung eingesetzt. Bild B.16 zeigt die Beobachtungswerte der Zeitreihe und die ex-post-Prognosewerte.

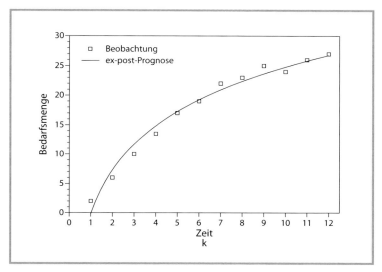

Bild B.16: Prognose mit einer logarithmischen Funktion

Nach jeder Periode, wenn eine neue Beobachtung der Bedarfsmenge hinzugekommen und der älteste Beobachtungswert gelöscht worden ist, hat sich die Datengrundlage der Regressionsrechnung, d. h. der Inhalt des Zeitfensters aus n Perioden, verändert. Daher muß die Regressionsgleichung streng genommen nach jeder Periode an die neue Datensituation angepaßt werden. Dies gilt auch für die im folgenden Abschnitt dargestellten Modelle der linearen Programmierung.

B.3.2.2 Lineare Programmierung

Gegen die Verwendung der Summe der **quadrierten** Abweichungen (SQA) als zu minimierender Zielgröße wird oft eingewandt, daß damit extreme Abweichungen zu stark gewichtet werden und diese dadurch einen zu großen Einfluß auf die Schätzung der Prognosegleichung haben. Solche sog. *Ausreißer*[18] können zu einer starken Verzerrung der Regressionsfunktion führen. Als robuste Alternative wird vorgeschlagen, die Summe der

---

18 Mit den Ausreißern befassen wir uns ausführlich in Abschnitt B.5.3 auf S. 129ff.

absoluten Abweichungen zu minimieren. In diesem Fall erhält man folgende Zielfunktion:

$$\text{Minimiere SAA}(b_0, b_1) = \sum_{k=t-n+1}^{t} |e_k| = \sum_{k=t-n+1}^{t} |y_k - b_0 - b_1 \cdot k| \qquad \text{(B.75)}$$

Diese Zielfunktion kann wie folgt linearisiert werden. Für jede Abweichung e_k führen wir eine nicht-negative Hilfsvariable $u_k \geq 0$ ein, die eine Obergrenze für $|e_k|$ bildet:

$$|e_k| \leq u_k \qquad \text{(B.76)}$$

Die nichtlineare Ungleichung (B.76) ersetzen wir durch zwei sich gegenseitig ausschließende lineare Ungleichungen. Falls e_k positiv ist, wird (B.76) zu

$$e_k \leq u_k \qquad \text{(B.77)}$$

und falls e_k negativ ist, wird aus (B.76)

$$-e_k \leq u_k \qquad \text{(B.78)}$$

Da jeder $|e_k|$-Wert kleiner als der oder gleich dem unbekannten Maximalwert u_k ist, kann man anstelle der Summe der $|e_k|$-Werte auch die Summe der u_k-Werte unter Berücksichtigung der Ungleichungen (B.77) und (B.78) minimieren.[19] Man erhält dann das folgende lineare Optimierungsmodell:

 Modell LP$_{\text{Trend}}$

$$\text{Minimiere } Z = \sum_{k=t-n+1}^{t} u_k \qquad \text{(B.79)}$$

u. B. d. R.

$$y_k - b_0 - b_1 \cdot k \leq u_k \qquad\qquad k = t - n + 1, t - n + 2, ..., t \quad \text{(B.80)}$$

$$y_k - b_0 - b_1 \cdot k \geq -u_k \qquad\qquad k = t - n + 1, t - n + 2, ..., t \quad \text{(B.81)}$$

$$u_k \geq 0 \qquad\qquad k = t - n + 1, t - n + 2, ..., t \quad \text{(B.82)}$$

$$b_0, b_1 \quad \text{unbeschränkt} \qquad \text{(B.83)}$$

Eine äquivalente Modellformulierung zerlegt den Prognosefehler in eine negative (e_k^-) und eine positive (e_k^+) Komponente:

Modell LP$_{\text{Trend'}}$

$$\text{Minimiere } Z = \sum_{k=t-n+1}^{t} e_k^+ + \sum_{k=t-n+1}^{t} e_k^- \tag{B.84}$$

u. B. d. R.

$$b_0 - b_1 \cdot k + e_k^+ - e_k^- = y_k \qquad k = t-n+1, t-n+2, ..., t \tag{B.85}$$

$$e_k^-, e_k^+ \geq 0 \qquad k = t-n+1, t-n+2, ..., t \tag{B.86}$$

$$b_0, b_1 \quad \text{unbeschränkt} \tag{B.87}$$

Für das Beispiel aus Tabelle B.6 erhält man mit beiden Modellen folgende Lösung: $b_0 = 1.25$ und $b_1 = 11.25$. Die Summe der *absoluten* Abweichungen ist mit 16.25 geringer als bei der Kleinste-Quadrate-Schätzung nach Zielfunktion (B.52), die 17.50 beträgt. Allerdings ist die Summe der *quadrierten* Abweichungen nun erwartungsgemäß mit 67.19 höher als für die Zielfunktion (B.52), bei der dieser Wert 56.25 beträgt.

Ein potentieller *Nachteil* der Minimierung der Summe der absoluten Abweichungen ist darin zu sehen, daß die Summe der Residuen normalerweise nicht gleich Null ist. Es ist aber relativ einfach, diesen Mangel zu beseitigen, indem man z. B. dem Modell LP$_{\text{Trend}}$ folgende Nebenbedingung hinzufügt:[20]

$$\sum_{k=t-n+1}^{t} y_k - b_0 - b_1 \cdot k = 0 \tag{B.88}$$

Schließlich sei angemerkt, daß man in beiden LP-Modellen anstelle der unabhängigen Variablen k auch eine Funktion von k, z. B. $\varphi(k) = ln\ k$ oder auch $\varphi(k) = \sqrt{k}$ einsetzen kann.

B.3.2.3 Exponentielle Glättung zweiter Ordnung

Beim Verfahren der exponentiellen Glättung zweiter Ordnung wird – wie bei der linearen Regressionsrechnung – von einem linearen Trendmodell ausgegangen:

$$y_k = \beta_0 + \beta_1 \cdot k + \epsilon_k \qquad k = t-n+1, ..., t \tag{B.89}$$

Wollen wir nun am Ende einer beliebigen Periode t den Bedarf der nächsten Periode prognostizieren, dann müssen wir die in dieser Periode geltenden Schätzwerte der Parameter

---

19 vgl. *Charnes et al.* (1955)
20 vgl. *Crocker* (1969); *Panagiotopoulos* (2012)

$b_{0,t}$ (Achsenabschnitt) und $b_{1,t}$ (Steigung) der Trendgleichung kennen. Zur Bestimmung dieser Größen gehen wir davon aus, daß der Nullpunkt der Zeitachse, an dem der Achsenabschnitt gemessen wird, jeweils mit der aktuellen Periode t verschoben wird, so daß der Achsenabschnitt sich immer auf die Periode t bezieht.

Versuchen wir zunächst einmal, die exponentielle Glättung erster Ordnung zur Prognose des Bedarfs bei Vorliegen eines linearen Trends einzusetzen. Dabei wird ein **systematischer Fehler** auftreten, der zur Ableitung eines für die vorliegende Situation geeigneten Prognoseverfahrens verwendet werden kann.

Die am Ende der Perioden t errechneten Durchschnittswerte, die zur Prognose des Bedarfs der Perioden $(t + 1)$ verwendet werden, sind in systematischer Weise niedriger als die tatsächlichen Bedarfswerte der Perioden t. Es tritt also die Differenz $(y_t - y_t^{(1)})$ $(t = 1, 2, ...)$ auf, wobei $y_t^{(1)}$ den am Ende der Periode t errechneten exponentiell geglätteten Durchschnittswert erster Ordnung beschreibt. Glättet man die Zeitreihe nach dem Verfahren der exponentiellen Glättung erster Ordnung, dann ergibt sich bekanntlich als Mittelwert erster Ordnung am Ende der Periode t:

$$y_t^{(1)} = \alpha \cdot y_t + (1 - \alpha) \cdot y_{t-1}^{(1)} \qquad\qquad t = 1, 2, ... \quad \text{(B.90)}$$

oder

$$y_t^{(1)} = \sum_{k=0}^{t-1} \alpha \cdot (1 - \alpha)^k \cdot y_{t-k} + (1 - \alpha)^t \cdot y_0^{(1)} \qquad\qquad t = 1, 2, ... \quad \text{(B.91)}$$

Die Frage lautet nun: Wie hoch ist der Erwartungswert dieses Durchschnitts (erster Ordnung), wenn die Zeitreihe einen linearen Trend aufweist?

Der Erwartungswert von $y_t^{(1)}$ ergibt sich aus den exponentiell gewichteten Erwartungswerten der zu prognostizierenden Bedarfszeitreihe:

$$E\left\{y_t^{(1)}\right\} = \sum_{k=0}^{t-1} \alpha \cdot (1 - \alpha)^k \cdot E\left\{y_{t-k}\right\} + (1 - \alpha)^t \cdot E\left\{y_0^{(1)}\right\} \qquad t = 1, 2, ... \quad \text{(B.92)}$$

Der Erwartungswert des Bedarfs in Periode $(t - k)$, y_{t-k}, beträgt gemäß dem angenommenen linearen Trend:

$$E\left\{y_{t-k}\right\} = b_0 + b_1 \cdot (t - k) \qquad\qquad k = t - n + 1, ..., t \quad \text{(B.93)}$$

Setzen wir Gleichung (B.93) in Gleichung (B.92) ein, dann ergibt sich:

$$
\begin{aligned}
E\left\{y_t^{(1)}\right\} &= \sum_{k=0}^{t-1} \alpha \cdot (1-\alpha)^k \cdot \left[b_0 + b_1 \cdot (t-k)\right] + (1-\alpha)^t \cdot E\left\{y_0^{(1)}\right\} \\
&= b_0 \cdot \sum_{k=0}^{t-1} \alpha \cdot (1-\alpha)^k + b_1 \cdot t \cdot \sum_{k=0}^{t-1} \alpha \cdot (1-\alpha)^k \\
&\quad - b_1 \cdot \sum_{k=0}^{t-1} k \cdot \alpha \cdot (1-\alpha)^k + (1-\alpha)^t \cdot E\left\{y_0^{(1)}\right\}
\end{aligned}
$$
(B.94)

Im stationären Zustand, d. h., wenn die obere Summationsgrenze in Gleichung (B.94) gegen ∞ geht, erhalten wir für einige Summanden der Gleichung (B.94) die in Beziehung (B.95) hervorgehobenen Vereinfachungen.

$$
\begin{aligned}
E\left\{y_t^{(1)}\right\} &= b_0 \cdot \underbrace{\sum_{k=0}^{\infty} \alpha \cdot (1-\alpha)^k}_{=1} + b_1 \cdot t \cdot \underbrace{\sum_{k=0}^{\infty} \alpha \cdot (1-\alpha)^k}_{=1} \\
&\quad - b_1 \cdot \underbrace{\sum_{k=0}^{\infty} k \cdot \alpha \cdot (1-\alpha)^k}_{=\dfrac{(1-\alpha)}{\alpha}} + \underbrace{(1-\alpha)^\infty}_{=0} \cdot E\left\{y_0^{(1)}\right\}
\end{aligned}
$$
(B.95)

Durch diese Vereinfachungen kann der Erwartungswert für den exponentiell geglätteten Mittelwert erster Ordnung in einem Zeitreihenmodell mit linearem Trend wie folgt beschrieben werden:

$$
E\left\{y_t^{(1)}\right\} = b_0 + b_1 \cdot t - b_1 \cdot \frac{1-\alpha}{\alpha} \qquad t = 1, 2, \ldots
$$
(B.96)

Da der Erwartungswert für den Bedarf in Periode t aufgrund des angenommenen Trends $E\left\{y_t\right\} = b_0 + b_1 \cdot t$ beträgt, läuft der am Ende der Periode t errechnete gleitende Durchschnitt erster Ordnung um den Betrag $b_1 \cdot \frac{1-\alpha}{\alpha}$ hinter dem Bedarfswert der Periode t hinterher. Es gilt also die Beziehung:

$$
E\left\{y_t^{(1)}\right\} = E\left\{y_t\right\} - b_1 \cdot \frac{1-\alpha}{\alpha} \qquad t = 1, 2, \ldots
$$
(B.97)

$\llcorner$ systematische Differenz

$\llcorner$ Erwartungswert der Bedarfsmenge in Periode t

$\llcorner$ Erwartungswert des exponentiell geglätteten Durchschnitts erster Ordnung am Ende der Periode t

Gleichung (B.97) besagt, daß im Fall eines linearen Trendverlaufs der am Ende der Periode t berechnete exponentiell geglättete Mittelwert erster Ordnung um den konstanten Betrag $b_1 \cdot \frac{1-\alpha}{\alpha}$ niedriger ist als der Bedarf in Periode t. Man kann daher nicht mehr – wie im Fall eines stationären Bedarfsverlaufs – den zuletzt errechneten Durchschnittswert als besten Prognosewert für die nächste Periode verwenden. Die Berechnung exponentiell geglätteter Mittelwerte erster Ordnung über mehrere Perioden ergibt folgende **Zeitreihe von Mittelwerten erster Ordnung**: $\left\{ \cdots, y_{t-1}^{(1)}, y_t^{(1)} \right\}$. Man kann nun die Zeitreihe der Mittelwerte erster Ordnung in gleicher Weise wie die Zeitreihe der ursprünglichen Beobachtungswerte behandeln und darauf ebenfalls die exponentielle Glättung erster Ordnung anwenden. Als Ergebnis dieses Glättungsprozesses erhält man exponentiell geglättete **Mittelwerte zweiter Ordnung**, d. h. gewogene Durchschnitte von Mittelwerten (erster Ordnung). Der Mittelwert zweiter Ordnung am Ende der Periode t errechnet sich als gewogener Durchschnitt aus dem Mittelwert erster Ordnung am Ende der Periode t und dem Mittelwert zweiter Ordnung am Ende der Vorperiode $(t-1)$:

$$y_t^{(2)} = \alpha \cdot y_t^{(1)} + (1 - \alpha) \cdot y_{t-1}^{(2)} \qquad\qquad t = 1, 2, \ldots \qquad (\text{B.98})$$

Man kann nachweisen, daß zwischen den Erwartungswerten der Mittelwerte erster und zweiter Ordnung folgende Beziehung gilt:

$$E\left\{ y_t^{(2)} \right\} = E\left\{ y_t^{(1)} \right\} - b_1 \cdot \frac{1 - \alpha}{\alpha} \qquad\qquad t = 1, 2, \ldots \qquad (\text{B.99})$$

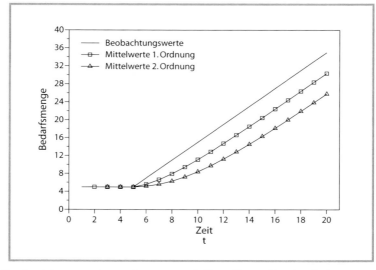

Bild B.17: Beobachtungswerte sowie exponentiell geglättete Durchschnitte erster und zweiter Ordnung für eine Zeitreihe mit störungsfreiem linearen Verlauf

Gleichung (B.99) zufolge läuft der Mittelwert zweiter Ordnung dem Mittelwert erster Ordnung durchschnittlich im gleichen Abstand hinterher wie der Mittelwert erster Ordnung den Beobachtungswerten hinterherläuft. Diese systematische Beziehung zwischen den drei Zeitreihen kann man zur Entwicklung eines Prognoseverfahrens ausnutzen.

Versuchen wir zunächst, die Steigung der Trendgeraden im Zeitpunkt t, $b_{1,t}$, zu schätzen. Da der exponentiell geglättete Mittelwert erster Ordnung sich entsprechend Gleichung (B.97) nur um einen konstanten Betrag von der Trendgeraden unterscheidet, weisen beide Zeitreihen – sieht man einmal von der irregulären Komponente ab – dieselbe Steigung auf. Darüber hinaus stimmt auch die Steigung der Zeitreihe der exponentiell geglätteten Mittelwerte zweiter Ordnung mit den Steigungen der Trendgeraden und der Reihe der exponentiell geglätteten Mittelwerte erster Ordnung überein. Die drei Zeitreihen verlaufen also parallel. Dies ist in Bild B.17 für eine Zeitreihe mit einem störungsfreien linearen Verlauf dargestellt.

Es ist damit möglich, die Steigung der Originalzeitreihe der beobachteten Bedarfswerte auch aus der Gleichung für den exponentiell geglätteten Mittelwert zweiter Ordnung zu errechnen. Dies geschieht wie folgt: Lösen wir zunächst die Gleichung (B.99) für den Erwartungswert des Mittelwertes zweiter Ordnung nach der **Steigung** der Trendgeraden im Zeitpunkt t, $b_{1,t}$, auf:

$$b_{1,t} = \frac{\alpha}{1-\alpha} \cdot \left[E\left\{ y_t^{(1)} \right\} - E\left\{ y_t^{(2)} \right\} \right] \qquad t = 1, 2, \dots \quad \text{(B.100)}$$

Es ist sinnvoll, immer den neuesten, d. h. aktuellsten, Schätzwert für die Steigung der Trendgeraden am Ende der Periode t zu verwenden. Wir erhalten dann den folgenden Ausdruck:

$$b_{1,t} = \frac{\alpha}{1-\alpha} \cdot \left[y_t^{(1)} - y_t^{(2)} \right] \qquad t = 1, 2, \dots \quad \text{(B.101)}$$

Wie hoch ist nun die erwartete Bedarfsmenge am Ende der Periode t? Zur Beantwortung dieser Frage greifen wir auf die Beziehung (B.97) zurück und setzen dort die Gleichung (B.100) für die Steigung $b_{1,t}$ ein:

$$E\{y_t\} = E\left\{ y_t^{(1)} \right\} + \frac{1-\alpha}{\alpha} \cdot \underbrace{\frac{\alpha}{1-\alpha} \cdot \left[E\left\{ y_t^{(1)} \right\} - E\left\{ y_t^{(2)} \right\} \right]}_{\text{Steigung der Trendgeraden}} \qquad t = 1, 2, \dots$$
(B.102)
$$= 2 \cdot E\left\{ y_t^{(1)} \right\} - E\left\{ y_t^{(2)} \right\}$$

Beziehung (B.102) beschreibt den erwarteten Abstand der Trendgeraden von der Zeitachse am Ende der Periode t. Aufgrund dieser Beziehung können wir nun als plausiblen Schätzwert für den Abstand der Trendgeraden von der Abszisse (**Achsenabschnitt**) am Ende der Periode t den Ausdruck

$$b_{0,t} = 2 \cdot y_t^{(1)} - y_t^{(2)} \qquad\qquad t = 1, 2, \ldots \quad \text{(B.103)}$$

verwenden.

Damit ist die Gleichung der Trendgeraden am Ende der Periode t bekannt und der **Prognosewert** des Bedarfs für eine zukünftige Periode $(t + j)$, p_{t+j}, kann dann wie folgt berechnet werden:

$$p_{t+j} = \underbrace{\left[2 \cdot y_t^{(1)} - y_t^{(2)} \right]}_{\text{aktueller Achsenabschnitt}} + \underbrace{\left[\frac{\alpha}{1 - \alpha} \cdot \left(y_t^{(1)} - y_t^{(2)} \right) \right]}_{\text{aktuelle Steigung der Trendgeraden}} \cdot j \qquad \begin{array}{l} t = 1, 2, \ldots \\ j = 1, 2, \ldots \end{array} \quad \text{(B.104)}$$

Zur **Initialisierung** des Prognoseverfahrens werden Startwerte $y_0^{(1)}$ und $y_0^{(2)}$ für die Durchschnitte erster und zweiter Ordnung benötigt. Sie lassen sich mit Hilfe von Schätzwerten für $b_{0,0}$ und $b_{1,0}$ ermitteln. Liegt bereits empirisches Datenmaterial vor, z. B. die Bedarfswerte für einige Perioden, die vor Einsatz des Prognoseverfahrens erfasst worden sind, dann kann man den Achsenabschnitt und die Steigung mittels der linearen Regressionsrechnung schätzen. Eine grobe, aber einfache Methode zur Initialisierung des Prognoseverfahrens besteht darin, den Achsenabschnitt der Trendgeraden durch den Mittelwert der Bedarfswerte eines Jahres und die Steigung aus der Differenz der mittleren Bedarfswerte zweier aufeinanderfolgender Jahre zu errechnen. Falls keine empirischen Daten vorliegen, dann müssen die Parameter der Trendgeraden durch subjektive Schätzung festgelegt werden.

Sind die Parameter $b_{0,0}$ und $b_{1,0}$ bekannt, dann kann man sie in die Gleichungen (B.103) und (B.101) für den Achsenabschnitt und die Steigung einsetzen und nach den gesuchten Startwerten der beiden Durchschnitte, $y_0^{(1)}$ und $y_0^{(2)}$, auflösen. Aus diesem System mit zwei Gleichungen und zwei Unbekannten erhalten wir:

$$y_0^{(1)} = b_{0,0} - b_{1,0} \cdot \frac{1 - \alpha}{\alpha} \qquad\qquad \text{(B.105)}$$

$$y_0^{(2)} = b_{0,0} - 2 \cdot b_{1,0} \cdot \frac{1 - \alpha}{\alpha} \qquad\qquad \text{(B.106)}$$

Das Verfahren der exponentiellen Glättung zweiter Ordnung besteht damit aus den in Bild B.18 angegebenen Schritten.

Start:		
Startwerte:	$y_0^{(1)} = b_{0,0} - b_{1,0} \cdot \dfrac{1-\alpha}{\alpha}$	
	$y_0^{(2)} = b_{0,0} - 2 \cdot b_{1,0} \cdot \dfrac{1-\alpha}{\alpha}$	
Prognose:	$p_1 = b_{0,0} + b_{1,0}$	
Schritt t:		
Gleitende Durchschnitte:	$y_t^{(1)} = \alpha \cdot y_t + (1-\alpha) \cdot y_{t-1}^{(1)}$	
	$y_t^{(2)} = \alpha \cdot y_t^{(1)} + (1-\alpha) \cdot y_{t-1}^{(2)}$	
Prognose:	$p_{t+j} = \left[2 \cdot y_t^{(1)} - y_t^{(2)} \right] + \left[\dfrac{\alpha}{1-\alpha} \cdot \left(y_t^{(1)} - y_t^{(2)} \right) \right] \cdot j$	

Bild B.18: Exponentielle Glättung zweiter Ordnung

Betrachten wir ein Beispiel. Für ein Produkt wurden in den Jahren 1997–1998 ($t = 1, \ldots, 24$) die in Tabelle B.9 angegebenen Bedarfswerte registriert. Mit der exponentiellen Glättung zweiter Ordnung soll der zukünftige Bedarf prognostiziert werden. Dabei soll der Glättungsparameter $\alpha = 0.1$ verwendet werden. Zunächst wird auf der Grundlage der bekannten Daten eine ex-post-Prognose durchgeführt, die dann ab Periode 24 zu einer echten ex-ante-Prognose wird.

t	1	2	3	4	5	6	7	8	9	10	11	12
y_t	317	194	312	316	322	334	317	356	428	411	494	412
t	13	14	15	16	17	18	19	20	21	22	23	24
y_t	460	395	392	447	452	571	517	397	410	579	473	558

Tabelle B.9: Beispieldaten zur exponentiellen Glättung zweiter Ordnung

Beispiel zur Exponentiellen Glättung 2. Ordnung (Periode 1)

START:

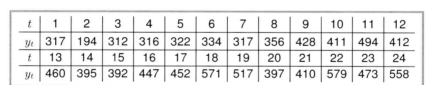

$y_t = 275.00 + 10.88 \cdot t \qquad t = 1, 2, \ldots, 24$ — Da empirische Daten verfügbar sind, können zunächst mit der linearen Regressionsrechnung Startwerte für die beiden Parameter $b_{0,0}$ und $b_{1,0}$ geschätzt werden.

$b_{0,0} = 275.00$ — Achsenabschnitt

$b_{1,0} = 10.88$ — Steigung

$y_0^{(1)} = 275.00 - 10.88 \cdot \dfrac{0.9}{0.1} = 177.08$ — Durchschnitt 1. Ordnung

$$y_0^{(2)} = 275.00 - 2 \cdot 10.88 \cdot \frac{0.9}{0.1} = 79.16 \qquad \text{Durchschnitt 2. Ordnung}$$

$$p_1 = b_{0,0} + b_{1,0} \cdot 1$$
$$= 275.00 + 10.88 = 285.88 \qquad \text{Prognose für Periode t=1}$$

SCHRITT 1:

$$y_1 = 317 \qquad \text{Beobachtungswert in Periode t=1}$$

$$y_1^{(1)} = 0.10 \cdot 317 + 0.9 \cdot 177.08 = 191.07 \qquad \text{Durchschnitt 1. Ordnung}$$

$$y_2^{(2)} = 0.10 \cdot 191.07 + 0.9 \cdot 79.16 = 90.35 \qquad \text{Durchschnitt 2. Ordnung}$$

$$p_2 = \left(2 \cdot y_1^{(1)} - y_1^{(2)}\right) + \frac{\alpha}{1-\alpha} \cdot \left(y_1^{(1)} - y_1^{(2)}\right) \qquad \text{Prognose für Periode t=2}$$

$$= (2 \cdot 191.07 - 90.35) + \frac{0.1}{0.9} \cdot (191.07 - 90.35)$$

$$= 302.98$$

---

t	y_t	$y_t^{(1)}$	$y_t^{(2)}$	$b_{0,t}$	$b_{1,t}$	p_{t+1}	e_t
0		177.0800	79.1600	275.0000	10.8800	285.8800	
1	317	191.0720	90.3512	291.7928	11.1912	302.9840	31.12
2	194	191.3648	100.4526	282.2770	10.1014	292.3784	-108.98
3	312	203.4283	110.7502	296.1064	10.2976	306.4040	19.62
4	316	214.6855	121.1437	308.2273	10.3935	318.6208	9.59
$\vdots$	$\vdots$	$\vdots$	$\vdots$	$\vdots$	$\vdots$	$\vdots$	$\vdots$

Tabelle B.10: Ergebnisse der exponentiellen Glättung zweiter Ordnung

Tabelle B.10 zeigt weitere Ergebnisse. In der vorletzten Spalte sind die Prognosewerte für die nächste nächste Periode angegeben. Die letzte Spalte enthält die Prognosefehler. Der mittlere Prognosefehler (über alle 24 Perioden) beträgt $\mu_e = -1.67$ bei einer Standardabweichung von $\sigma_e = 59.33$. In den Bildern B.19 und B.20 sind die Ergebnisse graphisch dargestellt.

In Bild B.21 ist die kumulierte Häufigkeitsverteilung der beobachteten Prognosefehler den Werten einer Normalverteilung mit dem Mittelwert $\mu_e = -1.67$ und der Standardabweichung $\sigma_e = 59.33$ gegenübergestellt. Mit Hilfe statistischer Testverfahren kann überprüft werden, ob die Annahme normalverteilter Prognosefehler für das Beispiel aufrechterhalten werden kann. Im vorliegenden Fall führt der Kolmogorov-Smirnov-Test[21] zu dem Ergebnis, daß diese Annahme nicht abgelehnt werden kann.

---

21 vgl. z. B. *Banks et al.* (1996), S. 382–384

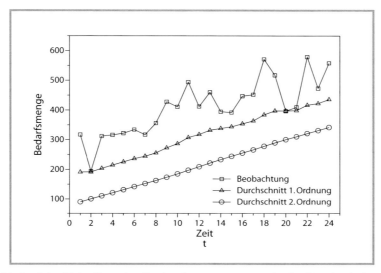

Bild B.19: Verlauf der Zeitreihen der Beobachtungswerte sowie der Durchschnittswerte erster und zweiter Ordnung

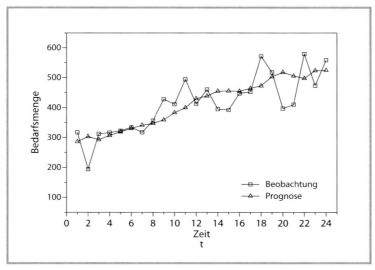

Bild B.20: Gegenüberstellung von Prognose- und Beobachtungswerten des Beispiels

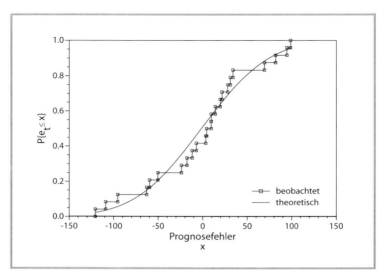

Bild B.21: Gegenüberstellung von empirischer und theoretischer Wahrscheinlichkeitsverteilung der Prognosefehler

Eine andere Form des Verfahrens der exponentiellen Glättung zweiter Ordnung, die ohne die Berechnung der gleitenden Durchschnitte auskommt, beschreibt *Gardner*[22]:

$$e_t = y_t - p_t \qquad\qquad t = 1, 2, \dots \quad (\text{B.107})$$

$$b_{0,t} = b_{0,t-1} + b_{1,t-1} + \alpha \cdot (2 - \alpha) \cdot e_t \qquad\qquad t = 1, 2, \dots \quad (\text{B.108})$$

$$b_{1,t} = b_{1,t-1} + \alpha^2 \cdot e_t \qquad\qquad t = 1, 2, \dots \quad (\text{B.109})$$

$$p_{t+j} = b_{0,t} + b_{1,t} \cdot j \qquad\qquad t = 1, 2, \dots;\ j = 1, 2, \dots \quad (\text{B.110})$$

In der in diesem Abschnitt vorgestellten Form wurden die zur Herleitung des Verfahrens der exponentiellen Glättung zweiter Ordnung notwendigen Beziehungen intuitiv erläutert. Man kann jedoch zeigen, daß genau diese Beziehungen sich ergeben, wenn man die Funktionsparameter b_0 und b_1 so festlegt, daß die Summe der exponentiell gewichteten Abweichungsquadrate der Beobachtungen von der Trendgeraden minimiert wird. Bildet man die partiellen Ableitungen der Zielfunktion (B.111) nach b_0 und b_1 und löst man die Gleichungen auf, dann ergeben sich die oben erläuterten Beziehungen.[23]

$$\text{Minimiere WSQA}(b_0, b_1) = \sum_{k=t-n+1}^{t} \alpha \cdot (1 - \alpha)^{t-k} \cdot (y_k - b_0 - b_1 \cdot k)^2 \qquad (\text{B.111})$$

22   vgl. *Gardner* (1984), S. 47–50; vgl. auch *Weber* (1990), S. 210
23   vgl. *Montgomery und Johnson* (1976), S. 72

Auch Zeitreihen, in denen Trendverläufe höherer Ordnung zu beobachten sind, können mit dem Verfahren der exponentiellen Glättung prognostiziert werden, wobei dann eine exponentielle Glättung entsprechend höherer Ordnung einzusetzen ist.[24]

B.3.2.4 Das Verfahren von Holt

Holt[25] kritisiert an dem Verfahren der exponentiellen Glättung zweiter Ordnung, daß es wegen der Verwendung nur eines Glättungsparameters zu wenig flexibel sei. Er schlägt die Verwendung von **zwei Glättungsparametern** α und β vor, die wie folgt zur Prognose verwendet werden:

- **Achsenabschnitt** der Trendgeraden:

$$b_{0,t} = \alpha \cdot y_t + (1 - \alpha) \cdot \underbrace{\left(b_{0,t-1} + b_{1,t-1} \right)}_{\text{Achsenabschnitt in Periode } t - 1} \qquad t = 1, 2, \ldots \qquad \text{(B.112)}$$

- **Steigung** der Trendgeraden:

$$b_{1,t} = \beta \cdot \underbrace{\left(b_{0,t} - b_{0,t-1} \right)}_{\text{aktuelle „Beobachtung" der Steigung}} + (1 - \beta) \cdot b_{1,t-1} \qquad t = 1, 2, \ldots \qquad \text{(B.113)}$$

Im Verfahren von *Holt* werden der Achsenabschnitt und die Steigung der Trendgeraden getrennt einer exponentiellen Glättung erster Ordnung unterzogen. Als letzter Prognosewert (für die Periode t) wird in Beziehung (B.112) der Achsenabschnitt der Periode $(t-1)$, erhöht um den letzten Schätzwert der Steigung, eingesetzt. Als neuester Wert der Steigung wird die Differenz zwischen den letzten beiden Achsenabschnitten der Periode t und der Periode $(t - 1)$ verwendet.[26]

Gardner[27] hat das Verfahren der exponentiellen Glättung zweiter Ordnung mit dem Verfahren von Holt anhand empirischer Zeitreihen verglichen. Er kam zu dem Ergebnis, daß der Ansatz von *Holt* in vielen Fällen bessere Prognosen liefert.

Ergänzende Literatur zu Abschnitt B.3.2:
DeLurgio (1998)
Makridakis und Wheelwright (1978, 1989)
Neter et al. (1989)

---

24   vgl. *Johnson und Montgomery* (1974), S. 424–426; *Weber* (1990), S. 211–217
25   vgl. *Holt* (1957)
26   Auch dieses Modell kann in einer anderen Form geschrieben werden. Vgl. *Gardner* (1984), S. 47–50.
27   vgl. *Gardner* (1980); *Gardner* (1983), S. 263–267

B.3.3 Prognose bei saisonal schwankendem Bedarf

Unter Saisonschwankungen i. w. S. versteht man regelmäßig wiederkehrende Auf- und Abwärtsbewegungen einer Zeitreihe in einem definierten Zeitintervall. Dies kann ein Zeitraum von einer Woche, einem Monat, einem Quartal oder einem halben Jahr sein. **Saisonschwankungen i. e. S.** treten dagegen innerhalb eines Jahres auf. Sie sind das Ergebnis von Einflüssen, die in einem Rhythmus von einem Jahr wirksam werden. Ein Saisonmuster kann sowohl konstant sein als auch einem stetigen Wandel unterliegen. Letzteres ist z. B. dann der Fall, wenn sich die Verbrauchsgewohnheiten der Abnehmer, die sich auf das Saisonmuster auswirken, langsam ändern. Saisonschwankungen treten im Idealfall in jedem Jahr zum gleichen Zeitpunkt und in gleicher Intensität auf. Die saisonalen Bewegungen können absolut oder relativ konstant sein. Relative Konstanz der Saisonschwankungen ist bei einem steigenden Trendverlauf der Zeitreihe mit einer absoluten Vergrößerung der Saisonkomponente verbunden.

Zur Prognose einer Zeitreihe mit saisonalem Verlaufsmuster stehen mehrere konzeptionell unterschiedliche Verfahren zur Verfügung. Wir wollen im Folgenden die Methode der Zeitreihendekomposition (Ratio-to-Moving-Average-Methode), das auf der exponentiellen Glättung basierende Verfahren von *Winters* und die Anwendung der multiplen linearen Regressionsrechnung zur direkten Erfassung der saisonalen Einflüsse in einem Prognosemodell darstellen.

B.3.3.1 Zeitreihendekomposition

Das wohl am weitesten verbreitete Verfahren zur Saisonbereinigung einer Zeitreihe ist die **Ratio-to-Moving-Average-Methode**[28] (Dekompositionsmethode). Dieses Verfahren besteht aus der sukzessiven Berechnung und Elimination der einzelnen Bestandteile einer Zeitreihe auf der Grundlage eines multiplikativen Zeitreihenmodells. Ziel des Verfahrens ist die Berechnung von monatlichen (bzw. quartalsbezogenen) **Saisonindizes** s_m ($m = 1, 2, \ldots, 12$ oder $m = 1, 2, 3, 4$).

Mit Hilfe derartiger Indizes wird die Zeitreihe um saisonale Einflüsse bereinigt. Das geschieht im multiplikativen Modell nach Gleichung (B.114).

$$Y_{\text{saisonbereinigt}} = \frac{Y}{S} = T \cdot C \cdot I \qquad\qquad (B.114)$$

Nach Berechnung der Saisonkomponente wendet man ein geeignetes Verfahren zur Prognose der saisonbereinigten Zeitreihe $T \cdot C \cdot I$ an und multipliziert im Anschluß

---

28 vgl. *Makridakis und Wheelwright* (1989), S. 95–125; *Weber* (1990), S. 245–264

daran den saisonbereinigten Prognosewert für eine zukünftige Periode mit dem entsprechenden Saisonfaktor. Wesentliche Voraussetzung für den Einsatz von Prognoseverfahren für saisonalen Bedarf ist die Existenz empirischer Aufzeichnungen über einen genügend langen Zeitraum (mindestens 3–4 volle Saisonzyklen). In der betrieblichen Praxis ist diese Voraussetzung oft nicht gegeben, so daß zwischen der Entscheidung, ein Prognoseverfahren für saisonalen Bedarf einzusetzen und der Erzeugung verläßlicher Prognosewerte einige Jahre verstreichen können.

B.3.3.1.1 Bestimmung von Saisonfaktoren

Zur Ermittlung der Saisonkomponente wird im Verfahren der Zeitreihendekomposition wie folgt vorgegangen:

1. Ausgehend vom multiplikativen Zeitreihenmodell $Y = T \cdot C \cdot S \cdot I$ wird zunächst die glatte Komponente $T \cdot C$ isoliert. Dazu wird ein zentrierter gleitender Durchschnitt mit der Gliederzahl 12 (bzw. bei Quartalswerten 4) verwendet. Dieser gleitende Durchschnitt löst diejenigen Komponenten aus der Zeitreihe heraus, die sich mit einer Periodizität von weniger als einem Jahr wiederholen.

2. Im Anschluß daran wird die Ursprungsreihe $Y = T \cdot C \cdot S \cdot I$ durch die im vorangegangenen Schritt errechnete glatte Komponente dividiert. Man erhält dann:

$$S \cdot I = \frac{T \cdot C \cdot S \cdot I}{T \cdot C} \qquad (B.115)$$

Aus diesem Schritt leitet sich der Name „Ratio-to-Moving-Average" des Verfahrens ab. Die resultierende Reihe $S \cdot I$ enthält Indizes, die den Einfluß der saisonalen und der irregulären Komponente wiedergeben.

3. Im dritten Schritt wird nun die irreguläre Komponente aus der Reihe $S \cdot I$ ausgeschaltet. Hierbei ist von Bedeutung, ob das Saisonmuster der Zeitreihe stabil ist oder ob es sich im Zeitablauf ändert. Das kann man z. B. mit Hilfe einer graphischen Darstellung der Zeitreihe feststellen.

a) Ist das Saisonmuster stabil, dann läßt sich die saisonale Komponente in der Zeitreihe, S, isolieren, indem man als typischen Saisonindex eines Monats (oder Quartals) m den Durchschnitt aller für diesen Monat (dieses Quartal) errechneten S-Werte bildet:

$$s_m = \frac{1}{n} \cdot \sum_{t=1}^{n} si_{tm} \qquad m = 1, 2, ..., z \quad (B.116)$$

Dabei bezeichnet n die Anzahl der Jahre und z die Anzahl der Saisonperioden innerhalb eines Jahres.

b)   Ändert sich das Saisonmuster im Laufe der Jahre, dann ist für jeden Saisonindex über die Jahre hinweg ein Trend zu berechnen.

Betrachten wir ein Beispiel zum Verfahren der Zeitreihendekomposition mit Quartalsdaten ($z = 4$). Ein Unternehmen hat die in Tabelle B.11 angegebenen Bedarfsmengen eines Produkts über einen Zeitraum von sieben Jahren aufgezeichnet.

Jahr t	\multicolumn{4}{c}{Quartal m}	Summe
	1	2	3	4	
1	289	410	301	213	1213
2	212	371	374	333	1290
3	293	441	411	363	1508
4	324	462	379	301	1466
5	347	520	540	521	1928
6	381	594	573	504	2052
7	444	592	571	507	2114

Tabelle B.11: Bedarfsmengen eines Produkts (Quartalswerte)

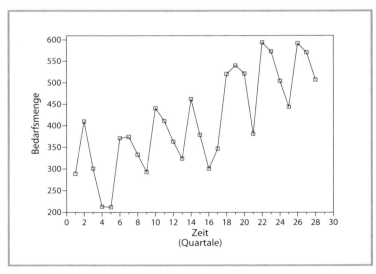

Bild B.22: Graphische Darstellung der Bedarfsmengen

Die Analyse der graphischen Darstellung dieser Bedarfszeitreihe (Bild B.22) sowie der Verlauf der Autokorrelationsfunktion (Bild B.23) legen die Vermutung nahe, daß sowohl ein ansteigender Trend vorliegt als auch saisonale Einflüsse bestehen.

Zur Isolierung der glatten Komponente der Zeitreihe wird zunächst ein viergliedriger zentrierter gleitender Durchschnitt berechnet. Ein zentrierter gleitender Durchschnitt, der sich auf den Stützstellenbereich der Beobachtungswerte y_j $(j = t - k, t - k + 1, ..., t, ..., t + k - 1, t + k)$ bezieht, ist wie folgt definiert:

$$y_t^{(1)} = \frac{1}{2 \cdot k + 1} \cdot \sum_{j=t-k}^{t+k} y_j \tag{B.117}$$

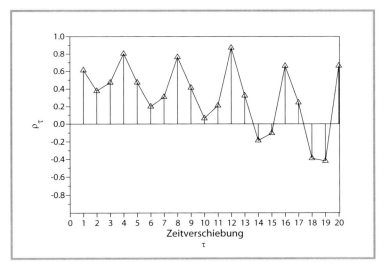

Bild B.23: Autokorrelationsfunktion der Zeitreihe der Bedarfsmengen

Im Gegensatz zu den in Abschnitt B.3.1.1 dargestellten gleitenden Durchschnitten sollen diese Durchschnittswerte nun repräsentativ für die in der Mitte liegende Periode des betrachteten Zeitreihenausschnitts der Länge $(2 \cdot k + 1)$ sein. Es ist offensichtlich, daß ein solcher zentrierter Durchschnitt nur dann genau der Mitte einer Periode entspricht, wenn die Gliederzahl ungerade ist. Das ist in der obigen Formulierung mit der Gliederzahl $(2 \cdot k + 1)$ der Fall.

Bei einer Gliederzahl von vier Perioden (auf der Basis von Quartalsdaten für ein Jahr) liegt der zentrierte gleitende Durchschnitt immer zwischen zwei Perioden. Der Durchschnittswert soll aber genau im Zentrum einer Periode liegen. Dies läßt sich durch Bildung des folgenden Durchschnitts zweiter Ordnung erreichen:

$$y_t^{(2)} = \frac{0.5 \cdot y_{t-2} + y_{t-1} + y_t + y_{t+1} + 0.5 \cdot y_{t+2}}{4} \qquad t = 3, 4, ..., n - 2 \tag{B.118}$$

Gleichung (B.118) beschreibt einen gleitenden Durchschnitt, der aus zwei vier-gliedrigen zentrierten gleitenden Durchschnitten erster Ordnung besteht, d. h.

$$y_t^{(2)} = \frac{y_t^{(1)} + y_{t+1}^{(1)}}{2} \qquad\qquad t = 3, 4, ..., n - 2 \quad \text{(B.119)}$$

Der Stützstellenbereich dieses Durchschnitts läuft von der Mitte der Periode $(t - 2)$ bis zur Mitte der Periode $(t + 2)$. Jedes Quartal trägt dabei mit demselben Gewicht zum Durchschnittswert bei. Glätten wir nun die Bedarfszeitreihe des Beispiels mit Hilfe von Beziehung (B.119), dann erhalten wir die Werte der glatten Komponente des Quartals m im Jahr t, tc_{tm}:

$$tc_{13} = \frac{0.5 \cdot y_{11} + y_{12} + y_{13} + y_{14} + 0.5 \cdot y_{21}}{4}$$

$$= \frac{0.5 \cdot 289 + 410 + 301 + 213 + 0.5 \cdot 212}{4} = 293.63$$

$$tc_{14} = \frac{0.5 \cdot y_{12} + y_{13} + y_{14} + y_{21} + 0.5 \cdot y_{22}}{4}$$

$$= \frac{0.5 \cdot 410 + 301 + 213 + 212 + 0.5 \cdot 371}{4} = 279.13$$

usw.

Tabelle B.12 zeigt die Berechnungsergebnisse für die gesamte Zeitreihe. In der letzten Spalte wurde die Reihe Y der Beobachtungswerte durch die glatte Komponente $T \cdot C$ dividiert. Dadurch ergeben sich die durch irreguläre Einflüsse überlagerten Saisonindizes $si_{tm} = \frac{y_{tm}}{tc_{tm}}$.

Damit liegt die Zeitreihe der durch zufällige Einflüsse überlagerten Saisonfaktoren, $S \cdot I$, vor. Im nächsten Schritt sind die irregulären Schwankungen I aus dieser Zeitreihe zu eli-minieren. Zu diesem Zweck wird für jedes Quartal m ($m = 1, 2, 3, 4$) ein Durchschnitt aller errechneten si_{tm}-Werte gebildet. Die Ergebnisse der Rechnung sind in Tabelle B.13 dargestellt.

Die Summe der Saisonfaktoren muß bei Quartalswerten genau 4 ergeben. Bei der Durch-schnittsbildung wurde diese Bedingung jedoch nicht berücksichtigt. So beträgt im Bei-spiel die Summe der Saisonfaktoren nur 3.9616. Die Durchschnittswerte werden nun mit dem Faktor $\frac{4}{3.9616}$ multipliziert.[29] Dadurch erhalten wir standardisierte Saisonfaktoren $s_1 = 0.8123$, $s_2 = 1.1848$, $s_3 = 1.0880$ und $s_4 = 0.9149$, deren Durchschnitt genau 1 beträgt.

---

29 vgl. *Weber* (1990), S. 257

t	m	y_{tm}		tc_{tm}		si_{tm}
1	1	289		–		–
1	2	410		–		–
1	3	301		293.63		1.0251
1	4	213		279.13		0.7631
2	1	212		283.38		0.7481
2	2	371		307.50		1.2065
2	3	374		332.63		1.1244
2	4	333		351.50		0.9474
3	1	293		364.88		0.8030
3	2	441		373.25		1.1815
3	3	411		380.88		1.0791
3	4	363		387.38		0.9371
4	1	324		386.00		0.8394
4	2	462		374.25		1.2345
4	3	379		369.38		1.0261
4	4	301		379.50		0.7931
5	1	347		406.88		0.8528
5	2	520		454.50		1.1441
5	3	540		486.25		1.1105
5	4	521		499.75		1.0425
6	1	381		513.13		0.7425
6	2	594		515.13		1.1531
6	3	573		520.88		1.1001
6	4	504		528.50		0.9536
7	1	444		528.00		0.8409
7	2	592		528.13		1.1209
7	3	571		–		–
7	4	507		–		–

Tabelle B.12: Isolierte Einzelreihen $T \cdot C$ und $S \cdot I$

Ein *Nachteil* des dargestellten Verfahrens der Zeitreihendekomposition besteht darin, daß Veränderungen der Saisonkomponente nicht – oder nur in größeren Zeitabständen – berücksichtigt werden. Wir werden weiter unten das Verfahren von *Winters*[30] darstellen, bei dem die Saisonkomponente exponentiell geglättet wird. Dabei werden die Ergebnisse der Zeitreihendekomposition zur Initialisierung des Verfahrens verwendet.

Nachdem die Saisonfaktoren berechnet worden sind, werden die Beobachtungswerte der Zeitreihe durch diese Faktoren dividiert. Das Ergebnis ist die saisonbereinigte Zeitreihe

---

30   vgl. Abschnitt B.3.3.2, S. 108 ff.

Jahr t	Quartal m				
	1	2	3	4	
1	–	–	1.0251	0.7631	
2	0.7481	1.2065	1.1244	0.9474	
3	0.8030	1.1815	1.0791	0.9371	
4	0.8394	1.2345	1.0261	0.7931	
5	0.8528	1.1441	1.1105	1.0425	
6	0.7425	1.1531	1.1001	0.9536	
7	0.8409	1.1209	–	–	
Summe	4.8267	7.0406	6.4653	5.4368	Summe
Durchschnitt	0.8045	1.1734	1.0776	0.9061	3.9616
Durchschnitt (standardisiert)	0.8123	1.1848	1.0880	0.9149	4.0000

Tabelle B.13: Bestimmung der Saisonfaktoren

$T \cdot C \cdot I$. Der Verlauf der saisonbereinigten Zeitreihe kann durch Anwendung eines der bereits dargestellten Verfahren zur Prognose von Zeitreihen ohne Saisonkomponente vorhergesagt werden. Das soll im Folgenden für eine Zeitreihe ohne Trend und für eine Zeitreihe mit einem trendförmigen Verlauf dargestellt werden.

B.3.3.1.2   Anpassung der Prognose bei konstantem Bedarf

Für den Fall, daß kein Trend und keine Saisonkomponente den Bedarfsverlauf eines Produkts beeinflussen, wurde in Abschnitt B.3.1.2 die exponentielle Glättung erster Ordnung als geeignetes Prognoseverfahren dargestellt. Die Prognosegleichung lautete:

$$p_{t+1} = y_t^{(1)} = \alpha \cdot y_t + (1 - \alpha) \cdot y_{t-1}^{(1)} \qquad\qquad t = 1, 2, \dots$$

Berücksichtigt man nun saisonale Einflüsse, dann kann die Prognosegleichung wie folgt modifiziert werden:

$$p_{t+1} = y_t^{(1)s} \cdot s_{t+1} = \left[\alpha \cdot \frac{y_t}{s_t} + (1 - \alpha) \cdot y_{t-1}^{(1)s} \right] \cdot s_{t+1}$$

Saisonfaktor für Periode $t + 1$ (B.120)

letzter saisonbereinigter Durchschnittswert

saisonbereinigter Beobachtungswert

Dabei bezeichnet s_t den Saisonfaktor, der für Periode t anzuwenden ist. In Gleichung (B.120) wird innerhalb der eckigen Klammern der exponentiell geglättete saisonbereinigte Durchschnitt fortgeschrieben. Der Prognosewert für die nächste Periode $(t + 1)$ wird dann durch Multiplikation des saisonbereinigten Durchschnitts mit dem für diese Periode gültigen Saisonfaktor ermittelt.

Um möglichst aktuelle Saisonfaktoren zu verwenden, kann man zusätzlich jeden Saisonfaktor einer exponentiellen Glättung unterziehen. In diesem Fall wird der für Periode t gültige Saisonfaktor wie folgt fortgeschrieben, wobei z die Anzahl der Saisonperioden und γ den Glättungsparameter bezeichnet:

$$s_t = \gamma \cdot \frac{y_t}{y_t^{(1)s}} + (1 - \gamma) \cdot s_{t-z} \qquad t = 1, 2, ... \qquad \text{(B.121)}$$

B.3.3.1.3 Anpassung der Prognose bei trendförmigem Bedarf

Für eine Zeitreihe mit Trend, aber ohne Saisonkomponente wurde die lineare Regressionsrechnung als ein geeignetes Prognoseverfahren beschrieben. Die Prognosegleichung lautete:

$$p_{t+j} = b_0 + b_1 \cdot (t + j) \qquad t = 1, 2, ...; \ j = 1, 2, ... \qquad \text{(B.122)}$$

Eine einfache Methode zur Bedarfsprognose bei Vorliegen eines Trends und saisonaler Einflüsse besteht darin, die glatte Komponente durch die Trendgleichung (B.122) zu extrapolieren und anschließend mit dem für die Prognoseperiode gültigen Saisonfaktor zu multiplizieren. Dies soll für den Fall eines konstanten Saisonmusters demonstriert werden.

Die Anwendung der linearen Regressionsrechnung auf die saisonbereinigte Zeitreihe $T \cdot C \cdot I$ des obigen Beispiels (Bild B.9) ergibt die in Gleichung (B.123) angegebene Trendgerade, in der jede Periode t einem Quartal entspricht.

$$y_t = 261.88 + 10.44 \cdot t \qquad t = 1, 2, ..., 28 \qquad \text{(B.123)}$$

Das Bestimmtheitsmaß dieser Regression beträgt $r^2 = 0.797$. Extrapoliert man die Trendgerade in das Jahr 8 und multipliziert man die extrapolierten Quartalswerte für t ($t = 29, ..., 32$) mit den in Tabelle B.13 angegebenen standardisierten Saisonfaktoren, dann ergeben sich folgende Prognosewerte:

$p_{29} = 0.8123 \cdot 564.64 = 458.63$

$p_{30} = 1.1848 \cdot 575.08 = 681.36$

$p_{31} = 1.0880 \cdot 585.52 = 637.05$

$p_{32} = 0.9149 \cdot 595.96 = 545.26$

B.3.3.2 Das Verfahren von Winters

Das Verfahren von *Winters*[31] geht von folgender Modellvorstellung über den Verlauf der Zeitreihe aus:

$$y_t = \underbrace{(\beta_0 + \beta_1 \cdot t)} \cdot s_t + \epsilon_t$$

         ∟ irreguläre Komponente (I) (B.124)

     ∟ Saisonkomponente (S)

∟ Trendkomponente (T)

Es wird damit wiederum ein multiplikativer Zusammenhang der Zeitreihenkomponenten T und S angenommen. Das Verfahren von *Winters* besteht aus drei Typen von Gleichungen, mit denen der Achsenabschnitt und die Steigung der Trendgeraden sowie die Saisonfaktoren in jeder Periode aktualisiert werden. Dabei kommen unterschiedliche Glättungsparameter α (für den Achsenabschnitt), β (für die Steigung) und γ (für die Saisonfaktoren) zum Einsatz. Das Verfahren baut auf dem Ansatz von *Holt*[32] auf. Die Prognosegleichungen lauten:

- **Achsenabschnitt** der Trendgeraden:

$$b_{0,t} = \alpha \cdot \frac{y_t}{s_{t-z}} + (1 - \alpha) \cdot (b_{0,t-1} + b_{1,t-1}) \qquad t = 1, 2, \dots \quad \text{(B.125)}$$

∟ aktueller Schätzwert des Saisonfaktors für Periode t

Der Schätzwert des Achsenabschnitts wird exponentiell geglättet, wobei die neueste Beobachtung y_t mit Hilfe des für die Periode t gültigen Saisonfaktors bereinigt wird, dessen letzte Anpassung einen vollen Saisonzyklus der Länge z zurückliegt.

- **Steigung** der Trendgeraden:

$$b_{1,t} = \beta \cdot \underbrace{(b_{0,t} - b_{0,t-1})} + (1 - \beta) \cdot b_{1,t-1} \qquad t = 1, 2, \dots \quad \text{(B.126)}$$

∟ aktuelle „Beobachtung" der Steigung in Periode t

In Beziehung (B.126) wird die Steigung der Trendgeraden exponentiell geglättet, wobei als neueste Realisation der Steigung die Differenz zwischen den letzten beiden Achsenabschnitten (der Periode t und der Periode $t - 1$) verwendet wird.

- **Saisonfaktoren**[33]:

$$s_t^u = \gamma \cdot \frac{y_t}{b_{0,t}} + (1 - \gamma) \cdot s_{t-z} \qquad t = 1, 2, \dots \quad \text{(B.127)}$$

∟ aktuelle „Beobachtung" des Saisonfaktors für Periode t

---

31 vgl. *Winters* (1960); *Silver et al.* (1998), S. 115–123; *Weber* (1990), S. 223–231; *Gaynor und Kirkpatrick* (1994), S. 372–404

32 vgl. Abschnitt B.3.2.4, S. 99 ff.

33 Das Superskript u soll darauf hinweisen, daß die Saisonfaktoren noch nicht standardisiert sind.

Die Größe $\frac{y_t}{b_{0,t}}$ ist eine Schätzung des Saisonfaktors auf der Grundlage der letzten Beobachtung der aktuellen Saisonperiode. Daher ist auch der geglättete Saisonfaktor ein Durchschnittswert aus aktuellen und historischen Daten.

Auch bei dieser Methode benötigt man **Startwerte** zur Initialisierung des Prognoseprozesses, d. h. Prognosewerte für den Achsenabschnitt und die Steigung der Trendkomponente am Ende der Periode 0 sowie erste Schätzwerte für die Saisonfaktoren. Eine Möglichkeit besteht z. B. darin, das bereits dargestellte Verfahren der Zeitreihendekomposition zur Schätzung der Startwerte einzusetzen.

Das Verfahren von *Winters* soll anhand der in Bild B.22 dargestellten Bedarfszeitreihe demonstriert werden. Wir übernehmen als Startwerte für die Parameter der Trendgeraden die Werte $b_{0,0} = 261.88$ und $b_{1,0} = 10.44$ aus Gleichung (B.123). Als Startwerte für die Schätzung der Saisonfaktoren verwenden wir die Werte $s_{-3} = 0.8123$, $s_{-2} = 1.1848$, $s_{-1} = 1.0880$ und $s_0 = 0.9149$ aus Tabelle B.13. Die Glättungsparameter seien $\alpha = 0.2$, $\beta = 0.1$ und $\gamma = 0.3$. Für die erste Periode erhalten wir:

$$b_{0,t} = \alpha \cdot \frac{y_t}{s_{t-z}} + (1 - \alpha) \cdot (b_{0,t-1} + b_{1,t-1}) \qquad t = 1 \qquad \text{(B.128)}$$

$$b_{0,1} = 0.2 \cdot \frac{289}{0.8123} + (1 - 0.2) \cdot (261.88 + 10.44) = 289.01 \qquad \text{(B.129)}$$

$$b_{1,t} = \beta \cdot (b_{0,t} - b_{0,t-1}) + (1 - \beta) \cdot b_{1,t-1} \qquad t = 1 \qquad \text{(B.130)}$$

$$b_{1,1} = 0.1 \cdot (289.01 - 261.88) + (1 - 0.1) \cdot 10.44 = 12.11 \qquad \text{(B.131)}$$

$$s_t^u = \gamma \cdot \frac{y_t}{b_{0,t}} + (1 - \gamma) \cdot s_{t-z} \qquad t = 1; \ z = 4 \qquad \text{(B.132)}$$

$$s_1^u = 0.3 \cdot \frac{289}{289.01} + (1 - 0.3) \cdot 0.8123 = 0.8686 \qquad \text{(B.133)}$$

Die **Prognosewerte** werden mit Beziehung (B.134) bestimmt.

$$p_{t+j} = (b_{0,t} + b_{1,t} \cdot j) \cdot s_{t+j-z} \qquad t = 0, 1, 2, ...; \ j = 1, 2, ..., z \qquad \text{(B.134)}$$

Der in Periode $t = 0$ für Periode $j = 1$ errechnete Prognosewert beträgt

$$p_1 = (261.88 + 10.44) \cdot 0.8123 = 221.21$$

Einige weitere Rechenergebnisse zeigt Tabelle B.14.

t	y_t	$b_{0,t}$	$b_{1,t}$	s_t^u	p_t	e_t
-3				0.8123		
-2				1.1849		
-1				1.0880		
0		261.88	10.44	0.9148		
1	289	289.0120	12.1092	0.8686	221.21	67.79
2	410	310.1011	13.0072	1.2261	356.80	53.20
3	301	313.8175	12.0781	1.0493	351.54	-50.54
4	213	307.2841	10.2170	0.8483	298.13	-85.13
5	212	302.8151	8.7484	0.8180	275.78	-63.78
6	371	309.7691	8.5689	1.2176	382.00	-11.00
7	374	325.9529	9.3304	1.0788	334.05	39.95
8	333	346.7356	10.4756	0.8819	284.42	48.58
$\vdots$	$\vdots$	$\vdots$	$\vdots$	$\vdots$	$\vdots$	$\vdots$

Tabelle B.14: Ergebnisse des Verfahrens von *Winters*

Damit die Saisonfaktoren im Verlaufe der Rechnung nicht verzerrt werden, sollte nach jeder Periode eine Standardisierung unter Berücksichtigung der jeweils letzten z Saisonperioden durchgeführt werden, so daß die Summe der jeweils zuletzt berechneten z Saisonfaktoren genau z beträgt. Die Standardisierung kann gemäß Gleichung (B.135) erfolgen.

$$s_t = \frac{z \cdot s_t^u}{\sum_{j=t-z+1}^{t} s_j^u} \qquad\qquad t = z, z+1, \ldots \tag{B.135}$$

Diese Berechnungsweise mit einem über die Zeit hinweggleitenden Saisonfenster stellt sicher, daß in jeder Periode t die Saisonfaktoren der letzten z Perioden einen Durchschnittswert von 1 haben. Da in jeder Periode t die letzten z Saisonfaktoren standardisiert werden, wird der Saisonfaktor für die Periode t z-mal aktualisiert. In dem Beispiel wurde jedoch aus Gründen der Übersichtlichkeit auf die Standardisierung der Saisonfaktoren verzichtet.

Die Prognosewerte und die sich daraus ergebenden Prognosefehler sind in den letzten beiden Spalten der Tabelle B.14 angegeben. Bild B.24 vermittelt einen visuellen Eindruck von der Güte der Prognose.

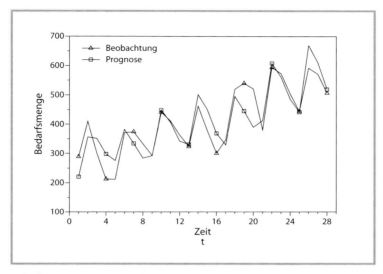

Bild B.24: Vergleich der Beobachtungswerte mit den Prognosewerten

Das Prognoseverfahren von *Winters* ist naturgemäß komplexer als die einfacheren Verfahren, die nicht in der Lage sind, Saisoneinflüsse zu erfassen. Wie die obige Beispielrechnung jedoch gezeigt hat, läßt sich das Verfahren leicht auf einem Rechner implementieren. Als **Nachteil** des Verfahrens kann angesehen werden, daß jeder Saisonfaktor erst nach einem vollen Saisonzyklus erneut aktualisiert wird. Grundlegende Änderungen des Saisonmusters werden dadurch spät erkannt und in neue Werte der Saisonfaktoren umgesetzt. Ein Verfahren, bei dem nach jeder Periode sämtliche Saisonfaktoren erneut berechnet werden, beschreibt *Harrison*[34].

B.3.3.3   Multiple lineare Regressionsrechnung

Gegen die bisher beschriebenen Methoden der Saisonprognose mit Hilfe von Saisonfaktoren wird eingewandt, daß insbesondere bei niedrigem Niveau der Zeitreihe und einem vergleichsweise hohen Anteil der zufälligen Komponente Instabilitäten auftreten können.[35] Dies liegt vor allem daran, daß für einen Saisonfaktor jeweils nur wenige Beobachtungswerte verfügbar sind.

Als Alternative bietet sich der Einsatz der *multiplen linearen Regressionsrechnung* an. Hierbei handelt es sich um die auf *mehrere unabhängige Variablen* erweiterte Form der in Abschnitt B.3.2.1 dargestellten (einfachen) linearen Regressionsrechnung. Da wir diese bereits in Matrixschreibweise dargestellt haben, müssen wir jetzt nur noch die ver-

---

34   vgl. *Harrison* (1967)
35   vgl. *Silver et al.* (1998), Abschnitt 4.5.4; *Silver und Switzer* (1985)

wendeten Matrizen und Vektoren anpassen und können dann die Regressionsgleichung mit Hilfe der beschriebenen Matrizenoperationen bestimmen.[36] Im vorliegenden Kontext sind die unabhängigen Variablen i. d. R. Funktionen der Zeit, während die abhängige Variable die zu prognostizierende Bedarfszeitreihe ist. Die multiple lineare Regressionsrechnung kann zur Schätzung der Parameter unterschiedlicher Prognosemodelle eingesetzt werden. Dabei ist zu unterscheiden zwischen Prognosemodellen, die den Einfluß der Saisonkomponente durch **binäre Dummyvariablen** erfassen und Modellen, bei denen der saisonale Verlauf der Zeitreihe durch die eine **Kombination trigonometrischer Funktionen** abgebildet wird.

B.3.3.3.1 Prognose mit Saison-Dummyvariablen

Eine erste Möglichkeit besteht darin, den Einfluß der Saisonkomponente mit Hilfe von *binären Dummyvariablen* s_{mt} $(t = 1, 2, \ldots ;\ m = 1, 2, \ldots, z)$ in das Prognosemodell aufzunehmen. Diese erhalten den Wert 1, wenn die Periode t der Saison m angehört. In den anderen Perioden werden sie gleich 0 gesetzt. Das Prognosemodell lautet dann bei Annahme eines linearen Trendverlaufs mit Quartalswerten $(z = 4)$:

$$y_t = \underbrace{\beta_0 + \beta_1 \cdot t}_{\text{lineare Trendkomponente}} + \underbrace{\gamma_1 \cdot s_{1t} + \gamma_2 \cdot s_{2t} + \gamma_3 \cdot s_{3t} + \gamma_4 \cdot s_{4t}}_{\text{Saisonkomponente}} + \underbrace{\epsilon_t}_{\substack{\text{irreguläre} \\ \text{Komponente}}} \qquad t = 1, 2, \ldots$$

(B.136)

In Matrixschreibweise[37] ergibt sich:

$$\underset{n \times 1}{\mathbf{y}} = \underset{n \times 2}{\mathbf{X}} \underset{2 \times 1}{\beta} + \underset{n \times z}{\mathbf{S}} \underset{z \times 1}{\gamma} + \underset{n \times 1}{\epsilon}$$

(B.137)

Die Matrix $\mathbf{S}$ enthält für jede Saisonperiode eine Spalte:

---

36 Zu einer ausführlichen Darstellung vgl. *Kutner et al.* (2005). Siehe auch Abschnitt B.3.2.1, S. 79 ff.

37 Faßt man jeweils die Matrizen $\mathbf{X}$ und $\mathbf{S}$ und die Vektoren β und γ zusammen, dann kann man die in Abschnitt B.3.2.1 dargestellten Matrizenoperationen zur Bestimmung der Regressionsparameter verwenden.

$$\mathbf{S}_{n \times z} = \begin{bmatrix} 1 & 0 & 0 & 0 \\ 0 & 1 & 0 & 0 \\ 0 & 0 & 1 & 0 \\ 0 & 0 & 0 & 1 \\ 1 & 0 & 0 & 0 \\ 0 & 1 & 0 & 0 \\ 0 & 0 & 1 & 0 \\ \vdots & \vdots & \vdots & \vdots \end{bmatrix}$$

In der obigen Form ist die Schätzung der Parameter des Prognosemodells noch nicht möglich, da im Fall der Verwendung eines Achsenabschnitts (b_0) in der Trendgleichung einige der unabhängigen Variablen linear abhängig sind. Denn es kann in jeder Periode der Wert der dem Achsenabschnitt zugeordneten Konstanten – dieser ist in jeder Periode gleich 1 – als Summe der Saison-Dummyvariablen dargestellt werden. Sachlich bedeutet diese **Multikollinearität**, daß der Einfluß derselben Größe durch zwei Variablen erfaßt wird. Man hat nun die Wahl, entweder eine Regression durch den Ursprung, d. h. ohne Achsenabschnitt, zu schätzen oder eine der Saison-Dummyvariablen zu streichen. Wählt man die letztgenannte Alternative, dann ist der Einfluß der gestrichenen Saisonvariablen im Achsenabschnitt enthalten.

Zur Veranschaulichung wenden wir die multiple lineare Regressionsrechnung mit Saison-Dummyvariablen auf das in Bild B.22 eingeführte Beispiel an. Es wird die Regressionsfunktion (B.138) unterstellt, in der für die ersten drei Saisonperioden je eine Dummyvariable eingeführt wird.

$$y_t = b_0 + b_1 \cdot t + g_1 \cdot s_{1t} + g_2 \cdot s_{2t} + g_3 \cdot s_{3t} + e_t \qquad t = 1, 2, ..., 28$$

┗ Regressionsparameter der Saison 1

┗ Steigung der Trendgeraden

┗ Achsenabschnitt der Trendgeraden

(B.138)

Wertet man diese Regressionsfunktion mit einer Software zur multiplen linearen Regressionsrechnung aus, dann erhält man

$$y_t = 225.75 + 10.37 \cdot t$$
$$- 33.45 \cdot s_{1t} + 113.32 \cdot s_{2t} + 68.52 \cdot s_{3t} \qquad t = 1, 2, ..., 28$$

Der Einfluß der vierten Saison ist im Wert des Achsenabschnitts enthalten. Läßt man alternativ den Achsenabschnitt b_0 weg und verwendet man stattdessen auch noch die vierte Saisonvariable s_{4t}, dann lautet die Regressionsgleichung

$$y_t = b_1' \cdot t + g_1' \cdot s_{1t} + g_2' \cdot s_{2t} + g_3' \cdot s_{3t} + g_4' \cdot s_{4t} + e_t \qquad t = 1, 2, ..., 28 \quad (B.139)$$

Die numerische Auswertung für das Beispiel ergibt

$$y_t = 10.37 \cdot t$$
$$+ 192.30 \cdot s_{1t} + 339.07 \cdot s_{2t} + 294.27 \cdot s_{3t} + 225.75 \cdot s_{4t} \qquad t = 1, 2, ..., 28$$

Man erkennt Folgendes: Der Koeffizient $b_1' = b_1 = 10.37$ ist gleichgeblieben. Der Koeffizient der vierten Saison ist $g_4' = b_0 = 225.75$ Für die anderen Saisonkoeffizienten gelten die Beziehungen $g'1 = g_1 + g'4$, $g_2' = g_2 + g_4'$ und $g_3' = g_3 + g'4$. Gegenüber der einfachen linearen Regressionsrechnung steigt das multiple Bestimmtheitsmaß aufgrund der Einführung der binären Saison-Dummyvariablen von $r^2 = 0.797$ auf $r^2 = 0.866$.

B.3.3.3.2 Prognose mit trigonometrischen Funktionen

Der Einfluß der Saisonkomponente auf den Bedarfsverlauf kann auch mit Hilfe einer *Kombination von Sinus- und Kosinusfunktionen* in einem multiplen linearen Regressionsmodell erfaßt werden.[38] Durch die Kombination dieser Größen kann ein weiter Bereich von Zeitreihenverläufen mit unterschiedlichen Periodenlängen (z. B. Tage, Wochen, Monate, Quartale) abgebildet werden.

Eine Sinuskurve wird durch drei Eigenschaften[39] charakterisiert, den Startpunkt eines Zyklus, die Länge eines Zyklus und die Amplitude. Eine Sinuskurve mit der Amplitude b, die im Startpunkt 0 beginnt, wird beschrieben durch:

$$x = b \cdot \sin(\omega \cdot t) \tag{B.140}$$

Die Größe ω ist der Quotient aus $360°$ und z, der Anzahl von Saisonperioden pro Jahr. In Bogenmaß ausgedrückt ergibt sich $\omega = \frac{2 \cdot \pi}{z}$. Eine Sinuswelle mit einem beliebigen Startpunkt λ wird durch folgende Gleichung beschrieben:

$$x = b \cdot \sin\left[\omega \cdot (t + \lambda)\right] \tag{B.141}$$

In Beziehung (B.141) muß die Lage des Startpunkts λ bekannt sein. Da man diese aber nicht kennt, kann man auf folgende zu (B.141) äquivalente Darstellung zurückgreifen:

$$x = b_2 \cdot \sin\left(\omega \cdot t\right) + b_3 \cdot \cos\left(\omega \cdot t\right) \tag{B.142}$$

Diese Beschreibung einer Sinuskurve mit beliebigem Startpunkt eignet sich für die Anpassung einer Sinusfunktion an eine Zeitreihe empirischer Beobachtungen besser, da die

---

38 vgl. *Silver und Switzer* (1985), S. 49–85
39 vgl. *Johnson und Montgomery* (1974), S. 432–434

Lage des Startpunkts der Sinuskurve nicht mehr als bekannt vorausgesetzt wird, sondern sich im Rahmen der Kurvenanpassung durch Quantifizierung der Parameter b_2 und b_3 ergibt. Die saisonale Komponente kann nun bei z Saisonperioden durch folgenden Ansatz abgebildet werden:

$$s_t = b_2 \cdot \sin\left[\frac{2 \cdot \pi \cdot t}{z}\right] + b_3 \cdot \cos\left[\frac{2 \cdot \pi \cdot t}{z}\right] \qquad t = 1, 2, \ldots \quad \text{(B.143)}$$

Die Kosinuswelle ist gegenüber der Sinuswelle verschoben. Die Zyklen beider Wellen wiederholen sich exakt nach $360°$ bzw. nach $2 \cdot \pi$. Die Saisonkomponente setzt sich im obigen Ansatz additiv aus dem Anteil der Sinuswelle und dem Anteil der Kosinuswelle zusammen. Hierdurch kann jede zeitliche Lage des Beginns eines Saisonzyklus erfaßt werden.

Bei der Verwendung der obigen Darstellung sind für die saisonale Komponente lediglich **zwei Funktionsparameter**, b_2 und b_3, zu schätzen.[40] Das ist gegenüber der Verwendung von Saisonfaktoren als Vorteil anzusehen, da die Qualität der Schätzung bei gegebenem empirischen Datenmaterial mit sinkender Anzahl zu schätzender Parameter ansteigt. Diesem Vorteil steht der Nachteil der geringeren Verständlichkeit gegenüber. Daher schlagen *Silver und Switzer*[41] vor, beide Methoden miteinander zu verbinden.

Zur Prognose einer Zeitreihe mit trendförmig ansteigendem Verlauf und saisonalen Einflüssen muß die Beziehung (B.143) um die **Trendkomponente** ergänzt werden. Für das in Bild B.22 betrachtete Beispiel mit linearem Trendverlauf ergibt sich folgendes Zeitreihenmodell:

$$y_t = \underbrace{b_0 + b_1 \cdot t}_{} + \underbrace{b_2 \cdot \sin\left[\frac{2 \cdot \pi \cdot t}{z}\right] + b_3 \cdot \cos\left[\frac{2 \cdot \pi \cdot t}{z}\right]}_{} \qquad t = 1, 2, \ldots$$

$\llcorner$ Saisonkomponente

$\llcorner$ Trendkomponente

(B.144)

Nach Einsatz der multiplen linearen Regressionsrechnung erhält man dann die folgende Prognosefunktion:

$$y_t = 260.6292 + 10.52503 \cdot t$$
$$- 50.73139 \cdot \sin\left[\frac{2 \cdot \pi \cdot t}{4}\right] - 56.93943 \cdot \cos\left[\frac{2 \cdot \pi \cdot t}{4}\right] \qquad t = 1, 2, \ldots \quad \text{(B.145)}$$

Das Bestimmtheitsmaß beträgt $r^2 = 0.835$. Es werden also 83.5% der Gesamtvariation der empirischen Zeitreihe durch die geschätzte Regressionsfunktion erklärt. Die

---

40 Bei der Verwendung von Saisonfaktoren sind demgegenüber bei Monatswerten 12 Saisonparameter zu schätzen.

41 vgl. *Silver und Switzer* (1985), S. 49–54

Güte der Anpassung ist damit geringfügig schlechter als bei Einsatz von binären Saison-Dummyvariablen ($r^2 = 0.866$). Bild B.25 zeigt die mit der Regressionsrechnung ermittelten ex-post-Prognosewerte und die Zeitreihe der Beobachtungswerte im Vergleich.

Die multiple lineare Regressionsrechnung ist ein mächtiges Werkzeug, das auch in vielen Systemen zum sog. „machine learning" sowie in den Prognosemodulen der Softwaresysteme zum Supply Chain Management implementiert ist. Mit Hilfe der Dummy-Variablen kann man auch Strukturbrüche der Zeitreihe und besondere Ereignisse, z. B. Messe- oder Ferientermine abbilden.[42] Auch die Anzahl von Werktagen pro Woche oder Monat kann als unabhängige Variable in die Regressionsfunktion aufgenommen werden.

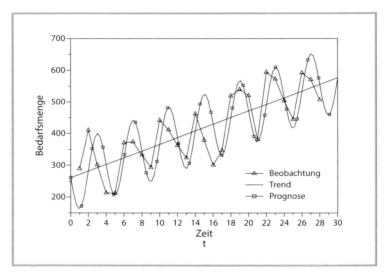

Bild B.25: Gegenüberstellung von Beobachtungswerten und Ergebnissen der Regressionsrechnung

In den oben dargestellten Modellen wurde die Zeit als unabhängige Größe angenommen, die üblicherweise durch ein festes Raster (z. B. Tage, Wochen, etc.) abgebildet wird. Die Vorhersage der Entwicklung der Zeit als unabhängiger Variable ist üblicherweise kein Problem. Falls man aber andere unabhängige Einflußgrößen der Bedarfszeitreihe wie z. B. die Preisentwicklung berücksichtigen will, dann ist dies zwar prinzipiell möglich. Die Prognose der *abhängigen* Variablen setzt dann aber voraus, daß man die zukünftige Entwicklung dieser unabhängigen Einflußgrößen zuverlässig vorhersagen kann. Auch für diese Größen muß man dann erst eine Zeitreihenprognose durchführen, bevor man die Entwicklung der betrachteten Bedarfszeitreihe prognostizieren kann.

---

42   vgl. *Kutner et al.* (2005)

Ergänzende Literatur zu Abschnitt B.3.3:
DeLurgio (1998)
Fliedner et al. (1986)
Kutner et al. (2005)
Makridakis und Wheelwright (1989)

B.3.3.4 Lineare Programmierung

Wenn anstelle der Summe der quadrierten Abweichungen die Summe der *absoluten Abweichungen* minimiert werden soll, dann kann wieder auf das obige Modell LP$_{\text{Trend}}$ zurückgegriffen werden. Es müssen lediglich die Nebenbedingungen (B.80) sowie (B.81) angepaßt werden. In diesem Fall entsteht das folgende Modell:

Modell LP$_{\text{Saison}}^{1}$

$$\text{Minimiere } Z = \sum_{k=t-n+1}^{t} u_k \qquad \text{(B.146)}$$

u. B. d. R.

$$y_k - b_0 - b_1 \cdot k - \sum_{j=1}^{z} g_j \cdot s_{jk} \leq u_k \qquad\qquad k = t - n + 1, \ldots, t \quad \text{(B.147)}$$

$$y_k - b_0 - b_1 \cdot k - \sum_{j=1}^{z} g_j \cdot s_{jk} \geq -u_k \qquad\qquad k = t - n + 1, \ldots, t \quad \text{(B.148)}$$

$$u_k \geq 0 \qquad\qquad\qquad k = t - n + 1, \ldots, t \quad \text{(B.149)}$$

Für das Beispiel ergibt sich die folgende Prognosegleichung:

$$\begin{aligned} p_k = {}& 194 + 10.00 \cdot k \\ & + 0 \cdot s_{1k} + 146 \cdot s_{2k} + 107 \cdot s_{3k} + 49 \cdot s_{4k} \qquad k = 1, 2, \ldots, 28 \end{aligned}$$

Anstelle mit Hilfe von Dummyvariablen kann die Saisonkomponente auch hier durch die Kombination von Sinus- und Kosinusfunktionen modelliert werden. In diesem Fall ersetzt man die Summe auf der linken Seite von (B.147) bzw. (B.148) durch:

$$b_2 \cdot \sin\left[\frac{2 \cdot \pi \cdot k}{z}\right] + b_3 \cdot \cos\left[\frac{2 \cdot \pi \cdot k}{z}\right] \qquad\qquad \text{(B.150)}$$

Schließlich kann man, anstelle für jede Saison j eine Variable g_j einzuführen, auch für jede Periode k eine Entscheidungsvariable s_k in das LP-Modell aufnehmen, die den Saisoneinfluß in dieser Periode erfaßt. Alle s_k-Variablen, die sich auf dieselbe Saison beziehen, müssen dann durch eine zusätzliche Nebenbedingung aufeinander abgestimmt werden. Das sieht dann wie folgt aus:

 Modell LP^2_{Saison}

$$\text{Minimiere } Z = \sum_{k=t-n+1}^{t} u_k \tag{B.151}$$

u. B. d. R.

$$y_k - b_0 - b_1 \cdot k - s_k \leq u_k \qquad\qquad k = t - n + 1, ..., t \tag{B.152}$$

$$y_k - b_0 - b_1 \cdot k - s_k \geq -u_k \qquad\qquad k = t - n + 1, ..., t \tag{B.153}$$

$$s_k = s_{k+z} \qquad\qquad k = t - n + 1, ..., t - z \tag{B.154}$$

$$u_k \geq 0 \qquad\qquad k = t - n + 1, ..., t \tag{B.155}$$

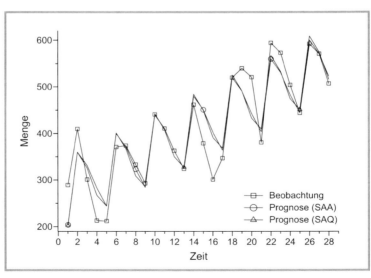

Bild B.26: Beobachtungswerte und Prognosewerte

Beziehung (B.155) stellt sicher, daß genau z saisonspezifische Werte bestimmt werden. Mit diesem Modell erhält man für das obige Beispiel die folgende Lösung:

$b_0 = 194, b_1 = 10$

$s_1 = s_5 = s_9 = \ldots = 0 \qquad s_2 = s_6 = s_{10} = \ldots = 146$

$s_3 = s_7 = s_{11} = \ldots = 107 \qquad s_4 = s_8 = s_{12} = \ldots = 49$

Bild B.26 zeigt, daß beide Zielkriterien (SQA bzw. SAA) im Beispiel zu ähnlichen Ergebnissen kommen.

B.4   Prognose bei sporadischem Bedarf

Von sporadischem Bedarf spricht man, wenn für ein Produkt in relativ vielen Perioden überhaupt kein Bedarf vorliegt. Sporadischer Bedarf tritt häufig für untergeordnete Produkte in einer mehrstufigen Erzeugnisstruktur auf, weil die Losbildung bei übergeordneten Erzeugnissen zur Zusammenballung der Sekundärbedarfsmengen führt. Oft zeigt sich dieser Bedarfsverlauf, wenn eine zu feine Periodeneinteilung (z. B. auf Tagesbasis) verwendet wird. Auch wenn die Menge der potentiellen Nachfrager eines Produkts klein ist, kann ein sporadischer Bedarfsverlauf eintreten.

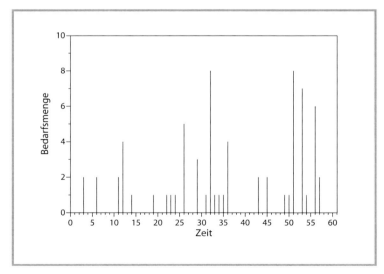

Bild B.27: Sporadischer Bedarfsverlauf

Wendet man zur Prognose von sporadisch auftretenden Bedarfsmengen die dargestellten

Verfahren der exponentiellen Glättung in unveränderter Form an, dann entstehen relativ große Prognosefehler. Bild B.27 zeigt eine Zeitreihe von (werk-)täglichen Bedarfsmengen für ein Produkt mit sporadischem Bedarf.[43]

Zur Prognose bei sporadischem Bedarf lassen sich vor allem zwei Gruppen von Verfahren einsetzen, die die Ursachen für die Bedarfsschwankungen explizit berücksichtigen. Die eine Gruppe von Verfahren basiert auf einer Zerlegung des Periodenbedarfs in seine Komponenten, die **Anzahl der Aufträge** und die **Bedarfsmenge je Auftrag**[44], wobei die Komponenten getrennt prognostiziert und zur Vorhersage der zukünftigen Periodenbedarfsmenge miteinander multipliziert werden. Andere Verfahren betrachten den Periodenbedarf in den Dimensionen **Zeitpunkt** und **Menge** und prognostizieren jeweils die Zeitspanne bis zum nächsten Bedarfsereignis (Bedarfsabstand) und die dann zu erwartende Bedarfsmenge.

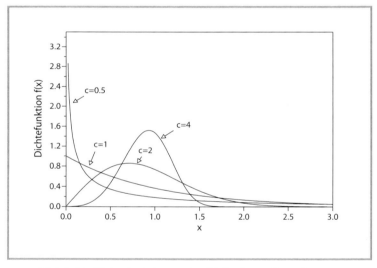

Bild B.28: Dichtefunktionen der Weibullverteilung für $\lambda = 1$

Wedekind[45] schlägt ein der letztgenannten Gruppe zuzurechnendes Prognoseverfahren vor, in dem zu jedem Prognosezeitpunkt τ eine Entscheidung darüber zu treffen ist, ob für den Vorhersagezeitraum w ein positiver Bedarf nach dem Verfahren der exponentiellen Glättung erster Ordnung (angewandt auf die Zeitreihe der bisher aufgetretenen positiven Bedarfsmengen) prognostiziert werden soll. Die Alternative dazu ist die

---

43   Diese Zeitreihe hat einen Störpegel von 1.19 und einen Anteil von Perioden ohne Bedarf von 57%.
44   vgl. z. B. *Trux* (1972); *Lewandowski* (1974)
45   vgl. *Wedekind* (1968)

Prognose einer Bedarfsmenge von Null. Die Entscheidung für oder gegen eine positive Bedarfsprognose hängt von dem damit verbundenen zu erwartenden Prognosefehler ab. *Wedekind* geht davon aus, daß die Bedarfsabstände einer **Weibullverteilung** folgen. Die Verteilungsfunktion einer weibullverteilten Zufallsvariablen lautet:

$$F(x) = 1 - e^{-(\lambda \cdot x)^c} \tag{B.156}$$

mit den Parametern $c > 0$ und $\lambda > 0$. Die Weibullverteilung ist eine flexible Wahrscheinlichkeitsverteilung, die in Abhängigkeit von ihren Parametern sehr unterschiedliche Formen annehmen kann. Bild B.28 zeigt einige Verläufe ihrer Dichtefunktion für verschiedene Werte des Parameters c bei einem gegebenen Wert für $\lambda = 1$.

Die Weibullverteilung wird nun eingesetzt, um zu einem beliebigen Prognosezeitpunkt τ für einen Vorhersagezeitraum w die Wahrscheinlichkeit für das Auftreten eines positiven Bedarfs unter der Voraussetzung zu bestimmen, daß der letzte Bedarfszeitpunkt bereits v Perioden zurückliegt, also im Zeitpunkt $\tau - v$ aufgetreten ist. Die gesuchte bedingte Wahrscheinlichkeit für das Auftreten eines positiven Bedarfs im unmittelbar bevorstehenden Vorhersagezeitraum w kann wie folgt beschrieben werden:

$$P\{\text{nächster Bedarf im Zeitraum } w \mid \text{letzter Bedarf im Zeitpunkt } \tau - v\}$$
$$= P_w = P\{v < x \leq v + w \mid v < x\} \tag{B.157}$$

oder

$$P_w = \frac{F(v + w) - F(v)}{1 - F(v)} \tag{B.158}$$

Beziehung (B.158) ermöglicht die Berechnung der Wahrscheinlichkeit dafür, daß im Vorhersagezeitraum w ein Bedarf auftritt. Bild B.29 verdeutlicht die betrachtete Entscheidungssituation.

Wedekind setzt diese Bedarfswahrscheinlichkeit zur Beantwortung der Frage ein, ob für den Vorhersagezeitraum eine Bedarfsprognose erfolgen soll oder nicht. Mit jeder dieser beiden Alternativen ist ein erwarteter Prognosefehler verbunden. Wird mit dem Verfahren der exponentiellen Glättung ein **positiver Bedarf** für den Zeitraum w prognostiziert, dann beträgt der erwartete Prognosefehler gemäß Gleichung (B.159):

$$F_{\text{pos}} = \underbrace{P_w \cdot \mu_e} + \underbrace{(1 - P_w) \cdot \mu_p} \tag{B.159}$$

                └ erwarteter Prognosefehler, falls kein Bedarf auftritt

└ erwarteter Prognosefehler, falls Bedarf auftritt

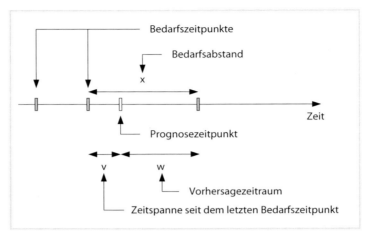

Bild B.29: Vorhersage bei sporadischem Bedarf nach Wedekind

Die Größe μ_e ist der mittlere Prognosefehler, der sich bei exponentieller Glättung erster Ordnung der Zeitreihe der positiven Bedarfsmengen ergibt. Mit μ_p wird die mittlere prognostizierte Bedarfsmenge bezeichnet.

Wird für den Zeitraum w **kein Bedarf** prognostiziert, dann beträgt der erwartete Prognosefehler:

$$F_{\text{nul}} = \underbrace{P_w \cdot \mu_p}_{} + \underbrace{(1 - P_w) \cdot 0}_{\text{erwarteter Prognosefehler, falls kein Bedarf auftritt}}$$

$$\text{erwarteter Prognosefehler, falls Bedarf auftritt}$$

(B.160)

Positiver Bedarf für den Zeitraum w wird immer dann prognostiziert, wenn der bei Verzicht auf eine Prognose zu erwartende Fehler größer ist als der Fehler, der bei Durchführung einer Prognose eintritt, d. h., wenn $F_{\text{pos}} < F_{\text{nul}}$ ist; andernfalls wird ein Bedarf von Null Mengeneinheiten prognostiziert. *Wedekind* hat das Verfahren an mehr als 100 Bedarfszeitreihen erfolgreich eingesetzt und berichtet, daß das Verfahren nur in 8% der Fälle scheiterte, wobei aber nicht deutlich wird, was er unter Scheitern versteht. Für die mit diesem Verfahren erzielbare Prognosequalität sind offenbar mehrere Faktoren von Bedeutung. Hier ist einmal die Modellierung der Bedarfsabstände durch eine Zufallsvariable zu nennen. *Wedekind* weist darauf hin, daß außer der Weibullverteilung auch andere Wahrscheinlichkeitsverteilungen anwendbar sind. Darüber hinaus übt auch die Eignung des zur Prognose der positiven Bedarfsmengen eingesetzten Verfahrens einen Einfluß auf die Prognosequalität aus.

Eine ähnliche Form der Prognose bei sporadischem Bedarf schlägt *Croston*[46] vor. Er

---

46 vgl. *Croston* (1972)

trennt zwischen der Prognose des nächsten Bedarfszeitpunkts und der Prognose der dann auftretenden Bedarfsmenge. Für beide Größen wird die exponentielle Glättung erster Ordnung eingesetzt. Die Entscheidungsregel am Ende einer beliebigen Periode τ lautet:

- Falls in Periode τ kein Bedarf aufgetreten ist ($y_\tau = 0$), setze $p_{\tau+1} = p_\tau$ und $i_{\tau+1} = i_\tau$, d. h., behalte die zuletzt errechneten Prognosewerte für die Bedarfsmenge und den Bedarfsabstand unverändert bei.

- Falls in Periode τ ein positiver Bedarf aufgetreten ist ($y_\tau > 0$), berechne neue Prognosewerte für die Bedarfsmenge und den Bedarfsabstand wie folgt:

$$p_{\tau+1} = \alpha \cdot y_\tau + (1 - \alpha) \cdot p_\tau \qquad\qquad \tau = 1, 2, \cdots \quad \text{(B.161)}$$

$$i_{\tau+1} = \alpha \cdot x_\tau + (1 - \alpha) \cdot i_\tau \qquad\qquad \tau = 1, 2, \cdots \quad \text{(B.162)}$$

Dabei bezeichnet x_τ den Abstand zwischen den letzten beiden Perioden mit positivem Bedarf. Die Größe y_τ ist die beobachtete Bedarfsmenge. Mit $i_{\tau+1}$ wird die prognostizierte Zeitspanne bis zum nächsten Auftreten eines Bedarfs bezeichnet. Die Größe $p_{\tau+1}$ gibt die prognostizierte Höhe des nächsten Bedarfs an. Der Quotient $\frac{p_{\tau+1}}{i_{\tau+1}}$ ergibt dann die prognostierte durchschnittliche Periodennachfragemenge. Diese kann man z. B. in einem stationären Lagerhaltungsmodell zur Prognose der Nachfragemenge im Risikozeitraum verwenden. Die mit dem Verfahren von *Croston* erreichbare Prognosequalität ist i. a. höher als bei direkter Anwendung der exponentiellen Glättung erster Ordnung auf eine Bedarfszeitreihe mit sporadischem Verlauf.[47]

Man kann bei der Bedarfsprognose aber auch unmittelbar an der **Wahrscheinlichkeitsverteilung der Periodenbedarfsmenge** eines Erzeugnisses mit sporadischem Bedarf ansetzen. Da ein derartiger Bedarfsverlauf durch eine hohe zufällige Komponente beherrscht wird, ist i. a. kein systematisches Verlaufsmuster erkennbar. Die Annahme eines stationären Bedarfsverlaufs ist dann eine plausible Hypothese. In diesem Fall bietet es sich an, die Wahrscheinlichkeitsverteilung der Periodenbedarfsmenge aus den beobachteten Bedarfsmengen abzuleiten. Man kann dabei von einer theoretischen Wahrscheinlichkeitsverteilung ausgehen und aus den Beobachtungen deren Parameter ableiten. Die Periodenbedarfsmenge kann aber auch durch eine diskrete empirische Wahrscheinlichkeitsverteilung repräsentiert werden.

Eine häufig einsetzbare theoretische Wahrscheinlichkeitsverteilung der Periodenbedarfsmenge bei sporadischem Bedarf ist die **Poissonverteilung**. Diese diskrete Verteilung ist insbesondere dann geeignet, wenn die Nachfrage mit einer einheitlichen Auftragsgröße von einer großen Anzahl voneinander unabhängiger Abnehmer stammt. Bei einer

---

47   vgl. *Hax und Candea* (1984), S. 180; *Silver et al.* (1998), Abschnitt 4.9.2

poissonverteilten Zufallsvariablen stimmen Mittelwert und Varianz überein. Die Varianz einer Zufallsvariablen X kann bekanntlich wie folgt beschrieben werden:

$$\sigma_X^2 = E\{X^2\} - E\{X\}^2 \tag{B.163}$$

Zur Schätzung der aktuellen Standardabweichung der Periodenbedarfsmenge können die exponentiell geglätteten Hilfsgrößen $m_t^{(1)}$ (Mittelwert) und $v_t^{(1)}$ (Varianz) eingesetzt werden:[48]

$$m_t^{(1)} = \alpha \cdot y_t + (1 - \alpha) \cdot m_{t-1}^{(1)} \qquad t = 1, 2, \cdots \tag{B.164}$$

$$v_t^{(1)} = \alpha \cdot y_t^2 + (1 - \alpha) \cdot v_{t-1}^{(1)} \qquad t = 1, 2, \cdots \tag{B.165}$$

$$\sigma_t = \sqrt{v_t^{(1)} - \left(m_t^{(1)}\right)^2} \qquad t = 1, 2, \cdots \tag{B.166}$$

Weicht der Wert der nach Beziehung (B.166) geschätzten Standardabweichung um weniger als 10% von der Wurzel des exponentiell geglätteten Mittelwertes, $\sqrt{m_t^{(1)}}$, ab, dann kann – so lautet eine Faustregel – davon ausgegangen werden, daß die Periodenbedarfsmenge einer Poissonverteilung folgt.

Eine andere Möglichkeit besteht darin, direkt die **Form der Verteilung** der Periodenbedarfsmenge aufgrund vorliegender Beobachtungen zu schätzen. Dies kann wie folgt geschehen:[49] Man zerlegt den Planungszeitraum in gleich lange, sich nicht überschneidende Perioden t ($t = 1, 2, ..., n, ...$). Für die ersten n Perioden erzeugt man aus den vorliegenden Beobachtungen der Bedarfsmengen eine empirische Häufigkeitsverteilung mit den Klassengrenzen $G_0, G_1, ..., G_I$ und ermittelt daraus eine geschätzte Wahrscheinlichkeitsverteilung (mit den gleichen Werteintervallen). In den nächsten Perioden l [$l = (n+1, n+2, ...)$] aktualisiert man die Wahrscheinlichkeitsverteilung unter Verwendung der exponentiellen Glättung erster Ordnung. Dies führt zu einer Verschiebung der Wahrscheinlichkeiten aus den Klassen, in denen keine Bedarfsmengen verzeichnet wurden, in die Klasse, in der die aktuelle Bedarfsmenge aufgetreten ist.

Die Anzahl der Klassen sei I. Zu Beginn einer Periode t liegt die geschätzte Wahrscheinlichkeitsverteilung $\mathbf{P}_t$ vor:

$$\mathbf{P}_t = \begin{bmatrix} p_t(1) \\ p_t(2) \\ \vdots \\ p_t(I-1) \\ p_t(I) \end{bmatrix} \tag{B.167}$$

---

48 vgl. *Hax und Candea* (1984), S. 181
49 vgl. *Brown* (1963), S. 199–206; *Johnson und Montgomery* (1974), S. 448–450; *Hax und Candea* (1984), S. 182–185

In der Periode t wird nun eine Beobachtung y_t gemacht, die in die Klasse i fällt. Wir definieren nun einen Vektor $\mathbf{u}_t$, der an der i-ten Stelle eine 1 und ansonst lauter Nullen enthält. Die neue geschätzte Wahrscheinlichkeitsverteilung der Bedarfsmenge wird dann gemäß Gleichung (B.168) nach dem Verfahren der exponentiellen Glättung bestimmt:

$$\mathbf{P}_{t+1} = \alpha \cdot \mathbf{u}_t + (1 - \alpha) \cdot \mathbf{P}_t \qquad\qquad t = 1, 2, \cdots \quad \text{(B.168)}$$

Das führt dazu, daß nur die geschätzte Wahrscheinlichkeit der Klasse i, $p_t(i)$, ansteigt, während die Wahrscheinlichkeiten der anderen Klassen sinken.

Die beschriebene Vorgehensweise erläutern wir anhand eines Beispiels. Es sei angenommen, daß aufgrund empirischer Beobachtungen bis zum Ende der Periode $t = 1$ die in Tabelle B.15 angegebene Wahrscheinlichkeitsverteilung vorliegt.

G_i	Anzahl Beobachtungen	$p_t(i)$	
0	0	0.00	
10	120	0.60	
20	30	0.15	
30	30	0.15	
40	10	0.05	
50	10	0.05	

Tabelle B.15: Wahrscheinlichkeitsverteilung der Bedarfsmenge am Ende der Periode $t = 1$

Als Bedarfsmenge in Periode $t = 2$ sei nun $y_2 = 20$ ermittelt worden. Diese Beobachtung fällt in die dritte Häufigkeitsklasse.

$$\mathbf{u}_2 = \begin{bmatrix} 0 \\ 0 \\ 1 \\ 0 \\ 0 \\ 0 \end{bmatrix} \qquad\qquad\qquad \text{(B.169)}$$

Wir verwenden für den Glättungsparameter den Wert $\alpha = 0.3$. Dann ergibt sich als geschätzte aktuelle Wahrscheinlichkeitsverteilung der Bedarfsmenge in Periode $t = 2$:

$$
\mathbf{P}_2 = 0.3 \cdot \begin{bmatrix} 0 \\ 0 \\ 1 \\ 0 \\ 0 \\ 0 \end{bmatrix} + (1 - 0.3) \cdot \begin{bmatrix} 0.00 \\ 0.60 \\ 0.15 \\ 0.15 \\ 0.05 \\ 0.05 \end{bmatrix} = \begin{bmatrix} 0.000 \\ 0.420 \\ 0.405 \\ 0.105 \\ 0.035 \\ 0.035 \end{bmatrix} \tag{B.170}
$$

Basierend auf dieser aktualisierten Wahrscheinlichkeitsverteilung kann man dann z. B. im Rahmen einer stochastischen Lagerhaltungspolitik[50] die optimalen Politikparameter und damit auch die Höhe des Sicherheitsbestandes bestimmen.

B.5   Ausgewählte Probleme bei der Einführung und Anwendung eines Prognosesystems

B.5.1   Bestimmung der Glättungsparameter

Die Qualität der Bedarfsprognose mit Hilfe eines auf der exponentiellen Glättung basierenden Verfahrens wird von der Wahl des (der) Glättungsparameter(s) beeinflußt. Hier besteht ein grundsätzlicher Konflikt zwischen dem Ziel der Anpassungsfähigkeit der Prognose an neue Entwicklungen der Zeitreihe und dem Ziel der möglichst vollständigen Ausschaltung der zufälligen Komponente aus der Zeitreihe. Je kleiner ein Glättungsparameter ist, umso größer ist der Anteil der zufälligen Schwankungen, der aus der Zeitreihe eliminiert wird. Ein niedriger Glättungsparameter bewirkt aber auch, daß die Prognose sich nur sehr zögernd an systematische Veränderungen der Zeitreihe anpaßt.

Sind bereits Beobachtungswerte vorhanden, dann kann der optimale Wert des Glättungsparameters α für die exponentielle Glättung erster Ordnung mit Hilfe des in Bild B.30 beschriebenen Suchverfahrens bestimmt werden. Dabei wird α systematisch mit der Schrittweite α_d variiert und für jeden Wert von α mit dem zu verwendenden Prognoseverfahren die Prognosegüte berechnet.

Das Prinzip dieses Verfahrens kann auch für andere Prognoseverfahren mit mehreren Glättungsparametern, die auf dem Prinzip der exponentiellen Glättung basieren, eingesetzt werden. Zur Bestimmung der Prognosequalität ist dabei jeweils das betrachtete Prognoseverfahren anzuwenden. Für das Verfahren von *Winters*, das mit drei Glättungsparametern arbeitet, ist für die Bestimmung der optimalen Kombination dieser Parame-

---

50   vgl. Abschnitt C, S. 137 ff.

ter eine dreifach ineinandergeschachtelte Schleife zu durchlaufen. Als Kriterium für die Prognosequalität kann die Summe oder der Mittelwert der quadrierten oder der absoluten Prognosefehler verwendet werden.

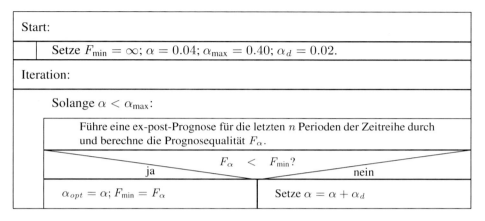

Start:		
	Setze $F_{min} = \infty$; $\alpha = 0.04$; $\alpha_{max} = 0.40$; $\alpha_d = 0.02$.	
Iteration:		
	Solange $\alpha < \alpha_{max}$:	
	Führe eine ex-post-Prognose für die letzten n Perioden der Zeitreihe durch und berechne die Prognosequalität F_α.	
	$F_\alpha < F_{min}$?	
	ja	nein
	$\alpha_{opt} = \alpha$; $F_{min} = F_\alpha$	Setze $\alpha = \alpha + \alpha_d$

Bild B.30: Verfahren zur Bestimmung des Glättungsparameters

Zur Veranschaulichung des Einflusses der Glättungsparameter auf die Qualität der Prognose betrachten wir die in Tabelle B.16 wiedergegebene Bedarfszeitreihe, deren Entwicklung mit dem Verfahren von Holt prognostiziert werden soll.

t	1	2	3	4	5	6	7	8	9	10	11	12
y_t	60	55	64	51	69	66	83	90	76	95	72	88

Tabelle B.16: Bedarfszeitreihe

Bei der Bestimmung der optimalen Werte der Glättungsparameter α und β wird als Gütekriterium der mittlere quadrierte Prognosefehler verwendet. In Tabelle B.17 sind die Ergebnisse zusammengefaßt. Für das betrachtete Beispiel liegt die beste Kombination der Glättungsparameter bei $\alpha = 0.25$ und $\beta = 0.01$. Es ist allerdings darauf hinzuweisen, daß bei Verwendung eines anderen Kriteriums zur Beurteilung der Güte des Prognoseverfahrens auch eine andere Kombination der Glättungsparameter optimal sein kann. Während bei Verwendung des mittleren *quadrierten* Prognosefehlers Parameterkombinationen besonders negativ beurteilt werden, bei denen große Prognosefehler auftreten, gewichtet das Kriterium des mittleren *absoluten* Prognosefehlers alle auftretenden Prognosefehler gleich. Im betrachteten Beispiel liegt bei Berücksichtigung dieses letztgenannten Kriteriums die optimale Kombination der Glättungsparameter bei $\alpha = 0.095$ und $\beta = 0.55$.

$\beta \setminus \alpha$	0.10	0.15	0.20	0.25	0.30
0.0050	112.44	106.87	103.92	102.76	102.88
0.0075	112.35	106.80	103.87	102.75	102.90
0.01	112.26	106.72	103.82	102.73	102.92
0.10	109.51	104.77	103.10	103.32	104.72
0.20	107.37	104.04	104.09	105.92	108.64
0.30	106.09	104.56	106.52	109.94	113.80
0.40	105.55	106.11	110.01	114.87	119.58
0.50	105.67	108.47	114.27	120.31	125.55
0.60	106.35	111.50	119.04	125.97	131.37
0.70	107.54	115.05	124.12	131.58	136.82
0.80	109.16	118.98	129.33	136.97	141.75
0.90	111.15	123.21	134.52	142.00	146.11

Tabelle B.17: Mittlerer quadrierter Prognosefehler bei Variation von α und β

Nicht nur bei der Einführung eines Verfahrens der exponentiellen Glättung, sondern auch in regelmäßigen Abständen während des Verfahrenseinsatzes ist die erreichte Prognosequalität zu überprüfen und gegebenenfalls eine Anpassung der Glättungsparameter vorzunehmen. Dies kann dadurch geschehen, daß in festen Abständen (z. B. 20 Perioden) das Suchverfahren aus Bild B.30 eingesetzt wird. Es kann aber auch eine laufende Kontrollrechnung durchgeführt werden, bei der in ähnlicher Weise wie bei der statistischen Qualitätskontrolle überprüft wird, ob ein Prognosefehler in einem vorgegebenen, als zulässig erachteten Schwankungsbereich liegt. Liegt der Prognosefehler außerhalb des zulässigen Bereichs, dann werden die Glättungsparameter neu festgelegt.[51]

B.5.2   Produkte mit begrenzter Vergangenheit

Insbesondere bei der Einführung eines neuen Produkts und dem damit verbundenen Bedarf an neuartigen Verbrauchsfaktoren, häufig aber auch bei der erstmaligen Einführung eines systematischen Konzepts zur Bedarfsprognose in einem Unternehmen, tritt das Problem auf, daß nicht genügend empirische Daten zur Verfügung stehen. Diese benötigt man nicht nur zur Erkennung des typischen Verlaufsmusters einer Zeitreihe, sondern auch für die Initialisierung eines geeigneten Prognoseverfahrens. Dabei sind auf der Grundlage eines angenommenen Prognosemodells Schätzwerte für das Niveau der Zeitreihe, evtl. auch für ihre Steigung, für Saisonfaktoren sowie für die verwendete Größe zur Überwachung der Prognosequalität (z. B. MAD) festzulegen.

---

51   vgl. hierzu näher *Weber* (1990), S. 237–243

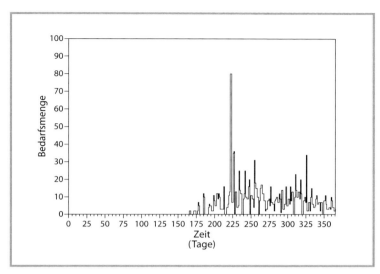

Bild B.31: Bedarfsverlauf eines Produkts mit zeitlich begrenzter Vergangenheit

Bild B.31 zeigt den Bedarfsverlauf für ein neu eingeführtes Produkt. Zum Zeitpunkt 180 liegt erst eine sehr begrenzte empirische Datenbasis vor. Eine gesicherte Aussage über das der Zeitreihe zugrundeliegende Verlaufsmuster kann zu diesem Zeitpunkt noch nicht getroffen werden. Die Betrachtung der in den folgenden Perioden aufgetretenen Bedarfsmengen legt den Schluß nahe, daß es sich vermutlich um regelmäßigen Bedarf mit konstantem Niveau, aber relativ hoher Streuung handelt. Auch sind einige ungewöhnlich hohe Bedarfsspitzen erkennbar.

Es können lediglich Vermutungen aufgrund von Erfahrungen angestellt werden, die mit ähnlichen Produkten gemacht wurden. So kann man Produkte z. B. aufgrund ihrer sachlichen Produktmerkmale in Produktgruppen mit typischen Absatzverläufen zusammenfassen.

B.5.3 Erkennung und Behandlung von Ausreißern

Insbesondere in Bedarfszeitreihen, die durch einen hohen Anteil der zufälligen Komponente geprägt sind, tritt das Problem auf, daß Extremwerte des Periodenbedarfs (Ausreißer) als solche erkannt und aus dem normalen Prognoseprozeß ausgeschaltet werden. Betriebliche Bedarfs- und Auftragsdaten werden in der Praxis i. a. vor ihrer Speicherung nicht danach aufgeschlüsselt, welche Einflußfaktoren die Ursache für einen in einer Periode aufgetretenen außergewöhnlich hohen oder niedrigen Bedarf ausschlaggebend waren. Oft sind diese Einflußfaktoren nicht einmal bekannt. Als mögliche vorhersehbare Einflüsse, die das gewohnte Erscheinungsbild einer Bedarfszeitreihe stören können, sind zu nennen: Projektbedarf, Bedarf aufgrund eines Großauftrags, Bedarf aufgrund von Sonderaktionen, usw. Darüberhinaus gibt es Zufallseinflüsse mit einer sehr hohen Varianz, deren Vorhersage nahezu unmöglich ist. Bild B.32 zeigt eine Zeitreihe mit einigen deutlichen Ausreißern.

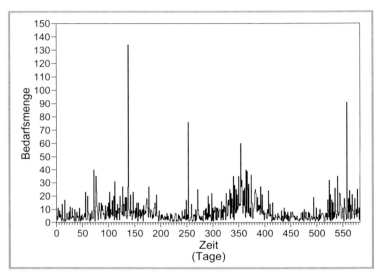

Bild B.32: Bedarfsverlauf eines Produkts mit Ausreissern

Einen Ausreißer zu erkennen, dessen sachliche Ursache unbekannt ist, ist i. allg. schwierig. Einen wichtigen Anhaltspunkt für die Identifikation eines Ausreißers bildet die Analyse der *Prognosefehler*. Setzt man zur Prognose die (multiple) lineare Regressionsrechnung ein, dann hilft die Analyse der **Residuen**, d. h. der Abweichungen der Beobachtungswerte y_k von den zugehörigen Prognosewerten p_k gemäß der Regressionsgleichung, $e_k = y_k - p_k$. Die Residuen sind zu unterscheiden von den nicht beobachtbaren, wahren Störgrößen ϵ_k, welche die Abweichungen der abhängigen Variablen von der tatsächlichen, nicht beobachtbaren Funktionsform der Zeitreihe darstellen. Die Regressionsanalyse geht davon aus, daß die Störgrößen ϵ_k mit dem Mittelwert 0 und der Varianz σ^2 normalverteilt sind. Ein unverzerrter Schätzer für σ^2 ist die mittlere quadrierte Abweichung $MQA = \frac{\sum_k e_k^2}{n-p}$. Dabei ist n die Anzahl der Beobachtungswerte und p ist die Anzahl der unabhängigen Variablen (einschl. der Variablen für den Achsenabschnitt). Die entsprechende Standardabweichung ist $\sigma = \sqrt{MQA}$. Diese Größe verwenden wir im Folgenden bei der Approximation der Standardabweichung der einzelnen Residuen

e_k, um zu beurteilen, ob eine bestimmte Abweichung noch „normal" ist oder ob es sich um einen Ausreißer handelt.

Der **Vektor der Residuen** wurde in Gleichung (B.68) wie folgt definiert:

$$\mathbf{e} = (\mathbf{I} - \mathbf{H})\mathbf{y} \tag{B.171}$$

Wir interessieren uns für die Standardabweichung jedes einzelnen Residuums e_k. Diese kann man aus den Diagonalelementen der *Varianz-Kovarianz-Matrix der Residuen* ableiten. Um letztere bestimmen zu können, benutzen wir folgende allgemeine Beschreibung der Varianz-Kovarianz-Matrix eines Vektors von Zufallsvariablen $\mathbf{w}$, der durch die Multiplikation einer konstanten Matrix $\mathbf{A}$ mit einem Vektor $\mathbf{v}$ von Zufallsvariablen entstanden ist ($\mathbf{w} = \mathbf{A}\mathbf{v}$):[52]

$$\sigma^2\{\mathbf{w}\} = \sigma^2\{\mathbf{A}\mathbf{v}\} = \mathbf{A}\sigma^2\{\mathbf{v}\}\mathbf{A}^T \tag{B.172}$$

Nutzt man diese Beziehung für die Bestimmung der *Varianz-Kovarianz-Matrix der Residuen*, dann erhält man mit $\mathbf{w} := \mathbf{e}$, $\mathbf{A} := (\mathbf{I} - \mathbf{H})$ und $\mathbf{v} := \mathbf{y}$:

$$\sigma^2\{\mathbf{e}\} = (\mathbf{I} - \mathbf{H})\sigma^2\{\mathbf{y}\}(\mathbf{I} - \mathbf{H})^T \tag{B.173}$$

Wegen[53]

$$\sigma^2\{\mathbf{y}\} = \sigma^2\{\boldsymbol{\epsilon}\} = \sigma^2\mathbf{I} \tag{B.174}$$

erhält man aus (B.173):

$$\sigma^2\{\mathbf{e}\} = (\mathbf{I} - \mathbf{H})\sigma^2\mathbf{I}(\mathbf{I} - \mathbf{H})^T \tag{B.175}$$

Da die Matrix $(\mathbf{I} - \mathbf{H})$ symmetrisch ist, gilt für ihre Transponierte $(\mathbf{I} - \mathbf{H})^T = (\mathbf{I} - \mathbf{H})$. Da außerdem $(\mathbf{I} - \mathbf{H})$ idempotent ist, ist die Varianz-Kovarianz-Matrix der Residuen:

$$\sigma^2\{\mathbf{e}\} = \sigma^2 \underset{n \times n}{(\mathbf{I} - \mathbf{H})}(\mathbf{I} - \mathbf{H})$$
$$= \sigma^2(\mathbf{I} - \mathbf{H}) \tag{B.176}$$

Die Varianz des k-ten Residualwertes e_k ist dann:

$$\sigma^2\{e_k\} = \sigma^2 \cdot (1 - h_{kk}) \tag{B.177}$$

Mit der Approximation von σ^2 durch die empirische Größe MQA erhält man die folgende approximierte *Varianz des k-ten Residualwertes*:

$$s^2\{e_k\} = MQA \cdot (1 - h_{kk}) \tag{B.178}$$

Eine **erste Möglichkeit** zur Identifikation möglicher Ausreißer besteht darin, die Residuen e_k durch die Approximation ihrer Standardabweichung $s\{e_k\} = \sqrt{MQA \cdot (1 - h_{kk})}$

---

52 vgl. *Kutner et al.* (2005)
53 vgl. hierzu Abschnitt B.3.2, S. 78

zu dividieren und sie damit zu standardisieren bzw. von ihrer absoluten Höhe unabhängig zu machen. Man erhält sog. (intern) „**studentisierte Residuen**":

$$r_k = \frac{e_k}{s(e_k)} = \frac{y_k - p_k}{\sqrt{MQA \cdot (1 - h_{kk})}} \tag{B.179}$$

Diese standardisierten Werte geben an, um wie viele Standardabweichungen des Prognosefehlers der Periode k ein Beobachtungswert y_k von seinem Prognosewert p_k (positiv oder negativ) abweicht. Je größer dieser Wert ist, umso wahrscheinlicher ist es, daß es sich um einen Ausreißer handelt. Ein Problem ist allerdings darin zu sehen, daß der betrachtete y_t-Wert die Parameter β der Regressionsfunktion beeinflußt und damit möglicherweise verfälscht hat.

Eine **weitere Möglichkeit** besteht darin, der Reihe nach jeden einzelnen Beobachtungswert y_k aus der Betrachtung ausschließen und festzustellen, in wieweit sich dadurch die Prognosegleichung ändert. Man berechnet also jeweils die Prognosefunktion neu und bildet die Differenz zwischen dem Beobachtungswert y_k und dem Prognosewert $p_k^{(\Delta k)}$ für Periode k gemäß der neu berechneten Regressionsfunktion:

$$d_k = y_k - p_k^{(\Delta k)} \tag{B.180}$$

Eine äquivalente Form, die ohne eine Neuberechnung der Regressionsfunktion für jede ausgelassene Beobachtung k auskommt, lautet:

$$d_k = \frac{e_k}{1 - h_{kk}} \tag{B.181}$$

Je größer d_k ist, umso mehr Einfluß hat die Beobachtung y_k auf den Verlauf der Regressionsfunktion. Bezeichnet man mit $MQA^{(\Delta k)}$ die empirische mittlere quadratische Abweichung für die neue Regressionsfunktion, aus der die Beobachtung y_k ausgeschlossen wurde, dann gilt für die geschätzte Varianz von d_k:

$$s^2\{d_k\} = \frac{MQA^{(\Delta k)}}{1 - h_{kk}} \tag{B.182}$$

Der Quotient

$$t_k = \frac{d_k}{s\{d_k\}} \tag{B.183}$$

wird „**studentisiertes entferntes Residuum**" (oder extern studentisiertes Residuum) genannt und folgt einer t-Verteilung mit dem Parameter $(n - p - 1)$. Auch hier gibt es eine

Berechnungsform, die ohne die neue Auswertung der Regressionsfunktion für jede ausgelassene Beobachtung k auskommt:[54]

$$t_k = e_k \cdot \left[\frac{n - p - 1}{SQA \cdot (1 - h_{kk}) - e_k^2} \right]^{0.5} \tag{B.184}$$

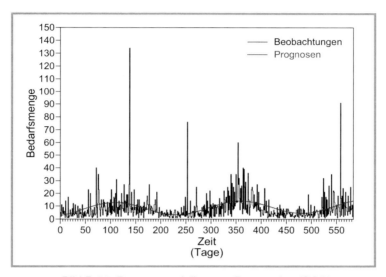

Bild B.33: Prognose mit linearer Regression (SQA)

Man kann diesen Wert nun mit einem Grenzwert der t-Verteilung vergleichen und bei einer Überschreitung dieses Grenzwertes vermuten, daß die Beobachtung k ein (positiver oder negativer) Ausreißer ist. Berücksichtigt man alle beobachteten Werte, dann sieht eine mögliche Regressionsgleichung für die in Bild B.32 abgebildete Zeitreihe wie folgt aus:[55]

$$y_k = 7.2159 + 0.0046 \cdot k$$
$$+ 2.0973 \cdot \sin \left[\frac{2 \cdot \pi \cdot k}{250} \right] - 4.497 \cdot \cos \left[\frac{2 \cdot \pi \cdot k}{250} \right] \qquad k = 1, 2, \ldots \tag{B.185}$$

Bild B.33 zeigt die Prognosewerte im Vergleich zu allen Beobachtungswerten. Verwendet man stattdessen ein LP-Modell mit trigonometrischen Funktionen als Einflußgrößen,

---

54 vgl. *Kutner et al.* (2005)

55 vgl. Abschnitt B.3.3.3.2

dann erhält man

$$y_k = 5.8818 + 0.0020691 \cdot k$$
$$+ 1.3939 \cdot \sin\left[\frac{2 \cdot \pi \cdot k}{250}\right] - 3.4776 \cdot \cos\left[\frac{2 \cdot \pi \cdot k}{250}\right] \qquad k = 1, 2, \ldots \qquad \text{(B.186)}$$

Bild B.34 zeigt, daß das die letztgenannte Prognosegleichung (Zielsetzung SAA) weniger stark auf Ausreißer reagiert als die klassische lineare Regressionsrechnung (Zielsetzung SQA).

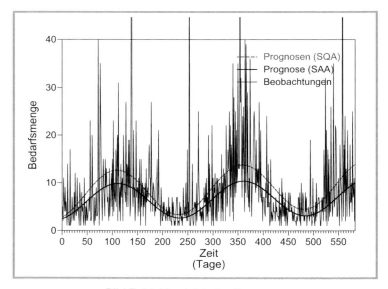

Bild B.34: Vergleich der Prognosen

Die Graphik läßt vermuten, daß mindestens die Beobachtungen 138, 253, 354 und 558 als Ausreißer betrachtet werden können. Ihre entfernten studentisierten Residuen betragen 15.3, 7.57, 4.87 und 8.96.

Für das Beispiel B.4 auf Seite 76 ergibt die Analyse der entfernten studentisierten Residuen, daß der Beobachtungswert für Periode 8 (229) mit $t_8 = -3.25$ als (negativer) Ausreißer angesehen werden kann.

Hat man eine Beobachtung y_k als Ausreißer erkannt, dann muß festgelegt werden, durch welchen Wert y_k ersetzt werden soll. Den Wert auf Null zu setzen ist vermutlich nicht gerechtfertigt, da Periodenbedarfsmengen sich i. d. R. aus den Bedarfen mehrerer Abnehmer zusammensetzen und möglicherweise nur ein Abnehmer einen außergewöhnlichen Bedarf erzeugt hat. Insofern kann die Anwendung des Kriteriums (B.184) in die

Irre führen. Eine andere Möglichkeit könnte darin bestehen, den Ausreißer durch ein Vielfaches der Standardabweichung $s\{e_k\}$ zu ersetzen.

Ergänzende Literatur zu den Abschnitten B.4–B.5:

Brown (1963, 1984)
Foote (1995)
Kutner et al. (2005)
Weber (1990)

Einstufige Lagerhaltungspolitiken

Nach den vorbereitenden Überlegungen aus Kapitel A werden nun verschiedene Lagerknotentypen mit spezifischen Lagerhaltungspolitiken näher betrachtet. Diese Lagerpolitiken beinhalten neben Vorschriften über den Zeitpunkt der Wiederauffüllung eines Lagers auch Vorschriften über die jeweilige Lagerzugangsmenge. Im Produktionsbereich ist dies die Losgröße, während es sich im Beschaffungsbereich um die Bestellmenge handelt. Lagerpolitiken müssen zwingend eingesetzt werden, wenn keine Planungsdaten zur Verfügung stehen, aus denen man einen deterministischen, an der zukünftigen Nachfrage orientierten Produktionsplan entwickeln kann. Dies ist z. B. bei Ersatzteilen und Handelswaren der Fall.

Lagerpolitiken werden aber auch für B- und C-Produkte empfohlen, wenn die kapazitätsorientierten, programmorientierten Verfahren der Losgrößen- und Bedarfsplanung zu aufwendig sind.

Wir betrachten zunächst den Fall, daß ein Produkt mit Hilfe einer Lagerhaltungspolitik unabhängig von den anderen Knoten in der Supply Chain disponiert wird. Für das Produkt wird ein Lagerbestand gehalten, aus dem ein als gegeben angenommener, aus der Sicht des Lagerdisponenten nicht beeinflußbarer **Nachfrageprozeß** zu versorgen ist. Die Nachfrage kommt von einem anderen Knoten in der Supply Chain. Dabei kann es sich um einen stromabwärts gelegenen Produktionsknoten handeln, der das Produkt weiterverarbeitet, um einen Lagerknoten oder auch um externe Kunden.

Das Lager erhält Nachschub aus einer „Quelle", die an sie gerichtete Bestellungen nach einer bestimmten **Wiederbeschaffungszeit** erfüllt. Ist die Quelle ein Produktionssegment derselben Unternehmung, dann ist die Bestellung ein Produktionsauftrag und die Wiederbeschaffungszeit hängt von dessen Durchlaufzeit ab. Ist die Quelle ein anderer Lagerknoten in der Supply Chain, dann ist die Bestellung ein Lagerabruf und die Wiederbeschaffungszeit hängt von der Lieferfähigkeit des liefernden Lagerknotens sowie der Handling- und Transportzeit ab. Ist die Quelle ein externer Zulieferer, dann ist die Wiederbeschaffungszeit gleich der Lieferzeit des Zulieferers. In allen Fällen muß davon ausgegangen werden, daß die Wiederbeschaffungszeit zufälligen Schwankungen unterliegen kann.

Obwohl wir weiter oben darauf hingewiesen haben, daß die Kunden eines Lagers sich eher für die Lieferzeit als für einen lieferantenorientierten Servicegrad interessieren, verwenden wir bei der folgenden Untersuchung einstufiger Lagersysteme den β-Servicegrad als Kriterium zur Messung der Leistung eines Lagers. Dies ist auch die in der betrieblichen Praxis übliche Vorgehensweise. Bei der anschließenden Ausweitung der Betrachtung auf mehrstufige Supply Chains werden wir aber feststellen, daß auf die Verwendung der Lieferzeit als verbindendes Leistungskriterium zweier aufeinanderfolgender Stufen in einer Supply Chain nicht verzichtet werden kann.

Wir betrachten nun zunächst einige **Lagerhaltungspolitiken** unter praxisnahen Annahmen, wobei die Analysen auf Approximationen der durchschnittlichen Bestandsentwicklung beruhen. Es folgen die exakte Analyse von Lagerpolitiken unter der Annahme einer Poisson-verteilten Nachfrage auf einer kontinuierlichen Zeitachse bei kontinuierlicher Lagerüberwachung sowie die exakte Bestimmung der Lieferzeitverteilung in einer Base-Stock-Politik in diskreter Zeit. Nach einer kurzen Diskussion der Modellierung mehrerer Kundenklassen wird das vorliegende Kapitel mit der Diskussion von warteschlangentheoretischen Modellen abgeschlossen, die den Lieferanten eines Lagers explizit in die Betrachtung einbeziehen.

C.1 Approximative Analyse ausgewählter Lagerhaltungspolitiken

Im Folgenden werden einige ausgewählte Lagerhaltungspolitiken dargestellt. Sie unterscheiden sich vor allem in zweierlei Hinsicht, und zwar durch den Mechanismus, nach dem Lagerbestellungen ausgelöst werden und durch die Entscheidungsregel, nach der die jeweilige Lagerzugangsmenge (Bestellmenge) festgelegt wird. Die Lagerhaltungspolitiken werden durch die Kombination der Entscheidungsvariablen s (**Bestellpunkt**), r (Überwachungsintervall, **Bestellzyklus**), q (**Bestellmenge**) und S (**Bestellniveau**) wie folgt gekennzeichnet:

- (s, q)-Politik,
- (r, S)-Politik,
- (s, S)-Politik.

Gemeinsames Merkmal aller Lagerhaltungspolitiken ist es, daß Unsicherheit während eines **Risikozeitraums** aufgefangen werden muß. Der Risikozeitraum setzt sich in

Abhängigkeit von der Lagerhaltungspolitik aus der Wiederbeschaffungszeit sowie dem Überwachungsintervall zusammen.

C.1.1 (s, q)-Politik

Bei der (s, q)-Politik werden die Zeitpunkte, an denen Bestellungen ausgelöst werden, durch den **Bestellpunkt** (Meldebestand) s beeinflußt, während die jeweilige **Bestellmenge** q im Zeitablauf konstant ist. Der disponible Lagerbestand wird kontinuierlich überwacht. Der disponible Lagerbestand ist die Summe aus dem Nettobestand und dem Bestellbestand.[1] Der Lagerdisponent geht jeweils nach folgender Entscheidungsregel vor:

> Wenn der disponible Lagerbestand den Bestellpunkt s erreicht hat, löse eine Bestellung der Höhe q aus.

Wir betrachten zunächst den in der Literatur vorwiegend behandelten idealtypischen Fall, daß der disponible Lagerbestand zum Zeitpunkt der Auslösung einer Lagerbestellung genau gleich s beträgt. Im Anschluß daran wird auf die Möglichkeit eingegangen, daß der disponible Lagerbestand zum Zeitpunkt der Auslösung einer Lagerbestellung bereits unter den Bestellpunkt s gesunken ist. Etwas verkürzt[2] bezeichnen wir den ersten Fall als **kontinuierliche** Bestandsüberwachung und den zweiten Fall als **periodische** Bestandsüberwachung.

C.1.1.1   Kontinuierliche Bestandsüberwachung

Es wird zunächst unterstellt, daß bei jeder Auslösung einer Lagerbestellung der disponible Lagerbestand genau gleich s ist. Zwar ist dies nur gesichert, wenn die Bestandsüberwachung nach jeder Lagerentnahme erfolgt und wenn die Aufträge nur mit der Auftragsgröße „1" auftreten. Diese Bedingungen wollen wir aber zunächst vernachlässigen. Annahmegemäß muß also der zu Beginn einer Wiederbeschaffungszeit im Lager vorhandene disponible Lagerbestand s ausreichen, um die Nachfragemenge in der Wiederbeschaffungszeit, Y, zu decken. Die sich unter diesen Annahmen ergebende idealisierte Entwicklung des Lagerbestands ist in Bild C.1 dargestellt.

Weiterhin wird angenommen, daß die optimale Bestellmenge q_{opt} mit Hilfe eines geeigneten Modells (z. B. nach der klassischen Bestellmengenformel, evtl. auch unter Be-

---

1   vgl. Abschnitt A.4.1, S. 10
2   Streng genommen muß nicht nur die Bestandsüberwachung kontinuierlich erfolgen, sondern es dürfen auch nur Aufträge der Größe 1 eintreffen.

rücksichtigung von Mengenrabatten) bestimmt worden ist und bei der Berechnung des Bestellpunkts als gegeben angesehen werden kann. Zwar müßten s und q wegen der bestehenden Abhängigkeiten prinzipiell simultan ermittelt werden. Die dadurch erreichbare Reduktion der Kosten ist aber oft so gering, daß die sequentielle Vorgehensweise für die Praxis als ausreichend angesehen wird. In Abschnitt C.1.1.3 werden wir darauf gesondert eingehen.

Für die weiteren Überlegungen ist die Nachfragemenge Y in der Wiederbeschaffungszeit von besonderer Bedeutung.[3] Sie wird im kontinuierlichen Fall durch ihre Dichtefunktion $f_Y(y)$ und ihre Verteilungsfunktion $F_Y(y) = P\{Y \leq y\}$ beschrieben. Im diskreten Fall wird davon ausgegangen, daß Wahrscheinlichkeiten $P\{Y = y, y = y_{\min}, \ldots, y_{\max}\}$ bekannt sind. Sind die Wiederbeschaffungszeiten stochastisch, dann wird davon ausgegangen, daß Bestellungen in der Reihenfolge im Lager eintreffen, in der sie ausgelöst worden sind.

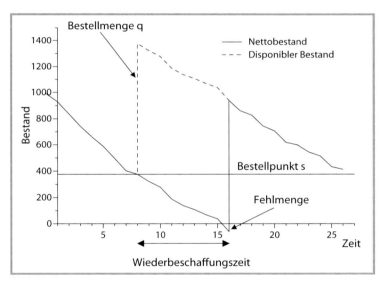

Bild C.1: Idealisierte Bestandsentwicklung bei Einsatz einer (s, q)-Politik

Bei Verfolgung eines β-Servicegrades darf die in einem Beschaffungszyklus auftretende Fehlmenge den Anteil $(1 - \beta)$ an der Gesamtnachfragemenge in dem Beschaffungszyklus nicht überschreiten. Da die Fehlmenge annahmegemäß vorgemerkt wird, ist die Gesamtnachfragemenge in einem Beschaffungszyklus gleich der Bestellmenge q_{opt}. Bezeichnen wir die gesamte in einem Bestellzyklus neu auftretende Fehlmenge mit F, dann

---

3   siehe auch Abschnitt A.4.5, S. 40 ff.

muß folgende Bedingung erfüllt sein:

$$E\{F\} = (1 - \beta) \cdot q_{\mathrm{opt}} \tag{C.1}$$

Die in einem Beschaffungszyklus durchschnittlich auftretende **Fehlmenge** ist gleich der Differenz zwischen dem **Fehlbestand** am Ende des Beschaffungszyklus und dem Fehlbestand am Anfang des Beschaffungszyklus.

Am **Anfang** eines Beschaffungszyklus, d. h. unmittelbar nach dem Eintreffen einer Bestellung der Höhe q_{opt}, beträgt der Fehlbestand (bei Annahme einer kontinuierlichen Wahrscheinlichkeitsverteilung der Nachfragemenge Y in der Wiederbeschaffungszeit):

$$E\left\{I_{\mathrm{Anf}}^f(s)\right\} = \int\limits_{s+q_{\mathrm{opt}}}^{\infty} (y - s - q_{\mathrm{opt}}) \cdot f_Y(y) \cdot dy \tag{C.2}$$

Am **Ende** eines Beschaffungszyklus, d. h. unmittelbar vor dem Eintreffen einer Bestellung der Höhe q_{opt}, beträgt der Fehlbestand:

$$E\left\{I_{\mathrm{End}}^f(s)\right\} = \int\limits_{s}^{\infty} (y - s) \cdot f_Y(y) \cdot dy \tag{C.3}$$

Der β-**Servicegrad** kann damit für eine gegebene Bestellmenge q_{opt} als Funktion des Bestellpunkts s wie folgt beschrieben werden:

$$\beta\left(s\,|\,q_{\mathrm{opt}}\right) = 1 - \frac{\overbrace{\int\limits_{s}^{\infty} (y - s) \cdot f_Y(y) \cdot dy}^{\text{E\{Fehlbestand am Zyklusende\}}} - \overbrace{\int\limits_{s+q_{\mathrm{opt}}}^{\infty} (y - s - q_{\mathrm{opt}}) \cdot f_Y(y) \cdot dy}^{\text{E\{Fehlbestand am Zyklusanfang\}}}}{q_{\mathrm{opt}}} \tag{C.4}$$

Für diskrete Nachfrageverteilungen gilt:

$$\beta\left(s\,|\,q_{\mathrm{opt}}\right) =$$

$$1 - \frac{\sum\limits_{y=s+1}^{y_{\mathrm{max}}} (y - s) \cdot P\{Y = y\} - \sum\limits_{y=s+q_{\mathrm{opt}}+1}^{y_{\mathrm{max}}} (y - s - q_{\mathrm{opt}}) \cdot P\{Y = y\}}{q_{\mathrm{opt}}} \tag{C.5}$$

Die Gleichungen (C.4) bzw. (C.5) unterscheiden sich von der in der Lehrbuchliteratur üblichen Form durch die Berücksichtigung des Tatbestandes, daß bereits am Anfang eines neuen Beschaffungszyklus, d. h. unmittelbar nach Eingang der Bestellmenge

q_{opt} und nach Auslieferung der wartenden Rückstandsmengen wieder ein Fehlbestand auftreten kann. Bei hohem β-Servicegrad (z. B. $\beta > 90\%$) und geringer Streuung der Nachfragemenge in der Wiederbeschaffungszeit (z. B. bei einem Variationskoeffizienten $CV_Y < 0.5$) tritt diese Situation kaum auf und der zweite Term kann vernachlässigt werden. Liegt jedoch stark schwankender Bedarf vor, der z. B. durch eine Gamma-Verteilung modelliert werden kann, dann wird infolge der Vernachlässigung des Fehlbestands am Anfang eines Beschaffungszyklus mit einem gegebenen Bestellpunkt s eine zu große Fehlmenge verbunden. Das hat zur Folge, daß im Vergleich zur korrekten Erfassung der Fehlmenge ein zu großer Bestellpunkt festgesetzt und der angestrebte Servicegrad überschritten wird.

Zur Bestimmung der optimalen Werte der **Bestellmenge** und des **Bestellpunkts** für eine (s, q)-Politik kann das in Bild C.2 dargestellte sequentielle Verfahren eingesetzt werden. Dabei wird zunächst die optimale Bestellmenge (unter Verwendung des Bestellkostensatzes c_b und des Lagerkostensatzes h) fixiert und im Anschluß daran der Bestellpunkt bestimmt. Es wird damit bei gegebener Bestellmenge der niedrigste Bestellpunkt berechnet, mit dem die Einhaltung des angestrebten Servicegrades gerade noch möglich ist.

Schritt 1: Bestellmenge
Bestimme q_{opt}, z. B. $q_{\mathrm{opt}} = \sqrt{\dfrac{2 \cdot c_b \cdot E\{D\}}{h}}$
Schritt 2: Bestellpunkt
Bestimme den kleinsten Wert des Bestellpunkts s, der folgende Bedingung erfüllt: $(1 - \beta) \cdot q_{\mathrm{opt}} \geq E\{I_{\mathrm{End}}^f(s)\} - E\{I_{\mathrm{Anf}}^f(s)\}$

Bild C.2: Bestimmung der Parameter der (s, q)-Politik

Die numerische Bestimmung der beiden Komponenten des Erwartungswertes der Fehlmenge hängt von der Wahrscheinlichkeitsverteilung der Nachfragemenge in der Wiederbeschaffungszeit ab. Wir zeigen dies exemplarisch für die Normalverteilung, die Gamma-Verteilung und für eine diskrete empirische Verteilung.

Normalverteilung. Die meisten einführenden Lehrbücher zur Produktion und Logistik und auch viele Softwaresysteme zum Bestandsmanagement gehen davon aus, daß die **Nachfragemenge in der Wiederbeschaffungszeit** einer Normalverteilung folgt. Diese Annahme wird damit gerechtfertigt, daß die Nachfragemenge in der Wiederbeschaffungszeit die Summe aus einer (mehr oder weniger) großen Anzahl von Periodennachfragemengen ist. Nach dem zentralen Grenzwertsatz ist die Summe einer ausreichend großen Anzahl von unabhängigen Zufallsvariablen normalverteilt. Bei deterministischen und langen Wiederbeschaffungszeiten und regelmäßigem Bedarf wird daher die Normal-verteilungsannahme für Y als vertretbar angesehen.[4]

Ist die Nachfragemenge in der Wiederbeschaffungszeit mit dem Mittelwert μ_Y und der Standardabweichung σ_Y normalverteilt, dann kann die β-Servicegrad-Restriktion (C.4) auch wie folgt geschrieben werden:

$$(1 - \beta) \cdot q_{\text{opt}} \geq \sigma_Y \cdot \Phi_N^1 \left(\frac{s - \mu_Y}{\sigma_Y} \right) - \sigma_Y \cdot \Phi_N^1 \left(\frac{s - \mu_Y + q}{\sigma_Y} \right) \tag{C.6}$$

Die Größe $\Phi_N^1(\cdot)$ ist das einfache „loss integral" („first-order loss function") bei stan-dardnormalverteilter Nachfragemenge. Es gilt:[5]

$$\Phi_N^1(v) = \int_v^\infty (x - v) \cdot \phi_N(x) \cdot dx = \phi_N(v) - v \cdot \Phi_N^0(v) \tag{C.7}$$

mit

$$\Phi_N^0(v) = \int_v^\infty \phi_N(x) \cdot dx = 1 - \Phi_N(v) \tag{C.8}$$

Dabei bezeichnen $\phi_N(v)$ die Dichtefunktion und $\Phi_N(v)$ die Verteilungsfunktion der Standardnormalverteilung. Da die auf der rechten Seite von (C.6) stehende erwartete Fehlmenge eine fallende Funktion von s ist, kann man nach dem kleinsten Wert von s suchen, bei dem (C.6) als Gleichung erfüllt wird. Diese Suche läßt sich wie folgt or-ganisieren. Bei normalverteilter Nachfrage und ausreichend hohem Servicegrad kann angenommen werden, daß der zweite Term auf der rechten Seite von (C.6) gleich Null ist. Dies führt zu

$$(1 - \beta) \cdot q_{\text{opt}} \geq \sigma_Y \cdot \Phi_N^1 \left(\frac{s - \mu_Y}{\sigma_Y} \right) \tag{C.9}$$

Mit $v_s = \dfrac{s - \mu_Y}{\sigma_Y}$ erhält man:

$$\frac{(1 - \beta) \cdot q_{\text{opt}}}{\sigma_Y} \geq \Phi_N^1(v_s) \tag{C.10}$$

Zur Bestimmung des kleinsten Wertes von v_s, der Beziehung (C.10) gerade noch (d. h. als Gleichung) erfüllt, kann auf rationale Approximationen der Inversen der Funktion

---

4   Bei dynamischen Periodenbedarfen wendet man i. d. R. zunächst ein Prognoseverfahren an und be-rücksichtigt bei der Bestimmung des Sicherheitsbestands nur noch den Prognosefehler.

5   vgl. *Tijms* (1994), S. 70

$\Phi_N^1(v)$ zurückgegriffen werden.[6] Der gesuchte **Bestellpunkt** ergibt sich dann mit dem nach (C.6) bzw. (C.10) ermittelten minimalen Wert von v, v_{opt}, wie folgt:

$$s_{\text{opt}} = \mu_Y + v_{\text{opt}} \cdot \sigma_Y \qquad\qquad (C.11)$$

Da $v_{\text{opt}} \cdot \sigma_Y$ den Sicherheitsbestand beschreibt, wird v_{opt} auch als **Sicherheitsfaktor** bezeichnet. Die grundsätzliche Vorgehensweise zeigt Bild C.3.

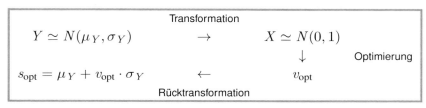

Bild C.3: Vorgehensweise

Bild C.4 zeigt die funktionale Abhängigkeit des Sicherheitsfaktors vom standardisierten Erwartungswert der Fehlmenge.

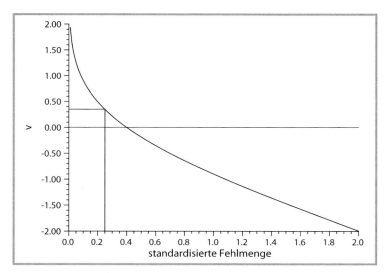

Bild C.4: Sicherheitsfaktor v als Funktion der standardisierten Fehlmenge

Ein Beispiel verdeutlicht die Berechnungen. Die Nachfragemenge in der Wiederbeschaf-

6   vgl. *Schneider* (1979b), S. 243–256; *Tijms* (1994), S. 68–71

fungszeit sei mit dem Mittelwert $\mu_Y = 100$ und der Standardabweidung $\sigma_Y = 40$ normalverteilt. Bei einer Bestellmenge $q = 200$ soll der Servicegrad $\beta = 0.95$ erreicht werden. Man erhält folgende Ergebnisse:

$$\frac{(1 - \beta) \cdot q_{\text{opt}}}{\sigma_Y} = \frac{(1 - 0.95) \cdot 200}{40} = 0.25$$

$$v_{\text{opt}} = \min \left[v | \Phi_N^1(v_s) \le 0.25 \right] = 0.3449$$

$$s_{\text{opt}} = \mu_Y + v_{\text{opt}} \cdot \sigma_Y = 100 + 0.3449 \cdot 40 = 113.80$$

Der Sicherheitsfaktor kann auch negativ sein. Erhöht man die Bestellmenge auf $q = 500$, dann erhält man:

$$\frac{(1 - \beta) \cdot q_{\text{opt}}}{\sigma_Y} = \frac{(1 - 0.95) \cdot 500}{40} = 0.625$$

$$v_{\text{opt}} = \min \left[v | \Phi_N^1(v_s) \le 0.625 \right] = -0.3915$$

$$s_{\text{opt}} = \mu_Y + v_{\text{opt}} \cdot \sigma_Y = 100 - 0.3915 \cdot 40 = 84.34$$

Gamma-Verteilung. Die Gamma-Verteilung ist eine sehr flexible Wahrscheinlichkeitsverteilung, mit der sehr unterschiedliche Nachfrageverteilungen modelliert werden können. Gegenüber der Normalverteilung hat sie den Vorteil, daß sie keine negativen Werte annehmen kann. Die Gamma-Verteilung kann insb. auch eingesetzt werden, um sporadischen Bedarf abzubilden.[7] Ihre beiden Parameter, den **Skalenparameter** α_Y und den **Formparameter** k_Y, kann man leicht nach der Momentenmethode aus empirischen Daten wie folgt schätzen:

$$k_Y = \frac{E\{Y\}^2}{\text{Var}\{Y\}} \tag{C.12}$$

$$\alpha_Y = \frac{E\{Y\}}{\text{Var}\{Y\}} \tag{C.13}$$

Ist die Nachfragemenge in der Wiederbeschaffungszeit mit dem Mittelwert $\frac{k}{\alpha}$ und der Varianz $\frac{k}{\alpha^2}$ Gamma-verteilt, dann können die beiden Erwartungswerte des **Fehlbestands** am Ende und am Beginn eines Beschaffungszyklus wie folgt geschrieben werden:

$$E\left\{I_{\text{End}}^f(s)\right\} = \frac{k}{\alpha} - s - \frac{k}{\alpha} \cdot I[k+1, s \cdot \alpha] + s \cdot I[k, s \cdot \alpha] \tag{C.14}$$

---

7   vgl. *Schneider* (1979a)

$$E\left\{I_{\text{Anf}}^f(s)\right\} = \frac{k}{\alpha} - (s+q) - \frac{k}{\alpha} \cdot I\left[k+1, (s+q)\cdot\alpha\right]$$
$$+ (s+q) \cdot I\left[k, (s+q)\cdot\alpha\right] \tag{C.15}$$

Dabei gibt $I[k, x\cdot\alpha]$, die sog. „incomplete gamma function", die Wahrscheinlichkeit dafür an, daß eine mit dem Formparameter k und dem Skalenparameter α verteilte Zufallsvariable kleiner als der oder gleich dem Wert x ist.

Zur Erläuterung betrachten wir ein Beispiel, in dem die Nachfrage einen Variationskoeffizienten von 0.8 hat: $\mu = 50$; $\sigma = 40$; $q = 200$; $\beta = 0.95$. Bild C.5 zeigt die Dichtefunktion dieser Verteilung.

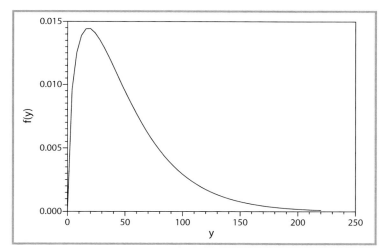

Bild C.5: Dichtefunktion einer Gamma-Verteilung mit dem Variationskoeffizienten 0.8

Man erhält folgende Ergebnisse:

$$k_Y = \frac{50^2}{40^2} = 1.5625$$

$$\alpha_Y = \frac{50}{40^2} = 0.03125$$

Tabelle C.1 enthält den relevanten Bereich der abzusuchenden Funktion $E\{F(s)\}$. Der gesuchte Bestellpunkt beträgt damit:

$$s_{\mathrm{opt}} = \min\left[s \,\Big|\, E\left\{I_{\mathrm{End}}^{f}(s)\right\} - E\left\{I_{\mathrm{Anf}}^{f}(s)\right\} \le 10.0\right] = 65.597$$

s	$E\{I_{\mathrm{End}}^{f}(s)\}$	$E\{I_{\mathrm{Anf}}^{f}(s)\}$	$E\{F(s)\}$
65	10.1943	0.0337	10.1606
65.5	10.0592	0.0332	10.0260
65.597	10.0331	0.0331	10.0000
65.6	10.0323	0.0331	9.9992
66	9.9257	0.0327	9.8930

Tabelle C.1: Fehlmenge versus Bestellpunkt s

Diskrete empirische Verteilung. Wird die Nachfragemenge in der Wiederbeschaffungszeit durch eine diskrete empirische Verteilung $P\{Y\}$ beschrieben, dann können die beiden Komponenten der Fehlmenge, $E\{I_{\mathrm{Anf}}^{f}\}$ und $E\{I_{\mathrm{End}}^{f}\}$, für jeden gegebenen Wert des Bestellpunkts sehr einfach durch Ermittlung der Summen im Zähler der ServicegradRestriktion (C.5) bestimmt werden. Durch systematische Variation des Bestellpunkts mit Schrittweiten, die durch die Verteilung von Y diktiert werden, kann dann der optimale Bestellpunkt gefunden werden.

Betrachten wir folgendes Beispiel mit $q_{\mathrm{opt}} = 20$ und $\beta = 0.90$ sowie der in Tabelle C.2 angegebenen Wahrscheinlichkeitsverteilung der Nachfragemenge in der Wiederbeschaffungszeit.

y	0	1	2	3	4	5	6
$P\{Y = y\}$	0.0046	0.0392	0.1418	0.2704	0.2890	0.1800	0.0750

Tabelle C.2: Verteilung der Nachfragemenge in der Wiederbeschaffungszeit

Die erlaubte Fehlmenge beträgt hier $(1-\beta)\cdot q_{\mathrm{opt}} = (1-0.90)\cdot 20 = 2.0$. Ein Blick in die Tabelle C.3 zeigt, daß der Bestellpunkt damit mindestens 2 betragen muß. Allerdings ist auch erkennbar, daß unter diesen Bedingungen der angestrebte Servicegrad nicht genau erreicht, sondern übererfüllt wird. Denn bei einer erwarteten Fehlmenge von 1.688 ergibt sich ein realisierter Servicegrad von $\beta = 1 - \frac{1.688}{20} = 91.56\%$.

s	$E\{I_{\text{End}}^{f}(s)\}$	$E\{I_{\text{Anf}}^{f}(s)\}$	
0	3.640	–	
1	2.645	–	
2	1.688	–	← gesuchter Wert
3	0.874	–	
4	0.330	–	
5	0.075	–	
6	0.000	–	

Tabelle C.3: Fehlmenge versus Bestellpunkt s

Zur Veranschaulichung des Einflusses der **Form der Wahrscheinlichkeitsverteilung** auf den **Bestellpunkt** betrachten wir ein Beispiel mit $E\{Y\} = 50$, $\text{Var}\{Y\} = 625$, $q_{\text{opt}} = 100$ und $\beta = 0.95$. Es wird zunächst angenommen, daß die Nachfragemenge in der Wiederbeschaffungszeit Y mit dem Skalenparameter $\alpha_Y = 0.08$ und dem Formparameter $k_Y = 4$ Gamma-verteilt ist. Zum Vergleich wird der Fall betrachtet, daß Y durch eine Normalverteilung mit den Parametern $\mu_Y = 50$ und $\sigma_Y = 25$ modelliert wird.

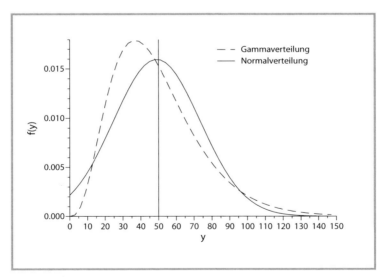

Bild C.6: Dichtefunktionen für Gamma- und Normalverteilung mit dem Erwartungswert 50 und der Varianz 625

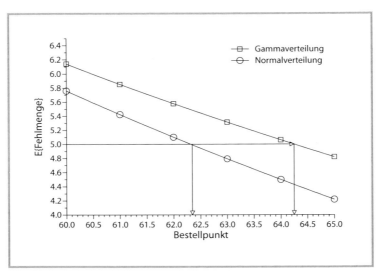

Bild C.7: Fehlmenge versus Bestellpunkt bei Gamma- bzw. Normalverteilung der
Nachfragemenge in der Wiederbeschaffungszeit

In Bild C.6 sind die beiden Dichtefunktionen dargestellt. Im Fall der Normalverteilung besteht aufgrund der relativ großen Streuung eine erkennbare Wahrscheinlichkeit für negative Werte von Y. Da in der Realität keine negativen Bedarfe auftreten, hat dies zur Folge, daß bei Annahme einer Normalverteilung der mit einem gegebenen Bestellpunkt erreichbare Fehlmengenerwartungswert unterschätzt und der Servicegrad damit überschätzt wird.

Bild C.7 verdeutlicht den Zusammenhang zwischen dem **Bestellpunkt** und der zu erwartenden **Fehlmenge** und zeigt, daß unter der Annahme, daß die Gamma-Verteilung die Nachfrage in der Wiederbeschaffungszeit korrekt beschreibt, ein höherer Bestellpunkt anzusetzen ist als im Fall einer Normalverteilung. Für das Beispiel (β-Servicegrad = 0.95; $q_{opt} = 100 \rightarrow$ erlaubte Fehlmenge = 5) beträgt der Bestellpunkt bei Annahme einer Normalverteilung $s_{opt} = 62.32$, während sich bei Gültigkeit einer Gamma-Verteilung $s_{opt} = 64.25$ ergibt. Tabelle C.4 zeigt die numerischen Werte.

Geht man im vorliegenden Fall korrekterweise von einer Gamma-Verteilung aus, dann muß man, wie die Tabelle C.4 zeigt, auch den **Fehlbestand zu Beginn des Bestellzyklus** bei der Berechnung der Fehlmenge beachten. Bei seiner Vernachlässigung wird man einen Bestellpunkt von ca. $s = 64.3$ festlegen, der – wie oben ausgeführt wurde – zu hoch ist.

s	Gamma-Verteilung			Normalverteilung		
	$E\{I_{End}^{f}\}$	$E\{I_{Anf}^{f}\}$	$E\{F\}$	$E\{I_{End}^{f}\}$	$E\{I_{Anf}^{f}\}$	$E\{F\}$
62.2	5.5405	0.0167	5.5238	5.0375	–	5.0375
62.3	5.5138	0.0165	5.4973	5.0075	–	5.0075
62.32						$\boxed{5.0000}$
62.4	5.4871	0.0164	5.4707	4.9750	–	4.9750
62.5	5.4605	0.0163	5.4442	4.9450	–	4.9450
$\vdots$	$\vdots$	$\vdots$	$\vdots$	$\vdots$	$\vdots$	$\vdots$
64.0	5.0754	0.0148	5.0606	4.4975	–	4.4975
64.1	5.0506	0.0147	5.0359	4.4700	–	4.4700
64.2	5.0259	0.0146	5.0113	4.4400	–	4.4400
64.25			$\boxed{5.0000}$			
64.3	$\boxed{5.0013}$	0.0146	4.9867	4.4125	–	4.4125
64.4	4.9769	0.0145	4.9624	4.3825	–	4.3825

Tabelle C.4: Fehlmenge versus Bestellpunkt bei Gamma- bzw. Normalverteilung der Nachfragemenge in der Wiederbeschaffungszeit ($E\{Y\} = 50$; Var$\{Y\} = 625$)

C.1.1.2 Periodische Bestandsüberwachung: (r, s, q)-Politik

Die bisher dargestellten Überlegungen beschränkten sich auf den Fall einer kontinuierlichen Bestandsüberwachung bzw. auf den Fall, daß nur Aufträge mit der Größe „1" eintreffen. Nur unter diesen Annahmen ist der zu Beginn einer Wiederbeschaffungsfrist disponible Lagerbestand genau gleich dem Bestellpunkt. In der Praxis wird der Bestand jedoch i. allg. höchstens einmal am Tag, d. h. periodisch überprüft. In vielen Fällen sind zudem die Auftragsgrößen (Lagerabgangsmengen) größer als eins. Bei den im vorangegangenen Abschnitt betrachteten Nachfrageverteilungen ist dies z. B. regelmäßig der Fall.[8] Schließlich kann auch der Lieferant einen festen Lieferrhythmus (z. B. wöchentlich) haben, so daß man nur im Abstand von r Perioden bestellen kann. Wendet man die (s, q)-Politik unter diesen Bedingungen an, dann kann der disponible Lagerbestand zum Zeitpunkt der Bestandsüberwachung bereits so weit gesunken sein, daß man anstatt der Bestellmenge q die Menge $n \cdot q$ bestellen muß, wobei n so groß ist, daß der disponible Lagerbestand nach der Bestellauslösung den Bestellpunkt s wieder überschreitet. Diese Politik wird in der Literatur auch als $(r, s, n \cdot q)$-Politik bezeichnet. Im Folgenden wird zunächst der Fall betrachtet, daß der Überwachungszyklus r gleich der Länge der Nach-

---

8 Die in der Praxis ebenso wie in vielen wissenschaftlichen Veröffentlichungen und Lehrbüchern vorwiegend anzutreffende gleichzeitige Annahme kontinuierlicher Lagerüberwachung und normalverteilter Nachfragemengen schließen sich somit gegenseitig aus.

frageperiode (also 1) ist. Danach zeigen wir, welchen Einfluß größere Werte von r auf die Lagerpolitik haben.

C.1.1.2.1 (r, s, q)-Politik mit $r = 1$

Wir betrachten zunächst den Fall $r = 1$. Bei periodischer Lagerüberwachung ist der disponible Lagerbestand i. d. R. bereits unter den Bestellpunkt gesunken, wenn eine Bestellung ausgelöst wird.[9] Bild C.8 veranschaulicht dieses Problem, dessen Auswirkungen mit der Varianz der Periodennachfrage steigen.

Die Differenz zwischen dem Bestellpunkt s und dem disponiblen Lagerbestand zu Beginn der Wiederbeschaffungszeit soll als **Defizit** U („undershoot") bezeichnet werden. Wird bei der Bestimmung des Bestellpunkts auf die Berücksichtigung des Defizits verzichtet, dann wird der angestrebte Servicegrad nicht erreicht. Anstatt geplanter 95% ergibt sich dann im konkreten Fall u. U. nur ein Servicegrad von 75%.[10]

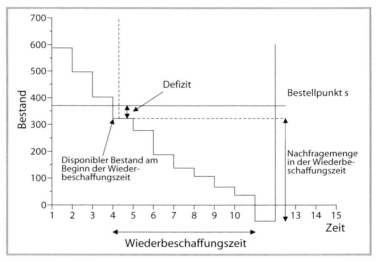

Bild C.8: Bestandsentwicklung bei einer (s, q)-Politik mit periodischer Lagerüberwachung

In der Literatur wird für den Fall der periodischen Lagerüberwachung entweder auf die (r, S)-Politik oder auf die (r, s, S)- bzw. (s, S)-Politik zurückgegriffen. Beide Politi-

---

9   Vgl. *Tempelmeier und Fischer* (2010)

10   Diese Überschätzung des Servicegrades ergibt sich im ersten Beispiel für normalverteilte Nachfragemengen mit $\mu_Y = 100$, $\sigma_Y = 40$ und $q = 200$ sowie $s = 113.8$, wenn man eine tägliche Überwachung des Lagerbestands ($r = 1$) und eine Wiederbeschaffungszeit $\ell = 1$ annimmt.

ken führen jedoch dazu, daß die Bestellmengen im Zeitablauf als Folge der Bedarfsentwicklung sehr stark schwanken. Dies ist aus praktischer Sicht oft unakzeptabel, weil dadurch die dem Logistik-Gedanken zugrundeliegende systemorientierte Optimierung von Beschaffungs-, Lager- und Transportkosten erschwert wird. Wir werden diese Lagerhaltungspolitiken weiter unten diskutieren. Vorher soll jedoch dargestellt werden, wie man den Bestellpunkt in einer (s, q)-Politik mit periodischer Lagerüberwachung so bestimmen kann, daß der angestrebte β-Servicegrad eingehalten wird.

Bei periodischer Lagerüberwachung und bestandsabhängiger Bestellauslösung tritt regelmäßig das erwähnte Defizit U auf. Seine stochastischen Eigenschaften werden maßgeblich von der Wahrscheinlichkeitsverteilung der Periodennachfragemengen D beeinflußt. Ist die Bestellmenge im Vergleich zu der mittleren Periodennachfragemenge ausreichend groß, dann kann – so lautet ein Ergebnis der Erneuerungstheorie – die Verteilungsfunktion des Defizits im kontinuierlichen Fall wie folgt approximiert werden:[11]

$$F_U(u) = \frac{1}{E\{D\}} \cdot \int_0^u [1 - F_D(x)] \cdot dx \tag{C.16}$$

Bei Gültigkeit einer diskreten Nachfrageverteilung erhalten wir entsprechend:[12]

$$P\{U = u\} = \frac{1 - P\{D \le u\}}{E\{D\}} \tag{C.17}$$

Die Wahrscheinlichkeiten $P\{U = u\}$ sind monoton fallende Funktionen von u, wobei u Werte im Bereich $(0, 1, ..., d_{max} - 1)$ annehmen kann. Nimmt man z. B. die Nachfrageverteilung $P\{D = 0\} = 0.2$, $P\{D = 1\} = 0.3$, $P\{D = 2\} = 0.2$, $P\{D = 4\} = 0.2$, $P\{D = 10\} = 0.1$ an, dann ergibt sich die in Tabelle C.5 angegebene Verteilung des Defizits.

u	0	1	2	3	4	5	6	7	8	9
$P\{U = u\}$	0.32	0.20	0.12	0.12	0.04	0.04	0.04	0.04	0.04	0.04

Tabelle C.5: Verteilung des Defizits bei diskreter Nachfrageverteilung

Man geht i. d. R. davon aus, daß das Defizit stochastisch unabhängig von den Periodennachfragemengen ist, d. h. daß keine Korrelation zwischen D und U besteht. Der Erwartungswert des Defizits beträgt im Falle einer kontinuierlichen Wahrscheinlichkeitsver

---

11 vgl. *Tijms* (1994), S. 61

12 Zur Güte dieser Approximation siehe *Baganha et al.* (1996). Dort wird auch ein Verfahren zur exakten Bestimmung der Wahrscheinlichkeitsverteilung des Defizits bei diskreter Periodennachfrage angegeben.

teilung der Nachfrage:

$$E\{U\} = \frac{E\{D\}^2 + \text{Var}\{D\}}{2 \cdot E\{D\}} \tag{C.18}$$

Die **Varianz des Defizits** ergibt sich wie folgt:

$$\text{Var}\{U\} = \frac{\mu_3}{3 \cdot E\{D\}} + \frac{\text{Var}\{D\}}{2} \cdot \left[1 - \frac{\text{Var}\{D\}}{2 \cdot E\{D\}^2}\right] + \frac{E\{D\}^2}{12} \tag{C.19}$$

Dabei bezeichnet μ_3 das dritte zentrale Moment der Wahrscheinlichkeitsverteilung der Periodennachfragemenge. Dieses hängt von der Wahrscheinlichkeitsverteilung der Periodennachfragemenge ab.

Für die **Normalverteilung** gilt:

$$\mu_3 = 0 \tag{C.20}$$

$$\text{Var}\{U\} = \frac{\text{Var}\{D\}}{2} \cdot \left[1 - \frac{\text{Var}\{D\}}{2 \cdot E\{D\}^2}\right] + \frac{E\{D\}^2}{12} \tag{C.21}$$

Im Falle einer **Gamma-Verteilung** der Periodennachfragemenge mit dem Formparameter k_D und dem Skalenparameter α_D erhält man:

$$\mu_3 = k_D \cdot \left[\frac{(k_D + 1) \cdot (k_D + 2) - 3 \cdot k_D \cdot (k_D + 1) + 2 \cdot k_D^2}{\alpha_D^3}\right] = \frac{2 \cdot k_D}{\alpha_D^3} \tag{C.22}$$

$$\text{Var}\{U\} = \frac{k_D^2 + 6 \cdot k_D + 5}{12 \cdot \alpha_D^2} \tag{C.23}$$

Da der Bestellpunkt s bei periodischer (täglicher) Lagerüberwachung ausreichen muß, um sowohl die **Nachfragemenge in der Wiederschaffungszeit** Y als auch das **Defizit** U abzudecken, liegt es nahe, eine neue Zufallsvariable $Y^* = Y + U$ zu definieren und den Bestellpunkt an dieser Größe zu orientieren. Nimmt man Unabhängigkeit von Y und U an, dann betragen der Erwartungswert und die Varianz von Y^*:

$$E\{Y^*\} = E\{Y\} + E\{U\} \tag{C.24}$$

$$\text{Var}\{Y^*\} = \text{Var}\{Y\} + \text{Var}\{U\} \tag{C.25}$$

Normalverteilung. Ist die Nachfragemenge in der Wiederbeschaffungszeit normalverteilt, dann bietet es sich an, auch für Y^* eine Normalverteilung zu unterstellen. In diesem Fall bestimmt man μ_{Y^*} und σ_{Y^*} und geht dann so vor, wie es oben für den Fall kontinuierlicher Lagerüberwachung beschrieben wurde. Für das dort – auf S. 149 – eingeführte Beispiel ($\mu_Y = 50$; $\sigma_Y = 25$; $\beta = 0.95$; $q_{\text{opt}} = 100$) erhält man hier folgende Ergebnisse:

$$E\{U\} = \frac{2500 + 625}{2 \cdot 50} = 31.25$$

$$\text{Var}\{U\} = \frac{625}{2} \cdot \left[1 - \frac{625}{2 \cdot 50^2}\right] + \frac{50^2}{12} = 481.77$$

$$E\{Y^*\} = 50.00 + 31.25 = 81.25$$

$$\text{Var}\{Y^*\} = 625.00 + 481.77 = 1106.77$$

$$\sigma\{Y^*\} = 33.27$$

$$v_{\text{opt}} = \min\left[v \middle| \Phi_N^1\left(\frac{s - 81.25}{33.27}\right) - \Phi_N^1\left(\frac{s - 81.25 + 100}{33.27}\right) \leq \frac{0.05 \cdot 100}{33.27}\right]$$

$$= 0.6699$$

$$s_{\text{opt}} = 81.25 + 0.6699 \cdot 33.27 = 103.54$$

Zum Vergleich: Bei Annahme einer kontinuierlichen Lagerüberwachung beträgt der Bestellpunkt $s_{\text{opt}} = 62.32$. Anders ausgedrückt: setzt man aufgrund der fehlerhaften Annahme einer kontinuierlichen Lagerüberwachung den Bestellpunkt auf 62.32 anstatt auf 103.54, dann erreicht man nur einen Servicegrad von $\beta = 0.75$. Dieser Modellierungsfehler ist in vielen Softwaresystemen zum Bestandsmanagement zu finden. Auch die meisten Lehrbücher verschweigen dieses Problem.

Gamma-Verteilung. Ist die Nachfragemenge in der Wiederbeschaffungszeit Gammaverteilt, dann bietet es sich ebenfalls an, auch für Y^* von einer Gamma-Verteilung auszugehen. Als Verteilungsparameter kann man dann wieder nach der Momentenmethode die Werte $k_{Y^*} = \frac{E\{Y^*\}^2}{\text{Var}\{Y^*\}}$ und $\alpha_{Y^*} = \frac{E\{Y^*\}}{\text{Var}\{Y^*\}}$ verwenden. Für das obige Beispiel ergibt sich:

$$E\{U\} = \frac{2500 + 625}{2 \cdot 50} = 31.25$$

$$\text{Var}\{U\} = \left[\frac{4^2 + 6 \cdot 4 + 5}{12 \cdot 0.08^2}\right] = 585.94$$

$$E\{Y^*\} = 50.00 + 31.25 = 81.25$$

$$\text{Var}\left\{Y^*\right\} = 625 + 585.94 = 1210.94$$

$$k_{Y^*} = \frac{6601.56}{1210.94} = 5.4516$$

$$\alpha_{Y^*} = 0.0671$$

$$s_{\text{opt}} = \min\left[s\,\Big|\,E\left\{I_{\text{End}}^f(s)\right\} - E\left\{I_{\text{Anf}}^f(s)\right\} \le 5.0\right] = 109.41$$

Zum Vergleich: Bei Annahme einer kontinuierlichen Lagerüberwachung beträgt der Bestellpunkt $s_{\text{opt}} = 64.25$.

Diskrete empirische Verteilung. Folgt die Nachfragemenge einer diskreten empirischen Wahrscheinlichkeitsverteilung, dann können die Wahrscheinlichkeiten der Zufallsvariablen Y^* durch Faltung der Verteilungen der Nachfragemenge Y in der Wiederbeschaffungszeit und des Defizits U direkt ermittelt werden. Mit Hilfe der Verteilung $P\{Y^*\}$ kann dann der Fehlmengenerwartungswert für einen gegebenen Bestellpunkt s ermittelt bzw. der minimale Wert von s bestimmt werden, bei dem ein angestrebter Fehlmengenerwartungswert gerade noch erreicht wird.

Betrachten wir zum Beispiel folgende Wahrscheinlichkeitsverteilung der Periodennachfragemenge: $P\{D = 0\} = 0.1$, $P\{D = 1\} = 0.4$, $P\{D = 2\} = 0.5$. Die Wiederbeschaffungszeit möge $\ell = 3$ Perioden betragen. Der Erwartungswert der Periodennachfrage beträgt $E\{D\} = 1.4$. Die Wahrscheinlichkeitsverteilung des Defizits ist dann nach Gleichung (C.17):

$$P\left\{U = 0\right\} = \frac{0.9}{1.4} = 0.6429$$

$$P\left\{U = 1\right\} = \frac{0.5}{1.4} = 0.3571$$

Tabelle C.6 zeigt die Verteilung der Nachfragemenge in der Wiederbeschaffungszeit.

y	0	1	2	3	4	5	6
$P\{Y = y\}$	0.0010	0.0120	0.0630	0.1840	0.3150	0.3000	0.1250

Tabelle C.6: Wahrscheinlichkeitverteilung der Nachfragemenge in der Wiederbeschaffungszeit

Faltet man diese Verteilung mit der Verteilung des Defizits, dann erhält man die in Tabelle C.7 wiedergegebene, für die Bestimmung des Bestellpunkts relevante Wahrscheinlichkeitsverteilung.

y^*	0	1	2	3	4	5	6	7
$P\{Y^* = y^*\}$	0.0006	0.0081	0.0448	0.1408	0.2682	0.3054	0.1875	0.0446

Tabelle C.7: Wahrscheinlichkeitsverteilung der Summe aus der Nachfragemenge in der Wiederbeschaffungszeit und dem Defizit

Nach diesen vorbereitenden Berechnungen kann nun für alternative Werte des Bestellpunkts der resultierende Fehlmengenerwartungswert errechnet werden. In Tabelle C.8 werden für das betrachtete Beispiel die für unterschiedliche Bestellpunkte errechneten β-Servicegrade mit Simulationsergebnissen verglichen. Da eine Bestellmenge von 20 angenommen wurde, konnte der Erwartungswert der Fehlmenge zu Beginn eines Beschaffungszyklus jeweils vernachlässigt werden.

In der Praxis wird manchmal vorgeschlagen, den Einfluß der periodischen Lagerüberwachung durch die Verlängerung der Wiederbeschaffungszeit um eine Periode zu erfassen. Die Auswirkungen dieses Vorgehens sind für den Fall gamma-verteilter Periodennachfrage ($\mu = 50; \sigma = 25; \beta = 0.95$) in Tabelle C.9 dargestellt. Für unterschiedliche Wiederbeschaffungszeiten ℓ und Bestellmengen q ist angegeben, welcher Bestellpunkt s resultiert, wenn man

- eine kontinuierliche Lagerüberwachung unterstellt,

- das Defizit korrekt berücksichtigt oder

- die Wiederbeschaffungszeit um eine Periode erhöht und mit den Formeln der kontinuierlichen Lagerüberwachung weiterrechnet.

Man erkennt deutlich, daß die Erhöhung der Wiederbeschaffungszeit um eine Periode zu einer Überschätzung des benötigten Bestellpunkts führt. Die Folge ist ein zu hoher Lagerbestand und damit zu hohe Lagerkosten. Damit verbunden ist der tatsächlich erreichte Servicegrad wesentlich höher als der angestrebte Wert.

s	$E\{I^f_{End}(s)\}$		β-Servicegrad	
			berechnet	simuliert
0	4.5571		77.21	77.26
1	3.5577		82.21	82.23
2	2.5665		87.17	87.25
3	1.6200		91.90	91.95
4	0.8143		95.93	95.96
5	0.2768		98.62	98.61
6	0.0446		99.78	99.78

Tabelle C.8: Fehlmenge und Servicegrad versus Bestellpunkt s

	$q = 100$			$q = 500$		
ℓ	kontinuierlich	mit Defizit	mit $\ell + 1$	kontinuierlich	mit Defizit	mit $\ell + 1$
1	64.25	109.41	128.4	26.11	61.14	80.51
2	128.4	170.86	189.82	80.51	116.02	135.22
3	189.82	230.75	249.72	135.22	170.72	189.84
4	249.72	289.62	342.15	189.84	225.24	244.8

Tabelle C.9: Bestellpunkte bei kontinuierlicher Bestandsüberwachung, bei Berücksichtigung des Defizits und bei Erhöhung der Wiederbeschaffungszeit

Zur Bestimmung des durchschnittlichen **Lagerbestands** werden folgende Überlegungen angestellt. Unter recht allgemeinen Annahmen kann davon ausgegangen werden, daß der disponible Lagerbestand im Intervall zwischen s und $s + q$ gleichverteilt ist. Wir nehmen im Folgenden eine deterministische Wiederbeschaffungszeit an und gehen davon aus, daß die buchhalterische Lagerbestandserfassung am Periodenende erfolgt. Unmittelbar nach der Auslösung einer Lagerbestellung (im Zeitpunkt 0) möge der disponible Bestand $I^d = x$ ($s \leq x \leq s + q$) betragen. Dann ist der physische Bestand nach Ablauf der Wiederbeschaffungszeit ℓ gleich $x - y$, falls die Nachfragemenge in der Wiederbeschaffungszeit gleich y gewesen ist, andernfalls ist der physische Bestand 0. Nach dem Wareneingang am Anfang der nächsten Periode trifft noch eine weitere Periodennachfrage (die Nachfrage im Überwachungsintervall) ein, bis der Lagerbestand am Periodenende gemessen wird. Man erhält dann:

$$E\{I^p\} = \frac{1}{q} \cdot \int_s^{s+q} \left(\int_0^x (x - y) \cdot f_{Y^{(\ell+1)}} \cdot dy \right) \cdot dx \tag{C.26}$$

Nach einigen Umformungen wird daraus:

$$
\begin{aligned}
E\{I^p\} &= s + \frac{q}{2} - E\{Y^{(\ell+1)}\} + \frac{1}{q} \cdot \left[G^2(s, Y^{(\ell+1)}) - G^2(s+q, Y^{(\ell+1)}) \right] \\
&= s + \frac{q}{2} - E\{Y^{(\ell+1)}\} + E\{I^f\}
\end{aligned}
\tag{C.27}
$$

Dabei ist

$$G^2(s, X) = \int_s^\infty G^1(y, X) \cdot dy \tag{C.28}$$

die sog. „second-order loss function" in Bezug auf die Zufallsvariable X[13] und

---

13   Vgl. *Zipkin* (2000), Appendix C.2. Für diskrete Nachfrageverteilungen gilt: $G^2(x, v) = \sum_{z > x} G^1(z, v)$.

$$G^1(y, X) = \int_y^\infty (x - y) \cdot f(x) \cdot dx \qquad (C.29)$$

ist die bereits oben erwähnte „first-order loss function". Ist X normalverteilt, dann gilt die Transformation $v = \frac{s - \mu_X}{\sigma_X}$ und

$$G^2(s, X) = \sigma_X^2 \cdot \Phi_N^2(v) \qquad (C.30)$$

sowie

$$\Phi_N^2(v) = \int_v^\infty \Phi_N^1(x) \cdot dx = \int_v^\infty (x - v) \cdot \Phi_N^0(x) \cdot dx$$
$$= 0.5 \cdot [(1 + v^2) \cdot \Phi_N^0(v) - v \cdot \phi_N(v)] \qquad (C.31)$$

Bezeichnen wir mit c_b die bestellfixen Kosten und mit h den Lagerkostensatz, dann erhalten wir folgende Kosten:

$$E\{C_{(s,q)}\} = \frac{E\{D\}}{q} \cdot c_b + E\{I^p\} \cdot h \qquad (C.32)$$

Betrachten wir ein Beispiel mit normalverteilter Nachfrage und den Parametern $E\{D\} = 100$; $\mathrm{Var}\{D\} = 900$; $\ell = 8$; $h = 0.024$; $c_b = 120$; $\beta = 0.95$; $q = 1000$. Der optimale Bestellpunkt (unter Berücksichtigung des Defizits) beträgt $s = 830.42$. Es ergibt sich ein mittlerer Fehlbestand in Höhe von $E\{I^f\} = 5.93$ und ein mittlerer physischer Bestand von $E\{I^p\} = 436.95$.

Die resultierenden durchschnittlichen Gesamtkosten pro Periode sind $E\{C_{(s,q)}\} = 22.47$. Die obige Berechnung des mittleren physischen Lagerbestand ist exakt. Im Gegensatz dazu werden in den meisten Lehrbüchern Approximationen des durchschnittlichen Lagerbestands angegeben, die nur bei sehr hohen Servicegraden ausreichend genau sind.[14] Eine solche Approximation verwenden wir im nächsten Abschnitt.

C.1.1.2.2 (r, s, q)-Politik mit $r > 1$

Ist der Überwachungszyklus länger als eine Periode, dann muß zusätzlich zum Defizit auch noch berücksichtigt werden, daß nach dem Zeitpunkt, an dem der disponible Lagerbestand den Bestellpunkt s unterschritten hat, noch einige Perioden bis zum nächsten möglichen Bestellzeitpunkt vergehen. Da die (r, s, q)-Lagerpolitik in diesem Fall i. d. R. nur noch mit Verzögerung auf die Entwicklung des Lagerbestands reagiert, wird der Risikozeitraum länger. Ein Vorteil ist allerdings, daß man nun den Lieferrhythmus des Lieferanten bei der Bestimmung des Bestellpunkts berücksichtigen kann. Bild C.9

---

14 Eine Übersicht über verschiedene Approximationen des physischen Lagerbestands geben *Lau und Lau* (2002).

zeigt die Entwicklung des Netto-Lagerbestands für diesen Fall. In Periode 2 wird der Bestellpunkt unterschritten, aber erst in Periode 5 wird eine Bestellung ausgelöst. Der Risikozeitraum verlängert sich somit um Δ Perioden. Die Größe Δ ist eine im Intervall $[0, r-1]$ gleichverteilte diskrete Zufallsvariable.[15]

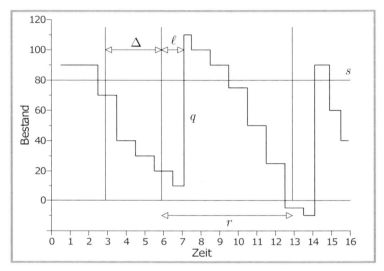

Bild C.9: Bestandsentwicklung bei einer (r, s, q)-Politik

Man kann das (r, s, q)-System mit der Wiederbeschaffungszeit ℓ daher in ein äquivalentes $(r = 1, s, q)$-System mit einer modifizierten *stochastischen Wiederbeschaffungszeit* $\mathcal{L} = \ell + \Delta$ transformieren. Für $r = 4$ und $\ell = 10$ erhält man z. B. die Wahrscheinlichkeiten $P\{\mathcal{L} = j\} = 0.25$ $(j = 10, 11, 12, 13)$.

Überwachungszyklus r	1	2	3	4	5	6
Bestellpunkt $s \mid q = 500$	566	634	709	790	872	957
Bestellpunkt $s \mid q = 1000$	521	582	649	722	798	876

Tabelle C.10: Bestellpunkt s bei Variation des Überwachungszyklus r; $\beta = 0.95$

 Je länger der Überwachungszyklus r ist, umso höher ist der Bestellpunkt bzw. Sicherheitsbestand, der zur Erreichung eines angestrebten Servicegrades benötigt wird. Tabelle C.10 zeigt die Entwicklung des Bestellpunkts s bei einem angestrebten Servicegrad $\beta = 0.95$ für unterschiedliche Werte von r und q. Es wurden normalverteilte Perioden-

---

15 Vgl. *Tempelmeier und Fischer* (2010)

nachfragemengen mit dem Mittelwert $\mu = 100$ und der Standardabweichung $\sigma = 30$ sowie eine Wiederbeschaffungszeit $\ell = 5$ angenommen. Man sieht, daß der Übergang von täglicher ($r = 1$) Überwachung zu z. B. wöchentlicher ($r = 5$) Überwachung einen beträchtlichen Anstieg des Lagerbestands verursacht. Dies kann u. U. bei der *Lieferantenauswahl* berücksichtigt werden.

Tempelmeier und Fischer[16] beschreiben ein Verfahren zur Bestimmung der Wahrscheinlichkeitsverteilung der Lieferzeit für eine (r, s, q)-Politik.

C.1.1.3   Simultane Optimierung von Bestellmenge und Bestellpunkt

In den obigen Ausführungen wurde der Bestellpunkt unter Berücksichtigung einer extern vorgegebenen Bestellmenge bestimmt. Die Höhe der Bestellmenge hatte dabei über die Servicegrad-Restriktion einen inversen Einfluß auf den Bestellpunkt: je größer die Bestellmenge, umso niedriger der Bestellpunkt. Ein möglicher umgekehrter Einfluß des Bestellpunkts auf die Höhe der Bestellmenge wurde aber nicht erfaßt. In der Literatur wird diese Vorgehensweise damit begründet, daß der Einfluß von s auf q nur gering ist und daß die Lagerkostenfunktion im Bereich der optimalen Bestellmenge sehr flach verläuft. Dadurch haben Abweichungen von der optimalen Bestellmenge nur geringe Kostenerhöhungen zur Folge.

Um diese Feststellung zu überprüfen, formulieren wir ein Optimierungsmodell zur simultanen Bestimmung von s und q, wobei wir auf die Annahmen der kontinuierlichen Lagerüberwachung aus Abschnitt C.1.1.1 zurückgreifen. Das Optimierungsproblem besteht dann darin, die kostenminimalen Werte von s und q unter Berücksichtigung eines β-Servicegrades zu ermitteln. Das Modell lautet:

Modell SQ$_\beta$

Minimiere $C(s, q) = h \cdot \left(\dfrac{q}{2} + s - E\{Y\} \right) + c_b \cdot \dfrac{E\{D\}}{q}$ $\qquad$ (C.33)

u. B. d. R.

$E\{F\} \cdot \dfrac{E\{D\}}{q} = (1 - \beta) \cdot E\{D\}$ $\qquad$ (C.34)

Der erste Term der Zielfunktion beschreibt die Lagerkosten in vereinfachter Form, wie sie üblicherweise in einschlägigen Lehrbüchern beschrieben wird.[17] Diese Beschreibung der Kosten, in der der Einfluß des Fehlbestands auf die durchschnittlichen Lagerkosten

---

16   vgl. *Tempelmeier und Fischer* (2010)
17   vgl. *Silver et al.* (1998); *Nahmias* (2005)

vernachlässigt wird, ist nur bei hohen Servicegraden brauchbar. Für die betrachtete Analyse reicht diese Kostenfunktion aber aus. Der zweite Term gibt die bestellfixen Kosten pro Periode in Abhängigkeit von der Bestellmenge an. Das Modell SQ_β ist ein nichtlineares Optimierungsproblem mit einer Nebenbedingung. Es kann mit Hilfe des Verfahrens der Lagrange'schen Optimierung gelöst werden. Dazu multiplizieren wir die Nebenbedingung (C.34) mit dem Lagrange-Multiplikator λ und nehmen sie in die Zielfunktion auf. Es entsteht folgende Lagrange-Funktion:

$$L(s, q, \lambda) = h \cdot \left(\frac{q}{2} + s - E\{Y\} \right) + c_b \cdot \frac{E\{D\}}{q}$$
$$+ \lambda \cdot \left[E\{F\} \cdot \frac{E\{D\}}{q} - (1 - \beta) \cdot E\{D\} \right] \tag{C.35}$$

Durch partielle Differentiation der Lagrange-Funktion (C.35) nach den Variablen s und q und Nullsetzung der partiellen Ableitungen erhält man:

$$\frac{\partial L(s, q, \lambda)}{\partial q} = \frac{h}{2} - c_b \cdot \frac{E\{D\}}{q^2} - \lambda \cdot E\{F\} \cdot \frac{E\{D\}}{q^2} \overset{!}{=} 0 \tag{C.36}$$

Daraus folgt:

$$q_{opt} = \sqrt{\frac{2 \cdot E\{D\} \cdot \left[c_b + \lambda_{opt} \cdot E\{F\} \right]}{h}} \tag{C.37}$$

$$\frac{\partial L(s, q, \lambda)}{\partial s} = h + \lambda \cdot \frac{dE\{F\}}{ds} \cdot \frac{E\{D\}}{q} \overset{!}{=} 0 \tag{C.38}$$

Wegen

$$\frac{dE\{F\}}{ds} = \frac{d\left(\int_s^\infty (y - s) \cdot f(y) \cdot dy \right)}{ds} = -(1 - P\{Y \leq s\} = -P\{Y > s\} \tag{C.39}$$

erhalten wir:

$$\frac{\partial L(s, q, \lambda)}{\partial s} = h - \frac{\lambda \cdot E\{D\} \cdot P\{Y > s\}}{q} \overset{!}{=} 0 \tag{C.40}$$

Daraus resultiert:

$$\lambda_{opt} = \frac{h \cdot q_{opt}}{E\{D\} \cdot P\{Y > s_{opt}\}} \tag{C.41}$$

Mit (C.37) verfügen wir über eine Bestimmungsgleichung für die optimale Bestellmenge. Der optimale Bestellpunkt kann mithilfe der Servicerestriktion (C.34) bestimmt werden. Beide Größen sind aber nicht unabhängig voneinander, da (C.37) die (vom Bestellpunkt abhängige) optimale Fehlmenge enthält und (C.41) die Kenntnis der optimalen Bestellmenge voraussetzt. Zur Bestimmung der optimalen Werte von s und q kann das folgende iterative Lösungsverfahren eingesetzt werden:

Iteration 0:	
	Setze $\lambda_{\text{opt}}^0 = 0$, $q_{\text{opt}}^0 = 0$, $E\{F^0\} = 0$, $\epsilon > 0$, $k = 1$.
Iteration k:	
	Berechne q_{opt}^k nach (C.37). Berechne $E\{F\,|\,q_{\text{opt}}^k\}$ nach (C.37). Berechne s_{opt}^k aufgrund der Servicegrad-Restriktion (C.34). Berechne λ_{opt}^k nach Gleichung (C.41).
$\|q_{\text{opt}}^k - q_{\text{opt}}^{k-1}\| < \epsilon$	
$k = k + 1$	

Bild C.10: Verfahren zur simultanen Bestimmung von s und q, Servicegrad-Restriktion

Ein Beispiel mit normalverteilter Nachfrage zeigt den Ablauf der Berechnungen: $E\{D\} = 100$; $\text{Var}\{D\} = 900$; $\ell = 8$; $h = 0.024$; $c_b = 120$; $\beta = 0.95$. $E\{Y\} = 800$; $\text{Var}\{Y\} = 8 \cdot 900 = 7200$; $\sigma_Y = \sqrt{7200} = 84.85$.

Iteration 0:

Wir setzen $\lambda^0 = 0$, $q^0 = 0$, $E\{F^0\} = 0$ und $\epsilon = 1$.

Iteration 1:

$$q_{\text{opt}}^1 = \sqrt{\frac{2 \cdot 100.00 \cdot (120.00 + \boxed{0.00} \cdot 0.00)}{0.024}} = 1000.00$$

Die Servicerestriktion (C.34) lautet:

$$E\{F\,|\,q_{\text{opt}}^1\} = (1 - 0.95) \cdot 1000.00 = 50$$

Bestimmung des Bestellpunkts und der zugehörigen Fehlmengenwahrscheinlichkeit:

$$v_{\text{opt}}^1 = \min \left[v \,|\, \Phi_N^1(v) = \frac{50}{84.85} = 0.589 \right] = -0.3358$$

$$s^1_{\text{opt}} = 800.00 - 0.3358 \cdot 84.85 = 771.51$$

$$P\{Y > s^1_{\text{opt}}\} = P\{Y > 771.51\} = P\{V > -0.3358\} = 0.631$$

Wir berechnen nun den Lagrange-Multiplikator, der in der nächsten Iteration zur Bestimmung der Bestellmenge benötigt wird:

$$\lambda^1_{\text{opt}} = \frac{0.024 \cdot 1000.00}{100.00 \cdot 0.631} = 0.3801$$

Als Ergebnis der ersten Iteration beträgt der Zielwert laut (C.33):

$$C^1 = 0.024 \cdot \left(\frac{1000}{2} + 771.51 - 800 \right) + 120 \cdot \frac{100}{1000} = 23.32$$

Iteration 2:

$$q^2_{\text{opt}} = \sqrt{\frac{2 \cdot 100.00 \cdot (120.00 + \boxed{0.3801} \cdot 50)}{0.024}} = 1076.28$$

$$E\{F|q^2_{\text{opt}}\} = (1 - 0.95) \cdot 1076.28 = 53.814$$

$$v^2_{\text{opt}} = \min \left[v | \Phi^1_N(v) = \frac{53.814}{84.85} = 0.6342 \right] = -0.4056$$

$$s^2_{\text{opt}} = 800.00 - 0.4056 \cdot 84.85 = 765.59$$

$$P\{Y > s^2_{\text{opt}}\} = P\{Y > 765.59\} = P\{V > -0.4056\} = 0.657$$

$$\lambda^2_{\text{opt}} = \frac{0.024 \cdot 1076.28}{100.00 \cdot 0.657} = 0.3929$$

Nach der zweiten Iteration beträgt der Zielwert laut (C.33):

$$C^2 = 0.024 \cdot \left(\frac{1076.28}{2} + 765.59 - 800 \right) + 120 \cdot \frac{100}{1076.28} = 23.24$$

Die weiteren Ergebnisse sind in Tabelle C.11 zusammengefaßt und in Bild C.11 graphisch dargestellt.

Iteration k	q^k_{opt}	v^k_{opt}	s^k_{opt}	λ^k_{opt}	C^k
1	1000	-0.3358	772	0.3801	23.32
2	1076	-0.4056	766	0.3929	23.24
3	1085	-0.4130	765	0.3943	23.24
4	1085	-0.4138	765	0.3945	23.24
5	1085	-0.4139	765	0.3944	23.24

Tabelle C.11: Zusammenfassung der Ergebnisse

Durch die Berücksichtigung der Fehlmengen(kosten) kommt es zu einer Erhöhung der Bestellmenge und damit zu einer teilweisen Verlagerung der Risikoabsicherung vom Bestellpunkt auf die Bestellmenge.

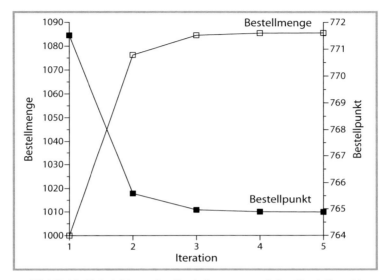

Bild C.11: Entwicklung der Bestellmenge und des Bestellpunkts

Das betrachtete Optimierungsproblem kann man auch so darstellen, daß die Service-Restriktion entfällt und stattdessen die Fehlmengen mit einem **Fehlmengenkostensatz** c_f in der Zielfunktion berücksichtigt werden. In diesem Fall ist die folgende nichtlineare Zielfunktion zu minimieren:

Modell SQ$_p$

$$\text{Minimiere } C(s, q) = h \cdot \left(\frac{q}{2} + s - E\{Y\} \right)$$
$$+ c_b \cdot \frac{E\{D\}}{q} + c_f \cdot E\{F\} \cdot \frac{E\{D\}}{q} \tag{C.42}$$

Die Bestimmung der optimalen Lösung dieses Modells erfolgt durch partielle Differentiation von Gleichung (C.42) nach q und s und durch Nullsetzung der partiellen Ableitungen. Zunächst bilden wir die partielle Ableitung von (C.42) nach q und erhalten:

$$\frac{\partial C(s, q)}{\partial q} = \frac{h}{2} - c_b \cdot \frac{E\{D\}}{q^2} - c_f \cdot \frac{E\{F\} \cdot E\{D\}}{q^2} \stackrel{!}{=} 0 \tag{C.43}$$

Daraus folgt:

$$q_{\text{opt}} = \sqrt{\frac{2 \cdot E\{D\} \cdot [c_b + c_f \cdot E\{F\}]}{h}} \tag{C.44}$$

Nun bilden wir die partielle Ableitung von (C.42) nach s und erhalten:

$$\frac{\partial C(s,q)}{\partial s} = h - c_f \cdot E\{D\} \cdot \frac{P\{Y > s\}}{q} \overset{!}{=} 0 \tag{C.45}$$

Der optimale Bestellpunkt s_{opt} muß daher folgende Bedingung erfüllen:

$$P\{Y > s_{\text{opt}}\} = \frac{h \cdot q_{\text{opt}}}{c_f \cdot E\{D\}} \tag{C.46}$$

Formt man (C.46) so um, daß c_f allein auf der linken Seite steht, dann zeigt der Vergleich mit Beziehung (C.41), daß der optimale Lagrange-Multiplikator nichts anderes ist als der Fehlmengenkostensatz. Es gibt für jeden β-Servicegrad den passenden Fehlmengenkostensatz. Wenn man diesen kennt, kann man die Werte von q und s, die einen gewünschten Servicegrad sichern, auch durch Anwendung des Modells SQ_p finden.[18] In der betrieblichen Praxis ist es aber i. d. R. schwierig, oft sogar unmöglich, den korrekten Fehlmengenkostensatz zu bestimmen, so daß die Vorgabe eines Servicegrades, der auch inhaltlich besser interpretierbar ist, vorgezogen wird.

Zur numerischen Bestimmung von s_{opt} und q_{opt} kann man das in Bild C.12 angegebene iterative Verfahren einsetzen, das dem Verfahren zur Lösung des Modells SQ_β sehr ähnlich ist.

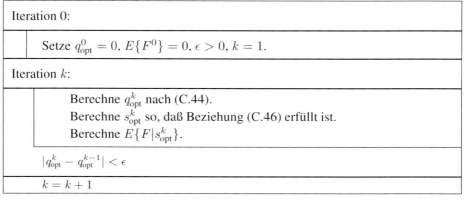

Iteration 0:	
	Setze $q_{\text{opt}}^0 = 0$, $E\{F^0\} = 0$, $\epsilon > 0$, $k = 1$.
Iteration k:	
	Berechne q_{opt}^k nach (C.44). Berechne s_{opt}^k so, daß Beziehung (C.46) erfüllt ist. Berechne $E\{F \mid s_{\text{opt}}^k\}$.
	$\lvert q_{\text{opt}}^k - q_{\text{opt}}^{k-1} \rvert < \epsilon$
	$k = k + 1$

Bild C.12: Verfahren zur simultanen Bestimmung von s und q, Fehlmengenkosten

Wir greifen auf das obige Beispiel zurück und setzen als Fehlmengenkostensatz den Wert $c_f = 0.3944$. Dies ist der optimale Lagrange-Multiplikator, der im Modell SQ_β für einen Servicegrad $\beta = 0.95$ ermittelt wurde.

Iteration 0:

Wir setzen $q^0 = 0$, $E\{F^0\} = 0$ und $\epsilon = 1$.

Iteration 1:

$$q_{\text{opt}}^1 = \sqrt{\frac{2 \cdot 100.00 \cdot (120.00 + 0.3944 \cdot \boxed{0.00})}{0.024}} = 1000$$

Die optimale Fehlmengenwahrscheinlichkeit beträgt:

$$P\{Y > s_{\text{opt}}\} = \frac{0.024 \cdot 1000}{0.3944 \cdot 100} = 0.6085$$

Bestimmung des Bestellpunkts und des zugehörigen Fehlmengenerwartungswertes:

$$v_{\text{opt}}^1 = \min\left[v | \Phi_N^1(v) = 0.6085\right] = -0.2755$$

$$s_{\text{opt}}^1 = 800 - 0.2755 \cdot 84.85 = 777$$

$$E\{F | s_{\text{opt}}^1\} = 46.81$$

$$C^1 = 0.024 \cdot \left(\frac{1000}{2} + 777 - 800\right) + 120 \cdot \frac{100}{1000} = 23.45$$

Iteration 2:

$$q_{\text{opt}}^2 = \sqrt{\frac{2 \cdot 100.00 \cdot (120.00 + 0.3944 \cdot \boxed{46.81})}{0.024}} = 1074$$

$$P\{Y > s_{\text{opt}}\} = \frac{0.024 \cdot 1074}{0.3944 \cdot 100} = 0.6537$$

$$v_{\text{opt}}^2 = \min\left[v | \Phi_N^1(v) = 0.6537\right] = -0.3952$$

$$s_{\text{opt}}^2 = 800 - 0.3952 \cdot 84.85 = 766$$

$$E\{F | s_{\text{opt}}^2\} = 53.23$$

$$C^2 = 0.024 \cdot \left(\frac{1074}{2} + 766 - 800\right) + 120 \cdot \frac{100}{1074} = 23.25$$

Die weiteren Iterationen zeigt Tabelle C.12.

---

18 vgl. *Nahmias* (2005)

Iteration k	q_{opt}^k	$P\{Y > s_{opt}^k\}$	v_{opt}^k	s_{opt}^k	C^k
1	1000	0.6085	-0.2755	777	23.45
2	1074	0.6537	-0.3952	766	23.25
3	1084	0.6596	-0.4114	765	23.24
4	1085	0.6604	-0.4136	765	23.24
5	1085	0.6606	-0.4140	765	23.24

Tabelle C.12: Zusammenfassung der Ergebnisse

Um Vergleichbarkeit der Kosten zu gewährleisten, wurden die Kosten in Tabelle C.12 mit der Zielfunktion (C.33) des Modells SQ_β berechnet. Wie man sieht, erreicht man mit dem Modell SQ_p dasselbe Ergebnis wie mit dem Modell SQ_β, *wenn man den richtigen Fehlmengenkostensatz* (hier also $c_f(\beta = 0.95) = 0.3944$) verwendet.

Im vorliegenden Beispiel beobachtet man, daß sich die Bestellmenge und der Bestellpunkt bereits nach wenigen Iterationen nur noch geringfügig verändern. Der Anstieg der Bestellmenge führt zu einer Reduktion des Bestellpunkts und bedeutet, daß nun ein Teil der Risikoabsicherung vom Sicherheitsbestand auf den durch die Bestellmenge beeinflußten Grundlagerbestand verschoben wird. Der Zielwert verändert sich bereits nach der ersten Iteration kaum noch.

ℓ	h	q_{opt}^0	s_{opt}^0	Kosten		
				Iteration 0	Optimal	Differenz
1	1	141	112	153	151	1.32%
	5	63	126	447	436	2.52%
	10	45	132	765	736	3.94%
	20	32	137	1371	1300	5.46%
5	1	141	559	200	195	2.56%
	5	63	186	747	704	6.11%
	10	45	597	1415	1307	8.26%
	20	32	607	2771	2494	11.11%

Tabelle C.13: Kostenabweichungen

Man kann jedoch auch Datenkonstellation vorfinden, bei denen der Verzicht auf die simultane Optimierung von Bestellpunkt und Bestellmenge mit einem erheblichen Kostenanstieg verbunden ist. Um dies zu demonstrieren, betrachten wir ein Beispiel mit normalverteilter Periodennachfrage und den Parametern $\mu = 100$, $\sigma = 30$, $c_b = 100$ und $\beta = 0.95$. Wir variieren den Lagerkostensatz h sowie die Wiederbeschaffungszeit ℓ. Tabelle C.13 zeigt jeweils die Ergebnisse der Startlösung (Iteration 0) sowie die Kosten nach Abschluß der simultanen Optimierung. Je größer der Lagerkostensatz und je länger die Wiederbeschaffungszeiten sind, umso größer ist der Kostenanstieg bei einem Verzicht auf die simultane Bestimmung von s und q.

Als positive Eigenschaft der (s, q)-Politik ist festzuhalten, daß die Bestellmenge im Zeitablauf konstant bleibt. Anpassungen der Bestellmenge sind lediglich bei Veränderungen der mittleren Periodennachfrage und bei geänderter Kostensituation erforderlich. Es ist damit – anders als bei den im Folgenden diskutierten Lagerhaltungspolitiken – relativ leicht möglich, Beschränkungen der Bestellmenge aufgrund von Einkaufs- oder Logistikgesichtspunkten (z. B. Mengenrabatte, Beschränkungen der Transportmenge, Verpackungseinheiten) zu berücksichtigen.

C.1.2 (r, S)-Politik

Bei Anwendung der (r, S)-Politik werden die Zeitpunkte, an denen Bestellungen ausgelöst werden, durch das Überwachungsintervall (Bestellintervall) r bestimmt. Der Lagerdisponent geht nach folgender Entscheidungsregel vor:

> Löse in konstanten Abständen von r Perioden jeweils eine Bestellung aus, die den disponiblen Lagerbestand auf das Bestellniveau S anhebt.

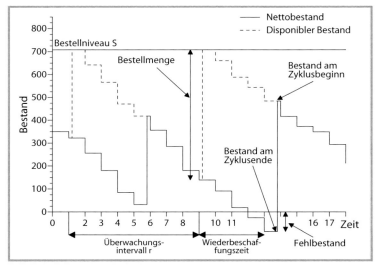

Bild C.13: Bestandsentwicklung bei Einsatz einer (r, S)-Politik

Die (r, S)-Lagerhaltungspolitik ist eine Lagerhaltungspolitik mit **periodischer Bestandsüberwachung**. Die jeweilige Bestellmenge hängt von der aktuellen Entwicklung des Lagerbestands ab. Sie ergibt sich aus der Addition der seit der letzten Bestandsüberwachung aufgetretenen Periodennachfragemengen und ist demzufolge ebenfalls eine Zufallsvariable. Die Bestandsentwicklung bei dieser Lagerhaltungspolitik ist in Bild C.13 dargestellt. Unmittelbar nach Ermittlung der Bestellmenge und Auslösung der Bestellung am Periodenende ist der disponible Lagerbestand gleich S. Nach Ablauf der Wiederbeschaffungszeit wird zunächst die bestellte Menge eingelagert und die aufgelaufene Fehlmenge ausgeliefert. Bei positiver Wiederbeschaffungszeit erreicht der physische Lagerbestand daher niemals das Bestellniveau S.

Im Folgenden betrachten wir zunächst den Fall, daß der Bestellabstand r unabhängig vom Bestellniveau S extern berechnet wird. Danach zeigen wir, wie man diese beiden Größen simultan bestimmen kann.

C.1.2.1   Optimierung des Bestellniveaus bei gegebenem Bestellabstand

Da bei jeder Lagerüberwachung eine Bestellung ausgelöst wird, hängt die **Anzahl der Bestellungen** direkt von der Länge des Überwachungsintervalls bzw. Bestellabstands r ab. Das Überwachungsintervall kann in ähnlicher Weise wie bei der (s, q)-Politik mit Hilfe des klassischen Bestellmengenmodells ermittelt werden, indem man zunächst die optimale Bestellmenge errechnet und diese dann durch die mittlere Periodennachfragemenge dividiert:

$$r_{\text{opt}} = \frac{q_{\text{opt}}}{E\{D\}} = \sqrt{\frac{2 \cdot c_b}{h \cdot E\{D\}}} \tag{C.47}$$

Zur Bestimmung des **Bestellniveaus** S, das einen gegebenen β-Servicegrad sichert, betrachten wir zunächst wieder die erwarteten Fehlbestände am Anfang und am Ende eines Beschaffungszyklus. Unmittelbar nach der Auslösung einer Bestellung beträgt der disponible Lagerbestand genau S. Da während der Wiederbeschaffungszeit der Bestellung Nachfrage auftritt, beträgt der Lagerbestand nach dem Eintreffen der Bestellung, d. h. zu Beginn eines Beschaffungszyklus, im Durchschnitt $S - E\{Y\}$. Die nächste Bestellung trifft nach durchschnittlich r Perioden im Lager ein. Daher beträgt der erwartete Lagerbestand am Ende des Beschaffungszyklus, d. h. unmittelbar vor dem Eintreffen der nächsten Bestellung, $S - E\{Y\} - r \cdot E\{D\}$. Bezeichnen wir die Nachfragemenge im Zeitraum $r + \ell$ mit Z, dann betragen die erwarteten Fehlbestände:

$$E\left\{ I_{\text{Anf}}^f(S) \right\} = \int\limits_{S}^{\infty} (y - S) \cdot f_Y(y) \cdot dy \tag{C.48}$$

$$E\left\{I_{\text{End}}^{f}(S)\right\} = \int\limits_{S}^{\infty} (z - S) \cdot f_Z(z) \cdot dz \tag{C.49}$$

Der β-Servicegrad kann damit wie folgt berechnet werden:

$$\beta\left(S\,|\,r_{\text{opt}}\right) = 1 - \frac{\int\limits_{S}^{\infty} (z - S) \cdot f_Z(z) \cdot dz - \int\limits_{S}^{\infty} (y - S) \cdot f_Y(y) \cdot dy}{r_{\text{opt}} \cdot E\{D\}} \tag{C.50}$$

Zur Bestimmung der beiden Parameter der (r, S)-Lagerhaltungspolitik kann das in Bild C.14 angegebene sequentielle Verfahren eingesetzt werden, das dieselbe Struktur hat wie das sequentielle Verfahren zur Bestimmung der Parameter der (s, q)-Politik.

Schritt 1: Bestellzyklus
Bestimme r_{opt}, z. B. $r_{\text{opt}} = \sqrt{\dfrac{2 \cdot c_b}{h \cdot E\{D\}}}$
Schritt 2: Bestellniveau
Bestimme den kleinsten Wert des Bestellniveaus S, der folgende Bedingung erfüllt: $(1 - \beta) \cdot r_{\text{opt}} \cdot E\{D\} \geq E\{I_{\text{End}}^{f}(S)\} - E\{I_{\text{Anf}}^{f}(S)\}$

Bild C.14: Bestimmung der Parameter der (r, S)-Politik

Bei genauer Betrachtung stellt man fest, daß es folgende **Äquivalenzen zwischen der** (s, q)-**Politik und der** (r, S)-**Politik** gibt. Während der Bestellpunkt s die Unsicherheit der Nachfrage Y in der Wiederbeschaffungszeit abdecken soll, ist es Aufgabe des Bestellniveaus S, die Unsicherheit der Nachfrage Z in der Wiederbeschaffungszeit und dem Überwachungsintervall abzudecken. Für die numerische Bestimmung von S kommt es nun darauf an, welcher Verteilung die Zufallsvariable Z folgt. Dabei wird wieder davon ausgegangen, daß die Periodennachfragemengen unabhängige Zufallsvariablen mit der gemeinsamen Dichtefunktion $f_D(d)$, dem Mittelwert $E\{D\}$ und der Varianz $\text{Var}\{D\}$ sind. Außerdem gehen wir der Einfachheit halber von deterministischen Wiederbeschaffungszeiten der Länge ℓ aus.

Normalverteilung. Sind die Periodennachfragemengen mit dem Mittelwert μ_D und der Standardabweichung σ_D normalverteilt, dann sind die Größen Y und Z ebenfalls normalverteilt, und zwar mit den Mittelwerten

$$\mu_Y = \mu_D \cdot \ell \tag{C.51}$$

$$\mu_Z = \mu_D \cdot (r + \ell) \tag{C.52}$$

und den Standardabweichungen

$$\sigma_Y = \sigma_D \cdot \sqrt{\ell} \tag{C.53}$$

$$\sigma_Z = \sigma_D \cdot \sqrt{r + \ell} \tag{C.54}$$

In diesem Fall kann die β-Servicegrad-Restriktion (C.4) auch wie folgt geschrieben werden:

$$(1 - \beta) \cdot r_{\text{opt}} \cdot E\{D\} \geq \sigma_Z \cdot \Phi_N^1 \left(\frac{S - \mu_Z}{\sigma_Z} \right) - \sigma_Y \cdot \Phi_N^1 \left(\frac{S - \mu_Y}{\sigma_Y} \right) \tag{C.55}$$

 Betrachten wir als Beispiel ein Produkt mit den Daten $\mu_D = 50$; $\sigma_D = 10$; $\ell = 5$; $r_{\text{opt}} = 10$; $\beta = 0.95$. Man erhält folgende Ergebnisse:

$$\mu_Z = 50 \cdot (10 + 5) = 750 \qquad \sigma_Z = 10 \cdot \sqrt{10 + 5} = 38.73$$

$$\mu_Y = 50 \cdot 5 = 250 \qquad \sigma_Y = 10 \cdot \sqrt{5} = 22.36$$

$$S_{\text{opt}} = \min \left[S \bigg| 38.73 \cdot \Phi_N^1 \left(\frac{S - 750}{38.73} \right) - 22.36 \cdot \Phi_N^1 \left(\frac{S - 250}{22.36} \right) \right.$$

$$\left. \leq 0.05 \cdot 10 \cdot 50 = 25 \right] = 733.63$$

 Gamma-Verteilung. Ist die Periodennachfragemenge mit dem Mittelwert $\frac{k_D}{\alpha_D}$ und der Varianz $\frac{k_D}{\alpha_D^2}$ Gamma-verteilt, wobei k_D den Formparameter und α_D den Skalenparameter bezeichnen, dann sind die Größen Y und Z ebenfalls Gamma-verteilt, und zwar mit dem Skalenparameter $\alpha_Y = \alpha_Z = \alpha_D$ und den Formparametern

$$k_Z = k_D \cdot (r + \ell) \tag{C.56}$$

$$k_Y = k_D \cdot \ell \tag{C.57}$$

 Zur Veranschaulichung sei ein Beispiel mit sehr stark schwankendem Bedarf betrachtet: $E\{D\} = 3.72$; $\text{Var}\{D\} = 144.77$; $\ell = 2$; $r_{\text{opt}} = 10$; $\beta = 0.90$. Wir erhalten folgende Ergebnisse:

$$E\{Z\} = (10 + 2) \cdot 3.72 = 44.64 \qquad \mathrm{Var}\{Z\} = (10 + 2) \cdot 144.77 = 1737.23$$

$$E\{Y\} = 2 \cdot 3.72 = 7.44 \qquad \mathrm{Var}\{Y\} = 2 \cdot 144.77 = 289.54$$

$$\alpha_D = \frac{3.72}{144.77} = 0.02570 \qquad k_D = \frac{13.84}{144.77} = 0.09559$$

$$a_Y = 0.02570 \qquad k_Y = 0.09559 \cdot 2 = 0.19118$$

$$a_Z = 0.02570 \qquad k_Z = 0.09559 \cdot (2 + 10) = 1.14707$$

$$S_{\mathrm{opt}} = \min\big[S \mid E\{I_{\mathrm{End}}^{f}(S)\} - E\{I_{\mathrm{Anf}}^{f}(S)\} \le 0.10 \cdot 10 \cdot 3.72 = 3.72\big] = 100.612$$

$$E\{I_{\mathrm{End}}^{f}(S = 100.612)\} = 3.9082$$

$$E\{I_{\mathrm{Anf}}^{f}(S = 100.612)\} = 0.1884$$

Das Beispiel zeigt, daß der mittlere Fehlbestand am Anfang eines Beschaffungszyklus bei stark schwankendem Bedarf eine nicht vernachlässigbare Höhe annehmen kann. Bei Vernachlässigung dieser Größe würde der optimale Bestellpunkt 102.6 betragen. Bei diesem Bestellpunkt würde der β-Servicegrad um ca. 1.5 Prozentpunkte übererfüllt.

Diskrete empirische Verteilung. Folgt die Nachfrage einer diskreten empirischen Wahrscheinlichkeitsverteilung, dann kann ähnlich wie bei der (s, q)-Politik vorgegangen werden. Zur Bestimmung der Verteilung der Zufallsvariablen Z (und Y) muß die Verteilung der Periodennachfrage mehrfach mit sich selbst gefaltet werden.

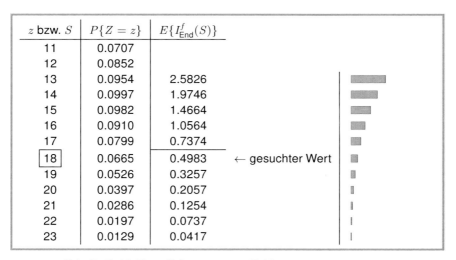

z bzw. S	$P\{Z = z\}$	$E\{I_{\mathrm{End}}^{f}(S)\}$	
11	0.0707		
12	0.0852		
13	0.0954	2.5826	
14	0.0997	1.9746	
15	0.0982	1.4664	
16	0.0910	1.0564	
17	0.0799	0.7374	
18	0.0665	0.4983	← gesuchter Wert
19	0.0526	0.3257	
20	0.0397	0.2057	
21	0.0286	0.1254	
22	0.0197	0.0737	
23	0.0129	0.0417	

Tabelle C.14: Bestellniveau versus Fehlmengenerwartungswert

Auch hierzu wird ein Beispiel betrachtet, wobei nun stochastische Wiederbeschaffungszeiten angenommen werden: $P\{L = 2\} = 0.7$, $P\{L = 3\} = 0.3$; $P\{D = 0\} = 0.3$, $P\{D = 1\} = 0.4$, $P\{D = 2\} = 0.15$, $P\{D = 3\} = 0.1$, $P\{D = 4\} = 0.05$; $r_{\text{opt}} = 10$; $\beta = 0.95$. Die mittlere Nachfragemenge pro Periode beträgt damit $E\{D\} = 1.2$. Die Verteilung von Z sowie die entsprechenden Fehlmengenerwartungswerte sind in Tabelle C.14 zusammengestellt.

Wird z. B. ein β-Servicegrad von 95% angestrebt, dann beträgt das optimale Bestellniveau $S_{\text{opt}} = 18$, denn es gilt:

$$S_{\text{opt}} = \min\left[S \mid E\{I_{\text{End}}^f(S)\} \leq 0.05 \cdot 1.2 \cdot 10 = 0.6\right]$$

Der durchschnittliche **Lagerbestand** wird wie folgt bestimmt. Wir betrachten einen typischen Bestellzyklus, der am Ende der Periode 0 beginnt. Am Anfang der Periode $\ell + 1$ (Ende der Periode ℓ) trifft eine Bestellung im Lager ein, die bei der letzten Lagerüberwachung (Ende der Periode 0) ausgelöst wurde. Der disponible Lagerbestand unmittelbar nach Auslösung dieser Bestellung war genau S. Die zu Beginn der Periode $\ell + 1$ eintreffende Menge wird bei der nächsten Bestandserfassung (am Ende der Periode $\ell + 1$) bestandswirksam. Alle in der Vergangenheit, also *vor* der Periode 0 ausgelösten Lagerbestellungen sind bereits eingetroffen.[19] Damit ist der physische Lagerbestand vor dem Wareneingang in $\ell + 1$, also am Ende der Periode ℓ gleich der Differenz aus S und der Nachfragemenge in der Wiederbeschaffungszeit: $I_\ell^p = S - Y^{(\ell)}$.

Der Abstand zwischen zwei aufeinanderfolgenden Bestellungen (Bestellzyklus) beträgt r Perioden. Der nächste Zeitpunkt, an dem eine Lagerbestellung aufgegeben wird, ist das Ende der Periode r. Daraus resultiert der nächste Wareneingang, der am Anfang der Periode $r + \ell + 1$ auftritt. Dieser Wareneingang liegt in einem neuen Bestellzyklus.

Für die Bestimmung des durchschnittlichen physischen Bestands betrachten wir die Entwicklung zwischen dem Ende der Periode ℓ und dem Ende der Periode $r + \ell$. Für eine beliebige Periode t innerhalb der Zeitspanne $[\ell + 1, 2, \ldots, \ell + r]$ ist der physische Bestand I_t^p gleich $S - Y^{(t)}$, wenn im Intervall $[1, 2, \ldots, t]$ die Nachfragemenge $Y^{(t)} < S$ aufgetreten ist, andernfalls ist $I_t^p = 0$. Damit gilt

$$E\{I_t^p\} = \int_0^S (S - y) \cdot f_{Y^{(t+\ell)}}(y) \cdot dy \qquad\qquad t = 1, 2, \ldots, r \qquad \text{(C.58)}$$

Der mittlere physische Lagerbestand ist dann der Durchschnitt der periodenbezogenen Bestände über alle Perioden innerhalb eines Bestellzyklus r.

$$E\{I^p\} = \frac{1}{r} \cdot \sum_{t=1}^r \int_0^S (S - y) \cdot f_{Y^{(t+\ell)}}(y) \cdot dy \qquad\qquad \text{(C.59)}$$

---

19 Dieser Hinweis ist für den Fall relevant, daß mehrere Bestellungen simultan ausstehen ($r < \ell$).

Nach einigen Umformungen wird daraus:

$$E\{I^p\} = S - E\{Y^{(\ell)}\} - \frac{(r+1)}{2} \cdot E\{D\}$$

$$+ \frac{1}{r} \cdot \sum_{t=1}^{r} \int_{S}^{\infty} (y - S) \cdot f_{Y^{(t+\ell)}}(y) \cdot dy \tag{C.60}$$

Das Integral in der Summe ist $G^1(v, X)$, die sog. „first-order loss function" in Bezug auf die Zufallsvariable X.[20] Der durchschnittliche Lagerbestand beträgt dann:

$$E\{I^p\} = S - E\{Y^{(\ell)}\} - \frac{(r+1)}{2} \cdot E\{D\} + \frac{1}{r} \cdot \sum_{t=1}^{r} G^1(S, Y^{(t+\ell)}) \tag{C.61}$$

Die durchschnittlichen Kosten pro Periode betragen:

$$E\{C_{(r,S)}\} = \frac{1}{r} \cdot c_b + E\{I^p\} \cdot h \tag{C.62}$$

Betrachten wir das Beispiel von Seite 159 mit normalverteilter Nachfrage und den Parametern $E\{D\} = 100$; $Var\{D\} = 900$; $\ell = 8$; $h = 0.024$; $c_b = 120$; $\beta = 0.95$; $r = 10$. Das optimale Bestellniveau beträgt $S = 1801.59$. Es ergibt sich ein mittlerer Fehlbestand in Höhe von $E\{I^f\} = 6.68$ und ein mittlerer physischer Bestand von $E\{I^p\} = 458.26$. Die durchschnittlichen Gesamtkosten betragen damit $E\{C_{(r,S)}\} = 23.00$. Für den Fall, daß die Bestandsüberwachung am Ende *jeder* Periode erfolgt ($r = 1$, Base-Stock-Politik), vereinfacht sich Gleichung (C.61) wie folgt:

$$E\{I^p\} = S - E\{Y^{(\ell)}\} - E\{D\} + G^1(S, Y^{(\ell+1)}) \tag{C.63}$$

Im obigen Beispiel erhält man für diesen Fall bei einem Bestellniveau $S = 1008.41$ einen Fehlbestand in Höhe von $E\{I^f\} = 5.0$ und einen mittleren physischen Bestand von $E\{I^p\} = 113.41$. Wegen der größeren Anzahl von Bestellungen sind die Gesamtkosten nun 122.72.[21]

Die (r, S)-Politik hat gegenüber der (s, q)-Politik den Vorteil, daß die **Beschaffungszeitpunkte** für mehrere Erzeugnisse, die bei demselben Lieferanten bezogen oder gemeinsam produziert werden, aufeinander abgestimmt werden können. Dies ist unter dem Aspekt einer logistikorientierten Gesamtkostenoptimierung positiv einzustufen. Ein

---

20 siehe S. 144.
21 Zur Approximation des physischen Lagerbestands bei Ankünften der Nachfragen auf einer kontinuierlichen Zeitachse vgl. *van der Heijden und de Kok* (1998).

Nachteil ist allerdings darin zu sehen, daß die **Beschaffungsmengen** als Folge der Bedarfsschwankungen sehr **stark streuen** können. Dies gilt vor allem bei sporadischem Bedarf. Die Verlängerung des Risikozeitraums im Vergleich zur (s, q)-Politik kann nachteilige Effekte auf die lagerbedingte **Lieferzeit** haben. Ein Defizit kann bei Verfolgung einer (r, S)-Politik nicht auftreten, da der disponible Lagerbestand zu Beginn der Frist $(r + \ell)$ immer genau gleich dem Bestellniveau ist.

C.1.2.2   Simultane Optimierung von Bestellabstand und Bestellniveau

Während im vorangegangenen Abschnitt der Bestellabstand r als gegeben angenommen wurde, betrachten wir jetzt den Fall der simultanen Optimierung von r und S. Denn in gleicher Weise wie in der (s, q)-Lagerpolitik eine Beziehung zwischen Bestellmenge und Bestellpunkt besteht, beeinflußt in der (r, S)-Politik der Bestellabstand die Höhe des Bestellnivaus. Bei großen Bestellabständen kommt es seltener zu Fehlmengenereignissen und demzufolge kann das Nachfragerisiko, das durch das Bestellniveau abgedeckt werden muß, relativ geringer sein. Im vorangegangenen Abschnitt haben wir r bestimmt, indem wir die optimale Bestellmenge durch die mittlere Periodennachfragemenge dividiert haben.

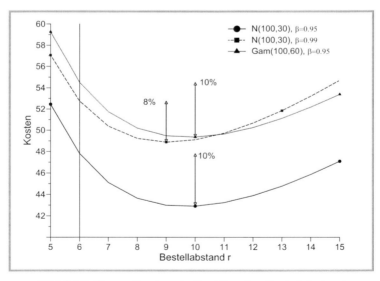

Bild C.15: Gesamtkosten als Funktion des Bestellabstands

Anhand eines numerischen Beispiels wird im Folgenden gezeigt, daß diese Vorgehensweise zu beträchtlichen *Abweichungen von den minimalen Gesamtkosten* führen kann. Für das betrachtete Produkt gilt: $\ell = 8$, $c_b = 200$ und $h = 0.05$. Es werden drei Verteilungen der Nachfrage angenommen: (1) normalverteilt mit $\mu = 100$, $\sigma = 30$ und $\beta = 0.95$, (2) normalverteilt $\mu = 100$, $\sigma = 30$ und $\beta = 0.99$, (3) gammaverteilt mit $\mu = 100$, $\sigma = 60$ und $\beta = 0.95$. Mit Gleichung (C.47) erhält man in allen Fällen einen Bestellabstand von (abgerundet) 6 Perioden. Bild C.15 zeigt die Entwicklung der Gesamtkosten als Funktion des Bestellabstands r.

Man erkennt, daß der Verlauf der Gesamtkosten sowohl von den Nachfrageparametern als auch von dem angestrebten Servicegrad abhängt. Man sieht auch, daß im betrachteten Beispiel die Berechnung des Bestellabstands nach Gleichung (C.47) mit Kostenabweichungen von bis zu 10% verbunden ist. Die Betrachtung der Kostenfunktionen zeigt, wie man r und S simultan bestimmen kann: da der Bestellabstand wegen des diskreten Zeitrasters nur diskrete Werte annehmen kann, kann man r und S recht einfach simultan optimieren, indem man r beginnend bei $r = 1$ schrittweise jeweils um 1 erhöht und nach Bestimmung des optimalen Bestellniveaus $S(r)$ die Gesamtkosten ermittelt. Zur Bestimmung von $S(r)$ kann z. B. das Verfahren des goldenen Schnitts eingesetzt werden. Da die Gesamtkostenfunktion eine konvexe Funktion ist, beendet man die Suche, sobald die Gesamtkosten wieder ansteigen.

C.1.3 (s, S)-Politik

Bei Verfolgung einer (s, S)-Politik werden die Bestellzeitpunkte ebenso wie bei der (s, q)-Politik durch den Bestellpunkt s beeinflußt. Allerdings ist die Höhe der Bestellmenge nun wie bei der (r, S)-Politik von der Entwicklung des aktuellen Lagerbestands abhängig. In der Literatur wird diese Politik zuweilen um einen dritten Parameter, den Abstand r zwischen zwei Bestandsüberpüfungen, ergänzt und als (r, s, S)-Politik bezeichnet.[22] Setzt man $r = 0$, dann liegt kontinuierliche Lagerüberwachung vor und die $(r = 0, s, S)$-Politik stimmt bei Nachfragen, die mit der Auftragsgröße „1" auftreten, mit der (s, q)-Politik bei kontinuierlicher Lagerüberwachung überein.

Die (s, S)-Politik beinhaltet alle anderen Lagerhaltungspolitiken als Grenzfälle. Das bedeutet, daß die mit der optimalen (s, S)-Politik verbundenen Lager- und Bestellkosten nicht höher sein können als die minimalen Kosten einer der anderen Lagerhaltungspolitiken. Im Prinzip sind alle drei Parameter r, s und S simultan zu optimieren. Wir wollen im Folgenden nur den Fall $r = 1$ (tägliche Überwachung) näher untersuchen und verkürzt von der (s, S)-Politik sprechen. Die (s, S)-Lagerhaltungspolitik unterscheidet sich dann von der (r, S)-Politik dadurch, daß nicht bei jeder Lagerüberwachung eine

---

22 vgl. *Hax und Candea* (1984), S. 229

Bestellung ausgelöst wird, sondern nur dann, wenn der disponible Lagerbestand den Bestellpunkt s erreicht oder unterschritten hat. Der Lagerdisponent geht nach folgender Entscheidungsregel vor:

> Prüfe in konstanten Abständen den disponiblen Lagerbestand. Ist der Bestellpunkt s erreicht oder unterschritten, dann löse eine Bestellung aus, die den disponiblen Lagerbestand wieder auf das Bestellniveau S anhebt.

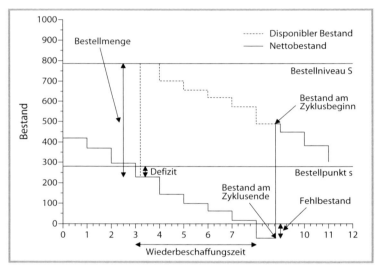

Bild C.16: Entwicklung des Lagerbestands bei Einsatz einer (s, S)-Politik

Im Unterschied zur (s, q)-Politik mit täglicher Überwachung sind die **Bestellmengen** nun **variabel**. Bild C.16 veranschaulicht die Entwicklung des Lagerbestands am Ende eines typischen Beschaffungszyklus.

Da der Lagerbestand periodisch überwacht wird, hat der disponible Lagerbestand bei Auslösung einer Bestellung den Bestellpunkt regelmäßig unterschritten. Da dieses Defizit durch die Bestellung ausgeglichen wird, beträgt die durchschnittliche **Bestellmenge**:

$$E\{\text{Bestellmenge}\} = (S - s) + E\{U\} = (S - s) + \frac{E\{D\}^2 + \text{Var}\{D\}}{2 \cdot E\{D\}} \qquad (\text{C.64})$$

Die in einem Beschaffungszyklus auftretende Fehlmenge ist wieder gleich der Differenz aus dem Fehlbestand am Ende und dem Fehlbestand am Anfang des Beschaffungszyklus. Um diese beiden Größen bestimmen zu können, betrachten wir die stochastischen Variablen, die sie beeinflussen. Der physische Bestand zu Beginn eines Beschaffungszyklus (unmittelbar nach dem Eintreffen der Bestellung) ist gleich der Differenz $S - Y$. Ein **Fehlbestand** tritt auf, wenn $S < Y$ ist. Der Bestand am Ende eines Beschaffungszyklus (unmittelbar vor dem Eintreffen der Bestellung) dagegen ergibt sich als Differenz $s - U - Y$. Fehlbestand tritt dabei auf, wenn $s < U + Y$.

Der erwartete Fehlbestand am Anfang eines Beschaffungszyklus beträgt dann:

$$E\left\{I^f_{\text{Anf}}(S)\right\} = \int\limits_S^\infty (y - S) \cdot f_Y(y) \cdot dy \qquad\qquad \text{(C.65)}$$

Ein Fehlbestand am Ende eines Beschaffungszyklus tritt dann auf, wenn die Summe aus der Nachfragemenge in der Wiederbeschaffungszeit und dem Defizit größer als der Bestellpunkt s ist. Zur Bestimmung des erwarteten Fehlbestands am Ende eines Beschaffungszyklus muß daher die Wahrscheinlichkeitsverteilung der Summe aus dem Defizit und der Nachfragemenge in der Wiederbeschaffungszeit bekannt sein. Bezeichnen wir mit Z die gesamte **Nachfragemenge** in der **Wiederbeschaffungszeit** zuzüglich der Nachfragemenge im **Überwachungsintervall** ($r = 1$), dann kann die Dichtefunktion von $Y^* = Y + U$ wie folgt approximiert werden:[23]

$$h_{Y^*}(y) = \frac{1}{E\{D\}} \cdot \left[P\{Y \le y\} - P\{Z \le y\} \right] \qquad\qquad y \ge 0 \quad \text{(C.66)}$$

Der erwartete Fehlbestand am Ende des Beschaffungszyklus beträgt dann:

$$E\{F_{\text{End}}(s)\} = \int\limits_s^\infty (y - s) \cdot h_{Y^*}(y) \cdot dy \qquad\qquad \text{(C.67)}$$

Nach einigen Umformungen erhält man:

$$E\{F_{\text{End}}(s)\} = \frac{1}{2 \cdot E\{D\}} \cdot \left[\int\limits_s^\infty (z - s)^2 \cdot f_Z(z) \cdot dz - \int\limits_s^\infty (y - s)^2 \cdot f_Y(y) \cdot dy \right] \qquad \text{(C.68)}$$

Dabei bezeichnet $f_Z(\cdot)$ die Dichtefunktion von Z (Nachfragemenge in der Wiederbeschaffungszeit und dem Überwachungsintervall) und $f_Y(\cdot)$ die Dichtefunktion von Y (Nachfragemenge in der Wiederbeschaffungszeit). Der β-Servicegrad ergibt sich nun wie folgt:

---

23 vgl. *Tijms und Groenevelt* (1984); *Tijms* (1994), S. 62

$$\beta(s, S) = 1 - \frac{E\left\{I_{\text{End}}^{f}(s)\right\} - E\left\{I_{\text{Anf}}^{f}(S)\right\}}{(S - s) + E\{U\}} \tag{C.69}$$

Daraus folgt schließlich:

$$1 - \beta(s, S) =$$

$$\frac{\dfrac{1}{2 \cdot E\{D\}}\left[\displaystyle\int_{s}^{\infty}(z - s)^2 \cdot f_Z(z) \cdot dz - \displaystyle\int_{s}^{\infty}(y - s)^2 \cdot f_Y(y) \cdot dy\right]}{(S - s) + E\{U\}} \tag{C.70}$$

$$- \frac{\displaystyle\int_{S}^{\infty}(y - S) \cdot f_Y(y) \cdot dy}{(S - s) + E\{U\}}$$

Vergleicht man die (s, S)-Politik mit der (s, q)-Politik bei periodischer Lagerüberwachung, dann stellt man fest, daß q der Differenz $S - s$ entspricht, wobei die durchschnittliche **Anzahl von Bestellungen** in der (s, S)-Politik wegen der höheren mittleren Bestellmenge geringer als bei der (s, q)-Politik ist. Umgekehrt verhält es sich mit dem mittleren **Lagerbestand**.

Schritt 1: Schritt 1: Bestellmenge (ohne Defizit)
Bestimme $x = \sqrt{\dfrac{2 \cdot c_b \cdot E\{D\}}{h}}$
Schritt 2: Bestellpunkt
Bestimme den kleinsten Wert des Bestellpunkts s, der folgende Bedingung erfüllt: $$\beta(s, s + x) \leq 1 - \frac{E\left\{I_{\text{End}}^{f}(s)\right\} - E\left\{I_{\text{Anf}}^{f}(s + x)\right\}}{x + E\{U\}}$$
Schritt 3: Bestellniveau
Bestimme $S = s + x$

Bild C.17: Bestimmung der Parameter der (s, S)-Politik

In der Literatur wird nun vorgeschlagen, zunächst die Differenz $x = (S - s)$ mit Hilfe eines geeigneten Modells zur Berechnung der optimalen Bestellmenge festzulegen und im Anschluß daran den Bestellpunkt s unter Berücksichtigung der Servicerestriktion festzulegen. Damit kann ähnlich wie bei der (s, q)-Politik das in Bild C.17 angegebene sequentielle Verfahren zur Bestimmung von s und S eingesetzt werden.

Die numerische Bestimmung der Politikparameter hängt wieder von der Form der Wahrscheinlichkeitsverteilungen der Zufallsvariablen Y und Z ab.

Normalverteilung. Sind Y und Z normalverteilt, dann kann jedes der beiden in Gleichung (C.68) enthaltenen Integrale wie folgt geschrieben werden:

$$\int_v^\infty (x - v)^2 \cdot \phi_N(x) \cdot dx = \sigma^2 \cdot J_N \left\{ \frac{v - \mu}{\sigma} \right\} \tag{C.71}$$

Die Servicegrad-Restriktion lautet:

$$(1 - \beta) \cdot \left[(S - s) + E\{U\} \right] \geq$$

$$\underbrace{\frac{\sigma_Z^2}{2 \cdot E\{D\}} \cdot J_N \left\{ \frac{s - \mu_Z}{\sigma_Z} \right\}}_{①} - \underbrace{\frac{\sigma_Y^2 \cdot}{2 \cdot E\{D\}} J_N \left\{ \frac{s - \mu_Y}{\sigma_Y} \right\}}_{②} - \underbrace{\sigma_Y \cdot \Phi_N^1 \left(\frac{S - \mu_Y}{\sigma_Y} \right)}_{③} \tag{C.72}$$

Die Funktion $J_N(\cdot)$ ist das Zweifache der „second-order loss function":[24]

$$J_N(v) = \left(1 + v^2\right) \cdot \left\{1 - \Phi_N(v)\right\} - v \cdot \phi_N(v) \tag{C.73}$$

Wie man sieht, benötigt man zur Bestimmung des Bestellpunkts s lediglich die Dichtefunktion $\phi_N(v)$ und die Verteilungsfunktion $\Phi_N(v)$ der Standardnormalverteilung. Zur Bestimmung des minimalen Bestellpunkts, der die Einhaltung der Servicegrad-Restriktion (C.72) gerade noch sichert, bieten sich unterschiedliche Verfahren an, deren Anwendbarkeit davon abhängt, ob einzelne der Komponenten ①, ② und ③ auf der rechten Seite von (C.72) vernachlässigt werden können oder nicht.

Variante 1. Sind alle Komponenten der rechten Seite zu berücksichtigen, dann kann der Bestellpunkt mit Hilfe eines numerischen Verfahrens zur Bestimmung der Nullstelle einer Funktion, z. B. mit dem Newton-Raphson-Verfahren, berechnet werden.

Variante 2. Eine geringfügige Vereinfachung ergibt sich, wenn man annimmt, daß die Komponente ③ in Beziehung (C.72), d. h. der Fehlbestand am Anfang eines Beschaffungszyklus, vernachlässigbar ist. Diese Annahme ist gerechtfertigt, wenn der angestrebte Servicegrad hoch (z. B. $\beta > 90\%$) und die Streuung der Nachfragemenge in der Wiederbeschaffungszeit relativ gering ist.

---

24 vgl. *Tijms* (1994), S. 71

Variante 3. Ist nun zusätzlich zu der für Variante 2 genannten Annahme der mittlere Bestellabstand im Vergleich zur Länge der Wiederbeschaffungszeit relativ groß, dann kann auch die Komponente ② in Beziehung (C.72) vernachlässigt werden. In diesem Fall erhält man:

$$(1 - \beta) \cdot \left[(S - s) + E\{U\} \right] \geq \frac{\sigma_Z^2}{2 \cdot E\{D\}} \cdot J_N \left\{ \frac{s - \mu_Z}{\sigma_Z} \right\} \tag{C.74}$$

Es ist dann der kleinste Wert v_{opt} des sog. **Sicherheitsfaktors** $v = \frac{s - \mu_Z}{\sigma_Z}$ zu bestimmen, der diese Ungleichung gerade noch erfüllt. Ist v_{opt} bekannt, dann errechnet man den **Bestellpunkt** wie folgt:

$$s_{\text{opt}} = \mu_Z + v_{\text{opt}} \cdot \sigma_Z \tag{C.75}$$

 Betrachten wir ein Beispiel: $E\{D\} = 200$; $\text{Var}\{D\} = 2500$; $\ell = 12$; $(S - s) = 800$; $\beta = 0.90$. Wir erhalten folgende Ergebnisse:

$E\{Z\} = 13 \cdot 200 = 2600$ $\text{Var}\{Z\} = 13 \cdot 2500 = 32500$ $\sigma_Z = 180.28$

$E\{Y\} = 12 \cdot 200 = 2400$ $\text{Var}\{Y\} = 12 \cdot 2500 = 30000$ $\sigma_Y = 173.21$

Linke Seite von (C.72) und (C.74):

$$(1 - \beta) \cdot \left[(S - s) + E\{U\} \right] = (1 - 0.90) \cdot \left[800 + \frac{200^2 + 2500}{2 \cdot 200} \right] = 90.63$$

Rechte Seite von (C.74) für $s = 2500.41$:

$$\frac{\sigma_Z^2}{2 \cdot E\{D\}} \cdot J_N \left\{ \frac{s - \mu_Z}{\sigma_Z} \right\} = \frac{32500}{2 \cdot 200} \cdot 1.1154$$

In Tabelle C.15 sind die Komponenten der Servicegrad-Restriktion für verschiedene Werte des Bestellpunkts angegeben. Nach Variante 1 beträgt der Bestellpunkt $s = 2475.32$. Da die Komponente ③ wegen der geringen Streuung der Nachfrage Null ist und daher vernachlässigt werden kann, führen die Varianten 1 und 2 zu demselben Ergebnis. Vernachlässigt man zusätzlich auch die Komponente ② aus Beziehung (C.72) (Variante 3), dann beträgt der Bestellpunkt 2500.41. Der Preis der vereinfachten Berechnung des Bestellpunkts ist damit ein höherer mittlerer Lagerbestand und eine – ungewollte – Überschreitung des β-Servicegrades.

s	$\dfrac{\sigma_Z^2 \cdot J_N\left\{\dfrac{s-\mu_Z}{\sigma_Z}\right\}}{2\cdot E\{D\}}$	$\dfrac{\sigma_Y^2 \cdot J_N\left\{\dfrac{s-\mu_Y}{\sigma_Y}\right\}}{2\cdot E\{D\}}$	$\sigma_Y \cdot \Phi_N^1\left(\dfrac{S-\mu_Y}{\sigma_Y}\right)$	Rechte Seite von Beziehung (C.72)
	①	②	③	
Variante 1:				①-②-③
2470	112.4482	18.7874	0.00	93.6608
2475	108.6245	17.8169	0.00	90.8076
2475.32	108.3831	17.7563	0.00	90.63
2476	107.8712	17.6279	0.00	90.2433
2480	104.8954	16.8881	0.00	88.0074
Variante 2:				①-②
2475.32	108.3831	17.7563	–	90.63
Variante 3:				①
2500.41	90.6298	–	–	90.63

Tabelle C.15: Varianten zur Bestimmung des Bestellpunkts in der (s, S)-Politik

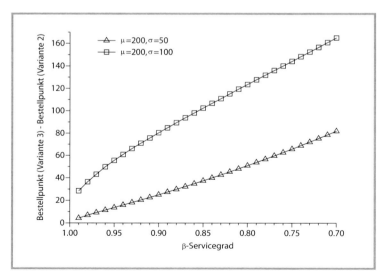

Bild C.18: Differenz zwischen Bestellpunkt nach Variante 3 und Bestellpunkt nach Variante 2 versus Servicegrad und Streuung der Nachfrage

Bild C.18 zeigt die Differenzen zwischen den nach Variante 3 und den nach Variante 2 errechneten Bestellpunkten für mehrere Servicegrade bei zwei unterschiedlichen Streuungen der Periodennachfragemenge. Man erkennt deutlich, daß der mit Variante 3 verbundene Fehler mit steigender Streuung der Nachfragemenge und sinkendem Servicegrad zunimmt. Verwendet man unabhängig von diesem Zusammenhang immer die Berechnungsvariante 3, dann wird der tatsächlich benötigte Bestellpunkt u. U. beträchtlich überschätzt. Die Folge sind hohe Lagerkosten, aber auch ein ungeplant hoher Servicegrad.

Gamma-Verteilung. Bei Gamma-verteilter Periodennachfragemenge D und deterministischer Wiederbeschaffungszeit sind die Zufallsvariablen Y und Z ebenfalls Gamma-verteilt.[25] In diesem Fall kann die Servicegrad-Restriktion (C.70) durch Gleichung (C.76) beschrieben werden.

Dabei bezeichnet die Größe $I(k, \alpha \cdot x)$ wieder die sog. „incomplete gamma function", die die Wahrscheinlichkeit dafür angibt, daß eine mit dem Skalenparameter α und dem Formparameter k Gamma-verteilte Zufallsvariable kleiner oder gleich x ist.

$$(1 - \beta) \cdot [(S - s) + E\{U\}] \geq A + B + C \tag{C.76}$$

mit

$$A = \Big[\mathrm{Var}\{Z\} \cdot (k_Z + 1) \cdot [1 - I(k_Z + 2, \alpha_Z \cdot s)]$$
$$- 2 \cdot s \cdot E\{Z\} \cdot [1 - I(k_Z + 1, \alpha_Z \cdot s)]$$
$$+ s^2 \cdot [1 - I(k_Z, \alpha_Z \cdot s)] \Big] \cdot \frac{1}{2 \cdot E\{D\}}$$

$$B = - \Big[\mathrm{Var}\{Y\} \cdot (k_Y + 1) \cdot [1 - I(k_Y + 2, \alpha_Y \cdot s)]$$
$$- 2 \cdot s \cdot E\{Y\} \cdot [1 - I(k_Y + 1, \alpha_Y \cdot s)]$$
$$+ s^2 \cdot [1 - I(k_Y, \alpha_Y \cdot s)] \Big] \cdot \frac{1}{2 \cdot E\{D\}}$$

$$C = - \Big[E\{Y\} - S - E\{Y\} \cdot I(k_Y + 1, \alpha_Y \cdot S)$$
$$+ S \cdot I(k_Y, \alpha_Y \cdot S) \Big]$$

Im folgenden Beispiel wird stark schwankender Bedarf angenommen: $E\{D\} = 2$; $\mathrm{Var}\{D\} = 36$; $\ell = 5$; $(S - s) = 12$; $\beta = 0.98$. Man erhält folgende Ergebnisse:

---

25 siehe S. 172

$$k_D = 0.11111 \quad \alpha_D = 0.0556$$
$$k_Y = 0.5556 \quad \alpha_Y = 0.0556$$
$$k_Z = 0.6667 \quad \alpha_Z = 0.0556$$

$$(1 - \beta) \cdot [(S - s) + E\{U\}] = (1 - 0.98) \cdot \left[12 + \frac{2^2 + 36}{2 \cdot 2}\right] = 0.44$$

s	①	②	③	Rechte Seite von Beziehung (C.76)
66.50	1.5994	1.1018	0.0639	0.4337
66.24	1.6239	1.1190	0.0649	0.4400
66.00	1.6469	1.1351	0.0659	0.4459

Tabelle C.16: Bestimmung des Bestellpunkts bei Gamma-verteilter Periodennachfragemenge

Aus Tabelle C.16 kann der optimale **Bestellpunkt** $s_{\text{opt}} = 66.24$ abgelesen werden. Das **Bestellniveau** beträgt dann $S_{\text{opt}} = 12 + 66.24 = 78.24$. Im vorliegenden Beispiel wird deutlich erkennbar, daß wegen der großen Schwankungen der Periodennachfrage häufiger damit zu rechnen ist, daß eine Lagerbestellung nicht zur Auslieferung des gesamten wartenden Fehlbestands ausreicht. Der Fehlbestand am Anfang eines Zyklus beträgt ca. 12% des Fehlbestands am Ende des Zyklus. Je niedriger der Servicegrad, je kleiner die Differenz $(S - s)$ und je größer der Variationskoeffizient der Periodennachfrage ist, umso wichtiger wird es, daß diese Korrekturgröße bei der Berechnung der Fehlmenge berücksichtigt wird.

Zur numerischen Bestimmung des minimalen Bestellpunkts, mit dem der angestrebte Servicegrad gerade noch erreicht wird, kann das Newton-Raphson-Verfahren oder ein anderes geeignetes Verfahren zur Bestimmung der Nullstelle einer Funktion eingesetzt werden.

Diskrete empirische Verteilung. Folgt die Periodennachfragemenge einer diskreten empirischen Verteilung, dann kann man die zur Ermittlung des Bestellpunkts verwendeten Größen wie folgt berechnen. Zur Bestimmung des Fehlbestands am Anfang eines Beschaffungszyklus wird die Wahrscheinlichkeitsverteilung der Nachfragemenge in der Wiederbeschaffungszeit, Y, benötigt. Diese kann durch Faltung der Verteilung der Periodennachfragemenge D ermittelt werden.[26]

Zur Bestimmung des erwarteten Fehlbestands am Ende eines Beschaffungszyklus wird die Wahrscheinlichkeitsverteilung der Summe $U + Y$ (Defizit + Nachfragemenge in der Wiederbeschaffungszeit) benötigt. Sie kann durch Faltung der Wahrscheinlichkeits-

---

26 siehe hierzu Abschnitt A.4.5, S. 40

verteilung von U mit der Wahrscheinlichkeitsverteilung von Y bestimmt werden. Bei extern vorgegebener Differenz $(S - s)$ kann dann nach dem kleinsten Wert von s gesucht werden, bei dem die erwartete Fehlmenge den Anteil $(1 - \beta)$ an der mittleren Nachfragemenge pro Beschaffungszyklus (Bestellmenge) nicht überschreitet.

Betrachten wir das folgende Beispiel: $P\{D = 0\} = 0.1$, $P\{D = 2\} = 0.4$, $P\{D = 5\} = 0.5$; $\ell = 4$; $(S - s) = 10$. Die Verteilung des Defizits beträgt in diesem Fall nach Gleichung (C.17): $P\{U = 0\} = 0.2727$, $P\{U = 1\} = 0.2727$, $P\{U = 2\} = 0.1515$, $P\{U = 3\} = 0.1515$, $P\{U = 4\} = 0.1515$. Der Erwartungswert des Defizits ist $E\{U\} = 1.6364$, wodurch sich eine mittlere Bestellmenge von 11.6364 ergibt. In Tabelle C.17 sind die Wahrscheinlichkeitsverteilungen von Y und $U + Y$ sowie weitere benötigte Funktionen angegeben.

Strebt man nun z. B. einen Servicegrad von $\beta = 0.95$ an, dann erhält man aus der Tabelle den Bestellpunkt $s = 18$ und wegen $S = s + 10$ das Bestellniveau $S = 28$. Da wegen der diskreten Nachfragemengen s und S ganzzahlig sind, wird der angestrebte Servicegrad nicht genau erreicht, sondern geringfügig überschritten.

y	$P\{Y = y\}$	s	y^*	$P\{Y + U \\ = y^*\}$	$E\{Y + U > s\} \\ = E\{I_{End}^f\}$	S	$E\{Y > S\} \\ = E\{I_{Anf}^f\}$	β-Service- grad
0	0.0001	0	0	0.00003	14.8364	10	3.6030	3.46%
5	0.0020	3	3	0.00045	11.8370	13	1.5775	11.83%
10	0.0150	8	8	0.01916	6.8972	18	0.1250	41.80%
11	0.1280	9	9	0.04098	5.9481	19	0.0625	49.42%
12	0.1200	10	10	0.04167	5.0400	20	0	56.69%
14	0.2400	11	11	0.06106	4.1736	21	0	64.13%
15	0.0500	12	12	0.08833	3.3682	22	0	71.05%
17	0.2000	13	13	0.06894	2.6511	23	0	77.22%
20	0.0625	14	14	0.10530	2.0030	24	0	82.79%
		15	15	0.11667	1.4602	25	0	87.45%
		16	16	0.06818	1.0341	26	0	91.11%
		17	17	0.09849	0.6761	27	0	94.19%
		18	18	0.09849	0.4167	28	0	96.42%
		19	19	0.03788	0.2557	29	0	97.80%
		20	20	0.04735	0.1326	30	0	98.86%
		21	21	0.04735	0.0568	31	0	99.51%
		22	22	0.00947	0.0284	32	0	99.76%
		23	23	0.00947	0.0095	33	0	99.92%
		24	24	0.00947	0.0000	34	0	100.00%

Tabelle C.17: Bestimmung des Bestellpunkts bei empirisch verteilter Periodennachfragemenge

Die Bestimmung des durchschnittlichen **Lagerbestands** bei einer (s, S)-Politik ist schwieriger als bei den bisher behandelten Politiken. Im Unterschied zur (s, q)-Politik kann nicht mehr unterstellt werden, daß der disponible Lagerbestand im Intervall $[s, s + q]$ gleichverteilt ist. Im Gegensatz zur (r, S)-Politik wird nicht in konstanten Abständen, sondern mit einer variablen Zykluslänge bestellt.

Scarf[27] hat gezeigt, daß der durchschnittliche Lagerbestand am Ende einer Periode wie folgt beschrieben werden kann:

$$E\{I^p\} = \frac{I(S) + \int\limits_0^Q I(S - x) \cdot m(x) \cdot dx}{1 + M(Q)} \tag{C.77}$$

wobei $Q = S - s$. Die Funktion $I(x)$ ist wie folgt definiert:

$$I(x) = \int\limits_0^x (x - y) \cdot f_{Y^{(\ell+1)}} \cdot dy \tag{C.78}$$

Wir bezeichnen nun mit $f^{*n}(x)$ die n-fache Faltung der Dichtefunktion $f(x)$ und mit $F^{*n}(x)$ die n-fache Faltung der Verteilungsfunktion $F(x)$. Dann ist die Funktion

$$m(x) = \sum_{n=1}^\infty f^{*n}(x) \tag{C.79}$$

die sog. Erneuerungsdichte. Sie beschreibt die mittlere Anzahl von Erneuerungen pro Zeiteinheit (in einem infinitesimal kurzen Intervall der Länge x). Die Funktion

$$M(x) = \sum_{n=1}^\infty F^{*n}(x) \tag{C.80}$$

ist die sog. Erneuerungsfunktion, d. h. die mittlere Anzahl von Periodennachfragen, die aus der Menge x gedeckt werden können.

Da die Beziehung (C.77) i. d. R. schwierig auszuwerten ist, schlagen *Schneider und Rinks*[28] folgende Approximation des physischen Lagerbestands vor, die für große Bestellmengen eingesetzt werden kann:

$$E\{I^p\} = Q \cdot \left(1 - \frac{Q}{2 \cdot (Q + E\{U\})}\right) + s - E\{Y^{(\ell+1)}\} + (1 - \gamma) \cdot E\{D\} \tag{C.81}$$

mit

---

27 vgl. *Scarf* (1963)
28 vgl. *Schneider und Rinks* (1989)

$$\gamma = 1 - \frac{\int\limits_{s}^{\infty} (y - s)^2 \cdot f_{Y(\ell+1)} \cdot dy}{2 \cdot E\{D\} \cdot (Q + E\{U\})} \tag{C.82}$$

Die numerische Auswertung dieser Approximation ist recht einfach, da das Integral im Zähler von (C.82) bereits bei der Bestimmung des β-Servicegrades verwendet wurde.[29]

Die durchschnittlichen Kosten pro Periode betragen dann:

$$E\{C_{(s,S)}\} = \frac{E\{D\}}{(S - s) + E\{U\}} \cdot c_b + E\{I^p\} \cdot h \tag{C.83}$$

 Im obigen Beispiel erhält man für die vorgebene Differenz $Q = S - s = 1000$ bei einem Bestellpunkt $s = 825.89$ und einem Bestellniveau $S = 1825.89$ einen mittleren physischen Bestand von $E\{I^p\} = 457.75$. Die mittleren Gesamtkosten betragen dann $E\{C_{(s,S)}\} = 22.37$.

C.1.4   Vergleich der Lagerhaltungspolitiken

Da die in den vorangegangenen Abschnitten betrachteten Lagerhaltungspolitiken alternativ eingesetzt werden können, ist zu klären, welche Lagerhaltungspolitik sich im konkreten Fall am besten eignet. Bei der Beantwortung dieser Frage sind verschiedene Gesichtspunkte zu berücksichtigen.[30]

* **Bestell- und Lagerkosten**

Die betrachteten Lagerhaltungspolitiken sind mit unterschiedlichen **Lagerbeständen** und **Bestellhäufigkeiten** verbunden. Sie unterscheiden sich folglich in der Höhe der Lager- und Bestellkosten. Da die (s, S)-Politik als Grenzfall die anderen Lagerhaltungspolitiken einschließt, können die mit dieser Politik minimal erreichbaren Lager- und Bestellkosten nicht höher sein als die mit einer der anderen Politiken erreichbaren Kosten. Das bedeutet, man kann die Parameter s und S der (s, S)-Politik immer so festlegen, daß sie – jedenfalls im Hinblick auf die beiden genannten Kostenkomponenten – nicht ungünstiger ist als die anderen Politiken. Darüber hinaus kann festgestellt werden, daß die (r, S)-Politik zu höheren Kosten führt als die (s, q)-Politik. Bestimmt man das optimale Überwachungsintervall mit Hilfe der klassischen Bestellmengenformel, dann sind die Bestellkosten dieser beiden Politiken gleich. Da das Bestellniveau S der (r, S)-Politik aber die Unsicherheit über einen längeren Zeitraum $(r + L)$ abdecken muß als der Bestellpunkt s der (s, q)-Politik (L), sind die Lagerkosten in der (r, S)-Politik bei gleichem Servicegrad höher.

---

29   siehe Gleichung (C.72) auf S. 181
30   vgl. auch *Robrade* (1991)

Die Berechnung der Gesamtkosten für die einzelnen Lagerhaltungspolitiken wurde in den vorangegangenen Abschnitten erläutert. Für das dabei betrachtete Beispiel mit normalverteilter Nachfrage ($E\{D\} = 100$; $\mathrm{Var}\{D\} = 900$; $\ell = 8$; $h = 0.024$; $c_b = 120$; $\beta = 0.95$) zeigt Tabelle C.18 die Ergebnisse im Überblick.[31]

(r, S)-Politik:	$r = 10$	$S = 1801.59$	$E\{C_{(r,S)}\} = 23.00$
(s, q)-Politik:	$s = 830.42$	$q = 1000$	$E\{C_{(s,q)}\} = 22.47$
(s, S)-Politik:	$s = 825.89$	$S = 1825.89$	$E\{C_{(s,S)}\} = 22.37$

Tabelle C.18: Vergleich der Kosten der Lagerhaltungspolitiken

Die (s, S)-Politik ist kostengünstiger als die (s, q)-Politik, weil die durchschnittliche Bestellmenge um die Höhe des Defizits größer ist. Es kommt daher zu geringeren Bestellkosten, ohne daß die Bestellkostenreduktion durch den resultierenden Lagerkostenanstieg kompensiert wird.

- **Lieferzeit**

In Abschnitt A.4.3, S. 17 ff., wurde bereits darauf hingewiesen, daß bei der (r, S)-Politik der **Risikozeitraum** wesentlich größer sein kann als bei der (s, q)-Politik. Dies liegt an der längeren Reaktionszeit der (r, S)-Politik. Da der Risikozeitraum i. allg. als eine Obergrenze für die lagerbedingte Lieferzeit eines Kundenauftrags betrachtet werden kann, hat die Wahrscheinlichkeitsverteilung der Lieferzeit in der (r, S)-Politik eine größere Streuung als in der (s, q)-Politik. Dies kann sich als ungünstig für die integrierte Optimierung der Teilprozesse in der Logistikkette erweisen.

- **Weitere Gesichtspunkte**

Im konkreten Fall müssen u. U. auch andere Einflußgrößen berücksichtigt werden, die die obige nur auf die Summe aus Bestellkosten und Lagerkosten bezogene Betrachtung relativieren. Sind mengenabhängige Beschaffungspreise zu berücksichtigen, die mit den jeweiligen Beschaffungsmengen variieren, dann kann oft weder die (r, S)-Politik noch die (s, S)-Politik eingesetzt werden, da in diesen Politiken die Beschaffungsmengen Zufallsvariablen sind, deren Streuung von der Varianz des Periodennachfragemenge abhängt. Auch die Vorgabe von festen **Transport- bzw. Packungsgrößen** schränkt

---

31 Die Kosten der (s, q)-Politik und der (r, S)-Politik wurden exakt berechnet, während die Kosten der (s, S)-Politik eine Approximation darstellen.

die Anwendbarkeit dieser Politiken ein und macht den Einsatz der (s, q)-Politik mit definierbaren Beschaffungsmengen sinnvoll. Lassen sich dagegen **Synergieeffekte im Transportbereich** ausnutzen, z. B. wenn mehrere Produkte von demselben Lieferanten beschafft werden, dann kann es sinnvoll sein, die höheren Kosten der (r, S)-Politik in Kauf zu nehmen, um durch die zeitliche Koordination der Beschaffungstermine der Produkte fixe Beschaffungskosten zu sparen. Ist der „Lieferant" des Lagers eine Produktionsabteilung, dann kann die Koordination der Produktionstermine sinnvoll sein, wenn mehrere Produkte einen aufwendigen produktgruppenbezogenen Rüstvorgang und nur geringfügige produktbezogene Umrüstungen benötigen.

In mehrstufigen Supply Chains kann es sinnvoll sein, die Bestelltermine von Regionallagern so aufeinander abzustimmen, daß in jeder Periode immer nur eine (oder eine begrenzte Anzahl) von Lagerbestellungen im Zentrallager eintrifft. Diese Bestellterminierung setzt voraus, daß in den Regionallagern (r, S)-Politiken eingesetzt werden.[32]

C.2   Exakte Analyse ausgewählter Lagerhaltungspolitiken

Die in den vorangegangenen Abschnitten dargestellten Analysen beruhten auf Approximationen der Entwicklung des Lagerbestands. Im Folgenden wollen wir nun einige Situationen betrachten, in denen die exakte Herleitung der interessierenden Kenngrößen eines Lagerknotens möglich ist.

C.2.1   Eine einmalige Bestandsergänzung: Das Newsvendor-Problem

Zunächst sei eine Entscheidungssituation betrachtet, die in der Praxis recht häufig vorkommt und die in der Literatur als „Newsvendor-Problem", „Newsboy-Problem" oder auch als „Christmas Tree-Problem" bezeichnet wird. Es wird folgende Situation angenommen. Zu Beginn einer Periode ist die Entscheidung zu treffen, ob und wenn ja, in welcher Höhe, eine Bestellung aufgegeben werden soll. Da nur eine **einmalige Bestellmöglichkeit** besteht, muß die nach der Bestellung und Lieferung verfügbare Menge bis zum Periodenende ausreichen. Die Wiederbeschaffungszeit sei Null. Der Lagerbestand vor der Bestellentscheidung sei b. Der Lagerbestand nach der Bestellentscheidung sei S. Damit ist die Differenz $(S - b)$ die beim Lieferanten zu bestellende Menge. Reicht S nicht zur Deckung der gesamten Nachfrage in der Periode aus, dann entstehen Fehlmengenkosten c_f pro Mengeneinheit. Ist die Nachfrage geringer als S, dann bleibt am Periodenende ein Lagerbestand übrig und es entstehen Kosten in Höhe von c_o pro Men-

---

32   vgl. *Chen und Samroengraja* (2000); *Cachon* (1999)

geneinheit. Dies können Lagerkosten (bis zur nächsten gleichartigen Entscheidungssituation) oder Kosten für die Verschrottung der Ware usw. sein.

Wir betrachten zunächst den einfachen Fall, daß mit der Bestellung keine Fixkosten verbunden sind. Danach beziehen wir fixe Bestellkosten mit in die Überlegungen ein.

C.2.1.1   Modell ohne bestellfixe Kosten

Nehmen wir an, daß mit der Bestellung keine Fixkosten verbunden sind und daß der Lagerbestand vor der Entscheidung $b = 0$ ist. Zu bestimmen ist das optimale Bestellniveau S (Lagerbestand nach der Bestellentscheidung). Da der Anfangsbestand annahmegemäß Null ist, ist die Bestellmenge $q = S$.

Bezeichnen wir die Nachfragemenge mit X, dann können am Ende der Periode, nach dem Eintreffen der Nachfrage, zwei Situationen mit folgenden Kosten auftreten:

Nachfrage	Situation	Kosten
gering	Lagerbestand $= S - X$	$c_o \cdot (S - X)$
groß	Fehlbestand $= X - S$	$c_f \cdot (X - S)$

Die erwarteten Kosten am Ende der Periode betragen dann:

$$C(S) = c_o \cdot \underbrace{\int_0^S (S - x) \cdot f(x) \cdot dx}_{\text{zuviel beschafft}} + c_f \cdot \underbrace{\int_S^\infty (x - S) \cdot f(x) \cdot dx}_{\text{zuwenig beschafft}} \tag{C.84}$$

oder

$$C(S) = c_o \cdot \int_0^S (S - x) \cdot f(x) \cdot dx$$
$$+ c_f \cdot \left[\int_0^\infty (x - S) \cdot f(x) \cdot dx - \int_0^S (x - S) \cdot f(x) \cdot dx \right] \tag{C.85}$$

oder

$$C(S) = (c_o + c_f) \cdot \int_0^S (S - x) \cdot f(x) \cdot dx + c_f \cdot \int_0^\infty (x - S) \cdot f(x) \cdot dx \tag{C.86}$$

oder

$$C(S) = (c_o + c_f) \cdot \int\limits_0^S (S - x) \cdot f(x) \cdot dx + c_f \cdot (E\{X\} - S) \qquad \text{(C.87)}$$

Um den optimalen Wert von S zu bestimmen, bildet man die erste Ableitung von (C.87) nach S und setzt diese gleich Null:[33]

$$\frac{dC(S)}{dS} = (c_o + c_f) \cdot \int\limits_0^S f(x) \cdot dx - c_f \overset{!}{=} 0 \qquad \text{(C.88)}$$

Die zweite Ableitung nach S lautet:[34]

$$\frac{d^2 C(S)}{dS^2} = (c_o + c_f) \cdot f(S) > 0 \qquad \text{(C.89)}$$

Diese Funktion ist immer > 0, da $f(x)$ nicht negativ sein kann. Damit ist die Funktion $C(S)$ konvex.[35] Aus (C.88) erhält man folgende Optimalitätsbedingung („critical ratio"):

$$\int\limits_0^{S_{\text{opt}}} f(x) \cdot dx = F(S_{\text{opt}}) = \frac{c_f}{c_o + c_f} \qquad \text{(C.90)}$$

 Betrachten wir ein Beispiel. Die Nachfragemenge sei mit $\mu_X = 100$ und $\sigma_X = 30$ normalverteilt. Die Fehlmengenkosten seien $c_f = 30$ und die Kosten für zu hohen Bestand seien $c_o = 10$. Dann erhält man:

$$S_{\text{opt}} = \left[S \mid F(S) = \frac{30}{10 + 30} = 0.75 \right]$$

Mit $v = \frac{S - \mu}{\sigma}$ ergibt sich dann:

$$v_{\text{opt}} = \left[v \mid \Phi_N(v) = 0.75 \right] = 0.6743$$

und

$$S_{\text{opt}} = 100 + 0.6743 \cdot 30 \simeq 120.23$$

 Für den Fall **normalverteilter** Nachfrage kann die Zielfunktion (C.87) wie folgt geschrieben werden:[36]

---

33   Zur Ableitung des Integrals siehe Anhang 4.
34   Hinweis: Die Ableitung eines Integrals nach der oberen Integrationsgrenze ist gleich dem Integranden, berechnet an der Integrationsgrenze: $\frac{d}{dt} \int_0^t f(x) \cdot dx = f(t)$
35   vgl. *Domschke et al.* (2015), Abschnitt 8.2
36   siehe Anhang 1

$$C(S) = (c_o + c_f) \cdot \left[S - \mu_X + \sigma_X \cdot \Phi_N^1(v) \right] + c_f \cdot (\mu_X - S)$$

$$= c_o \cdot (S - \mu_X) + (c_o + c_f) \cdot \sigma_X \cdot \Phi_N^1(v) \tag{C.91}$$

Die Funktion $\Phi_N^1(v)$ bezeichnet wieder die „first-order loss function" der Standardnormalverteilung. Im Beispiel erhält man:

$$C(S = 120.23) = 10 \cdot (120.23 - 100) + (10 + 30) \cdot 30 \cdot 0.1492 = 381.34$$

Bild C.19 zeigt den Kostenverlauf und den Verlauf der kumulierten Wahrscheinlichkeiten $P\{X \leq S\}$ für das Beispiel.

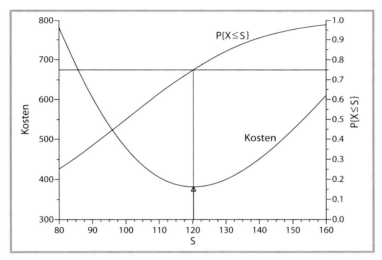

Bild C.19: Kostenverlauf für das Beispiel

Falls die Nachfragemenge mit den Wahrscheinlichkeiten $P\{X = x\}$ diskret verteilt ist, schreibt man:

$$C(S) = c_o \cdot \sum_{x=0}^{S} (S - x) \cdot P\{X = x\} + c_f \cdot \sum_{x=S+1}^{\infty} (x - S) \cdot P\{X = x\} \tag{C.92}$$

oder

$$C(S) = (c_o + c_f) \cdot \sum_{x=0}^{S} (S - x) \cdot P\{X = x\} + c_f \cdot (E\{X\} - S) \tag{C.93}$$

Da die Funktion $C(S)$ konvex ist, muß für S_{opt} gelten:

$$C(S_{\mathrm{opt}} - 1) \geq C(S_{\mathrm{opt}}) \leq C(S_{\mathrm{opt}} + 1) \tag{C.94}$$

Daraus erhält man schließlich:

$$P\{X \leq S_{\mathrm{opt}} - 1\} \leq \frac{c_f}{c_o + c_f} \leq P\{X \leq S_{\mathrm{opt}}\} \tag{C.95}$$

Wie man sieht, bringt S_{opt} den Zielkonflikt zwischen den Kosten bei einem zu niedrigen Lagerbestand und den Kosten bei einem zu hohen Lagerbestand zum Ausdruck. S_{opt} kann durch Absuchen der kumulierten Wahrscheinlichkeitsverteilung der Nachfragemenge bestimmt werden. Man ermittelt einfach den kleinsten Wert von S, bei dem die kumulierte Nachfragewahrscheinlichkeit den geforderten Wert $\frac{c_f}{c_o + c_f}$ erreicht.

x	$P\{X = x\}$	$P\{X \leq x\}$
0	0.10	0.10
1	0.10	0.20
2	0.10	0.30
3	0.10	0.40
4	0.10	0.50
5	0.10	0.60
6	0.10	0.70
7	0.10	0.80
8	0.10	0.90
9	0.10	1.00

Tabelle C.19: Beispiel

Angenommen, die Nachfragemenge sei zwischen 0 und 9 gleichverteilt, dann erhält man die in Tabelle C.19 angegebenen Wahrscheinlichkeiten. Bei Kosten in Höhe von $c_f = 9$ und $c_o = 3$ erhält man den kritischen Wert $\frac{9}{3+9} = 0.75$. Aus der Tabelle C.19 kann dann $S_{\mathrm{opt}} = 7$ entnommen werden, da $P\{X \leq 6\} = 0.7$ und $P\{X \leq 7\} = 0.8$.

Anstelle der hier dargestellten Kostenminimierung kann man auch eine Gewinnmaximierung anstreben. In dieser Form findet das Newsvendor-Modell auch Anwendung im Revenue Management.[37] Auch das in Abschnitt C.5 dargestellte Modell zur Bestimmung der optimalen Transportkapazität hat die formale Struktur des Newsvendor-Problems.

---

37   Zu weiteren Anwendungen des Newsvendor-Modells vgl. *Silver et al.* (1998); *Taha* (2003); *Nahmias* (2005). Siehe auch Abschnitt C.5.

C.2.1.2   Modell mit bestellfixen Kosten: einperiodige (s, S)-Politik

Nun sei angenommen, daß der Lagerbestand vor der Bestellentscheidung $b > 0$ ist und daß mit der Auslösung der Bestellung bestellfixe Kosten c_b anfallen, die unabhängig von der Bestellmenge sind. In dieser Situation muß auch die Frage beantwortet werden, ob überhaupt eine Bestellung aufgegeben werden soll oder ob der vorhandene Bestand b ausreicht. Je größer der Bestand b ist, umso eher wird man auf die Bestellung verzichten können.

Man hat nun zwei **Alternativen**:

① Es wird **keine Bestellung** aufgegeben. Dann ist der zur Erfüllung der Nachfrage verfügbare Lagerbestand $S = b$. Die erwarteten Kosten betragen dann nach Gleichung (C.87):

$$C(b) = (c_o + c_f) \cdot \int_0^b (b - x) \cdot f(x) \cdot dx + c_f \cdot (E\{X\} - b) \tag{C.96}$$

② Es wird eine **Bestellung** der Höhe $(S - b)$ aufgegeben. Die mit dieser Entscheidung verbundenen erwarteten Kosten betragen:

$$
\begin{aligned}
Z(S) &= c_b + (c_o + c_f) \cdot \int_0^S (S - x) \cdot f(x) \cdot dx + c_f \cdot (E\{X\} - S) \\
&= c_b + C(S)
\end{aligned}
\tag{C.97}
$$

Bild C.20 zeigt den Verlauf beider Kostenfunktionen. Da sie sich nur um die Konstante c_b unterscheiden, liegt ihr Minimum an derselben Stelle. Unabhängig davon, ob Fixkosten auftreten oder nicht, ist der optimale Ziel-Lagerbestand also identisch mit dem optimalen Bestellniveau S_{opt}, das sich im Fall ohne Fixkosten ergibt. Ein Unterschied ergibt sich aber bezüglich der Frage, ob überhaupt bestellt werden soll. Intuitiv wird man vermuten, daß dies von der Höhe der fixen Bestellkosten abhängt. Man wird auf die Bestellung verzichten, wenn der dadurch entstehende Nachteil (Erhöhung der Summe aus Lagerkosten und Fehlbestandskosten) geringer ist als die Kosteneinsparung durch den Wegfall der bestellfixen Kosten.

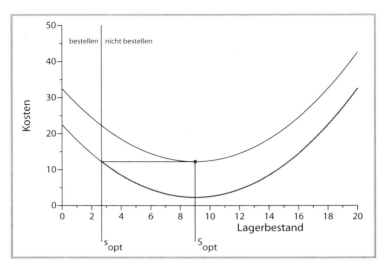

Bild C.20: Verlauf der Kostenfunktionen

In Bild C.20 kann man drei Regionen erkennen, in denen der aktuelle Lagerbestand b vor der Bestellentscheidung liegen kann:

- $b > S_{\mathrm{opt}}$. In diesem Fall ist bereits zuviel Lagerbestand vorhanden. Eine Bestellung lohnt sich nicht und würde die Kosten ansteigen lassen.

- $s_{\mathrm{opt}} \leq b \leq S_{\mathrm{opt}}$. In diesem Fall würde bei einem Verzicht auf die Bestellung der Lagerbestand nach der Entscheidung weiterhin b betragen und es würden die Kosten $C(b)$ anfallen. Dies entspricht dem Verlauf der unteren Kostenfunktion (ohne Fixkosten). Die Kosten steigen mit sinkendem Lagerbestand b an, bis b den kritischen Wert s_{opt} erreicht hat. Liegt b also im Bereich zwischen s_{opt} und S_{opt}, dann ist der Verlauf der unteren Kostenfunktion günstiger. Das bedeutet, man sollte nicht bestellen und stattdessen den vorhandenen Lagerbestand b zur Deckung der Nachfrage verwenden.

- $b < s_{\mathrm{opt}}$. Ist der vorhandene Lagerbestand schließlich kleiner als s_{opt}, dann ist es günstiger, den Bestand durch eine Bestellung auf S_{opt} anzuheben und mit dieser Menge die Nachfrage zu decken. In diesem Fall erreicht man dann den (durch einen dicken Punkt markierten) minimalen Funktionswert auf der oberen Kostenfunktion (mit Fixkosten). Dieser ist günstiger als jeder Punkt auf den unteren Kostenfunktion links von s_{opt}.

Der optimale Wert s_{opt} ist der kleinste Wert, bei dem die Bedingung

$$C(s_{\text{opt}}) = C(S_{\text{opt}}) + c_b \qquad\qquad\qquad (C.98)$$

erfüllt ist.[38]

Erweitert man das obige Beispiel um Fixkosten $c_b = 10$, dann erhält man die in Tabelle C.20 und Bild C.21 dargestellten Kostenverläufe.

S	$C(S)$	$Z(S)$
1	32.7	42.7
2	26.1	36.1
3	20.7	30.7
4	16.5	26.5
5	13.5	23.5
6	11.7	21.7
7	11.1	21.1
8	11.7	21.7
9	13.5	23.5
10	16.5	26.5

Tabelle C.20: Zielfunktionsverlauf mit und ohne Fixkosten

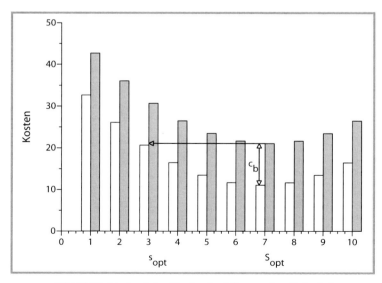

Bild C.21: Verlauf der Kostenfunktionen des Beispiels

---

38   vgl. *Johnson und Montgomery* (1974); *Taha* (2003)

Das optimale Bestellniveau beträgt $S_{opt} = 7$. Da die Bestellpunkte im Beispiel sinnvollerweise ganzzahlig sind, bietet es sich an, $s_{opt} = 3$ zu wählen. Die betrachtete Lagerpolitik ist das einperiodige Äquivalent der (s, S)-Politik aus Abschnitt C.1.3.

C.2.2 (s, q)-Politik mit Poisson-verteilter Nachfrage und kontinuierlicher Lagerüberwachung

Betrachten wir nun noch einmal die (s, q)-Politik, die bereits ausführlich in Abschnitt C.1.1 behandelt wurde. Allerdings wird nun unterstellt, daß

- die **Nachfrage** Poisson-verteilt mit dem im Zeitablauf sich nicht verändernden Mittelwert $E\{D\} = \lambda$ ist, d. h., daß Aufträge der Größe 1 in exponentialverteilten Abständen auf einer **kontinuierlichen Zeitachse** im Lager eintreffen und

- die **Lagerüberwachung** kontinuierlich erfolgt.

Außerdem gilt weiterhin, daß die Wiederbeschaffungszeiten deterministisch $L = \ell$ sind und Kundenaufträge, die mangels Lagerbestand nicht sofort erfüllt werden können, als Rückstandsaufträge vorgemerkt werden.

Die Analyse basiert auf der exakten Bestimmung der Wahrscheinlichkeitsverteilung des **disponiblen Lagerbestands**.[39] Dieser ist die Summe aus dem Nettobestand und dem Bestellbestand, d. h. der Menge, die zwar bestellt, aber vom Lieferanten noch nicht geliefert wurde. Zu einem beliebigen Zeitpunkt $t \geq 0$ ist der disponible Lagerbestand:

$$I_t^d = I_t^n + I_t^o \tag{C.99}$$

wobei I_t^d den disponiblen Bestand, I_t^n den Nettobestand und I_t^o den Bestellbestand zum Zeitpunkt t bezeichnen.[40]

Für die Analyse der Entwicklung des Lagerbestands im Zeitablauf gehen wir von der Startsituation aus, daß der disponible Lagerbestand zum Zeitpunkt t irgendwo zwischen $s + 1$ und $s + q$ liegt: $I_t^d = s + i$ ($i = 1, 2, \ldots, q$). Der Wert s ist nicht möglich, da unmittelbar nach Erreichen von s eine Bestellung ausgelöst wird, die den disponiblen Lagerbestand ohne Zeitverzögerung auf $s + q$ erhöht. Die Entwicklung des disponiblen Lagerbestands ist dann ein diskreter stochastischer Prozeß in kontinuierlicher Zeit, der Werte im Bereich $s + 1$ bis $s + q$ annehmen kann. Bild C.22 veranschaulicht, wie sich die Zustände (Lagerbestände) zyklisch wiederholen.

---

39 vgl. auch *Hadley und Whitin* (1963), Abschnitt 4.7
40 Zu den Bestandsdefinitionen siehe Abschnitt A.4.1 auf S. 10.

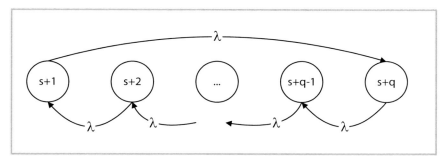

Bild C.22: Zustände des stochastischen Prozesses

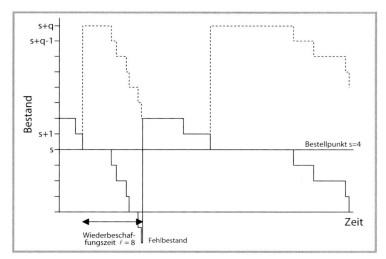

Bild C.23: Entwicklung des Lagerbestands

Bild C.23 zeigt die Bestandsentwicklung. Die Wiederbeschaffungszeit beträgt hier $\ell = 8$ Perioden. In dieser Zeit treffen sechs Nachfragen mit exponentialverteilten Abständen ein. Vor Auslösung einer Lagerbestellung ist der Bestand $s + 1$. Dann trifft ein Kunde im Zeitpunkt t ein. Der Bestand würde auf s sinken, wenn nicht sofort eine Lagerbestellung ausgelöst würde. Da dieses aber ohne zeitliche Verzögerung geschieht, steigt der disponible Bestand infolge des Eintreffens des Kunden auf $s + q$ und bleibt auf diesem Niveau bis zum Eintreffen des nächsten Kunden.

Die Wiederbeschaffungszeit ist deterministisch und beträgt ℓ Perioden. Alle vor t ausgelösten, aber in t noch nicht eingetroffenen Bestellungen (Bestandteile von I_t^o bzw. I_t^d) müssen bis zum Zeitpunkt $t + \ell$ im Lager eingetroffen und damit in den Nettobestand eingegangen sein. Alle Bestellungen, die nach t ausgelöst wurden, sind bis zum Zeitpunkt $t + \ell$ noch nicht eingetroffen. Folglich ergibt sich der **Nettobestand** zum Zeitpunkt $(t + \ell)$ aus dem disponiblen Bestand zum Zeitpunkt t abzüglich der insgesamt in der Wiederbeschaffungszeit ℓ aufgetretenen Nachfragemenge, $Y^{(t,t+\ell)}$, wie folgt:

$$I_{t+\ell}^n = I_t^d - Y^{(t,t+\ell)} \tag{C.100}$$

$I_{t+\ell}^n$ kann positiv oder negativ sein. Ist $I_{t+\ell}^n > 0$, dann ist ein positiver physischer Lagerbestand vorhanden und der Fehlbestand ist Null. Ist $I_{t+\ell}^n < 0$, dann ist es umgekehrt. Es gilt also:

$$I_{t+\ell}^p = \begin{cases} I_t^d - Y^{(t,t+\ell)}, & I_t^d > Y^{(t,t+\ell)} \\ 0, & I_t^d \leq Y^{(t,t+\ell)} \end{cases} \tag{C.101}$$

und

$$I_{t+\ell}^f = \begin{cases} 0, & I_t^d > Y^{(t,t+\ell)} \\ Y^{(t,t+\ell)} - I_t^d, & I_t^d \leq Y^{(t,t+\ell)} \end{cases} \tag{C.102}$$

Diese Beziehungen haben wir in den vorangegangenen Abschnitten implizit bereits ebenfalls verwendet. Kennen wir den disponiblen Lagerbestand, der offensichtlich eine Zufallsvariable ist, dann können wir daraus die für die Beurteilung einer Lagerhaltungspolitik mit den Parametern s und q relevanten Kriterien, z. B. den mittleren physischen Lagerbestand, den mittleren Fehlbestand oder auch den β-Servicegrad, ableiten.

Wir interessieren uns zunächst für die **Wahrscheinlichkeitsverteilung des disponiblen Lagerbestands** I_t^d zum Zeitpunkt $t \geq 0$. Da die Zwischenankunftszeiten der Nachfrageereignisse exponentialverteilt sind, kann die Bestandsentwicklung durch eine **Markov-Kette** in kontinuierlicher Zeit modelliert werden. Wir bezeichnen mit $P\{I_t^d = s + n\} = P(n, t)$, $(n = 1, 2, \ldots, q; t \geq 0)$ die Wahrscheinlichkeit dafür, daß der disponible Lagerbestand I_t^d im Zeitpunkt t genau $s + n$ beträgt.

Betrachten wir nun zwei aufeinanderfolgende Zeitpunkte t und $t + dt$, wobei der Abstand dt so klein ist, daß höchstens ein Nachfrageereignis in dt auftritt. Die Wahrscheinlichkeit dafür, daß zum Zeitpunkt $t + dt$ der Lagerbestand $s + n$ vorhanden ist, ergibt sich wie folgt:

$$\begin{aligned} P(n, t + dt) &= P(n, t) \cdot (1 - \lambda \cdot dt) \\ &+ P(n + 1, t) \cdot \lambda \cdot dt + o(dt), \qquad 1 \leq n \leq q - 1 \end{aligned} \tag{C.103}$$

$$P(n, t + dt) = P(n, t) \cdot (1 - \lambda \cdot dt)$$
$$+ P(1, t) \cdot \lambda \cdot dt + o(dt), \qquad\qquad n = q \qquad \text{(C.104)}$$

Erläuterung von Gleichung (C.103): Entweder war der Bestand in t gleich $s + n$ *und* es ist keine Nachfrage in dt aufgetreten oder der Bestand in t war $s + n + 1$ *und* es ist eine Nachfrage aufgetreten. Erläuterung von Gleichung (C.104): Entweder war der Bestand in t gleich $s + q$ und es ist keine Nachfrage in dt aufgetreten oder der Bestand in t war $s + 1$ und es ist eine Nachfrage aufgetreten. Dadurch wurde sofort eine Lagerbestellung ausgelöst, die den disponiblen Bestand auf $s + q$ angehoben hat. Die Größe $o(dt)$ ist eine Funktion, die für ausreichend kleine Werte von dt Null wird ($\lim_{dt \to 0} \left[\frac{o(dt)}{dt} \right] = 0$). Sie erfaßt die verschwindend kleine Wahrscheinlichkeit für andere den Lagerbestand verändernde Ereignisse. Da wir oben angenommen haben, daß der Lagerbestand im Zeitpunkt $t = 0$ gleich i ($s + 1 \leq i \leq s + q$) ist, gelten die Startbedingungen:

$$P(n, 0) = \begin{cases} 1, & n = i \\ 0, & \text{sonst} \end{cases} \qquad\qquad \text{(C.105)}$$

Aus (C.103) und (C.104) erhält man nach einigen Umformungen:

$$\frac{dP(n, t)}{dt} = -\lambda \cdot P(n, t) + \lambda \cdot P(n + 1, t) \qquad n = 1, 2, \dots, q - 1 \quad \text{(C.106)}$$

$$\frac{dP(n, t)}{dt} = -\lambda \cdot P(n, t) + \lambda \cdot P(1, t) \qquad\qquad n = q \quad \text{(C.107)}$$

Wir bezeichnen nun mit

$$P_n = \lim_{t \to \infty} P(n, t) = \lim_{t \to \infty} P(I_t^d = s + n) \qquad n = 1, 2, \dots, q \quad \text{(C.108)}$$

die stationäre Wahrscheinlichkeit für den disponiblen Lagerbestand der Höhe $s + n$ ($n = 1, 2, \dots, q$). Da sich diese Wahrscheinlichkeiten im stationären Zustand nicht mehr ändern, muß $\frac{dP(n,t)}{dt} = 0$ gelten. Ersetzt man die linken Seiten in (C.106) und (C.107) entsprechend, dann ergibt sich:

$$0 = -\lambda \cdot P_n + \lambda \cdot P_{n+1} \qquad\qquad n = 1, 2, \dots, q - 1 \quad \text{(C.109)}$$

$$0 = -\lambda \cdot P_n + \lambda \cdot P_1 \qquad\qquad n = q \quad \text{(C.110)}$$

Durch rekursives Einsetzen erhält man die Lösung dieses Gleichungssystems. Sie lautet

$$P_1 = P_2 = \dots = P_q \qquad\qquad \text{(C.111)}$$

Die Summe aller Wahrscheinlichkeiten P_n ($n = 1, 2, \dots, q$) muß eins betragen. Daraus folgt, daß der **disponible Lagerbestand** im stationären Zustand einer diskreten Gleichverteilung mit den Werten ($s + 1, s + 2, \dots, s + q$) folgt. Somit gilt:

$$P_n = \frac{1}{q} \qquad\qquad\qquad n = 1, 2, \ldots, q \quad \text{(C.112)}$$

$$P\{I^d = j\} = \frac{1}{q} \qquad\qquad j = s+1, s+2, \ldots, s+q \quad \text{(C.113)}$$

Aus der stationären Wahrscheinlichkeitsverteilung von I^d kann die stationäre Wahrscheinlichkeitsverteilung des **Nettobestands** I^n abgeleitet werden. Diese wird – wie oben erläutert – zur Berechnung des durchschnittlichen physischen Bestands und des durchschnittlichen Fehlbestands benötigt. Beziehung (C.100) lautet für den stationären Zustand:

$$I^n = I^d - Y^{(\ell)} \qquad\qquad\qquad\qquad\qquad \text{(C.114)}$$

Ist der disponible Lagerbestand I^d bei Auslösung einer Bestellung gleich j, dann beträgt der Nettobestand nach Eintreffen der Bestellung genau $I^n = i$ $(i \le j)$, wenn in der Wiederbeschaffungszeit ℓ eine Nachfrage der Höhe $Y^{(\ell)} = j - i$ aufgetreten ist. Man erhält somit folgende bedingte Wahrscheinlichkeiten:

$$P\{I^n = i | I^d = j\} = P\{Y^{(\ell)} = j - i\} \qquad\qquad\qquad \text{(C.115)}$$

Berücksichtigt man nun alle möglichen Ausprägungen j des disponiblen Lagerbestands I^d, von denen aus ein Netto-Lagerbestand der Höhe $I^n = i$ erreicht werden kann, dann erhält man:

$$P\{I^n = i\} = \sum_{j=\max\{s+1, i\}}^{s+q} P\{I^d = j\} \cdot P\{Y^{(\ell)} = j - i\} \qquad i \le s+q \quad \text{(C.116)}$$

oder

$$P\{I^n = i\} = \frac{1}{q} \cdot \sum_{j=\max\{s+1, i\}}^{s+q} P\{Y^{(\ell)} = j - i\} \qquad i \le s+q \quad \text{(C.117)}$$

Die Untergrenze in der Summation, $\max\{s+1, i\}$, berücksichtigt die Tatsache, daß der disponible Lagerbestand j zu Beginn einer Wiederbeschaffungszeit nicht kleiner als der Netto-Lagerbestand i am Ende der Wiederbeschaffungszeit sein kann. Andernfalls müßte negative Nachfrage aufgetreten sein, was bei Gültigkeit einer Poisson-Verteilung nicht möglich ist.

Zur Bestimmung des β-**Servicegrades** kann auf den Tatbestand zurückgegriffen werden, daß unter der geltenden Annahme Poisson-verteilter Nachfragen eine Fehlmenge der Höhe 1 dann auftritt, wenn ein eintreffender Kundenauftrag der Größe 1 ein leeres Lager antrifft. Das bedeutet:

$$1 - \beta = P\{I^n \leq 0\} \quad \Rightarrow \quad \beta = P\{I^n > 0\} \tag{C.118}$$

Zur Bestimmung der optimalen Werte der Entscheidungsvariablen s und q müssen der physische Lagerbestand und der Fehlbestand ermittelt werden. Aufgrund der obigen Definition des Netto-Lagerbestands als $I^n = I^p - I^f$ erhält man:

$$\begin{aligned} E\{I^p\} &= E\{I^n\} + E\{I^f\} \\ &= E\{I^d\} - E\{Y^{(\ell)}\} + E\{I^f\} \end{aligned} \tag{C.119}$$

Da der disponible Lagerbestand I^d im Bereich $[s+1, s+q]$ gleichverteilt ist, gilt:

$$E\{I^d\} = s + \frac{1}{q} \cdot \sum_{i=1}^{q} i = s + \frac{1}{q} \cdot \frac{q \cdot (q+1)}{2} = s + \frac{q+1}{2} \tag{C.120}$$

Der Erwartungswert des **physischen Lagerbestands** ist dann:

$$E\{I^p\} = s + \frac{q+1}{2} - E\{Y^{(\ell)}\} + E\{I^f\} \tag{C.121}$$

Ein **Fehlbestand** tritt auf, wenn der disponible Lagerbestand zu Beginn einer Wiederbeschaffungszeit gleich $s+j$ ist und in der Wiederbeschaffungszeit eine Nachfrage auftritt, die $s+j$ übersteigt. Wenn $I^d = s+j$ und $Y^{(\ell)} = s+j+i$, dann ist der Fehlbestand genau i. Betrachten wir alle möglichen Werte von I^d im Bereich von $s+1$ und $s+q$, dann beträgt die stationäre **Wahrscheinlichkeit** dafür, daß der **Fehlbestand gleich** i ist:

$$\begin{aligned} P\{I^f = i\} &= \frac{1}{q} \cdot \sum_{j=1}^{q} P\{Y^{(\ell)} = s+j+i\} \\ &= \frac{1}{q} \cdot \sum_{k=i+s+1}^{i+s+q} P\{Y^{(\ell)} = k\} \\ &= \frac{1}{q} \cdot [P\{Y^{(\ell)} \geq i+s+1\} - P\{Y^{(\ell)} \geq i+s+q+1\}] \qquad i \geq 0 \end{aligned} \tag{C.122}$$

Die Summation über alle möglichen Ausprägungen des Fehlbestands führt zu

$$\begin{aligned} P\{I^f \geq 0\} &= \sum_{i=0}^{\infty} P\{I^f = i\} \\ &= \frac{1}{q} \cdot \sum_{i=0}^{\infty} \left[P\{Y^{(\ell)} \geq i+s+1\} - P\{Y^{(\ell)} \geq i+s+q+1\} \right] \\ &= \frac{1}{q} \cdot \left[\sum_{i=s+1}^{\infty} P\{Y^{(\ell)} \geq i\} - \sum_{i=s+q+1}^{\infty} P\{Y^{(\ell)} \geq i\} \right] \end{aligned} \tag{C.123}$$

Bezeichnet man mit $[x]^+$ das Maximum aus x und 0, dann erhält man wegen

$$\sum_{i=s+1}^{\infty} P\{Y^{(\ell)} \geq i\} = \sum_{i=s}^{\infty} P\{Y^{(\ell)} > i\} = E\{[Y^{(\ell)} - s]^+\} = G^1(s) \tag{C.124}$$

für gegebene Werte von s und q die stationäre **Fehlbestandswahrscheinlichkeit**:

$$
\begin{aligned}
P\{I^f \geq 0\} &= \frac{1}{q} \cdot \left(E\{[Y^{(\ell)} - s]^+\} - E\{[Y^{(\ell)} - (s+q)]^+\} \right) \\
&= \frac{1}{q} \cdot \left(G^1(s) - G^1(s+q) \right)
\end{aligned}
\tag{C.125}
$$

Die pro Periode entstehende **Fehlmenge** F ist gleich dem Produkt aus der Nachfragerate λ und der Fehlbestandswahrscheinlichkeit:

$$E\{F\} = \lambda \cdot P\{I^f \geq 0\} \tag{C.126}$$

Der β-Servicegrad ist damit:

$$\beta = 1 - \frac{E\{F\}}{E\{D\}} = 1 - \frac{\lambda \cdot P\{I^f \geq 0\}}{\lambda} = 1 - P\{I^f \geq 0\} \tag{C.127}$$

Der **Erwartungswert des Fehlbestands** beträgt:

$$
\begin{aligned}
E\{I^f\} &= \sum_{i=0}^{\infty} i \cdot P\{I^f = i\} \\
&= \frac{1}{q} \cdot \sum_{i=0}^{\infty} i \cdot \left[P\{Y^{(\ell)} \geq i+s+1\} - P\{Y^{(\ell)} \geq i+s+q+1\} \right] \\
&= \frac{1}{q} \cdot \left[\sum_{i=s+1}^{\infty} (i-s-1) \cdot P\{Y^{(\ell)} \geq i\} \right. \\
&\qquad\qquad \left. - \sum_{i=s+q+1}^{\infty} (i-s-q-1) \cdot P\{Y^{(\ell)} \geq i\} \right]
\end{aligned}
\tag{C.128}
$$

Wegen

$$
\begin{aligned}
\sum_{i=s+1}^{\infty} (i-s-1) \cdot P\{Y^{(\ell)} \geq i\} &= \sum_{i=s+1}^{\infty} (i-s) \cdot P\{Y^{(\ell)} > i\} \\
&= \sum_{i=s+1}^{\infty} E\{[Y^{(\ell)} - i]^+\} = G^2(s)
\end{aligned}
\tag{C.129}
$$

erhält man für gegebene Werte von s und q:

$$E\{I^f\} = \frac{1}{q} \cdot \left(\sum_{i=s+1}^{\infty} E\{[Y^{(\ell)} - i]^+\} - \sum_{i=s+1}^{\infty} E\{[Y^{(\ell)} - (i+q)]^+\} \right)$$

$$= \frac{1}{q} \cdot \left(G^2(s) - G^2(s+q) \right) \tag{C.130}$$

Die Funktionen $G^1(s)$ und $G^2(s)$ sind die „first-order" bzw. „second-order loss function" für diskrete Nachfrageverteilungen.[41]

Betrachten wir ein Beispiel mit $\lambda = 2, \ell = 5$ sowie $s = 9$ und $q = 5$. Tabelle C.21 enthält die nach Gleichung (C.117) ermittelte Wahrscheinlichkeitsverteilung für den Netto-Lagerbestand. Daraus lassen sich die in Tabelle C.22 angegebenen Kenngrößen der (s, q)-Lagerhaltungspolitik für $s = 9$ und $q = 5$ ableiten.

	Fehlbestand		physischer Lagerbestand	
i	$P\{I^n = i\}$	i	$P\{I^n = i\}$	
−14	0.000024	1	0.106329	
−13	0.000059	2	0.114267	
−12	0.000139	3	0.113327	
−11	0.000314	4	0.103191	
−10	0.000681	5	0.085735	
−9	0.001413	6	0.064497	
−8	0.002796	7	0.043490	
−7	0.005268	8	0.025928	
−6	0.009430	9	0.013408	
−5	0.016001	10	0.005851	
−4	0.025670	11	0.002067	
−3	0.038833	12	0.000554	
−2	0.055236	13	0.000100	
−1	0.073644	14	0.000009	
0	0.091722			
$\sum$	0.3212	$\sum$	0.6788	

Tabelle C.21: Wahrscheinlichkeitsverteilung des Netto-Lagerbestands I^n

---

41   siehe auch S. 158

Netto-Lagerbestand	$E\{I^n\}$	2.0002
Fehlbestand	$-E\{[I^n]^-\} = E\{I^f\}$	0.6249
Physischer Bestand	$E\{[I^n]^+\} = E\{I^p\}$	2.6251
Fehlbestandswahrscheinlichkeit	$P\{I^n \leq 0\}$	0.3212
β-Servicegrad (Variante 1)	$P\{I^n > 0\}$	0.6788
Fehlmenge	$E\{F\} = 2 \cdot 0.3212$	0.6424
β-Servicegrad (Variante 2)	$= 1 - \frac{2 \cdot 0.3212}{2}$	0.6788
Fehlbestand am Ende eines Zyklus	$E\{[Y^{(\ell)} - s]^+\}$	1.7931
Fehlbestand am Beginn eines Zyklus	$E\{[Y^{(\ell)} - (s + q)]^+\}$	0.1868
β-Servicegrad (Variante 3)	$= 1 - \frac{1.7931 - 0.1868}{5}$	0.6788

Tabelle C.22: Kenngrößen der (s, q)-Politik

Der β-Servicegrad kann auf unterschiedliche Weise quantifiziert werden. So kann man zum einen auf die stationären Wahrscheinlichkeiten des Netto-Lagerbestands zurückgreifen: $\beta = P\{I^n > 0\}$ (Variante 1). Man kann aber auch die durchschnittlich pro Periode neu auftretende Fehlmenge gemäß Beziehung (C.126) in Relation zur durchschnittlichen Periodennachfragemenge betrachten (Variante 2). Schließlich können wir auch die Differenz aus dem Fehlbestand am Zyklusende und dem Fehlbestand am Zyklusanfang in Relation zur Gesamtnachfrage in einem Zyklus zurückgreifen (Variante 3).

Exkurs 1: Approximation der Nachfragemenge in der Wiederbeschaffungszeit durch eine Normalverteilung

In der Literatur wird empfohlen, bei hoher Nachfrage in der Wiederbeschaffungszeit die (diskrete) Poisson-Verteilung durch die (kontinuierliche) **Normalverteilung** zu approximieren.[42] In diesem Fall setzt man $\mu_Y = \ell \cdot \lambda$ und $\sigma_Y = \sqrt{\ell \cdot \lambda}$ und verwendet anstelle der Funktionen $G^1(x)$ in Gleichung (C.125) und $G^2(x)$ in Gleichung (C.130) deren für die Normalverteilung geltende Äquivalente $\Phi_N^1(v)$ und $\Phi_N^2(v)$. Darüber hinaus wird die stationäre Verteilung des disponiblen Lagerbestands durch eine **kontinuierliche Gleichverteilung** approximiert. Dann gilt:

$$\Phi_N^0(v) = \int\limits_v^\infty \phi_N(x) \cdot dx = 1 - \Phi_N(v) \tag{C.131}$$

---

42 vgl. *Hadley und Whitin* (1963), Abschnitt 4.9; *Zipkin* (2000)

$$\Phi_N^1(v) = \int\limits_v^\infty \Phi_N^0(x) \cdot dx = \int\limits_v^\infty (x - v) \cdot \phi_N(x) \cdot dx$$

$$= \phi_N(v) - v \cdot \Phi_N^0(v)$$

(C.132)

$$\Phi_N^2(v) = \int\limits_v^\infty \Phi_N^1(x) \cdot dx = \int\limits_v^\infty (x - v) \cdot \Phi_N^0(x) \cdot dx$$

$$= 0.5 \cdot \left[(1 + v^2) \cdot \Phi_N^0(v) - v \cdot \phi_N(v) \right]$$

(C.133)

Mit $v_s = \dfrac{s - \mu_Y}{\sigma_Y}$ und $v_{s+q} = \dfrac{s + q - \mu_Y}{\sigma_Y}$ erhält man dann[43]

$$\beta = 1 - \frac{\sigma_Y}{q} \cdot \left[\Phi_N^1(v_s) - \Phi_N^1(v_{s+q}) \right]$$

(C.134)

$$E\{I^f\} = \frac{\sigma_Y^2}{q} \cdot \left[\Phi_N^2(v_s) - \Phi_N^2(v_{s+q}) \right]$$

(C.135)

Die Qualität dieser Approximation hängt von zwei Voraussetzungen ab. So muß zum einen $\ell \cdot \lambda$ ausreichend groß sein, damit die Nachfrageverteilung gut durch die Normalverteilung repräsentiert wird. Davon kann man ausgehen, wenn $\ell \cdot \lambda > 25$ ist. Außerdem muß der disponible Lagerbestand gut durch eine kontinuierliche Funktion repräsentierbar sein. Dies ist nur dann der Fall, wenn die Bestellmenge q ausreichend groß ist.

Betrachten wir den Fall $\lambda = 5, \ell = 5$ sowie $s = 20$ und $q = 50$. Die exakte Auswertung ergibt $\beta = 0.8926$ und $E\{I^f\} = 0.4314$. Mit der Approximation durch eine Normalverteilung erhält man $\beta = 0.8917$ und $E\{I^f\} = 0.4812$.

Die Gleichung (C.135) für den (approximierten) Erwartungswert des Fehlbestands spielt weiter unten in einem Modell zur Analyse eines zweistufigen Lagersystems eine zentrale Rolle.[44]

Exkurs 2: Periodische Lagerüberwachung

Die bisher unterstellte kontinuierliche Lagerüberwachung impliziert, daß der disponible Lagerbestand nach jedem Nachfrageereignis aktualisiert wird und daß dann gegebenenfalls unverzüglich eine Lagerbestellung ausgelöst wird und der Risikozeitraum beginnt. In vielen logistischen Systemen werden die Lagerabgangsdaten allerdings erst am En-

---

43 siehe Beziehung (C.6) auf S. 144
44 siehe Abschnitt D.3.1.1, S. 262

de einer Periode, z. B. am Tagesende, verarbeitet und die notwendigen weiteren Maßnahmen zur Wiederauffüllung des Lagerbestands ergriffen. Dadurch kommt es zu einer
Verlängerung des Risikozeitraums. Dieser besteht nun aus der Wiederbeschaffungszeit
und der Zeitspanne, die zwischen dem Zeitpunkt liegt, an dem der Bestellpunkt erreicht
wird, und dem Zeitpunkt, an dem dieser Tatbestand erkannt und in eine Lagerbestellung
umgesetzt wird.

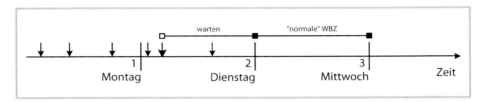

Bild C.24: Diskretisierung der Zeitachse

Bild C.24 veranschaulicht dies für den Fall, daß die Kundenaufträge kontinuierlich eintreffen, daß aber erst am Ende eines Tages die Lagerüberwachung erfolgt. Wird der Bestellpunkt bereits unmittelbar am Anfang des Tages (Zeitpunkt 0) erreicht, dann verlängert sich der Risikozeitraum um einen ganzen Tag. Wird der Bestellpunkt erst durch den
letzten Kunden am Ende des Tages erreicht (Zeitpunkt 1), dann verlängert sich der Risikozeitraum nicht. Da ein Poisson-Prozeß stationäre und unabhängige Zwischenankunfts-
intervalle und die Eigenschaft der Gedächtnislosigkeit besitzt, hat jedes Intervall der
Länge $[0, t]$ dieselbe Wahrscheinlichkeit dafür, daß darin ein Ankunftsereignis auftritt.[45]
Die Ankunftszeitpunkte im Intervall $[0, 1]$ sind also mit dem Erwartungswert $\frac{0+1}{2} = 0.5$
gleichverteilt. Dies ist gleichbedeutend mit einer Verlängerung des Risikozeitraums um
0.5.

 Die Auswirkungen dieses Tatbestandes zeigt das folgende Beispiel. Es wird eine (s, q)-
Politik mit Poisson-verteilter Nachfrage betrachtet. Die Kundenaufträge treffen mit der
Ankunftsrate $\lambda = 2$ auf der kontinuierlichen Zeitachse ein. Die Bestellmenge sei $q = 5$.
Die Wiederbeschaffungszeit sei $\ell = 5$. Die Lagerüberwachung erfolgt auf einer diskre-
ten Zeitachse jeweils am Periodenende.

In Tabelle C.23 und Bild C.25 sind die erreichten β-Servicegrade für unterschiedliche
Bestellpunkte s bei kontinuierlicher Lagerüberwachung und bei Lagerüberwachung am
Periodenende gegenübergestellt. Die analytischen Ergebnisse wurden mit dem oben dargestellten exakten Modell ermittelt, wobei für den Fall der diskreten Lagerüberwachung
die Wiederbeschaffungszeit jeweils um 0.5 verlängert wurde.[46]

---

45   vgl. *Ross* (1997), Abschnitt 2.3
46   Die analytischen Ergebnisse für den Fall der diskreten Lagerüberwachung sind daher nicht mehr exakt.

s	β (kontinuierlich)		β (Periodenende)	
	analytisch	simuliert	analytisch	simuliert
5	24.16%	25.01%	16.96%	17.70%
7	45.82%	46.58%	35.35%	36.02%
9	67.88%	68.42%	57.00%	57.52%
11	84.41%	84.17%	76.00%	75.74%
13	93.82%	93.89%	88.81%	88.98%
15	97.99%	97.97%	95.63%	95.58%

Tabelle C.23: Servicegrade ohne und mit Diskretisierung der Zeitachse

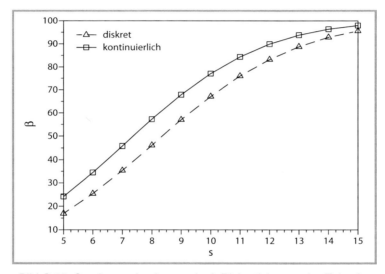

Bild C.25: Servicegrade ohne und mit Diskretisierung der Zeitachse

Der Einsatz des obigen Modells, das bei einer kontinuierlichen Lagerüberwachung exakt ist, zur Bestimmung der Bestellpunkts für den Fall einer diskreten Lagerüberwachung ist – wie der vertikale Abstand zwischen beiden Kurven zeigt – mit einer **deutlichen Überschätzung des β-Servicegrades** verbunden. Der horizontale Abstand zwischen den beiden Kurven zeigt die Differenz, um die der **Bestellpunkt** bei tatsächlich diskreter Lagerüberwachung infolge der Annahme einer kontinuierlichen Lagerüberwachung **zu niedrig** angesetzt wird. Der bisweilen geäußerten Empfehlung, das exakte Modell (für kontinuierliche Lagerüberwachung) auch in der Praxis bei diskreter Zeitachse wenigstens als Approximation einzusetzen, kann nicht gefolgt werden.

C.2.3   Base-Stock-Politik mit Poisson-verteilter Nachfrage und kontinuierlicher Lagerüberwachung

Ein Spezialfall ergibt sich, wenn man in der (s, q)-Politik aus Abschnitt C.2.2 die Bestellmenge $q = 1$ setzt. In diesem Fall, der offensichtlich nur dann ökonomisch sinnvoll ist, wenn die fixen Bestellkosten im Vergleich zu den Lagerkosten keine Rolle spielen oder wenn die Bestellmenge aus technischen Gründen beschränkt ist, wird nach jeder Lagerentnahme die zuletzt beobachtete Nachfragemenge unverzüglich beim Lieferanten nachbestellt. In der Lagerbuchhaltung wird also der Netto-Lagerbestand um eine Einheit verringert und der Bestellbestand um eine Einheit erhöht: der disponible Lagerbestand als Summe dieser beiden Bestandsarten bleibt damit gleich. Eine Lagerhaltungspolitik, bei der der disponible Lagerbestand im Zeitablauf konstant bleibt, wird in der englischsprachigen Literatur auch als **Base-Stock-Politik**[47] bezeichnet.

Es sei angenommen, daß der disponible Lagerbestand I_t^d zum Zeitpunkt $t = 0$ genau S („Base-Stock-Level", Bestellniveau) beträgt. Für einen beliebigen Zeitpunkt $t \geq 0$ gilt wieder:

$$I_t^d = I_t^n + I_t^o \qquad \text{(C.136)}$$

wobei der Bestellbestand I_t^o im Zeitpunkt t identisch ist mit der Summe der in den letzten ℓ Perioden eingetroffenen Nachfragemengen. Diese wurden ja unverzüglich nachbestellt. Alle Bestellungen, die älter als ℓ sind, sind bereits im Lager eingetroffen und Bestandteil des Netto-Lagerbestands. Damit gilt: $I_t^o = Y^{(t-\ell,t)}$. Da der disponible Lagerbestand I_t^d immer gleich S ist, erhalten wir:

$$I_t^n = S - Y^{(t-\ell,t)} \qquad \text{(C.137)}$$

Im stationären Zustand gilt:

$$I^n = S - Y^{(\ell)} \qquad \text{(C.138)}$$

Da S eine extern vorgegebene Konstante bzw. Entscheidungsvariable ist, ist die Wahrscheinlichkeitsverteilung von I^n identisch mit der Wahrscheinlichkeitsverteilung der Nachfragemenge in der Wiederbeschaffungszeit, $Y^{(\ell)}$, die bei Poisson-verteilter Periodennachfrage ebenfalls Poisson-verteilt ist, und zwar mit dem Parameter $\ell \cdot \lambda$.

---

47   Der Begriff Base-Stock-Politik erfaßt auch die Situation mit diskreter Zeitachse und einem Überwachungsintervall der Länge $r = 1$ sowie Auftragseingängen, die größer als 1 sind. Erfolgt in diesem Fall die Bestandsüberwachung am Periodenende, dann ist der disponible Lagerbestand unmittelbar nach der Bestellauslösung ebenfalls immer gleich S. Die oben behandelte (r, S)-Politik ist somit für den Fall $(r = 1, S)$ ebenfalls eine Base-Stock-Politik. Andere Bezeichnungen für die Base-Stock-Politik sind „one-for-one-replenishment", „order-up-to-S"-Politik oder $(S - 1, S)$-Politik.

Der Erwartungswert des **physischen Lagerbestands** beträgt:

$$E\{I^p\} = E\{[I^n]^+\} = E\{S - Y^{(\ell)}\} + E\{I^f\}$$
$$= S - E\{Y^{(\ell)}\} + E\{I^f\} \tag{C.139}$$

und der erwartete **Fehlbestand** ist:

$$E\{I^f\} = E\{[I^n]^-\} = E\{[Y^{(\ell)} - S]^+\} \tag{C.140}$$

Zur Bestimmung des β-Servicegrads kann wie oben argumentiert werden. Eine Fehlmenge wird vermieden, wenn ein eintreffender Auftrag mit der Auftragsgröße 1 mindestens eine Produkteinheit im Lager vorfindet. Die in einer Periode durchschnittlich neu hinzukommende Fehlmenge ist:

$$E\{F\} = \lambda \cdot P\{I^n \leq 0\}$$
$$= \lambda \cdot P\{Y^{(\ell)} \geq S\} \tag{C.141}$$
$$= \lambda \cdot P\{Y^{(\ell)} > S - 1\}$$

S	$\beta = P\{Y \leq S - 1\}$
10	0.4579
12	0.6968
14	0.8645
16	0.9513
18	0.9857
20	0.9965

Tabelle C.24: β-Servicegrad als Funktion des Bestellniveaus S

Das bedeutet: $\beta = 1 - \frac{\lambda \cdot P\{Y^{(\ell)} > S-1\}}{\lambda} = P\{Y^{(\ell)} \leq S - 1\}$. Man braucht also nur die Wahrscheinlichkeiten der Poisson-Verteilung mit dem Parameter $\lambda \cdot \ell$ zu berechnen, um den mit einem Bestellniveau S erreichbaren β-Servicegrad zu bestimmen. Für die Daten des Beispiels zur (s, q)-Politik ($\lambda = 5$, $\ell = 5$) erhält man die in Tabelle C.24 angegebenen β-Servicegrade als Funktion des Bestellniveaus S.

Ersetzt man den Bestellpunkt der (s, q)-Politik durch $s = S - 1$ und die Bestellmenge durch $q = 1$, und setzt man diese Größen in die Gleichung (C.121) ein, dann erhält man mit $(S - 1) + 1 - E\{Y^{(\ell)}\} + E\{I^f\}$ exakt den in Gleichung (C.139) angegebenen mittleren physischen Lagerbestand.

C.2.4   Wahrscheinlichkeitsverteilung der Lieferzeit für eine Base-Stock-Politik in diskreter Zeit

Im Folgenden wird gezeigt, wie die Wahrscheinlichkeitsverteilung der Lieferzeit bei Anwendung einer Base-Stock-Politik in diskreter Zeit exakt berechnet werden kann. Dabei mögen folgende Annahmen gelten:[48]

- Die Nachfrage trifft auf einer diskreten Zeitachse ein. Die gesamte Nachfrage der Periode t wird als ein Auftrag betrachtet.

- Reihenfolge der Ereignisse in der Periode t:

  1. Wareneingang und evtl. Auslieferung von Rückstandsaufträgen (8^{00} Uhr)

  2. Bedienung der Periodennachfrage (9^{00} Uhr bis 16^{00} Uhr).

  3. Überprüfung des disponiblen Lagerbestands und Auslösung einer Bestellung (17^{00} Uhr). Die Bestellmenge ist gleich der in Periode t insgesamt aufgetretenen Nachfragemenge. Die Wiederbeschaffungszeit beträgt deterministisch ℓ Perioden. Eine am Ende der Periode t ausgelöste Bestellung steht am Ende der Periode $t + \ell$ bzw. zu Beginn der Periode $t + \ell + 1$ zur Nachfragedeckung zur Verfügung.

- Falls der physische Lagerbestand nicht zur Lieferung der gesamten Periodennachfragemenge ausreicht, wird nur die Restmenge als Rückstandsauftrag vorgemerkt (Teillieferung). Anhaltspunkt für die Berechnung der Lieferzeit ist die Periode, in der die letzte Mengeneinheit einer Periodennachfragemenge geliefert wird.

- Die Auslieferung der Rückstandsmengen erfolgt nach der zeitlichen Reihenfolge des Auftragseingangs (FCFS-Prinzip).

Tabelle C.25 zeigt den Ablauf der Ereignisse. Die Lagerüberwachung erfolgt am Periodenende. Die Lagerbestände beziehen sich auf den Zeitpunkt vor der Bestellauslösung.

	$t-1$	t	$t+1$	$t+2$	$t+3$
Wareneingang		$O_t = q_{t-3}$	$O_{t+1} = q_{t-2}$	$O_{t+2} = q_{t-1}$	$O_{t+3} = q_t$
Nachfrage		D_t			
Netto-Lagerbestand	I_{t-1}^n				
Disponibler Lagerbestand		I_t^d			
Bestellung		$q_t = D_t$	q_{t+1}	q_{t+2}	
Lieferzeit		$w = 0$	$w = 1$	$w = 2$	$w = 3$

Tabelle C.25: Ablauf der Ereignisse

48   vgl. *Hausman et al.* (1998)

Betrachten wir die Nachfrage D_t der Periode t. Alle Bestellungen, die vor $t - \ell$ ausgelöst wurden (einschl. q_{t-3}), sind bereits im Lager eingegangen und stehen zur Bedarfsdeckung zur Verfügung. Am Ende der Periode t wird nach der Bestandsüberprüfung eine Bestellung der Höhe $q_t = D_t$ ausgelöst, die bei einer angenommenen Wiederbeschaffungszeit von $\ell = 2$ zu Beginn der Periode $t + \ell + 1 = t + 3$ zur Bedarfsdeckung zur Verfügung stehen wird. Die Nachfragemenge D_t kann mit einer Lieferzeit von null Perioden ausgeliefert werden, wenn die Summe aus dem Netto-Bestand I_{t-1}^n am Ende der Vorperiode zuzüglich der am Periodenbeginn noch eingetroffenen Lagerzugangsmenge O_t nicht kleiner als D_t ist. Ist I_{t-1}^n allerdings negativ, dann sind vor Periode t Fehlmengen aufgelaufen, die wegen des angenommenen FCFS-Prinzips vor der Nachfragemenge D_t ausgeliefert werden müssen. Im Extremfall, wenn bis zur Periode $t - 1$ eine sehr hohe Fehlmenge entstanden ist, wird erst die Lagerzugangsmenge $O_{t+3} = q_t$ zur Deckung von D_t verwendet. Die Lieferzeit beträgt dann $w = 3$ Perioden. Die maximale Lieferzeit ist bei diesem zeitlichen Ablauf der Ereignisse folglich $\ell + 1$ Perioden.

Die Wahrscheinlichkeitsverteilung der Lieferzeit einer Periodennachfrage kann nun wie folgt berechnet werden: Wir bezeichnen die kumulierten Lagerzugangsmengen im Intervall von t bis $t + w$ mit $O(t, t + w) = \sum_{i=t}^{t+w} O_i$ und die kumulierten Nachfragemengen mit $D(t, t + w) = \sum_{i=t}^{t+w} D_i$.

Die Nachfrage in t, D_t, kann spätestens nach w Perioden vollständig erfüllt werden, wenn der Netto-Lagerbestand zu Beginn der Periode t, I_{t-1}^n zuzüglich der bis zum Beginn der Periode $t + w$ noch insgesamt eintreffenden Lagerzugangsmengen, $O(t, t + w)$, größer oder gleich D_t ist.[49] Daher gilt:

$$P\{W \le w\} = P\{I_{t-1}^n + O(t, t + w) \ge D_t\} \qquad w = 0, 1, \dots, \ell + 1 \quad \text{(C.142)}$$

Aus Tabelle C.25 kann man für D_t ablesen:

$$
\begin{aligned}
w \le 0, \text{ wenn } & I_{t-1}^n + O_t & \le D_t \\
w \le 1, \text{ wenn } & I_{t-1}^n + O_t + O_{t+1} & \le D_t \\
w \le 2, \text{ wenn } & I_{t-1}^n + O_t + O_{t+1} + O_{t+2} & \le D_t \\
w \le 3, \text{ wenn } & I_{t-1}^n + O_t + O_{t+1} + O_{t+2} + O_{t+3} & \le D_t
\end{aligned}
$$

Der Netto-Lagerbestand am Ende der Periode $t + w$ beträgt:

$$I_{t+w}^n = I_{t-1}^n - D(t, t + w) + O(t, t + w) \qquad w = 0, 1, \dots, \ell + 1 \quad \text{(C.143)}$$

Auflösen von (C.143) nach $O(t, t + w)$ und Einsetzen in (C.142) ergibt

---

49 Es gelten folgende Konventionen: $O(t, t) = O_t$, $D(t, t) = D_t$, $O(i, j) = 0$ $(j < i)$ und $D(i, j) = 0$ $(j < i)$.

$$P\{W \leq w\} = P\{I_{t-1}^n - I_{t-1}^n + I_{t+w}^n + D(t, t+w) \geq D_t\} \tag{C.144}$$

oder

$$P\{W \leq w\} = P\{I_{t+w}^n + D(t, t+w) \geq D_t\} \tag{C.145}$$

bzw. wegen $D(t, t) = D_t$

$$P\{W \leq w\} = P\{I_{t+w}^n + D(t+1, t+w) \geq 0\} \tag{C.146}$$

Der Netto-Lagerbestand I_t^n am Ende der Periode t hängt wie folgt mit dem disponiblen Lagerbestand I_t^d – beide Größen beziehen sich auf den Zeitpunkt vor der Bestellauslösung – und den noch nicht eingetroffenen Bestellungen, die identisch sind mit den Nachfragemengen der letzten ℓ Perioden, zusammen:

$$\begin{aligned} I_t^d &= I_t^n + I_t^o \\ &= I_t^n + D(t - \ell, t - 1) \end{aligned} \tag{C.147}$$

Nach der Bestellung $q_t = D_t$ beträgt der disponible Lagerbestand immer genau S, während I_t^n vom Bestellvorgang unberührt bleibt. Man erhält dann:

$$I_t^n = S - D(t - \ell, t - 1) - D_t = S - D(t - \ell, t) \tag{C.148}$$

bzw. bei Bezug auf Periode $t + w$

$$I_{t+w}^n = S - D(t - \ell + w, t + w) \tag{C.149}$$

Damit wird (C.146) zu:

$$P\{W \leq w\} = P\{S - D(t - \ell + w, t + w) + D(t + 1, t + w) \geq 0\} \tag{C.150}$$

Wegen

$$D(t - \ell + w, t + w) = D(t - \ell + w, t) + D(t + 1, t + w) \tag{C.151}$$

und

$$-D(t - \ell + w, t + w) + D(t + 1, t + w) = -D(t - \ell + w, t) \tag{C.152}$$

ergibt sich schließlich:

$$P\{W \leq w\} = P\{S - D(t - \ell + w, t) \geq 0\} \tag{C.153}$$

Die Summe der Nachfrage der Perioden von $t - \ell + w$ bis t ist die Summe von insgesamt $t - (t - \ell + w) + 1 = \ell - w + 1$ Periodennachfragemengen. Bezeichnet man wieder mit $Y^{(j)}$ die Summe der Nachfragemengen aus j Perioden, dann gilt im stationären Zustand:

$$P\{W \leq w\} = P\{Y^{(\ell-w+1)} \leq S\} \qquad\qquad w = 0, 1, \ldots, \ell + 1 \quad \text{(C.154)}$$

Die Lieferzeitverteilung ergibt sich dann wie folgt:

$$P\{W = w\} = P\{W \leq w\} - P\{W \leq w - 1\} \qquad w = 1, 2, \ldots, \ell + 1 \quad \text{(C.155)}$$

Ein Beispiel zeigt die Berechnung. Die Periodennachfragemenge sei normalverteilt mit $\mu = 100$ und $\sigma = 30$. Für $\ell = 5$ und $S = 650$ erhält man die in Tabelle C.26 wiedergegebenen Lieferzeit-Wahrscheinlichkeiten.

w	$P\{Y^{(\ell-w+1)} \leq 650\}$	$P\{W = w\}$
0	0.7519	0.7519
1	0.9873	0.2354
2	1.0000	0.0127

Tabelle C.26: Wahrscheinlichkeitsverteilung der Lieferzeit

Interessant ist auch der Zusammenhang mit der Wahrscheinlichkeitsverteilung der Reichweite N eines Lagerbestands, die wir in Abschnitt A.4.3.2[50] behandelt haben. Ein Vergleich mit den dortigen Ergebnissen zeigt:

$$P\{W = w\} = P\{N = \ell - w + 1\} \qquad\qquad w = 1, 2, \ldots, \ell \quad \text{(C.156)}$$

Bisher wurde davon ausgegangen, daß die **gesamte Nachfragemenge einer Periode als ein einziger Auftrag** behandelt werden kann. Bei der Berechnung der Wahrscheinlichkeitsverteilung der Lieferzeit wurde eine Teillieferung, die noch mit der Lieferzeit $w = 0$ ausgeliefert werden konnte, nicht berücksichtigt, da die vollständige Erfüllung der Periodennachfrage als lieferzeitrelevant angesehen wurde. Dies führt zu einer *Unterschätzung* von $P\{W = 0\}$, wenn eine Teillieferung beim Kunden als positiv registriert wird.

In der Praxis setzt sich die Periodennachfragemenge i. d. R. aus mehreren Einzelaufträgen zusammen, die von verschiedenen Kunden stammen. Dann kommt es regelmäßig vor, daß ein Teil der Aufträge einer Periode noch mit einer Lieferzeit $w = 0$ ausgeliefert wird, während nur die verbleibenden Aufträge warten müssen. In diesem Fall ist es unsinnig, die vollständige Erfüllung der gesamten Periodennachfragemenge als lieferzeitrelevant anzusehen.

Nehmen wir im obigen Beispiel an, die Periodennachfrage setze sich aus fünf Aufträgen zusammen, deren Auftragsgrößen mit den Mittelwerten von jeweils 20 und Variationskoeffizienten von jeweils 0.67 Gamma-verteilt sind. Für die Periodennachfragemenge kann man dann von einer Normalverteilung mit $\mu = 100$ und $\sigma = 30$ ausgehen. Ta-

---

50 siehe S. 26

belle C.27 gibt für verschiedene Werte des Bestellniveaus die Lieferzeitverteilungen bei aggregierter und bei auftragsbezogener Betrachtung der Periodennachfrage wieder, wobei die auftragsbezogenen Werte Simulationsergebnisse sind.

S	650		700	
w	aggregiert	auftragsbezogen	aggregiert	auftragsbezogen
0	0.7519	0.8791	0.9132	0.9606
1	0.2354	0.1144	0.0853	0.0383
2	0.0127	0.0065	0.0014	0.0011

Tabelle C.27: Wahrscheinlichkeitsverteilungen der Lieferzeit

Es kommt zu deutlichen Abweichungen. Für den Fall, daß die Lieferzeit für jede einzelne Mengeneinheit gezählt wird, kann das Approximationsverfahren von *Tempelmeier und Fischer*[51] eingesetzt werden.

C.3 Mehrere Kundenklassen

In Abschnitt A.4.3.3 haben wir bereits darauf hingewiesen, daß es sinnvoll sein kann, die Kunden hinsichtlich ihrer Service-Anforderungen in wichtige und unwichtige Kunden zu segmentieren und gruppenspezifisch unterschiedlich zu beliefern. In einer (s, q)-Politik kann man dies in der Weise erreichen, daß man zusätzlich zu s und q einen weiteren Parameter k (reservierter Bestand, critical level) einführt. Wir wollen die Funktionsweise einer derartigen (s, q, k)-Politik mit zwei Kundenklassen genauer untersuchen, wobei für beide Kundenklassen Poisson-verteilte Auftragsankünfte mit den Parametern λ_1 und λ_2 auf einer kontinuierlichen Zeitachse angenommen werden. Die Lagerüberwachung erfolgt kontinuierlich.

Für jede Kundenklasse j soll ein spezifischer Servicegrad β_j erreicht werden ($j = 1, 2$). Da die Kundenklasse 1 als wichtiger angesehen wird, gilt sinnvollerweise: $\beta_1 > \beta_2$. Beide Kundenklassen werden aus demselben Lagerbestand beliefert. Die Funktion des reservierten Bestands k wird durch Bild C.26 veranschaulicht. Solange der Lagerbestand größer als k ist, verläuft der Lagerprozeß wie in der (s, q)-Politik: Aufträge aus beiden Kundenklassen werden ausgeliefert. Wird k unterschritten – dies geschieht zum Zeitpunkt $N-$, dann geht die Belieferung der Kundenklasse 1 normal weiter (bis der Bestand erschöpft ist), während alle Aufträge der Kundenklasse 2 als Rückstandsaufträge vorgemerkt und erst nach der nächsten Wiederauffüllung des Lagerbestands ausgeliefert werden. Das bedeutet: es baut sich bereits Fehlbestand auf, obwohl noch physischer Lagerbestand vorhanden ist.

---

51 vgl. *Tempelmeier und Fischer* (2018)

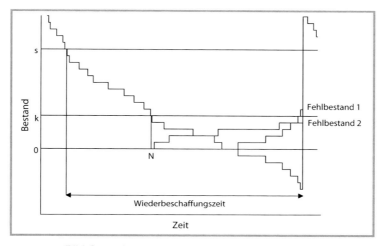

Bild C.26: (s, q, k)-Politik mit zwei Kundenklassen

Bei dieser Politik kann man folgendes beobachten:[52]

- Je größer k ist, umso früher wird die Belieferung der Kundenklasse 2 eingestellt.

- Eine Erhöhung von k bei konstantem s führt zu einer Serviceverlagerung von der Kundenklasse 2 auf die Kundenklasse 1. Denn die Belieferung der Klasse 2 wird in diesem Fall früher eingestellt mit der Folge, daß ein größerer Sicherheitsbestand für die Kundenklasse 1 übrigbleibt.

- Eine simultane Erhöhung von s und k mit konstantem Abstand $s - k$ erhöht β_1, während β_2 konstant bleibt.

Die Frage, wie die beiden β-Servicegrade als Funktion der Parameter s und k quantifiziert werden können, wurde erstmals von *Nahmias und Demmy*[53] unter der Annahme Poisson-verteilter Auftragseingänge bzw. exponentialverteilter Zwischenankunftszeiten je Kundenklasse betrachtet. Wir wollen die prinzipielle Vorgehensweise kurz skizzieren.

Zunächst wird der Zeitpunkt N bestimmt, an dem die unterschiedliche Behandlung der beiden Kundenklassen beginnt. Diese Größe kann als Reichweite des Lagerbestands $(s - k)$ (gemessen in der Dimension „Anzahl Aufträge") bezeichnet werden. Aufgrund des unterstellten Nachfrageprozesses ist der physische Lagerbestand zum Beginn der Wiederbeschaffungszeit genau gleich s (Zeitpunkt 0). Der Zeitpunkt N entspricht dann der Zeitspanne, die vergeht, bis insgesamt $(s - k)$ Nachfragen (aus beiden Kundenklassen) aufgetreten sind. Da die Zwischenankunftszeiten exponentialverteilt sind, ist N

---

52   siehe auch Abschnitt A.4.3.3
53   vgl. *Nahmias und Demmy* (1981)

die Summe aus $(s - k)$ exponentialverteilten Zufallsvariablen und folgt einer Erlang-Verteilung mit den Parametern $(s - k)$ und $\lambda = \lambda_1 + \lambda_2$ (also einer $E_{(s-k),\lambda}$-Verteilung). Eine Fehlmenge tritt nur dann auf, wenn N innerhalb der Wiederbeschaffungszeit ℓ liegt. Nehmen wir an, die Reichweite sei $N = t < \ell$. Dann werden alle Aufträge der Kundenklasse 2, die im Zeitraum von t bis ℓ eintreffen, als Rückstandsaufträge vorgemerkt. Die Fehlmenge der Kundenklasse 2 beträgt somit:

$$E\{F_2 | N = t\} = \lambda_2 \cdot (\ell - t) \tag{C.157}$$

Zu einer Fehlmenge der Kundenklasse 1 kommt es nur dann, wenn die Nachfragemenge dieser Kundenklasse im verbleibenden Zeitraum $(\ell - t)$ größer als k ist. Da Poisson-verteilte Nachfrage unterstellt wird, erhält man:

$$
\begin{aligned}
E\{F_1 | N = t\} &= \sum_{n=k+1}^{\infty} (n - k) \cdot P\{Y^{(\ell-t)} = n\} \\
&= \sum_{n=k+1}^{\infty} (n - k) \cdot e^{-\lambda_1 \cdot (\ell - t)} \cdot \frac{[\lambda_1 \cdot (\ell - t)]^n}{n!}
\end{aligned}
\tag{C.158}
$$

Damit sind die bedingten Fehlmengenerwartungswerte beider Kundenklassen bekannt. Die unbedingten Erwartungswerte erhält man durch Gewichtung mit der Wahrscheinlichkeitsdichte für N, $f_N(t)$, wie folgt:

$$E\{F_1\} = \int_0^\ell E\{F_1 | N = t\} \cdot f_N(t) \cdot dt \tag{C.159}$$

$$E\{F_2\} = \int_0^\ell E\{F_2 | N = t\} \cdot f_N(t) \cdot dt \tag{C.160}$$

Gabor, van Vianen, Yang und Axsäter[54] betrachten eine $(S - 1, S, k)$-Politik, in der zwei Kundenklassen mit jeweils poissonverteilter Nachfrage auf einer kontinuierlichen Zeitachse eintreffen. Sie schlagen eine Approximationsformel für den β-Servicegrad der Kundenklasse 1 vor. Darüberhinaus bestimmen sie unter bestimmten Einschränkungen die exakte Lieferzeitverteilung der Kunden der Kundenklasse 2.

Tempelmeier[55] erweitert den Ansatz von *Nahmias und Demmy* für den praxisnäheren Fall, daß die Nachfragen auf einer diskreten Zeitachse eintreffen und daß die Lagerüberwachung periodisch erfolgt. Die Periodennachfragemengen können dabei beliebig verteilt sein. Insbesondere sind auch empirische diskrete Verteilungen möglich. *Tempelmeier* schlägt auch eine Approximation der Lieferzeitverteilung für Kunden der Kundenklasse 2 vor. Für ein zweistufiges Lagersystem bestehend aus einem Zentrallager,

---

54 vgl. *Gabor et al.* (2018)
55 vgl. *Tempelmeier* (2006); siehe auch Abschnitt D.3.1.

mehreren Regionallagern (Kundenklasse 2) sowie weiteren Kunden der Kundenklasse 1 nutzt der diese Lieferzeitverteilung zur Optimierung der Sicherheitsbestände in den Regionallagern.

C.4   Mehrere Auftragsgrößenklassen

Neben der differenzierten Behandlung unterschiedlicher Kundenklassen bietet sich auch die Möglichkeit, besonders große Aufträge anders zu behandeln als die Aufträge normaler Größe. So könnte man sich vorstellen, daß Kundenaufträge, die eine bestimmte Größe überschreiten, nicht aus dem Lager beliefert, sondern direkt an den Lieferanten weitergeleitet werden, der dann die Lieferung übernimmt. Dies hat zur Folge, daß der rechte Rand der Wahrscheinlichkeitsverteilung der Periodennachfrage dünner besetzt ist. Um dies zu veranschaulichen, sei angenommen, daß die Nachfrage durch einen zusammengesetzten Poisson-Prozeß[56] mit der Ankunftsrate $\lambda = 5$ und der in Tabelle C.28 angegebenen Auftragsgrößenverteilung abgebildet wird.

d	1	2	3	4	20
$P\{D^a = d\}$	0.25	0.2	0.3	0.2	0.05

Tabelle C.28: Wahrscheinlichkeiten der Auftragsgrößen

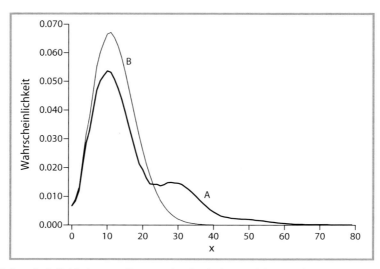

Bild C.27: Wahrscheinlichkeitsverteilungen der Periodennachfrage mit und ohne Begrenzung der Auftragsgröße

---

56   siehe Abschnitt A.4.2, S. 13

In diesem Fall erhält man die in Bild C.27 mit „A" bezeichnete zweigipfelige Wahrscheinlichkeitsverteilung. Beschränkt man demgegenüber die Auftragsgröße in der Weise, daß die Aufträge der Größenklasse 20 direkt durch den Lieferanten erfüllt werden, dann reduziert sich die Streuung der Nachfrageverteilung erheblich (Verteilung „B"). Dies hat positive Auswirkungen auf den zur Erreichung eines angestrebten Servicegrades erforderlichen Sicherheitsbestand.[57] Für die Beurteilung der Vorteilhaftigkeit dieser Vorgehensweise sind allerdings auch die Auswirkungen auf die Logistik-Prozesse des Lieferanten zu beachten.

Für die Verteilung „A" beträgt die Fehlmengen-Wahrscheinlichkeit bei einem Bestellpunkt $s = 30$ $P\{Y > s\} = 0.1360$, während bei der Verteilung „B" die Fehlmengenwahrscheinlichkeit nur 0.0053 ist. Bei einer (s, q)-Politik mit $q = 10$ und $s = 30$ beträgt der β-Servicegrad für die Verteilung „A" 87.44%, während sich für Verteilung „B" ein β-Servicegrad von 99.84% ergibt. Um für die Verteilung „A" $\beta = 99.84\%$ zu erreichen, müßte der Bestellpunkt auf $s = 65$ erhöht werden. Diesem Kostenvorteil der Verteilung „B" stehen die zusätzlichen Kosten gegenüber, die mit der Sonderbehandlung der großen Kundenaufträge verbunden sind.

C.5   Auswirkungen der Lagerpolitik auf nachfolgende logistische Prozesse

Mit dem Begriff „Supply Chain Management" wird bekanntlich eine funktionsübergreifende Sichtweise bei der Gestaltung der Wertschöpfungsprozesse bezeichnet. Im vorliegenden Zusammenhang bedeutet dies, daß bei Entscheidungen über eine Lagerhaltungspolitik die Konsequenzen für andere logistische Teilprozesse, z. B. die Kommissionierung oder den Transport, berücksichtigt werden müssen. Auch kann es sinnvoll sein, bei der Festlegung des Sicherheitsbestands die Auswirkungen auf den Deckungsbeitrag eines Produkts zu erfassen. Mit Fragen dieser Art beschäftigen wir uns im Folgenden.

C.5.1   Lagerhaltung und Transportkapazität

Wie wir in den vorangegangenen Abschnitten gesehen haben, kommt es unter stochastischen Bedingungen in einem Lager regelmäßig zu **Rückstandsaufträgen**, die nach Wiederherstellung der Lieferfähigkeit des Lagers normalerweise bevorzugt an die Kunden ausgeliefert werden. Die Anzahl dieser Rückstandsaufträge hängt von dem – wie auch immer definierten – Servicegrad des Lagers und damit vom Sicherheitsbestand ab. Je niedriger dieser ist, umso mehr Rückstandsaufträge sammeln sich am Ende eines

---

57   vgl. *Kleijn und Dekker* (1998) und die dort angegebene Literatur

Bestellzyklus, d. h. vor der Wiederauffüllung des Lagerbestands, an. Die Lagerung ist allerdings nur ein Prozeßschritt in einer Abfolge von mehreren logistischen Prozessen, den ein Produkt bis zu seiner Auslieferung an einen Abnehmer durchläuft. So werden üblicherweise Waren aus dem Lager entnommen und an den nachfolgenden Teilprozeß „Transport" übergeben, wo sie Handling- und Transportkapazität beanspruchen. Aus dem Lager kommt also ein Strom von Aufträgen im Transportbereich an. Die zeitliche Struktur dieses Auftragsstroms hängt von der Lieferfähigkeit des Lagers ab. In Perioden, in denen das Lager *lieferfähig* ist, ist die Struktur der im Transportbereich eintreffenden Transportaufträge, d. h. die Nachfrage nach Transportkapazität, identisch mit der Struktur der Kundennachfrage im Lager.

In den Perioden dagegen, in denen das Lager *nicht lieferfähig* ist, erhält der Transportbereich überhaupt keine Transportaufträge. Nach Wiederauffüllung des Lagers werden alle Rückstandsaufträge auf einmal an den Transportbereich weitergegeben. In Abhängigkeit von der verwendeten Lagerpolitik kann dies zu einer Reduzierung oder auch zu einer Erhöhung der Varianz der Transportnachfrage führen. So zeigen *Geunes und Zeng*[58], daß bei einer Base-Stock-Politik bzw. $(r = 1, S)$-Politik, bei der die in einer Periode beobachtete Nachfrage sofort beim Lieferanten nachbestellt wird, durch das Auftreten von Rückstandsaufträgen bzw. Fehlmengen die Varianz der Transportnachfrage reduziert wird.

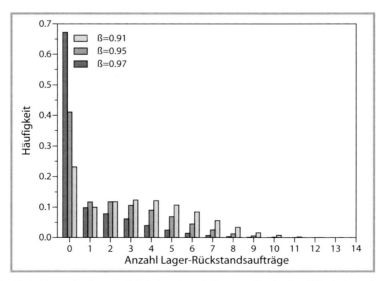

Bild C.28: Verteilung der Lager-Rückstandsaufträge am Ende der Wiederbeschaffungszeit versus β-Servicegrad

---

58 vgl. *Geunes und Zeng* (2001)

Tempelmeier und Bantel dagegen zeigen, daß bei Lagerpolitiken, in denen Nachfrage-mengen zu größeren Bestellmengen zusammengefaßt werden, das Gegenteil der Fall ist.[59] Die Varianz der Transportnachfrage ist dann größer als die Varianz der Nachfrage im Lager. Wird z. B. eine (s, q)-Lagerpolitik eingesetzt, dann treten bei niedrigen Ser-vicegraden und entsprechend großer Anzahl von Rückstandsaufträgen große Schwan-kungen der Nachfrage nach Transportkapazität auf. Bild C.28 zeigt in einer Simulati-on ermittelte Häufigkeitsverteilungen der Anzahl von Lager-Rückstandsaufträgen nach Auffüllung des Lagerbestands für unterschiedliche Servicegrade.

Es sind verschiedene Szenarien denkbar, in denen der im Lager erreichte Servicegrad bzw. der dort bevorratete Sicherheitsbestand einen Einfluß auf den nachfolgenden Trans-portprozeß haben kann.

Szenario 1. Im ersten Szenario betrachten wir den Fall, daß die Auslieferung durch einen unternehmenseigenen Fuhrpark mit einer gegebenen Auslieferungskapazität v erfolgt. Die Kapazität messen wir in der Dimension „Anzahl Transportaufträge". Die Bereitstel-lung einer Kapazitätseinheit verursacht fixe Kosten der Höhe c_f. Zusätzlich entstehen mit der Nutzung des Kapazitätseinheit variable Transportkosten in Höhe von c_i.

Anstelle des eigenen Fuhrparks kann man auch eine mit einem Logistik-Dienstleister vertraglich vereinbarte und unabhängig von der Nutzung zu bezahlende Basis-Transportkapazität annehmen. Übersteigt nun die aus den Lager-Rückstandsaufträgen oder auch der normalen Periodennachfrage resultierende Transportnachfrage die Trans-portkapazität v, dann wird auf einen externen Logistik-Dienstleister zurückgegriffen, der die überschüssigen Aufträge zu vergleichsweise hohen Kosten c_e pro Auftrag ausliefert.[60]

Nehmen wir an, im Lager werde eine (s, q)-Politik[61] verfolgt. Weiterhin sei die Wahr-scheinlichkeitsverteilung der Anzahl O am Ende eines Beschaffungszyklus auszuliefern-der Lager-Rückstandsaufträge für gegebene Werte der Bestellmenge q und des Bestell-punkts s entweder durch eine Simulation oder analytisch bestimmt worden.[62]

Dann kann die optimale Transportkapazität v durch Minimierung der nichtlinearen Funktion

$$C(v) = c_v \cdot v + c_i \cdot \left[E\{O\} - \sum_{o=v}^{\infty} (o - v) \cdot P\{O = o\} \right]$$
$$+ c_e \cdot \sum_{o=v}^{\infty} (o - v) \cdot P\{O = o\} \qquad\qquad v = 1, 2, \ldots \tag{C.161}$$

bestimmt werden. Der Term in eckigen Klammern in der Funktion (C.161) ist die durch

59 vgl. *Tempelmeier und Bantel* (2015)
60 vgl. *Ernst und Pyke* (1993); *Yano und Gerchak* (1989); *Geunes und Zeng* (2001)
61 siehe Abschnitt C.1.1
62 Ein analytisches Verfahren wird von *Tempelmeier und Bantel* (2015) beschrieben.

den eigenen Fuhrpark bediente Transportnachfrage, d. h. der Erwartungswert abzgl. der Menge, für die die eigene Kapazität nicht ausreicht. Nach einer Umformung von (C.161) erhält man[63]

$$C(v) = c_v \cdot v + c_i \cdot E\{O\}$$
$$+ (c_e - c_i) \cdot \sum_{o=v}^{\infty} (o - v) \cdot P\{O = o\} \qquad v = 1, 2, \dots \qquad \text{(C.162)}$$

Da der erste Term der Funktion (C.162) linear, der zweite Term eine Konstante und der dritte Term für $c_e > c_i$ konvex ist, ist die gesamte Funktion konvex. Zur Bestimmung ihres Minimums kann man v beginnend mit $v = 1$ schrittweise erhöhen und die Suche abbrechen, wenn der Funktionswert $C(v)$ wieder ansteigt. Wegen

$$\sum_{o=v}^{\infty} (o - v) \cdot P\{O = o\} = \sum_{o=v}^{\infty} P\{O > o\} \qquad \text{(C.163)}$$

kann die Kostendifferenz bei Vergrößerung von v^* auf $v^* + 1$ wie folgt ausgedrückt werden:

$$C(v^* + 1) - C(v^*) = c_v \cdot (v^* + 1) - c_v \cdot v^*$$
$$+ (c_e - c_i) \cdot \left[\sum_{o=v^*+1}^{\infty} P\{O > o\} - \sum_{o=v^*}^{\infty} P\{O > o\} \right] \qquad \text{(C.164)}$$

oder

$$C(v^* + 1) - C(v^*) = c_v - (c_e - c_i) \cdot P\{O > v^*\} \qquad \text{(C.165)}$$

Damit $v^* + 1$ günstiger als v^* ist, muß also gelten:

$$c_v - (c_e - c_i) \cdot P\{O > v^*\} \leq 0 \qquad \text{(C.166)}$$

$$c_v - (c_e - c_i) \cdot (1 - P\{O \leq v^*\}) \leq 0 \qquad \text{(C.167)}$$

$$P\{O \leq v^*\} \leq \frac{c_e - (c_v + c_i)}{c_e - c_i} \qquad \text{(C.168)}$$

Damit ist die optimale Transportkapazität v_{opt}:

$$v_{\text{opt}} = \max_v \left[P\{O \leq v\} \leq \frac{c_e - (c_v + c_i)}{c_e - c_i} \right] + 1 \qquad \text{(C.169)}$$

Ersetzt man $c_e^{\Delta} = c_e - c_i$, dann erhält man die Optimalitätsbedingung.

$$P\{O \leq v^*\} \leq 1 - \frac{c_v}{c_e^{\Delta}} \qquad \text{(C.170)}$$

Einen eigenen Fuhrpark zu unterhalten ist unter Kostengesichtspunkten also nur dann sinnvoll, wenn die linearisierten Fixkosten c_v kleiner sind als die Differenz zwischen den externen Transportkosten und den variablen Kosten des eigenen Fuhrparks.

---

63 Das betrachtete Problem hat die Struktur des sog. „Newsvendor"-Problems bzw. Zeitungsverkäufer-Problems. Siehe Abschnitt C.2.1.

v	$P\{O = v\}$	$P\{O \leq v\}$	C_e	C_v	C_i	$C(v)$	
0	0.4231	0.4231	5.7555	0	0.0000	2.8778	
1	0.1184	0.5415	4.0248	1	0.5769	2.6893	
2	0.1173	0.6588	2.6493	2	1.0354	2.5601	
3	0.1060	<u>0.7648</u>	1.6257	3	1.3766	2.4895	
4	0.0867	0.8515	0.9201	4	1.6118	2.4719	
5	0.0636	0.9151	0.4746	5	1.7603	2.4976	
6	0.0416	0.9567	0.2199	6	1.8452	2.5552	
7	0.0239	0.9806	0.0900	7	1.8885	2.6335	
8	0.0119	0.9925	0.0318	8	1.9079	2.7238	
9	0.0051	0.9976	0.0093	9	1.9154	2.8201	
10	0.0018	0.9994	0.0021	10	1.9178	2.9189	
11	0.0005	0.9999	0.0003	11	1.9184	3.0186	
12	0.0001	1.0000	0.0000	12	1.9185	3.1185	

Tabelle C.29: Beispiel zur Bestimmung der optimalen Transportkapazität

Tabelle C.29[64] zeigt die Berechnungen anhand eines Beispiels mit $c_v = 0.1$, $c_i = 1$ und $c_e = 1.5$. In diesem Fall gilt

$$v_{\text{opt}} = \max_v \left[P\{O \leq v\} \leq \frac{1.5 - (0.1 + 1)}{1.5 - 1} = 0.8 \right] + 1 = 4$$

Für einen *anderen Bestellpunkt s* erhält man eine andere Wahrscheinlichkeitsverteilung der Anzahl Lager-Rückstandsaufträge bzw. der Transportaufträge, $P\{O = o\}$, und folglich möglicherweise eine andere optimale Transportkapazität v.

Tempelmeier und Bantel beschreiben einen Ansatz zur analytischen Bestimmung der Wahrscheinlichkeitsverteilung der Anzahl O von Transportaufträgen für eine $(r = 1, s, q)$-Politik.[65] Dabei zerlegen sie einen typischen Bestellzyklus in vier Phasen:

1. Phase 1 ist die Periode, in der das Lager wieder aufgefüllt wird. In dieser Phase werden alle bis dahin angesammelten Rückstandsaufträge und die Nachfrage dieser Periode zu Transportaufträgen.

---

64 Es bedeuten: C_e – Kosten für Fremdtransporte; C_v – fixe Kosten der Transportkapazität; C_i – variable Transportkosten bei Nutzung der eigenen Transportkapazität

65 vgl. *Tempelmeier und Bantel* (2015); *Bantel* (2014)

2. In Phase 2 ist das Lager lieferfähig und die gesamte Periodennachfrage wird an das Transportsystem weitergeleitet. Diese Phase umfaßt normalerweise mehrere Perioden.

3. Phase 3 ist die Periode, in der das Lager lieferunfähig wird. In dieser Phase wird nur der am Periodenanfang noch vorhandene Restbestand an das Transportsystem weitergeleitet.

4. In Phase 4 ist das Lager lieferunfähig und es treffen im Transportsystem keine Transportaufträge ein.

Die Wahrscheinlichkeitsverteilung der Anzahl von Transportaufträgen ergibt sich dann als gemischte Verteilung der vier phasenspezifischen Auftragsverteilungen. Für die konkrete Berechnung schlagen die Autoren vor, alle Verteilungen gegebenenfalls zu diskretisieren und dann numerisch zu falten.

Ist man nun – wie beschrieben – in der Lage, für jeden Wert des Bestellpunkts s die resultierende Wahrscheinlichkeitsverteilung der Anzahl O von Transportaufträgen und folglich auch die kostenminimale Höhe der Transportkapazität v_{opt} zu bestimmen, dann kann man folgendes Modell zur **simultanen Optimierung des Bestellpunkts** einer ($r = 1, s, q$)-Politik **und der Transportkapazität** formulieren:

Modell SQV$_\beta$

Minimiere $C(s, v) = h \cdot E\{I^p(s)\} + C[v_{opt}(s)]$ (C.171)

u. B. d. R.

$\beta(s) \geq \beta^\star$ (C.172)

Die erste Komponente der Zielfunktion beschreibt die Lagerkosten. Die zweite Komponente stellt die minimalen Kosten des Transportbereichs dar. Diese können für jeden gegebenen Wert von s und die zugehörige Wahrscheinlichkeitsverteilung der Anzahl Transportaufträge O mit Gleichung (C.169) bestimmt werden.

Betrachten wir als Beispiel eine ($r = 1, s, q$)-Politik mit $q = 40$. Die Periodennachfragemenge ist mit dem Mittelwert $\lambda = 4$ Poisson-verteilt. Die Kostensätze sind $h = 1$, $c_e = 6$, $c_v = 1$ und $c_i = 4$. Bild C.29 zeigt den Verlauf der Zielfunktion für unterschiedliche Werte des Bestellpunkts. Man erkennt, daß bei einem sehr niedrigen Bestellpunkt ($s \leq 2$) und entsprechend hoher Varianz der Transportnachfrage die alleinige Nutzung der externen Transportkapazität vorteilhaft ist. Erhöht man s, dann wird die Streuung der Transportnachfrage geringer und es lohnt sich zunehmend, auf eigene Transportkapazität zurückzugreifen, die dann auch gleichmäßig ausgelastet werden kann. Nur Spitzen der Transportnachfrage werden dann noch extern gedeckt.

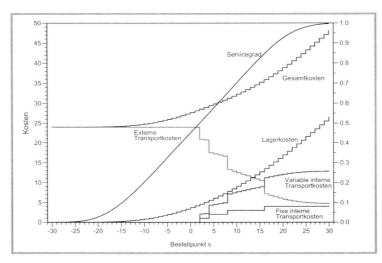

Bild C.29: Verlauf der Zielfunktion in Abhängigkeit von s

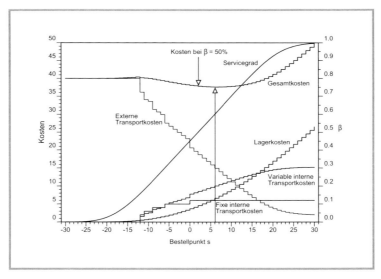

Bild C.30: Verlauf der Zielfunktion in Abhängigkeit von s

Bei der vorliegenden Datenkonstellation sind die Kosten für externe Transportkapazität nur geringfügig höher ($c_e = 6$) als die Kosten für Eigentransporte ($c_v + c_i = 5$). Dies führt zu dem dargestellten Verlauf der Gesamtkosten. Sind die Kosten für externe

Transportkapazität jedoch wesentlich höher, dann ändert die Zielfunktion ihren Verlauf. Nehmen wir im obigen Beispiel $c_e = 10$ an, dann ergibt sich die in C.30 abgebildete Situation. Das Minimum der Gesamtkosten liegt bei $s = 6$. Der zugehörige β-Servicegrad ist 60%. Strebt das Unternehmen nun einen geringeren Servicegrad an, z. B. 50%, dann ist es hier *vorteilhaft, der angestrebten Servicegrad zu überschreiten*. Dies steht im Gegensatz zu der bisher betrachteten Optimierung des Bestellpunkts bei alleiniger Berücksichtigung der Lagerkosten. Dort reichte es aus, den minimalen Bestellpunkt zu suchen, bei dem der angestrebte Servicegrad gerade noch erreicht wird.

Szenario 2. Im zweiten Szenario wird angenommen, daß nicht auf externe Transportkapazitäten zurückgegriffen wird. Stattdessen werden die Transportaufträge, die in einer Periode nicht ausgeliefert werden konnten, als Transport-Rückstandsaufträge zur Auslieferung in der nächsten Periode vorgemerkt. Dies bedeutet, daß einige der Lager-Rückstandsaufträge zusätzlich zu ihrer bereits aufgetretenen Wartezeit im Lager auch im Transportbereich eine Wartezeit in Kauf nehmen müssen.

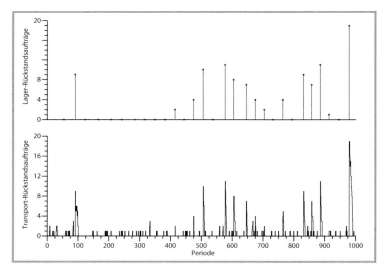

Bild C.31: Lager-Rückstandsaufträge und Transport-Rückstandsaufträge

Bild C.31 zeigt die in einer Simulation beobachtete simultane Entwicklung der Bestände an Rückstandsaufträgen in einem Lager und im anschließenden Transportbereich. Der Auftragseingang im Lager umfaßte in jeder Periode eine stochastische Anzahl von Kundenaufträgen. Im Lager sind lediglich die am Ende einer Wiederbeschaffungszeit kumulierten Aufträge dargestellt, die im Transportbereich, der über eine begrenzte Kapazität verfügt, nach und nach abgearbeitet werden. Die Transport-Rückstandsaufträge, die keine korrespondierenden Lager-Rückstandsaufträge haben, entstehen dadurch, daß die Transportkapazität in einigen Perioden nicht einmal zur Auslieferung aller „normalen" Aufträge der Periode ausreicht.

Nimmt man nun an, daß die von einem Kunden wahrgenommene Lieferzeit durch die Prozesse „Lagern" und „Transportieren" verursacht sein kann, dann entsteht das Problem, eine durchschnittliche Gesamt-Lieferzeit durch die optimale Kombination der Teil-Lieferzeiten aus dem Lager und dem Transport zu erreichen.

Die betrachteten Fragestellungen können anstelle auf den Transportbereich auch auf andere auf die Lagerung folgende logistische Prozesse bezogen werden. So kann man sich z. B. vorstellen, daß die Aufträge im Warenausgang mit einem festen Personalstamm kommissioniert und verpackt werden und daß bei erhöhtem Kapazitätsbedarf auf externe Dienstleister zurückgegriffen wird. Das Optimierungsproblem besteht dann in der simultanen Bestimmung des Bestellpunkts und der Kapazität des Warenausgangs und kann wie oben beschrieben gelöst werden.

C.5.2   Lagerhaltung und Transportzeit

Sofern nicht ein Servicegrad von 100% erreicht wird, kommt es zu Fehlmengen und *lagerbedingten Lieferzeiten*. Mit der Verwendung eines Servicegradzieles und entsprechendem Sicherheitsbestand wird im Bestandsmanagement – wie in den vorangegangenen Kapiteln dargestellt – versucht, Lieferzeiten und die damit verbundene Unzufriedenheit der Abnehmer möglichst zu vermeiden. Allerdings ist die lagerbedingte Lieferzeit nicht die einzige Zeitspanne, während der ein Abnehmer auf die Lieferung warten muß. Vielmehr vergeht noch Zeit für die Auftragsabwicklung sowie die Verpackung und schließlich den Transport. So fand der Verfasser z. B. in einem bekannten Online-Shop für ein Produkt den Hinweis, daß das Produkt im Lager verfügbar sei. Nach dem Kauf stellte sich jedoch heraus, daß die Gesamtlieferzeit 3 Wochen betrug, weil das Lager sich in China befand und der Transport sehr langwierig war.

Da der gesamte logistische Prozeß also aus mehreren zeitverbrauchenden Teilprozessen besteht, bietet sich die Möglichkeit, die **Reaktionszeiten der Teilprozesse** als Entscheidungsvariablen zu betrachten. Können für den Transport mehrere unterschiedlich schnelle Transportmittel eingesetzt werden, dann kann es sinnvoll sein, bei der Festlegung des Sicherheitsbestands zu berücksichtigen, daß eine *lange lagerbedingte Lieferzeit* durch einen *schnellen Transport* wieder ausgeglichen werden kann. Dies ist möglich, wenn man die Reaktionszeiten der logistischen Teilprozesse als Funktion der Entscheidungsvariablen ex ante bestimmen kann. Betrachten wir folgende Situation: Im Lager wird eine (r, S)-Politik verfolgt und zur Auslieferung an die Abnehmer stehen mehrere unterschiedlich schnelle (und teure) Transportmodi zur Verfügung.

Den Abnehmern soll mit der Wahrscheinlichkeit p_{min} eine Gesamt-Lieferzeit von exakt w_{max} Perioden garantiert werden. Bezeichnet man die Transportzeit mit W_T und die lagerbedingte Lieferzeit mit W, dann gilt:

$$P\{W + W_T \leq w_{max}\} \geq p_{min} \tag{C.173}$$

Der Einfachheit sei angenommen, daß es w_{max} Transportmodi mit den Transportzeiten $w_T = (1, 2, \ldots, w_{max})$ gibt. Das heißt, für jede lagerbedingte Lieferzeit w zwischen 0 und $w_{max} - 1$ gibt es einen Transportmodus mit der Transportzeit $w_T = w_{max} - w$, mit dem die Gesamt-Lieferzeit von w_{max} erreicht werden kann.[66] Bei der Erfüllung der Nachfrage wird nun wie folgt vorgegangen. Ist die Gesamt-Lieferzeit z. B. $w_{max} = 3$ und ist im Lager für eine Nachfrage die Lieferzeit $w = 1$ aufgetreten, dann wird ein Transportmodus mit der Transportzeit $w_T = 2$ eingesetzt. Da die zulässigen *Transportzeiten* W_T sich aus den lagerbedingten Lieferzeiten W ergeben, sind sie ebenfalls *Zufallsvariablen*. Ihre Wahrscheinlichkeitsverteilung kann direkt aus der Wahrscheinlichkeitsverteilung der lagerbedingten Lieferzeiten abgelesen werden: $P\{W_T = w_T\} = P\{W = w_{max} - w_T\}$. Die Frage ist jetzt: *Wie hoch ist das optimale Bestellniveau S, wenn nicht nur die Lagerkosten, sondern auch die Transportkosten zu berücksichtigen sind?*

Zur Beantwortung dieser Frage überlegen wir uns Folgendes: Da eine lange lagerbedingte Lieferzeit durch eine entsprechende Verkürzung der Transportzeit ausgeglichen werden kann, ohne daß die Gesamt-Lieferzeit sich verändert, kann Beziehung (C.173) auf unterschiedliche Weise durch Variation der maximalen lagerbedingten Lieferzeit erfüllt werden:

$$P\{W \leq j|S\} \geq p_{min} \qquad\qquad j = 0, 1, \ldots, w_{max} - 1 \quad \text{(C.174)}$$

Für $j = 0$ muß z. B. das Bestellniveau S so festgelegt werden, daß die Wahrscheinlichkeit für die lagerbedingte Lieferzeit $w = 0$ gerade p_{min} beträgt. Hat man den minimalen Wert von S bestimmt, der die Bedingung (C.174) für einen gegebenen Wert von j erfüllt, dann kann man wegen $P\{W_T = w_T\} = P\{W = w_{max} - w_T\}$ aus der zugehörigen Verteilung der lagerbedingten Lieferzeit die Transportzeitverteilung und die erwarteten Transportkosten berechnen. Damit entsteht das Problem, den Wert von j zu finden, mit dem die Summe aus erwarteten Lager- und Transportkosten pro Periode minimiert wird, wobei für jeden Wert von j das minimale Bestellniveau S bestimmt werden muß:

---

66 In der Realität sind die Transportzeiten nicht äquidistant. So bietet ein Transportunternehmen für die Lieferung eines 10kg-Pakets von Kempten nach Köln als Transportzeiten 1, 2, oder 5 Tage an. Die entsprechenden Kosten sind 97, 33 und 13 Euro.

Modell LT$_j$

minimiere $C(j) = h \cdot E\{I^p(S)\}$

$$+ \sum_{w=0}^{j} c(w_{\max} - w) \cdot E\{D\} \cdot P\{W = w|S\} \qquad \text{(C.175)}$$

u. B. d. R.

$$P\{W \leq j|S\} \geq p_{\min} \qquad \text{(C.176)}$$

$$0 \leq j \leq w_{max} - 1 \qquad \text{(C.177)}$$

Dabei ist D die Periodennachfragemenge und h der Lagerkostensatz. Der erste Summand in Gleichung (C.175) gibt die Lagerkosten als Funktion von S wieder. Diese ergeben sich wie folgt:

$$E\{I^p(S)\} = \frac{1}{r} \cdot \sum_{t=1}^{r} \int_{0}^{S} (S - y) \cdot f_{D^{(t+\ell)}}(y) \cdot dy$$

$$= S - E\{Y^{(\ell)}\} - \frac{(r+1)}{2} \cdot E\{D\} + \frac{1}{r} \cdot \sum_{t=1}^{r} G^1_{Y^{(t+\ell)}}(S) \qquad \text{(C.178)}$$

$G^1_{Y^{(t+\ell)}}(S)$ bezeichnet die „first-order loss function" in Bezug auf die Nachfrage im Zeitraum $t+\ell$, $Y^{(t+\ell)}$. Der zweite Summand in Gleichung (C.175) beschreibt die Transportkosten der Nachfragemengen, für die eine lagerbedingte Lieferzeit mit maximal j Perioden auftritt. Diese Nachfragemengen werden mit den schnelleren Transportmodi ausgeliefert. Der restlichen Anteil $(1 - p_{\min})$ der Nachfrage wird nicht berücksichtigt, da für diese Nachfrage die Gesamt-Lieferzeit nicht eingehalten werden kann. Den optimalen Wert von j findet man durch Berechnung von $C(j)$ ($j = 0, 1 \ldots, w_{\max} - 1$), wobei für jeden Wert von j das resultierende Bestellniveau S und die zugehörige Wahrscheinlichkeitverteilung der Lieferzeit berechnet werden muß.

 Das folgende Beispiel einer (r, S)-Politik mit normalverteilter Nachfrage ($\mu = 100, \sigma = 30$) und einer Wiederbeschaffungszeit $\ell = 7$ sowie einem Überwachungszyklus $r = 5$ illustriert das Problem[67]. Als Gesamtlieferzeit wird $w_{\max} = 3$ angenommen. Diese soll für $p_{\min} = 95\%$ aller Nachfragemengen erreicht werden. Der kostengünstigste Transportmodus benötigt drei Tage und kostet $c(w_T = 3) = 1$ GE/ME. Soll dieser so oft wie möglich eingesetzt werden, dann muß die lagerbedingte Lieferzeit $w = 0$ für 95% der Nachfrage erreicht werden. Zwei weitere Transportmodi mit Transportzeiten von einem bzw. zwei Tagen verursachen Kosten von $c(w_T = 1) = 8$ bzw. $c(w_T = 2) = 3$ GE/ME.

---

67 Zur Berechnung der Wahrscheinlichkeitverteilung der Lieferzeiten siehe *Tempelmeier und Fischer* (2018).

| | | $j = 0$ | | $j = 1$ | | $j = 2$ | |
| | S | 1239 | | 1134 | | 1030 | |
w	w_T	$P\{W = w\}$	$P\{W \leq w\}$	$P\{W = w\}$	$P\{W \leq w\}$	$P\{W = w\}$	$P\{W \leq w\}$
0	3	0.9503	0.9503	0.8349	0.8349	0.6556	0.6556
1	2	0.0423	0.9927	0.1151	0.9500	0.1762	0.8317
2	1	0.0070	0.9996	0.0432	0.9932	0.1188	0.9506
3	–	0.0004	1	0.0065	0.9997	0.0435	0.9940
4	–			0.0003	1	0.0058	0.9998
5	–					0.0002	1
$E\{I^p\}$		244.74		156.21		86.83	
Lagerkosten		244.74		156.21		86.83	
Transportkosten		95.03		118.02		213.46	
Gesamtkosten		339.77		274.23		300.29	

Tabelle C.30: Lösung

Zur Bestimmung der optimalen Aufteilung der Gesamt-Lieferzeit auf die logistischen Teilprozesse „Lagern" und „Transportieren" enumeriert man alle maximalen lagerbedingten Lieferzeiten j, die zusammen mit der jeweiligen Transportzeit die Gesamt-Lieferzeit $w_{max} = 3$ nicht überschreiten, hier also $j = (0, 1, 2)$. Für jeden Wert von j bestimmt man das minimale Bestellniveau S unter Beachtung der Bedingung (C.174) und die zugehörige Lieferzeit-Verteilung. Aus dieser kann man dann die Wahrscheinlichkeitsverteilung der Transportzeiten ableiten und die erwarteten Transportkosten bestimmen. Die Berechnungen sind in Tabelle C.30 zusammengefaßt.

Der billigste Transportmodus mit einer Transportzeit von 3 Perioden wird für die Nachfragemengen eingesetzt, für die keine lagerbedingte Lieferzeit entstanden ist. Setzt man $j = 0$ und $S = 1239$, dann ist dies für 95% der Fall. Bei einem Lagerkostensatz $h = 1$ betragen die Lagerkosten dann 244.74 und die Gesamtkosten 339.77.

Für $j = 1$ und $P\{W \leq 1\} = 0.95$ erhält man $S = 1134$ und Lagerkosten von 156.21. In diesem Fall werden 11.51% der Nachfrage mit einer Transportzeit von 2 Perioden und 83.49% mit dem langsamsten Transportmodus ausgeliefert werden. Das führt zu Gesamtkosten in Höhe von 274.23.

In der letzten Spalte für $j = 2$ mit $P\{W \leq 2\} = 0.95$ ergibt sich das Bestellniveau $S = 1030$ mit Lagerkosten von 86.83. Dabei können 65.56% der Nachfrage mit dem langsamsten Transportmodus ausgeliefert werden. 17.62% benötigen eine Transportzeit von 2 Perioden und 11.88% müssen mit dem schnellsten und teuersten Transportmittel mit einer Transportzeit $w_T = 1$ ausgeliefert werden. Die Gesamtkosten betragen in diesem Fall 300.29. Das Bestellniveau $S = 1134$ ist also optimal.

In allen Fällen wird für 95% der Nachfrage die Gesamtlieferzeit von 3 Tagen exakt erreicht. Berücksichtigt man bei der Bestimmung des Bestellniveaus nur die Lagerkosten, z. B. mit einer β-Servicegrad-Restriktion mit $\beta = 95\%$, dann führt das im Beispiel mit $S = 1239$ zu 24% höheren Gesamtkosten als bei der Anwendung des beschriebenen Optimierungsansatzes.

C.5.3   Lagerhaltung und lieferzeitabhängiger Preisnachlaß

Ein ebenso interessantes Problem tritt auf, wenn den Abnehmern bei der Überschreitung einer bestimmten lagerbedingten Lieferzeit ein zeitabhängiger Preisnachlaß gewährt wird.[68] Wir nehmen wieder an, daß für das betrachtete Produkt eine (r, S)-Politik verfolgt wird. Die Preisnachlässe werden durch eine diskrete Funktion $c_W(w)$ abgebildet, die jeder lagerbedingten Lieferzeit einen Preisnachlaß zuordnet, der bei der Optimierung der Lagerpolitik berücksichtigt wird. Das Optimierungsproblem besteht dann darin, das Bestellniveau S (und damit die Lieferzeitverteilung) so festzulegen, daß die Summe aus den Lagerkosten und den Preisnachlässen minimiert wird. Dies wird durch das folgende Optimierungsmodell beschrieben:

 Modell WR

$$\text{Minimiere } C(S) = h \cdot E\{I^p(S)\} + \sum_{w>0} c_W(w) \cdot E\{D\} \cdot P\{W = w|S\} \qquad \text{(C.179)}$$

Dabei beschreibt D wieder die Periodennachfragemenge und $c_W(w)$ ist die die diskrete Rabattfunktion, die den Zusammenhang zwischen der realisierten Lieferzeit und dem Preisnachlaß wiedergibt. Die Minimierung der Zielfunktion (C.179), d. h. die Bestimmung des optimalen Wertes des Bestellniveaus S, ist mit einem Standard-Suchverfahren zur Minimierung einer nichtlinearen Funktion, z. B. dem Verfahren des goldenen Schnittes[69], möglich.

 Zur Veranschaulichung betrachten wir eine (r, S)-Politik mit normalverteilter Nachfrage ($\mu = 100$, $\sigma = 30$), $r = 5$, $\ell = 8$, $h = 1$ sowie der in Tabelle C.31 angegebenen Preisnachlaßfunktion.

Lieferzeit w	Preisnachlaß $c_W(w)$
$0 < w \le 3$	500
$3 < w \le 6$	550
$6 < w$	600

Tabelle C.31: Preisnachlaßfunktion

---

68   vgl. *Bhargava et al.* (2006)
69   vgl. *Domschke et al.* (2015)

S	1100	1230	1300	1343
w	$P\{W=w\}$	$P\{W=w\}$	$P\{W=w\}$	$P\{W=w\}$
0	0.5973	0.8262	0.9137	0.9500
1	0.1841	0.1174	0.0677	0.0420
2	0.1392	0.0474	0.0170	0.0076
3	0.0651	0.0085	0.0016	0.0005
4	0.0134	0.0005		
5	0.0008			
Lagerkosten	71.58	153.95	210.66	248.86
Preisnachlässe	202.07	86.91	43.15	25.05
Gesamtkosten	273.65	240.86	253.81	273.91

Tabelle C.32: Lösung des Beispiels

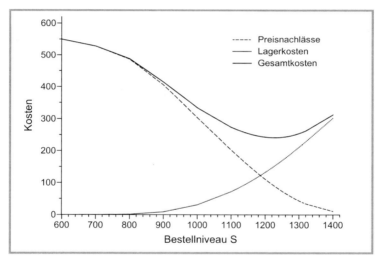

Bild C.32: Verlauf der Zielfunktion (C.179)

In Bild C.32 ist der Verlauf der Zielfunktion (C.179) dargestellt. Tabelle C.32 zeigt ausgewählte Ergebnisse. Das optimale Bestellniveau ist $S = 1230$. Auch hier gilt wieder: Die Vernachlässigung von entscheidungsrelevanten Größen bei der Festlegung der Lagerpolitik kann zu beträchtlichen Abweichungen vom Optimum führen. Orientiert man sich im Beispiel bei der Festlegung des Bestellniveaus allein an einem β-Servicegrad von z. B. 95%, dann erhält man $S = 1343$. Die resultierende Lieferzeitverteilung führt dann zu Gesamtkosten in Höhe von 273.91. Dies ist ca. 10% über dem Optimum.

C.6 Modellierung des Lieferanten als Warteschlangensystem

In vielen Lagerhaltungsmodellen wird davon ausgegangen, daß die Wiederauffüllung des Lagerbestands durch einen Lieferanten erfolgt, dessen Kapazität nicht weiter betrachtet wird. Allenfalls wirkt sich eine Kapazitätsbeschränkung des Lieferanten auf die Form der Wahrscheinlichkeitsverteilung der Wiederbeschaffungszeit (= Lieferzeit des Lieferanten) aus, die dann nicht mehr als deterministisch, sondern als Zufallsvariable, in jedem Fall aber als exogene Größe betrachtet wird.

Im Folgenden wollen wir der Frage nachgehen, wie sich beschränkte Kapazitäten auf die logistische Leistung eines Lieferknotens auswirken und welchen Einfluß dies auf den Sicherheitsbestand in dem zu beliefernden Lagerknoten in der Supply Chain hat. Dabei ist danach zu differenzieren, ob der Lieferant ein Fertigproduktlager unterhält (lagerorientierte Produktion, make-to-stock, MTS) oder ob er mit der Produktion erst beginnt, wenn ein Kundenauftrag eingetroffen ist (auftragsorientierte Produktion, make-to-order, MTO). Im Fall der lagerorientierten Produktion beträgt die minimale Lieferzeit null Perioden, und zwar dann, wenn ein Kundenauftrag positiven Lagerbestand antrifft und unverzüglich beliefert wird. Im Fall der auftragsorientierten Produktion dagegen ist die minimale Lieferzeit gleich der Bearbeitungszeit. Hinzu kommt oft noch eine Wartezeit bis zum Beginn der Bearbeitung.

C.6.1 Auftragsorientierte Produktion

Bei auftragsorientierter Produktion beginnt der Lieferant erst dann mit der Produktion, wenn ein Kundenauftrag eingetroffen ist. Diese Situation kann mit Hilfe eines Warteschlangenmodells abgebildet werden. Die Warteschlangentheorie stellt inzwischen für eine große Anzahl von Systemvarianten exakte Beschreibungen oder Approximationen der wichtigsten Kenngrößen zur Verfügung.[70]

Bild C.33 veranschaulicht die Struktur der betrachteten zweistufigen Supply Chain. Der Lagerknoten sendet eine Bestellung an den Lieferanten (Produktionsknoten), der einen Produktionsauftrag erzeugt und in die Warteschlange vor dem Produktionsprozeß einreiht. Nach Abschluß der Produktion erfolgt die Auslieferung. Die gesamte Wiederbeschaffungszeit des zu beliefernden Lagerknotens setzt sich dann aus der Wartezeit der Lagerbestellung vor dem Produktionsbeginn, der Produktionszeit und der Auslieferungszeit (Handling- und Transportzeit einschl. der damit verbundenen weiteren Wartezeiten) zusammen. Die Länge dieser Wiederbeschaffungszeit spielt für den Lagerknoten bei der Bestimmung des Sicherheitsbestands eine wichtige Rolle.

---

70   vgl. *Kleinrock* (1975); *Buzacott und Shanthikumar* (1993); *Ross* (1997); *Taha* (2003); *Gross und Harris* (1998)

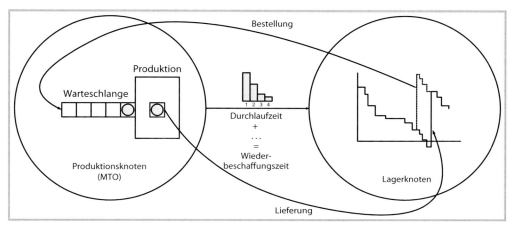

Bild C.33: Zweistufige Supply Chain

Kontinuierliche Zeitachse. Nehmen wir nun zunächst an, im Lager werde eine **Base-Stock-Politik** mit Poisson-verteilter Nachfrage in **kontinuierlicher Zeit** verfolgt. In diesem Fall hat der Zugangsprozeß von Kunden im Lager dieselben Eigenschaften wie der Zugangsprozeß von Produktionsaufträgen im Warteschlangensystem. Sind die Bearbeitungszeiten der einzelnen Produktionsaufträge darüberhinaus exponentialverteilt, dann kann der Produktionsknoten durch ein $M/M/1$-Warteschlangenmodell abgebildet werden, wobei die Durchlaufzeit mit dem Parameter $(\mu - \lambda)$, d. h. der Differenz aus Bearbeitungs- und Ankunftsrate, exponentialverteilt ist.[71] Vernachlässigt man die Transportzeit zwischen der Produktion und dem Lager, dann ist die Wiederbeschaffungszeit in dem Lagerknoten gleich der Durchlaufzeit in der Produktion und damit ebenfalls mit dem Parameter $(\mu - \lambda)$ exponentialverteilt. Da die Kundenankünfte annahmegemäß Poisson-verteilt sind, ist die **Nachfragemenge in der Wiederbeschaffungszeit** des Lagers mit dem Parameter $p = \frac{(\mu - \lambda)}{\lambda + (\mu - \lambda)} = \frac{\mu - \lambda}{\mu}$ wie folgt **geometrisch** verteilt:[72]

$$P\{Y = n\} = (1 - p)^n \cdot p = \left(\frac{\lambda}{\mu}\right)^n \cdot \left(1 - \frac{\lambda}{\mu}\right) \qquad n = 0, 1, 2, \ldots \qquad \text{(C.180)}$$

Tabelle C.33 zeigt für ein Beispiel mit der Ankunftsrate $\lambda = 2.5$ und der Bearbeitungsrate $\mu = 3$ den Zusammenhang zwischen dem Bestellniveau S und dem erwarteten Fehlbestand sowie dem β-Servicegrad für eine Nachfragemenge in der Wiederbeschaffungszeit, die mit dem Parameter $p = \frac{3 - 2.5}{3} = 0.1667$ geometrisch verteilt ist. Bei einer mittleren Wiederbeschaffungszeit von $\frac{1}{3 - 2.5} = 2$ Perioden beträgt die erwartete Nachfragemenge in der Wiederbeschaffungszeit $E\{Y\} = 2 \cdot 2.5 = 5$.

---

71 vgl. *Gross und Harris* (1998)
72 vgl. *Carlson* (1982); *Nelson* (1995), Abschnitt 4.5.10

S	$E\{I^f\}$		β
4	2.4113		0.5177
6	1.6745		0.6651
8	1.1628		0.7674
10	0.8075		0.8385
12	0.5608		0.8878
14	0.3894		0.9221

Tabelle C.33: Zusammenhang zwischen Bestellniveau, Fehlbestand und β-Servicegrad

Diskrete Zeitachse. Für die Betrachtung eines Lieferknotens im Rahmen einer Supply Chain ist das $GI/G/1$-Warteschlangenmodell in **diskreter Zeit** von besonderem Interesse, da in diesem Modell keine durch die mathematische Handhabkeit der Wahrscheinlichkeitsverteilungen bedingten Einschränkungen gemacht werden müssen. Hier wird davon ausgegangen, daß die Zeitachse in diskrete Perioden konstanter Länge (z. B. Tage) zerlegt worden ist[73] und daß für die Zwischankunftszeiten ebenso wie für die Bearbeitungszeiten diskrete, i. d. R. empirisch beobachtete, Wahrscheinlichkeitsverteilungen gegeben sind. Für dieses Warteschlangenmodell kann die **Wahrscheinlichkeitsverteilung der Durchlaufzeit** eines Kundenauftrags unter praxisnahen Annahmen mit Hilfe numerischer Verfahren ermittelt werden.[74]

Betrachten wir ein Beispiel. Für die Zwischenankunftszeiten A der Kundennachfragen in dem Lager wird eine bei 1 startende geometrische Verteilung der Form $P\{X = n\} = (1 - p)^{n-1} \cdot p$, $n = 1, 2, \ldots$ mit $p = 0.5$ angenommen (siehe Tabelle C.34).[75]

a	1	2	3	4	5
$P\{A = a\}$	0.5000	0.2500	0.1250	0.0625	usw.

Tabelle C.34: Verteilung der Zwischenankunftszeiten

Es wird eine **Base-Stock-Politik** mit periodischer Überwachung (am Ende jeder Periode) verfolgt. Nach jedem Auftragseingang wird daher ein Produktionsauftrag für das Produktionssystem ausgelöst. Die Bearbeitung dauert für 80% der Aufträge eine Periode und für 20% der Aufträge zwei Perioden. Handling- und Transportzeiten zwischen der Produktion und dem Lager werden vernachlässigt. Tabelle C.35 enthält die mit Hilfe des $GI/G/1$-Modells in diskreter Zeit ermittelten Wahrscheinlichkeitsverteilungen für die Wartezeit (W_q) und die Durchlaufzeit (W) in der Produktion. Die Durchlauf-

---

73 Dies ist die Perspektive, die auch in den deterministischen Losgrößenmodellen eingenommen wird. Vgl. *Tempelmeier* (2017).

74 Zur detaillierten Darstellung dieser Verfahren sei auf die Literatur verwiesen. Vgl. *Grassmann und Jain* (1989); *Tran-Gia* (1996); *Arnold und Furmans* (2005)

75 vgl. *Ross* (1997)

zeitverteilung erhält man durch Faltung der Wartezeitverteilung mit der Verteilung der Bearbeitungszeit.

k	$P\{W_q = k\}$	$P\{W = k\}$
0	0.8000	–
1	0.1600	0.64000
2	0.0320	0.28800
3	0.0064	0.05760
4	0.0013	0.01152
5	0.0003	0.00232
6	–	0.00050
7	–	0.00006

Tabelle C.35: Wahrscheinlichkeiten für Warte- und Durchlaufzeiten

Mit Hilfe der in Abschnitt C.1.2, S. 169, beschriebenen Vorgehensweise kann nun das für einen angestrebten Servicegrad erforderliche Bestellniveau S ermittelt werden. Zur Bestimmung der Verteilungen von Z und Y greifen wir auf Beziehung (A.35) mit $P\{D = 0\} = 0.5$ und $P\{D = 1\} = 0.5$ zurück. Die Berechnungen sind in Tabelle C.36 zusammengefaßt. Man erkennt, daß die Berücksichtigung des Fehlbestands am Zyklusanfang zur korrekten Berechnung des β-Servicegrades unumgänglich ist.

z	$P\{Z = z\}$	$E\{I_{End}^f(z)\}$	y	$P\{Y = y\}$	$E\{I_{Anf}^f(y)\}$	S	β
0	0.2000	1.2250	0	0.4000	0.7250	0	0.0000
1	0.4445	0.4250	1	0.4889	0.1250	1	0.4000
2	0.2938	0.0694	2	0.0988	0.0139	2	0.8889
3	0.0549	0.0077	3	0.0110	0.0015	3	0.9876
4	0.0061	0.0008	4	0.0012	0.0002	4	0.9986
5	0.0007	0.0001	5	0.0001	–	5	0.9998
6	0.0001	–	6	–	–	6	1.0000

Tabelle C.36: Berechnung des β-Servicegrades

Mit Hilfe der dargestellten Modellbetrachtung kann auch analysiert werden, welchen Einfluß eine Veränderung des Produktionsprozesses, die sich auf die Wahrscheinlichkeitsverteilung der Bearbeitungszeiten auswirkt – z. B. die Einführung einer neuen Technik mit geringerer Varianz der Bearbeitungszeiten oder die Reorganisation des Instandhaltungssystems mit der Folge kürzerer Ausfallzeiten der Ressourcen –, auf die Höhe des Sicherheitsbestands im Lager hat.

Schließlich sei noch darauf hingewiesen, daß in dem Lager anstelle der Base-Stock-Politik auch andere Lagerpolitiken verfolgt werden können. Wird z. B. eine (s, q)-Politik eingesetzt, dann müssen die im Lager eintreffenden Kundenaufträge zu Produktionsaufträgen für das Produktionssystem aggregriert werden.

C.6.2 Lagerorientierte Produktion

Bei lagerorientierter Produktion unterhält der Lieferant ein Fertigproduktlager, das direkt durch die Produktion gefüllt wird. Im Prinzip könnte man zur Abbildung dieser Situation wieder das im vorangegangenen Abschnitt C.6.1 eingesetzte Modell verwenden. In der Literatur wird jedoch eine andere Modellierung bevorzugt, die ohne die Berechnung der Lieferzeitverteilung des Warteschlangensystems auskommt und somit eleganter erscheint. Da diese Betrachtungsweise die Basis verschiedener Erweiterungen im Hinblick auf die Modellierung von Supply Chains bildet, wird sie im Folgenden erläutert.

Das Produktionssystem und das angeschlossene Fertigproduktlager werden nun als eine Einheit betrachtet, die von außen eintreffende Kundenaufträge erfüllen soll. Es wird wieder angenommen, daß in dem Fertigproduktlager eine **Base-Stock-Politik** mit dem Parameter S verfolgt wird. Die Produktion wird als ein **einstufiges Warteschlangensystem** modelliert.[76]

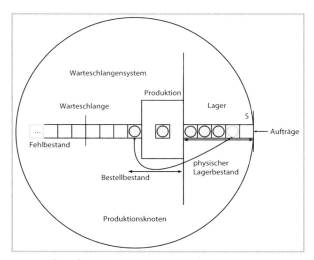

Bild C.34: Warteschlangen-Lagersystem

---

76 vgl. *Buzacott und Shanthikumar* (1993), Abschnitt 4.3

Der physische Lagerbestand für Fertigprodukte kann maximal S Mengeneinheiten umfassen. Es wird dabei unterstellt, daß ein Kundenauftrag genau eine Mengeneinheit umfaßt. Aufgrund der direkten Kopplung des Bestands für Fertigprodukte und des Bestands an Produktionsaufträgen in dem Warteschlangensystem ist es möglich, beide Subsysteme als eine Einheit zu analysieren, ohne daß zuvor die Durchlaufzeitverteilung errechnet werden muß. Bild C.34 zeigt die Struktur eines als **Warteschlangen-Lagersystem** abgebildeten Produktionsknotens.

Den Ablauf der Vorgänge in diesem System kann man sich wie folgt vorstellen. An jeder Fertigprodukteinheit möge ein (nicht aktiver) Produktionsauftrag heften. Aufgrund eines eingetroffenen Kundenauftrags wird eine Mengeneinheit aus dem Fertigproduktlager entnommen. Der daran heftende Produktionsauftrag wird aktiviert, von dem Produkt entfernt und in die Warteschlange vor der Produktion eingereiht. Ein Kundenauftrag, der nicht sofort erfüllt werden kann, wird ebenfalls in die Warteschlange eingereiht und zum Bestellbestand addiert. Nach Ablauf der Wartezeit und der Produktionsdauer wird entweder ein wartender Kundenauftrag erfüllt und der Produktionsauftrag erneut in die Warteschlange eingereiht oder es wird der Lagerbestand wieder um eine Mengeneinheit erhöht und der entsprechende Produktionsauftrag deaktiviert. Sobald der Fertigproduktbestand das Bestellniveau S erreicht hat, wird die Produktion eingestellt.

Da eine Base-Stock-Politik verfolgt wird, ist die Summe aus dem Netto-Lagerbestand I^n und dem Bestellbestand I^o (d. h. der Anzahl wartender oder in Bearbeitung befindlicher Produktionsaufträge) immer gleich S. Im abgebildeten Fall liegen drei Produkteinheiten auf Lager ($I^p = 3$) und zwei Einheiten werden nachproduziert ($I^o = 2$), d. h. $I^n = 3$. Sind dagegen in der Warteschlange sieben Produkteinheiten, dann ergibt sich: $I^p = 0$, $I^f = 2$, $I^o = 7$ und $I^n = -2$. Daraus folgt: $I^n + I^o = -2 + 7 = 5 = S$.

Findet ein Kundenauftrag ein leeres Lager vor, dann kommt es zu einem Fehlbestand und zu einer lagerbedingten Wartezeit, deren Länge von der Produktionsdauer sowie dem bereits bei der Auftragsankunft vorhandenen Fehlbestand abhängt. Sinnvollerweise wird angenommen, daß fertiggestellte Produkteinheiten zunächst zur Erfüllung wartender Kundenaufträge verwendet werden und daß erst danach mit der Auffüllung des Lagers bis zum Bestand S begonnen wird.

Während im vorangegangenen Abschnitt die Wartezeit die zentrale verbindende Größe zwischen der Produktionsknoten und dem zu beliefernden Lagerknoten darstellte, ist bei der nun verwendenten Modellierungsweise die **Anzahl der Produktionsaufträge in dem Warteschlangensystem** die relevante Größe, aus deren Wahrscheinlichkeitsverteilung die interessierenden Kenngrößen abgeleitet werden können. Präziser ausgedrückt geht es um die Anzahl von Produktionsaufträgen, die ein eintreffender Kundenauftrag **bei seiner Ankunft** vorfindet (arrival-average). Davon zu unterscheiden ist die Anzahl von Produktionsaufträgen, die ein externer Beobachter sieht (time-average). In Warteschlangenmodellen, bei denen Poisson-verteilte Ankünfte unterstellt werden, kön-

nen diese beiden Größen gleichgesetzt werden, da „poisson arrivals see time-averages"
(PASTA).

C.6.2.1   Produktionsknoten mit unbeschränkter Kapazität

Betrachten wir zunächst den Fall, daß die Kundenaufträge mit dem Parameter λ Poisson-
verteilt in **kontinuierlicher Zeit** eintreffen. Die Produktionsdauern B seien deterministisch. Außerdem seien so viele identische Ressourcen verfügbar, daß jeder Produktionsauftrag sofort bearbeitet wird. Die **Warteschlange** vor der Produktion ist somit **immer
leer**. In diesem Fall kann der Prozeß der Wiederauffüllung des Lagers mit Hilfe eines
$M/G/\infty$-Warteschlangenmodells – wie in Bild C.35 gezeigt – modelliert werden.

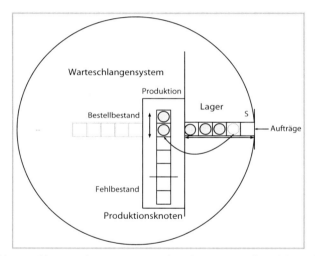

Bild C.35: Warteschlangen-Lagersystem mit unbegrenzter Anzahl von Ressourcen

Der Bestellbestand I^o ist gleich der Anzahl Produktionsaufträge, die sich im Warteschlangensystem befinden. Jeder Auftrag belegt eine Ressource. Dem Theorem von
Palm zufolge ist die **Anzahl Produktionsaufträge** N in einem $M/G/\infty$-Warteschlan-
gensystem mit dem Parameter $\lambda \cdot E\{B\}$ **Poisson-verteilt**. Dies gilt unabhängig von der
Wahrscheinlichkeitsverteilung der Bedienzeit B. Warten müssen allerdings nur diejenigen externen Kundenaufträge, die eintreffen, wenn das Lager leer ist, d. h. wenn sich
mehr als S Produktionsaufträge im System befinden. Der erwartete **Fehlbestand** $E\{I^f\}$
beträgt damit

$$E\{I^f\} = \sum_{n=S+1}^{\infty} (n-S) \cdot P\{N = n\} \tag{C.181}$$

Dabei sind für $P\{N = n\}$ die in Gleichung (C.182) angegebenen Wahrscheinlichkeiten der Poisson-Verteilung einzusetzen.

$$P\{N = n\} = e^{-\lambda} \cdot \frac{\lambda^n}{n!} \qquad\qquad n = 0, 1, 2 \ldots \quad \text{(C.182)}$$

Der β-Servicegrad kann entweder als Fehlbestandswahrscheinlichkeit $P\{I^f \geq 0\}$ oder mit Hilfe der durchschnittlichen Fehlmenge pro Periode, $E\{F\} = \lambda \cdot P\{I^f \geq 0\}$, quantifiziert werden:

$$\beta = P\{I^f \geq 0\} = 1 - \frac{\lambda \cdot P\{I^f \geq 0\}}{\lambda} \qquad\qquad \text{(C.183)}$$

S	$E\{I^f\}$		β
5	1.5181	▬▬▬▬	0.2851
6	0.9637	▬▬▬	0.4457
7	0.5700	▬▬	0.6063
8	0.3140	▬	0.7440
9	0.1613	▪	0.8472
10	0.0773	▪	0.9161

Tabelle C.37: Zusammenhang zwischen Bestellniveau, Fehlbestand und β-Servicegrad

Tabelle C.37 zeigt für ein Beispiel mit $\lambda = 2$ und $E\{B\} = \ell = 3$ den Zusammenhang zwischen dem Bestellniveau S und dem durchschnittlichen Fehlbestand.

Das vorliegende Warteschlangenmodell bildet in zahlreichen mehrstufigen Lagermodellen die Grundlage für die Modellierung der Interdependenzen zwischen einem Lieferknoten und seinen Abnehmerknoten.[77] Für den angenommenen Fall einer Poisson-verteilten Nachfrage in kontinuierlicher Zeit läßt sich die mittlere Lieferzeit bzw. Kundenwartezeit mit Hilfe von Little's Gesetz[78] wie folgt aus dem mittleren Fehlbestand ableiten:

$$E\{W\} = \frac{E\{I^f\}}{\lambda} \qquad\qquad \text{(C.184)}$$

Prinzipiell lassen sich auch andere Warteschlangenmodelle zur Abbildung des betrachteten Produktionsprozesses mit unbeschränkter Kapazität einsetzen. So greifen *Ettl et al.*[79] für die Analyse einer mehrstufigen Supply Chain auf ein $M^X/G/\infty$-Warteschlangenmodell zurück, bei dem mit jeder Auftragsankunft X Produktionsaufträge eintreffen, die dann einzeln in der Produktion bearbeitet werden. Sie begründen

---

77 siehe Abschnitt D.3.1, S. 257
78 vgl. *Ross* (1997); *Waldmann und Stocker* (2004)
79 vgl. *Ettl et al.* (2000)

dies mit der größeren Flexibilität dieses Modells im Vergleich zum $M/G/\infty$-Modell, da der Nachfrageprozeß nun durch die mittlere Ankunftsrate und die Momente von X beschrieben wird. Sie schlagen vor, die Wahrscheinlichkeitsverteilung der Anzahl Kunden N in der Produktion durch eine Normalverteilung zu approximieren.

C.6.2.2   Produktionsknoten mit beschränkter Kapazität

Ist die Anzahl der Ressourcen in dem Produktionssystem beschränkt, dann müssen einzelne Produktionsaufträge auf das Freiwerden einer Ressource warten. In diesem Fall bietet es sich an, Warteschlangenmodelle mit einer endlichen Anzahl von Bedienungseinrichtungen einzusetzen.[80]

Kontinuierliche Zeitachse. Unterstellt man im einfachsten Fall Poisson-verteilte Kundenauftragsankünfte mit der Ankunftsrate λ und exponentialverteilte Produktionszeiten mit der mittleren Produktionsdauer $\frac{1}{\mu}$, dann kann der Produktionsknoten als ein $M/M/1$-Warteschlangensystem modelliert werden. In diesem Fall gilt für die Wahrscheinlichkeitsverteilung der Anzahl Produktionsaufträge im System:

$$P\{N = n\} = (1 - \rho) \cdot \rho^n \qquad\qquad n = 0, 1, \ldots \quad \text{(C.185)}$$

mit $\rho = \frac{\lambda}{\mu}$ und $\rho < 1$. Setzt man diese Wahrscheinlichkeiten in Beziehung (C.181) ein, dann erhält man wieder den erwarteten Fehlbestand. Tabelle C.38 zeigt dies für das Beispiel mit $\lambda = 2.5$ und $\mu = 3$. Der aufmerksame Beobachter wird erkennen, daß dies dieselben Werte sind wie in dem Beispiel zur auftragsorientierten Produktion.[81]

S	$E\{I^f\}$		β
4	2.4113		0.5177
6	1.6745		0.6651
8	1.1628		0.7674
10	0.8075		0.8385
12	0.5608		0.8878
14	0.3894		0.9221

Tabelle C.38: Zusammenhang zwischen Bestellniveau, Fehlbestand und β-Servicegrad ($M/M/1$-Warteschlangenmodell)

Da eine Fehlmenge immer dann auftritt, wenn ein Kundenauftrag ein leeres Lager antrifft, was gleichbedeutend damit ist, daß sich mindestens S Produktionsaufträge im Warteschlangensystem befinden, kann der β-Servicegrad auch durch die Wahrscheinlichkeit

---

80   vgl. *Buzacott und Shanthikumar* (1993), Abschnitt 4.3
81   vgl. Tabelle C.33, S. 236

$1 - P\{I^f \geq 0\} = 1 - P\{N \geq S\} = P\{N < S\}$ quantifiziert werden. Es gilt:

$$
\begin{aligned}
P\{N < S\} &= \sum_{n=0}^{S-1} (1 - \rho) \cdot \rho^n \\
&= (1 - \rho) \cdot \sum_{n=0}^{S-1} \rho^n = (1 - \rho) \cdot \frac{1 - \rho^S}{1 - \rho} \\
&= 1 - \rho^S
\end{aligned}
\tag{C.186}
$$

In der **Praxis** wird man allerdings i. d. R. nicht davon ausgehen können, daß die Zwischenankunftszeiten von Kundenaufträgen und die Bearbeitungszeiten exponentialverteilt sind. Sind die Bearbeitungszeiten deterministisch, dann kann das $M/D/1$-Warteschlangenmodell eingesetzt werden, für das die exakte Wahrscheinlichkeitsverteilung von N bestimmbar ist.[82]

S	$E\{I^f\}$		β
2	1.4644		0.3835
4	0.7192		0.6929
6	0.3529		0.8488
8	0.1733		0.9255
10	0.0846		0.9633

Tabelle C.39: Zusammenhang zwischen Bestellniveau, Fehlbestand und β-Servicegrad ($M/D/1$–Warteschlangenmodell)

Modifiziert man das obige Beispiel in der Weise, daß die Bearbeitungszeiten nun deterministisch $\frac{1}{3}$ sind, dann erhält man unter sonst gleichen Bedingungen die in Tabelle C.39 zusammengefaßten Ergebnisse.

Ein Vergleich dieser Servicegrade mit den Werten aus Tabelle C.38 zeigt die positive Wirkung einer Reduktion der Varianz der Bearbeitungszeiten. Ein β-Servicegrad von ca. 84% wird im $M/M/1$-System bei einem Bestellniveau von $S = 10$ erreicht. Im $M/D/1$-System dagegen kann dasselbe Serviceniveau bereits bei $S = 6$ gesichert werden.

Im allgemeinen Fall, wenn sowohl die Auftragsankünfte als auch die Bearbeitungszeiten allgemein verteilt sind, bietet sich das $GI/G/1$-Warteschlangenmodell an. Für dieses Modell kann die Wahrscheinlichkeitsverteilung für die Anzahl Produktionsaufträge im System, N, zwar nicht mehr exakt angegeben werden. Es stehen aber verschiedene Approximationen zur Verfügung.[83]

---

82 vgl. *Nelson* (1995)

83 vgl. *Buzacott und Shanthikumar* (1993)

Diskrete Zeitachse. Wie bereits mehrfach angesprochen, ist für die betriebliche Praxis eine diskrete Betrachtung der Zeitachse typisch. Die bei kontinuierlicher Zeitachse bestehende Analogie zwischen der zweistufigen Supply-Chain aus Bild C.33 und dem Warteschlangen-Lagersystem aus Bild C.34 gilt auch auf den Fall einer diskreten Zeitachse. Zur Bestimmung des β-Servicegrades benötigt man wieder die Wahrscheinlichkeitsverteilung der Anzahl Produktionsaufträge N, die ein eintreffender Kundenauftrag zum Zeitpunkt seiner Ankunft vorfindet. Aus der Sicht des Lagers ist dies der Bestellbestand I^o. Da in einer Base-Stock-Politik der Bestellbestand gleich der Nachfragemenge Y in der Wiederbeschaffungszeit ist,[84] können wir auf die bereits in Tabelle C.36[85] angegebenen Werte $P\{Y = y\}$ zurückgreifen.

n	$P\{N = n\} = P\{Y = y\}$	$P\{N \leq n\}$	S	β
0	0.4000	0.4000	0	0.0000
1	0.4889	0.8889	1	0.4000
2	0.0988	0.9877	2	0.8889
3	0.0110	0.9987	3	0.9877
4	0.0012	0.9999	4	0.9987
5	0.0001	1.0000	5	1.0000

Tabelle C.40: Berechnung des β-Servicegrades mit Hilfe der Wahrscheinlichkeitsverteilung der Anzahl Produktionsaufträge im System

Die weiteren Berechnungen erfolgen dann wie oben dargestellt. Für das Beispiel, das bei der auftragsorientierten Produktion in Tabelle C.36 diskutiert wurde, erhält man die in Tabelle C.40 wiedergegebene Wahrscheinlichkeitsverteilung der Anzahl Produktionsaufträge N und die zugehörigen β-Servicegrade.

Ist mit dem Transfer der Produkte aus der Produktion in das Lager kein Zeitverlust verbunden, dann können die durch die Bilder C.33 und C.34 repräsentierten Modellierungen als äquivalent angesehen werden.

Schließlich sei angemerkt, daß Warteschlangen-Lagermodelle von der dynamischen, kapazitätsorientierten Struktur der Losgrößenplanung, wie sie in dem Lehrbuch „Produktionsplanung in Supply Chains"[86] dargestellt wird, abstrahieren. Statt der dort eingesetzten vorausschauenden und auf Prognosen basierenden Planung der Ressourcennutzung, bei der die Losgrößen im Zeitablauf unterschiedlich sein können, wird hier dem Pull-Prinzip gefolgt und angenommen, daß die Produktionsaufträge als Reaktion auf eingetroffene Nachfragen ausgelöst werden.

---

84 siehe Abschnitt C.2.3
85 siehe S. 237
86 vgl. *Tempelmeier* (2017)

C.7 Bestandskonzentration: die Wurzelformel

In der Literatur werden bisweilen folgende Überlegungen zum Problem der optimalen Konzentration des Sicherheitsbestands in einer Supply Chain angestellt: Beliefert man mehrere bisher räumlich getrennte Kundengruppen mit identischer stochastischer Nachfrage anstatt durch dezentrale kundennahe Lager nunmehr durch ein zentrales Lager, dann reduziert sich der insgesamt zur Erreichung eines angestrebten Servicegrades benötigte Sicherheitsbestand proportional zur Wurzel der Anzahl zusammengefaßter Kundengruppen.[87]

Nehmen wir an, eine Unternehmung liefert ein Produkt an K disjunkte Einzugsbereiche bzw. Kundengruppen durch dezentrale Auslieferungslager. Jedes Auslieferungslager verfolgt eine (s, q)-Lagerpolitik mit kontinuierlicher Lagerüberwachung. Die Periodennachfragemenge in jedem Einzugsbereich ist mit dem Mittelwert μ und der Standardabweichung σ normalverteilt. Zwischen den Nachfragemengen der Einzugsbereiche besteht der Einfachheit halber keine Korrelation. Alle Auslieferungslager streben denselben Servicegrad β an. In diesem Fall beträgt die Summe der insgesamt benötigten dezentralen Sicherheitsbestände:

$$\text{SB}_D = \sum_{k=1}^{K} \text{SB}_k = v_{\text{opt}}(\beta) \cdot \sum_{k=1}^{K} \sigma = v_{\text{opt}}(\beta) \cdot K \cdot \sigma \tag{C.187}$$

Beliefert man nun alle Einzugsbereiche durch ein Zentrallager, dann erhält man unter sonst gleichen Annahmen den zentralen Sicherheitsbestand:

$$\text{SB}_Z = v_{\text{opt}}(\beta) \cdot \sqrt{\left(\sum_{k=1}^{K} \sigma^2 \right)} = v_{\text{opt}}(\beta) \cdot \sqrt{K \cdot \sigma^2} = v_{\text{opt}}(\beta) \cdot \sqrt{K} \cdot \sigma \tag{C.188}$$

Da der Sicherheitsfaktor $v_{\text{opt}}(\beta)$ eine Konstante ist, ist der ökonomische Effekt der Zentralisation des Sicherheitsbestands proportional zur Wurzel der Anzahl zusammengefaßter Einzugsbereiche. Voraussetzung ist allerdings, daß der Sicherheitsfaktor konstant bleibt. Dies wird in der Literatur üblicherweise unterstellt.

Diese Analyse basiert jedoch auf einer wichtigen Voraussetzung: es wird davon ausgegangen, daß ein β-Servicegrad in einem Zentrallager für die Endkunden des Produkts dieselbe Lagerleistung wiederspiegelt wie ein gleich hoher β-Servicegrad in einem dem Kunden räumlich nahegelegenen regionalen Auslieferungslager. Dies ist offensichtlich nicht der Fall. Wie bereits angemerkt, ist der β-Servicegrad ein lieferantenorientiertes Leistungskriterium. Aus der Sicht eines Kunden in Hamburg hat ein hoher β-Servicegrad eines Zentrallagers in München aber keine ausreichende Aussagekraft, da zusätzlich zum

---

87 vgl. *Schwarz* (1981); *Chopra und Meindl* (2004); *Pfohl* (2004)

Lagerprozeß der in Abhängigkeit von der Entfernung mehr oder weniger zeitraubende Transportprozeß abzuwarten ist. Die ökonomische Analyse der Bestandskonzentration ist erst dann vollständig, wenn beide Varianten, die dezentrale ebenso wie die zentrale Bevorratung, für den Kunden mit derselben Wartezeit verbunden und damit vergleichbar sind.

C.8   Datengetriebenes Bestandsmanagement

Bei den in den vorangegangenen Abschnitten dargestellten Lagerhaltungspolitiken wird davon ausgegangen, daß die Verteilungsparameter der Periodennachfragemengen bekannt sind. Üblicherweise werden diese aus Vergangenheitsdaten geschätzt und dann als Grundlage für die Berechnung der Entscheidungsvariablen einer betrachteten Lagerhaltungspolitik verwendet. Man kann die Schätzung der Verteilungsparameter aber auch umgehen und direkt auf beobachtete Daten, z. B. Nachfragemengen d_t ($t = 1, 2, \ldots, T$), zurückgreifen. Nehmen wir an, die Beobachtungswerte d_t der Nachfragemengen und einer unabhängigen Einflußgröße x_t seien gegeben.[88] Die Einflußgröße könnte z. B. die beobachtete Nachfragemenge der letzten Periode (d_{t-1}), der in der Periode t gültige Preis oder eine andere Einflußgröße sein, deren Vergangenheitswerte bekannt sind.

Man beschreibt die Entscheidungsvariable der Lagerhaltungspolitik, z. B. das Bestellniveau in Periode t, S_t, durch eine lineare Funktion der unabhängigen Einflußgröße x_t als $S_t = b_0 + b_1 \cdot x_t$. Für den Fall des einperiodigen *Newsvendor-Problems*[89] kann man mit Hilfe des folgenden linearen Optimierungsmodells die optimalen Werte der Koeffizienten b_0 und b_1 dieser Funktion bestimmen:

 Modell LP$_p$

Minimiere $C = \sum\limits_{t=1}^{T} \left[c_o \cdot I_t^p + c_f \cdot (d_t - a_t) \right]$ (C.189)

u. B. d. R.

$I_t^p \geq \underbrace{(b_0 + b_1 \cdot x_t)}_{S_t} - d_t$ $t = 1, 2, \ldots, T$ (C.190)

---

88   vgl. *Beutel und Minner* (2012), *Sachs* (2015). Wir beschränken uns hier auf eine Einflußgröße. Prinzipiell können auch mehrere unabhängige Einflußgrößen berücksichtigt werden.

89   vgl. Abschnitt C.2.1

$$a_t \le d_t \qquad\qquad t = 1, 2, \ldots, T \quad \text{(C.191)}$$

$$a_t \le (b_0 + b_1 \cdot x_t) \qquad\qquad t = 1, 2, \ldots, T \quad \text{(C.192)}$$

$$a_t \ge 0; \ I_t^p \ge 0 \qquad\qquad t = 1, 2, \ldots, T \quad \text{(C.193)}$$

$$b_0, b_1 \text{ unbeschränkt} \qquad\qquad \text{(C.194)}$$

Dabei bedeuten:

a_t ausgelieferte Nachfragemenge in Periode t

b_0, b_1 Achsenabschnitt und Steigung der linearen Bezierung zwischen der unabhängigen Einflußgröße und der zu Beginn der Periode t bereitzustellenden Menge

c_f Fehlmengenkostensatz

c_o Kosten für überschüssigen Lagerbestand

d_t beobachtete Nachfragemenge in Periode t

I_t^p physischer Lagerbestand am Periodenende

x_t beobachteter Wert der Einflußgröße in Periode t

Das Modell LP_p beschreibt die T-fache Wiederholung eines einperiodigen Newsvendor-Problems und bestimmt für die gegebenen Beobachtungswerte die kostenminimalen Koeffizienten b_0 und b_1 der Beziehung zwischen der Einflußgröße und dem Bestellniveau S_t. Die Zielfunktion (C.189) summiert die Lager- und die Fehlmengenkosten. Beziehung (C.190) beschreibt den Lagerbestand nach dem Auftreten der Nachfrage, wenn zu Beginn der Periode t die Menge $b_0 + b_1 \cdot x_t$ vom Lieferanten angeliefert worden ist. Die Nebenbedingungen (C.191) und (C.192) sichern, daß die ausgelieferte Menge nicht größer als die Nachfrage bzw. die angelieferte Menge (Anfangsbestand S_t) ist.

Setzt man für die Einflußgröße einen prognostizierten Wert für x_t in die Funktion $S_t = b_0 + b_1 \cdot x_t$ ein, dann erhält man den Wert des Bestellniveaus. Dieser basiert nun nicht – wie in Abschnitt C.2.1 erläutert – auf einer Annahme über die Wahrscheinlichkeitsverteilung der Nachfrage, sondern ausschließlich auf den bislang beobachteten Daten.

Zur Veranschaulichung betrachten wir die Datenreihe mit $T = 50$ Beobachtungswerten aus Tabelle A.6 auf Seite 20, die mit dem Mittelwert $\mu = 49.18$ und der Standardabweichung $\sigma = 14.40$ normalverteilt ist. Nach der in Abschnitt C.2.1 beschriebenen Vorgehensweise erhalten wir mit $c_o = 1$ und $c_f = 5$ die Bestimmungsgleichung $F(S_{\text{opt}}) = \frac{5}{5+1} = 0.8333$. Daraus folgt $v_{\text{opt}} = 0.9674$ und $S_{\text{opt}} = 49.18 + 0.9674 \cdot 14.4 = 63.11$.

Verwendet man stattdessen das Modell LP_p mit $x_t = d_{t-1}$ (d. h. die Einflußgröße ist die Nachfrage der Vorperiode), dann ergibt sich die optimale Lösung $b_0 = 52.9$ und $b_1 = 0.15$. Mit diesen Werten kann jetzt das Bestellniveau als Funktion der Einflußgröße x_t berechnet werden. Da der letzte Beobachtungswert der Nachfrage 28 ist, beträgt das

Bestellniveau zum Planungszeitpunkt (Ende der Periode 50) $S = 52.9 + 0.15 \cdot 28 = 57.1$. Anstelle $x_t = d_{t-1}$ können auch andere Werte, z. B. ein exponentiell geglätteter Nachfragewert, als unabhängige Einflußgröße verwendet werden.

Verwendet man anstelle der Fehlmengenkosten den β-Servicegrad zur Beeinflussung der Fehlmengen, dann ergibt sich folgendes Modell:

Modell LP$_\beta$

Minimiere $C = \sum\limits_{t=1}^{T} c_o \cdot I_t^p$ $\hspace{5cm}$ (C.195)

u. B. d. R.

$I_t^p \geq (b_0 + b_1 \cdot x_t) - d_t$ $\hspace{3cm}$ $t = 1, 2, \ldots, T$ $\hspace{0.5cm}$ (C.196)

$a_t \leq d_t$ $\hspace{5.5cm}$ $t = 1, 2, \ldots, T$ $\hspace{0.5cm}$ (C.197)

$a_t \leq (b_0 + b_1 \cdot x_t)$ $\hspace{3.5cm}$ $t = 1, 2, \ldots, T$ $\hspace{0.5cm}$ (C.198)

$\sum\limits_{t=1}^{T} a_t \geq \beta \cdot \sum\limits_{t=1}^{T} d_t$ $\hspace{5cm}$ (C.199)

$a_t \geq 0; \ I_t^p \geq 0;$ $\hspace{4cm}$ $t = 1, 2, \ldots, T$ $\hspace{0.5cm}$ (C.200)

b_0, b_1 unbeschränkt $\hspace{6cm}$ (C.201)

Die Fehlmengenkosten in der Zielfunktion entfallen. Ihre Aufgabe übernimmt die Servicegrad-Restriktion (C.199), nach der die gesamte ausgelieferte Menge mindestens gleich β mal der gesamten Nachfragemenge sein muß.

Wenden wir dieses Modell auf die obigen Daten mit $\beta = 0.90$ an, dann erhalten wir $b_0 = 50$ und $b_1 = 0.008$.

Die datengetriebene Bestimmung des Anfangsbestands bietet viele Möglichkeiten gegenüber der herkömmlichen Vorgehensweise. So kann man z. B. andere Einflußgrößen wie das Wetter oder den Produktpreis oder auch die Saisonzugehörigkeit einer Periode verwenden. Allerdings benötigt die Lösung des LP-Modells doch spürbare Rechenzeit.

Ergänzende Literatur zu Abschnitt C:
Buzacott und Shanthikumar (1993)
Hadley und Whitin (1963)
Tempelmeier (2016)
Tijms (1994)
Zipkin (2000)

Kapitel D

Analyse mehrstufiger Supply Chains

D.1   Einführung

Im Folgenden soll die Betrachtung auf mehrstufige Logistiknetze bzw. Supply Chains ausgeweitet werden. Die meisten Ansätze zur Modellierung von Supply Chains beziehen sich auf Systemstrukturen, die ausschließlich aus Lagerknoten bestehen. Eine Typology für mehrstufige Lagerhaltungsmodelle schlagen *de Kok, Grob, Laumanns, Minner und Rambau*[1] vor.

Im einfachsten Fall wird ein zweistufiges Lagersystem mit einem Zentrallager (Großhändler, stromaufwärts gelegener Lagerknoten) und mehreren Regionallagern (Einzelhändler, stromabwärts gelegene Lagerknoten) betrachtet, die jeweils eine Menge von nicht näher identifizierten Nachfragern bedienen. Die Nachfragemengen pro Periode sind stochastisch. Das Zentrallager bezieht seinen Nachschub von einem externen Lieferanten, der – so wird i. d. R. unterstellt – nach einer deterministischen Lieferzeit liefert. Der Lieferant wird dabei i. d. R. nicht als Bestandteil der Supply Chain betrachtet.

Für den übergeordneten Lagerknoten (Zentrallager) bieten sich hinsichtlich der bei der Bestandsüberwachung verwendeten **Informationen** verschiedene Optionen:

- **Lokale Disposition**. Hier wird jeder Lagerknoten isoliert disponiert. Die Disposition verwendet nur Informationen über den lokalen Lagerbestand. Die Lagerbestände in den stromabwärts gelegenen Lagerknoten (z. B. Regionallagern) sind in den stromaufwärts gelegenen Knoten (z. B. Zentrallager) nicht bekannt. Ein Zentrallager erfährt von einer außergewöhnlich hohen Nachfrage in einem Regionallager erst, wenn dieses eine Bestellung auslöst. Die Kumulation der Periodennachfragemengen eines Regionallagers zu Bestellmengen führt dazu, daß das Zentrallager wesentliche höhere Schwankungen sieht als die im Regionallager eintreffende Nachfrage tatsächlich hat. Die durch die zeitliche Verzögerung der Informationsweitergabe auftretende Informationsverzerrung ist eine der Ursachen für den sog. „Bullwhip"-Effekt.[2]

- **Zentrale Disposition**. Hier werden die Entscheidungen über Bestandsergänzungen in den verschiedenen Lagerknoten durch einen Disponenten zentral getroffen. Die Bestandsüberwachung verwendet Informationen über die Lagerbestande in allen Lagerknoten. Den gesamten Lagerbestand, der sich auf einer Lagerstufe und allen Nachfolgestufen befindet, wird als systemweiter Lagerbestand bezeichnet. In diesem Fall kennt der Lagerdisponent in einem Zentrallager immer die aktuelle Bestandssituation in den Regionallagern und kann auf ungewöhnliche Nachfrageentwicklungen unverzüglich reagieren.

---

1   vgl. *de Kok et al.* (2018)
2   siehe Abschnitt D.2

Weiterhin wird in der Literatur unterschieden zwischen Lagersystemen für

- **reparierbare** Produkte und solchen für
- **nicht-reparierbare** Produkte

Bei **reparierbaren** Produkten wird angenommen, daß mit jedem Nachfrageereignis die Rückgabe einer defekten Produkteinheit verbunden ist. Nimmt man eine zweistufige Systemstruktur bestehend aus einem Depot und mehreren Werkstätten an, dann werden defekte Teile von den Kunden in den Werkstätten abgeliefert und gegen dort gelagerte funktionsfähige Teile ausgetauscht. Ein defektes Teil wird zusammen mit einer Ersatzbestellung an das Depot gesandt. Die in einer Werkstatt verfolgte Lagerhaltungspolitik ist somit eine Base-Stock-Politik. Die Nachfrage wird i. d. R. als Poisson-verteilt angenommen. Eine solche Vorgehensweise bietet sich vor allem bei hochwertigen Produkten mit geringer durchschnittlicher Nachfrage an.

Bei **nicht-reparierbaren** Produkten entfällt die Rückgabe des defekten Teils. Hier geht man i. d. R. davon aus, daß die Lagerbestellungen aufgrund entstehender Fixkosten in größeren Bestellmengen bzw. Bestellabständen erfolgen.

Schließlich soll noch die Unterscheidung nach den möglichen Systemstrukturen getroffen werden, die man auch noch nach der **Anzahl Stufen** weiter unterteilen kann:

- **konvergierende** Systeme
- **divergierende** Systeme
- Systeme mit **genereller** Struktur

D.2 Der Bullwhip-Effekt

Der Begriff Bullwhip-Effekt (Peitschenschlag-Effekt) beschreibt das in vielen Supply Chains zu beobachtende Phänomen, daß die Variabilität der Nachfrage mit zunehmender Entfernung von der letzten Stufe der Endnachfrage ansteigt. Dieses Phänomen wurde bereits in den 50er Jahren entdeckt.

Der Begriff Bullwhip-Effekt ist durch Procter und Gamble populär geworden, nachdem man dort die Nachfrage nach Windeln untersucht hatte. Da die Anzahl an Babys (Endverbraucher) und auch die Bedarfsrate pro Baby mittelfristig konstant war, konnte auch von einer geringen Variabilität der Nachfrage nach Windeln ausgegangen werden. Das war auch der Fall. Trotzdem beobachtete man bei Procter and Gamble, daß die aus dem

Handel eintreffenden Aufträge starken Fluktuationen unterworfen waren. Die Schwankungen der Auftragsmengen waren wesentlich größer als die Bedarfsschwankungen, denen sich der Handel gegenübersah.

Der Bullwhip-Effekt kann mehrere **Ursachen** haben:[3]

- **Informationsfilterung durch Prognoseverfahren**

  Eine wichtige Einflußgröße des Bullwhip-Effekts liegt in der Anwendung von Prognoseverfahren und der damit verbundenen Filterung von Informationen. Dies verdeutlichen wir anhand des folgenden Beispiels. Betrachten wir zwei Knoten in einer Supply Chain: ein Regionallager und ein Zentrallager. Das Regionallager verfolgt eine Base-Stock-Politik (bzw. $(1, S)$-Politik), nach der am Ende jeder Periode t eine Bestellung ausgelöst wird, die den disponiblen Lagerbestand auf das Bestellniveau S_t anhebt. Im Unterschied zu der in Abschnitt C.1.2 dargestellten Vorgehensweise – bei der die Nachfrage im Zentrallager dieselbe Struktur hat wie die Nachfrage im Regionallager – geht das Regionallager aber nicht von einer stationären Wahrscheinlichkeitsverteilung der Periodennachfragemenge aus, sondern der Disponent setzt ein **Prognoseverfahren**, z. B. die exponentielle Glättung erster Ordnung ein, mit dem er den Mittelwert der Periodennachfragemenge aktualisiert. Weiterhin beobachtet er die Varianz des Prognosefehlers, die zusammen mit der Prognose der Nachfragemenge in der Wiederbeschaffungszeit für die dynamische Anpassung des Bestellniveaus am Ende der Periode t, S_t, benötigt wird. Im Einzelnen wird wie folgt vorgegangen:

  1. Periodennachfragemenge glätten:
  $$y_t^{(1)} = \alpha \cdot y_t + (1 - \alpha) \cdot y_{t-1}^{(1)}$$

  2. Prognose der Nachfragemenge im Risikozeitraum berechnen:
  $$p_{t+\ell+1} = (\ell + 1) \cdot y_{t-1}^{(1)}$$

  3. Prognosefehler bezüglich der Nachfrage im Risikozeitraum bestimmen:
  $$e_t = \left(\sum_{\tau = t-\ell}^{t} y_\tau \right) - p_t$$

  4. Prognosefehler glätten:
  $$m_t = \alpha \cdot e_t + (1 - \alpha) \cdot m_{t-1}$$

  5. Quadrierten Prognosefehler glätten:
  $$x_t = \alpha \cdot e_t^2 + (1 - \alpha) \cdot x_{t-1}$$

  6. Geglättete Varianz des Prognosefehlers berechnen:
  $$\widehat{\sigma}_t^2 = x_t - (m_t)^2$$

---

3   vgl. *Lee et al.* (1997); *Chopra und Meindl* (2004), Chapter 13; *Chen et al.* (2000); *Fransoo und Wouters* (2000)

7. Bestellniveau berechnen:
$$S_t = p_{t+\ell+1} + v \cdot \sqrt{\widehat{\sigma}_t^2}$$

8. Disponiblen Lagerbestand am Ende der Periode t vor der Bestellentscheidung aktualisieren:
$$I_t^d = I_t^n + I_t^o$$

9. Bestellmenge berechnen: $q_t = S_t - I_t^d$

Die Wiederbeschaffungszeit des Regionallagers (=Lieferzeit des Zentrallagers) möge $\ell = 2$ Perioden betragen. Weiterhin sei angenommen, daß für die Bestimmung des Bestellniveaus ein Sicherheitsfaktor in Höhe von $v = 2.33$ verwendet wird, da der Disponent des Regionallagers annimmt, daß die Prognosefehler normalverteilt sind. Die resultierende Entwicklung der Kenngrößen des Regionallagers bei Anwendung eines Glättungsparameters $\alpha = 0.2$ zeigt Tabelle D.1, wobei die Perioden 1 und 2 zur Initialisierung verwendet und nicht in die nachfolgende Auswertung einbezogen werden. Die zur Berechnung des Prognosefehlers am Ende der Periode 4 verwendeten Größen sind unterstrichen.

Periode	0	1	2	3	4	5	6	7	8	9	10
Nachfrage (beobachtet)		81	39	33	49	61	50	83	44	57	46
Nachfrage (geglättet)	50	56	53	49	49	51	51	57	55	55	53
Nachfrage im Risikozeitraum (Progn.)	150	169	158	146	147	154	153	172	164	166	160
Nachfrage im Risikozeitraum (beob.)	150	181	170	153	121	143	160	194	177	184	147
Prognosefehler		31	20	3	-48	-15	14	47	23	31	-25
Prognosefehler (geglättet)		6	9	8	-3	-6	-2	8	11	15	7
Quadr. Prognosefehler (geglättet)		192	234	189	604	530	461	819	763	802	769
Varianz (geglättet)		154	153	128	593	498	458	755	641	576	720
Bestellniveau		219	208	192	245	244	239	283	266	262	268
Nettobestand	150	69	30	-3	98	66	33	51	67	56	136
Bestellbestand (vor Bestellung)		0	150	178	46	119	162	106	172	154	80
Dispon. Bestand (vor Bestellung)		69	180	175	143	184	194	156	239	209	216
Bestellmenge	0	150	29	17	102	60	46	127	27	53	52

Tabelle D.1: Demonstration des Bullwhip-Effekts

Die Varianz der Periodennachfragemenge in diesem Zeitraum beträgt 192. Demgegenüber ist die **Varianz der Bestellmengen** mit 1181 bei nahezu identischem Mittelwert von 53 etwa 6-mal so groß. Da die Bestellmengen des Regionallagers die Nachfragen darstellen, die im Zentrallager eintreffen, sieht sich letzteres einer wesentlich stärker schwankenden Nachfrage gegenüber als das Regionallager. Dieses Problem pflanzt sich weiter fort zu dem Lieferanten des Zentrallagers, z. B. einer Produktionsstätte, und schließlich zu deren Lieferanten. Das Ausmaß der Varianzverstärkung hängt von dem eingesetzten Prognoseverfahren, vom Sicherheitsfaktor und von der Länge der Wiederbeschaffungszeit ab. Bild D.1 zeigt die mit einem Simulationsmodell ermittelte weitere Entwicklung der Periodennachfragemengen und der Bestellmengen für die in Tabelle D.1 betrachtete Base-Stock-Politik.[4]

Man erkennt, daß unmittelbar nach jedem außergewöhnlichen Anstieg oder Sinken der Nachfrage eine starke Anpassung der Bestellmenge (infolge der Aktualisierung des Bestellniveaus) folgt. Während der Disponent des Regionallagers die Ursache für die Bestellmengenerhöhung aufgrund seiner Kenntnis der tatsächlichen aufgetretenen Nachfrage identifizieren kann, hat der Disponent des Zentrallagers diese Möglichkeit nicht. Er sieht nur die eingegangene Bestellung und weiß nicht, daß diese durch einen Nachfrageanstieg *und* eine daraus abgeleitete Erhöhung des Bestellniveaus S_t bzw. des Sicherheitsbestands im Regionallager verursacht worden ist. Wird im Zentrallager dieselbe Lagerdispositionsstrategie, wie für das Regionallager durch die obigen Gleichungen und Tabelle D.1 beschrieben, verfolgt, dann kommt es zu einer weiteren Varianzverstärkung der Nachfrage, die der Lieferant des Zentrallagers sieht.

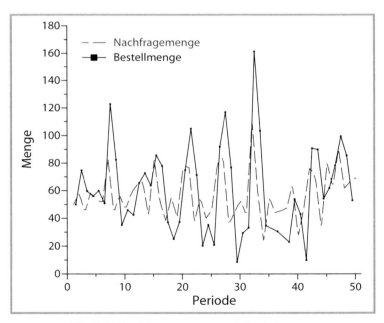

Bild D.1: Nachfragemengen und Bestellmengen

Das Ausmaß des Bullwhip-Effekts wird u. a. durch die Struktur der Nachfrage, die

4   In der Simulation wurden mit $\mu = 50$ und $\sigma = 20$ normalverteilte Periodennachfragemengen und eine Wiederbeschaffungszeit $\ell = 3$ angenommen.

Länge der Wiederbeschaffungszeit sowie das eingesetzte Prognoseverfahren beeinflußt.[5] Dies kann bereits an dem Beispiel demonstriert werden, wenn man den Parameter α der exponentiellen Glättung variert oder wenn man anstelle der exponentiellen Glättung den gleitenden Mittelwert verwendet. Wie Bild D.2 zeigt, nimmt die Varianz der Bestellmengen bzw. der im Zentrallager eintreffenden Periodennachfragemengen mit steigenden Glättungsparameter α zu. Die Varianz der Nachfrage des Zentrallagers ist für $\alpha = 0.1$ ca. 3-mal so groß wie die Varianz der Periodennachfrage des Regionallagers. Bei $\alpha = 0.3$ beträgt der Faktor 11. Für den gleitenden Mittelwert mit $n = 3$ ist der Faktor 10.

Die wesentliche Ursache der Varianzverstärkung ist die Aktualisierung des Bestellniveaus infolge einer ungewöhnlich hohen oder niedrigen beobachteten Nachfragemenge im Regionallager. Da das Bestellniveau aus der (aktualisierten) Prognose der Nachfragemenge im Risikozeitraum und dem Sicherheitsbestand besteht, ist klar, daß neben dem verwendeten Prognoseverfahren auch die Länge der Wiederbeschaffungszeit eine wichtige Einflußgröße der Varianzverstärkung ist.[6]

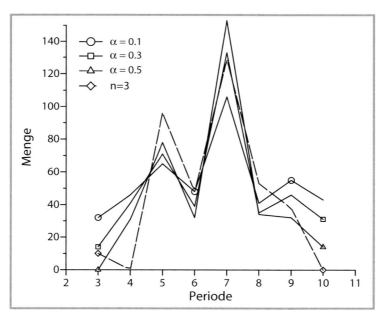

Bild D.2: Bestellmengen bei unterschiedlichen Prognoseverfahren

---

5   vgl. *Chen et al.* (2000)
6   siehe auch *So und Zheng* (2003)

- **Bildung größerer Bestellmengen**

  Eine weitere Ursache für das Aufschaukeln der Nachfrageschwankungen liegt vor, wenn aufgrund von bestellfixen Kosten mehrere Periodenbedarfe zu einer größeren Bestellmenge zusammengefaßt werden. Einer Periode mit einer Nachfrage im Zentrallager folgen dann mehrere Perioden ohne Nachfragen. Dieser Effekt ist auch bei der Losgrößenplanung in mehrstufigen Erzeugnisstrukturen zu beobachten.[7] Setzt man im obigen Beispiel eine (s, q)-Politik mit einer Bestellmenge $q = 530$ ein, dann wird nur in jeder zehnten Periode eine Bestellung an den Lieferanten gesandt, während dieser in den dazwischen liegenden neun Perioden keine Nachfrage – jedenfalls nicht von dem betrachteten Regionallager – sieht. Das Ausmaß dieses Effekts nimmt allerdings mit der Anzahl von Regionallagern ab, da es bei sehr vielen Regionallagern zu einer Verstetigung des aggregierten Nachfrage im Zentrallager kommt.

- **Antizipation von Minderbelieferungen aufgrund von Bestandsrationierung**

  Nehmen wir jetzt an, im Zentrallager treffen Bestellungen aus mehreren Regionallagern ein. Geht der physische Lagerbestand im Zentrallager zur Neige, dann kann es sinnvoll sein, die Bestellungen der Regionallager jeweils nur zu einem bestimmten Prozentsatz zu erfüllen, damit kein Regionallager leer ausgeht. In diesem Fall wird jedes Regionallager zwar beliefert, aber eben nicht vollständig. Die restliche Nachfragemenge wird später nachgeliefert, wenn das Zentrallager wieder über ausreichend Bestand verfügt. Antizipieren die Disponenten der Regionallager diese Minderbelieferung, dann werden sie möglicherweise ihre Bestellungen künstlich aufblähen, um die tatsächlich gewünschte Menge geliefert zu bekommen. Wenn das Zentrallager dieses Verhalten der Regionallager nicht durchschaut, dann kann auch das zu Fehlinterpretationen der Nachfrage führen, die das Zentrallager seinerseits dann in Form von Bestellungen an seinen Lieferanten weitergibt.

- **Erwartung von Preisänderungen**

  Schließlich können auch zeitlich begrenzte Sonderaktionen mit niedrigeren Preisen zu Schwankungen der Nachfragemengen führen. In diesem Fall folgt einer Periode mit sehr hoher Nachfrage ein Zeitraum, in dem die Nachfrage nahezu auf Null gesunken ist.

Die genannten Schwankungen der Nachfragen infolge des Bullwhip-Effekts resultieren letztlich in zu hohen Lagerbeständen, da die Entscheidungsträger Risiko in der Nachfrage unterstellen, das nicht vorhanden ist. Zur Vermeidung des Bullwhip-Effekts wer-

---

7   vgl. *Tempelmeier* (2017), Abschnitt C.3

den verschiedene Maßnahmen empfohlen, die an den oben genannten Ursachen des Bullwhip-Effekts ansetzen.[8] Hervorzuheben sind u. a. folgende Maßnahmen:

- Durch einen besseren **Informationsaustausch** zwischen der Stufe, die die Endnachfrage sieht und den anderen Stufen der Supply Chain können Fehlinterpretationen vermieden werden. Ein Konzept hierzu ist das sog. „Vendor-Managed Inventory" (VMI).[9] In diesem Fall erhält der Lieferant Zugriff auf die Nachfrage- und Bestandsdaten des Abnehmers. Er überwacht den Lagerbestand des Abnehmers und ist verantwortlich für dessen Bestandsdisposition.

- Durch eine **zentralisierte Disposition** der Bestände auf mehreren Stufen der Supply Chain können die Sicherheitsbestände optimal auf die verschiedenen Lagerstufen verteilt werden.

- Durch die Verkürzung der **Reaktionszeiten** (Durchlaufzeiten) eines Lieferknotens kann der Risikozeitraum der Abnehmerknoten in der Supply Chain verkürzt und damit auch der erforderliche Sicherheitsbestand reduziert werden.

Im Folgenden werden zunächst ausgewählte Ansätze zur Modellierung mehrstufiger Supply Chains mit **lokaler Disposition** betrachtet. Anschließend gehen wir auf Konzepte mit **zentraler Disposition** ein.

D.3 Mehrstufige Lagerhaltungspolitiken mit lokaler Disposition

Der Schwerpunkt der Ausführungen in diesem Abschnitt liegt auf der Darstellung mehrstufiger Lagersysteme mit *divergierender* Struktur. Auch einige Vorschläge zur Modellierung von Systemen mit genereller Struktur werden kurz angesprochen.

D.3.1 Modelle für divergierende Systeme

Im Fall eines divergierenden Systems hat jeder Lagerknoten höchstens einen Vorgänger, während die Anzahl seiner Nachfolger nicht beschränkt ist. Prinzipiell sind divergierende Lagersysteme mit beliebig vielen Stufen denkbar.[10] Die meisten Lösungsvorschläge betrachten aber das sog. „*One-Warehouse-N-Retailer*"-Problem. In Bild D.3 ist der Ausschnitt aus einer Supply Chain hervorgehoben, der die Struktur eines derartigen zweistufigen Distributionssystems hat.

---

8   vgl. *Chopra und Meindl* (2004)
9   siehe Abschnitt D.5
10   vgl. *Verrijdt und de Kok* (1995)

Es werden mehrere Regionallager betrachtet, in denen jeweils stochastische Nachfrage auftritt. Dabei wird angenommen, daß die Periodennachfragen im Zeitablauf stationär und voneinander unabhängig sind. Jedes **Regionallager** verfolgt eine Lagerhaltungspolitik, deren Parameter unter Beachtung eines bestimmten Serviceziels (dies ist i. d. R. ein β-Servicegrad) festzulegen sind. Das Regionallager j richtet seine Bestellungen an ein **Zentrallager**, welches nach einer Handling- und Transportzeit L_j^T liefert, sofern es über ausreichenden Bestand verfügt. Reicht der Bestand im Zentrallager allerdings nicht aus, dann entsteht eine zusätzliche **Wartezeit** W_Z.[11] Die Wiederbeschaffungszeit des Regionallagers j beträgt damit $L_j = W_Z + L_j^T$.

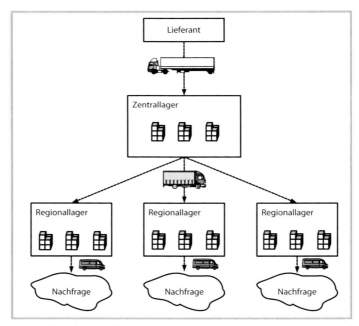

Bild D.3: One-Warehouse-N-Retailer-Problem: Ausschnitt aus der Supply Chain

Üblicherweise werden die Bestellmengen bzw. Bestellzyklen in einem vorgelagerten Planungsschritt fixiert, so daß das Problem nur noch darin besteht, die optimale Höhe des gesamten Sicherheitsbestands in diesem zweistufigen Lagersystem sowie seine optimale Verteilung auf die einzelnen Lagerorte zu bestimmen. Dabei ist zu berücksichtigen, daß die Höhe des Sicherheitsbestands auf der Zentrallagerstufe negativ mit der Höhe des Sicherheitsbestands auf der Regionallagerstufe korreliert ist. Eine Reduktion des Sicherheitsbestands im Zentrallager bei gleichbleibenden Servicegraden in den Re-

---

11   Dies ist die lagerbedingte Lieferzeit aus Abschnitt A.4.3.

gionallagern ist nur möglich, wenn die Bestände in den Regionallagern erhöht werden. Die korrekte Erfassung dieser Zusammenhänge erfordert eine realitätsnahe Abbildung der Planungssituation.

Prinzipiell kann man Modelle von mehrstufigen Supply Chains danach unterscheiden, ob sie dazu dienen, eine gegebene Systemstruktur zu bewerten (Evaluationsmodelle) oder ob sie darauf abzielen, die optimalen Werte der jeweils betrachteten Entscheidungsvariablen zu bestimmen (Optimierungsmodelle). Dabei ist offensichtlich, daß die Optimierung voraussetzt, daß man über ein geeignetes Evaluationsmodell verfügt. In der Praxis wird zur Bewertung einer Supply Chain vorwiegend auf Simulationsmodelle zurückgegriffen. Deren Nutzung im Rahmen einer echten Optimierungsrechnung scheitert jedoch oft an der benötigten Rechenzeit. Daher gibt es in der Literatur zahlreiche Vorschläge, mehrstufige Supply Chains mit Hilfe analytischer Evaluationsmodelle abzubilden. Tatsächlich besteht die große Herausforderung darin, eine in der Praxis gegebene Supply Chain so genau durch ein analytisches Evaluationsmodell abzubilden, daß die aus der Modellanalyse abgeleiteten Schlußfolgerungen eine sinnvolle Unterstützung für Entscheidungen in der Praxis bieten können.

In den nachfolgenden Abschnitten werden Evaluationsmodelle für verschiedene Ausprägungen mehrstufiger Supply Chains beschrieben. Vorher soll jedoch die Grundstruktur des Optimierungsproblems anhand des in Bild D.3 dargestellten zweistufigen Distributionssystems betrachtet werden. Dabei wird folgende Datensituation unterstellt. Wir betrachten $J = 10$ Regionallager. In jedem Regionallager tritt täglich eine stochastische Nachfrage auf. Diese sei normalverteilt mit dem Mittelwert $\mu_j = 10$ und der Standardabweichung $\sigma_j = 3$. Man könnte sich z. B. vorstellen, daß in einem Regionallager täglich eine zufällige Anzahl von Kunden eintrifft. Die summierten Auftragsmengen dieser Kunden bilden dann die Periodennachfragemenge. Der Einfachheit halber wird angenommen, daß die Wahrscheinlichkeitsverteilungen der Periodennachfragemengen für alle Regionallager identisch sind.[12] In jedem Regionallager wird eine Base-Stock-Politik $(1, S)$-Politik eingesetzt, nach der am Ende eines jeden Tages die an dem Tag beobachtete Nachfragemenge im Zentrallager nachbestellt wird. Ein Teil des Optimierungsproblems besteht darin, die Bestellniveaus S_j so festzulegen, daß in jedem Regionallager ein angestrebter β-Servicegrad in Höhe von $\widehat{\beta}_j = 95\%$ erreicht wird.

Das Zentrallager verfolgt eine (r, s, q)-Politik mit periodischer Überwachung, wobei in Abständen von $r = 5$ Tagen der disponible Lagerbestand überprüft wird und – falls dieser den Bestellpunkt erreicht oder unterschritten hat – eine Bestellung der Höhe $q = 1000$ an den Lieferanten geschickt wird.[13] Der Lieferant beliefert das Zentralla-

---

12 Das ist natürlich in der Praxis nie der Fall, vereinfacht aber die Berechnungen erheblich.

13 Bei Bedarf kann auch ein Vielfaches von q bestellt werden, damit der disponible Lagerbestand wieder über den Bestellpunkt s_Z steigt.

ger mit einer deterministischen Lieferzeit (= Wiederbeschaffungszeit des Zentrallagers) von $L_Z = 10$ Tagen. Geht man von einer Arbeitswoche von 5 Tagen aus, dann bestellt das Zentrallager z. B. am Freitag, dem 13. (abends), und die Ware trifft am Freitag, dem 27. (abends), im Zentrallager ein. Aufträge aus den Regionallagern können dann aus dieser Lieferung ab dem folgenden Montag gedeckt werden. Die Lieferung aus dem Zentrallager an die Regionallager dauert einen Tag, falls das Zentrallager über genügend Lagerbestand verfügt. Andernfalls kommt noch die lagerbedingte Wartezeit hinzu, die vergeht, bis das Zentrallager wieder lieferfähig ist. Unter diesen Annahmen ist die Wiederbeschaffungszeit eines Regionallagers eine diskrete Zufallsvariable.

Das Optimierungsproblem besteht darin, den Bestellpunkt s_Z des Zentrallagers und die Bestellniveaus S_j der Regionallager so zu bestimmen, daß die Gesamtkosten in der Supply Chain minimiert werden. Dabei ist ein angestrebter β-Servicegrad in den Regionallagern einzuhalten. Dieses Problem kann durch das folgende nichtlineare Optimierungsmodell abgebildet werden:

 Modell MLSSAP[14]

Minimiere $C(s_Z, \underline{S}) = h_W \cdot E\{I_W^p(s_Z)\} + \sum_{j=1}^{J} h_j \cdot E\{I_j^p[L_j(s_Z), S_j]\}$ (D.1)

u. B. d. R.

$\beta_j[L_j(s_Z), S_j] \geq \widehat{\beta_j}$ $\qquad\qquad j = 1, 2, \ldots, J$ (D.2)

Dabei sind $E\{I_Z^p\}$ und $E\{I_j^p\}$ die durchschnittlichen Lagerbestände im Zentrallager und in den Regionallagern. h_Z und h_j sind die entsprechenden Lagerkostensätze. $\widehat{\beta_j}$ ist der angestrebte Servicegrad im Regionallager j. $L_j(s_Z)$ ist die **Wiederbeschaffungszeit des Regionallagers** j. Dies ist eine diskrete **Zufallsvariable**, die von der Höhe des Bestellpunkts s_Z im Zentrallager abhängt. Der durchschnittliche Lagerbestand im Regionallager j, $E\{I_j^p\}$, wird von der Höhe des Bestellniveaus S_j und der Wahrscheinlichkeitsverteilung der Wiederbeschaffungszeit bestimmt. Bild D.4 stellt den Verlauf der Lagerkosten in den Regionallagern und dem Zentrallager als Funktion des Zentrallager-Bestellpunkts dar. Dabei wurde angenommen, daß der Lagerkostensatz im Regionallager, h_j, 20% über dem Lagerkostensatz im Zentrallager liegt ($h_Z = 1.0$, $h_j = 1.2$, $j = 1, 2, \ldots, 10$). Alle Punkte auf allen Kurven in der Graphik sind mit demselben β-Servicegrad (95%) in den Regionallagern verbunden. D. h. für jeden Wert des Zentrallager-Bestellpunkts s_Z wurde zunächst die Wahrscheinlichkeitsverteilung

---

14   MLSSAP = **M**ulti-**L**evel **S**afety **S**tock **A**llocation **P**roblem

der Lieferzeit $L_Z(s_Z)$ berechnet. Anschließend wurden die Bestellniveaus S_j in den Regionallagern so angepaßt, daß der angestrebte Servicegrad erreicht wird.

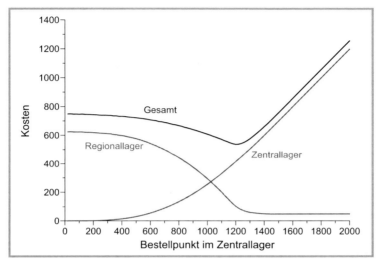

Bild D.4: Lagerkosten versus Zentrallager-Bestellpunkt

Erhöht man den Zentrallager-Bestellpunkt s_Z ausgehend von $s_Z = 0$, dann nehmen die Lagerkosten im Zentrallager zunächst nur sehr gering zu. Dies liegt daran, daß der (physische) Lagerbestand im Zentrallager im Bereich $s_Z < 200$ praktisch bei Null liegt und erst danach merklich ansteigt. Vergrößert man den Zentrallager-Bestellpunkt im Bereich $s_Z > 1400$, dann steigt der Bestand im Zentrallager linear an, während der Lagerbestand in den Regionallagern sich nicht weiter verringert. Denn in diesem Bereich kommt es im Zentrallager nicht mehr zu lagerbedingten Wartezeiten der Regionallager-Bestellungen. Die Bestellniveaus in den Regionallagern sinken nicht weiter und folglich steigen die Gesamtkosten linear an. Die Lagerkosten in den Regionallagern steigen im Bereich $s_Z < 1200$ mit sinkendem s_Z degressiv an. Dies läßt sich wie folgt erklären. Bei sinkendem s_Z verlängert sich die lagerbedingte Lieferzeit im Zentrallager und damit auch die Wiederbeschaffungszeit der Regionallager. Da der Sicherheitsbestand eine degressiv ansteigende Funktion der Länge der Wiederbeschaffungszeit ist, ergibt sich der dargestellte Kostenverlauf. Tabelle D.2 zeigt die Lieferzeitverteilungen[15] im Zentrallager für verschiedene Werte des Bestellpunkts s_Z. Bei $s_Z = 400$ kommt es zu sehr langen Wartezeiten. Nur 16% der Nachfrage kann direkt aus dem Lager erfüllt werden. Bei $s_Z = 1400$ dagegen wird praktisch die gesamte Nachfrage direkt erfüllt.

---

15 Zur Berechnung der Lieferzeitverteilungen siehe *Tempelmeier und Fischer* (2010).

$s_Z \setminus w$	0	1	2	3	4	5	6	7	8	9	10	11	12
400	0.16	0.09	0.10	0.10	0.10	0.10	0.10	0.09	0.07	0.05	0.03	0.01	0.00
1000	0.75	0.09	0.07	0.05	0.03	0.01	0.00						
1400	0.99	0.01	0.00	0.00									

Tabelle D.2: Wartezeitverteilungen versus Zentrallager-Bestellpunkt

D.3.1.1 Poisson-verteilte Nachfrage in kontinuierlicher Zeit, identische Regionallager

Deuermeyer und Schwarz[16] stellen einen Lösungsansatz für ein zweistufiges Distributionssystem vor, der auf folgenden Annahmen beruht:

- Ein Zentrallager Z mit einer deterministischen Wiederbeschaffungszeit L_Z beliefert J Regionallager. Es verfolgt eine (s, q)-Politik mit kontinuierlicher Überwachung[17] mit den Parametern s_Z und q_Z. Die Bestellmenge q_Z ist extern vorgegeben.

- Jedes Regionallager steht einer mit dem Parameter λ_j **Poisson-verteilten Nachfrage** in kontinuierlicher Zeit gegenüber. Alle Regionallager verfolgen (s, q)-Politiken mit kontinuierlicher Überwachung mit den Parametern s_j und einheitlichen[18] Bestellmengen $q_j = q_R$ $(j = 1, 2, \ldots, J)$. In jedem Regionallager wird ein β_j-Servicegrad angestrebt.
  Die Wiederbeschaffungszeit des Regionallagers j setzt sich aus einer Handling- und Transportzeit L_j^T sowie einer stochastischen **Wartezeit** W_Z (lagerbedingte Lieferzeit) zusammen, die nur dann entsteht, wenn das Zentrallager die Lagerbestellung nicht aus dem vorhandenen Lagerbestand ausliefern kann.

Deuermeyer und Schwarz schlagen ein Dekompositionsverfahren zur Leistungsanalyse dieses Systems vor. Dabei gehen sie für eine gegebene Kombination von s_Z, q_Z, s_j und $q_j = q_R$ $(j = 1, 2, \ldots, J)$[19] in mehreren Schritten vor:

1) Zunächst wird der Nachfrageprozeß im Zentrallager approximiert. Bild D.5 veranschaulicht diesen Prozeß, der aus den Bestellungen der Regionallager resultiert. In

---

16 vgl. *Deuermeyer und Schwarz* (1981)
17 siehe Abschnitt C.2.2, S. 198
18 Diese Annahme wird getroffen, damit der Strom der Lagerbestellungen im Zentrallager in eine Folge von Erneuerungsereignissen transformiert werden kann.
19 Die Größen q_Z und s_Z sind ganzzahlige Vielfache der Bestellmenge q_R. Dadurch können die im Zentrallager eintreffenden Regionallager-Bestellungen als Aufträge der Größe 1 modelliert werden.

jedem Regionallager (Zeilen RL 1 bis RL 3) werden mit exponentialverteilten Abständen Kunden (markiert durch leere und gefüllte Symbole) bedient. Nach jeweils $q_R = 3$ Kundenankünften wird zeitgleich mit der Kundenbedienung eine Lagerbestellung ausgelöst (gefülltes Symbol), die zu einer Nachfrage der Höhe q_R im Zentrallager führt. Die unterste Reihe in Bild D.5 (Zeile ZL(exakt)) gibt die zeitlichen Positionen der im Zentrallager eintreffenden Bestellungen wieder.

Da die Zwischenankunftszeiten der Kunden exponentialverteilt sind, sind die Bestellabstände in einem Regionallager mit dem Mittelwert $\frac{q_R}{\lambda_j}$ Erlang-verteilt. Die Folge dieser Bestellungen bildet einen Erneuerungsprozeß. Die Zwischenankunftszeiten zwischen zwei unmittelbar aufeinanderfolgenden Nachfragen im Zentrallager ergeben sich daher aus der Überlagerung mehrerer Erneuerungsprozesse.[20] Dieser Prozeß ist nicht-stationär und exakt nur sehr aufwendig zu analysieren.

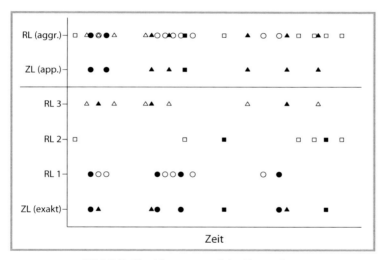

Bild D.5: Nachfrageprozeß im Zentrallager

Deuermeyer und Schwarz gehen nun wie folgt vor. Sie vernachlässigen zunächst die Effekte, die sich aus der Bestellmengenbildung in den Regionallagern ergeben. Stattdessen fassen sie die Nachfrageprozesse der Regionallager (und nicht die Bestellprozesse) zusammen und erhalten auf diese Weise einen aggregierten Poisson-Prozeß mit der Ankunftsrate $\lambda_Z = \sum_{j=1}^{J} \lambda_j$. Dies kann man sich bild-

---

20 Die Folge von nicht-negativen Zufallsvariablen $\{X_n, n = 1, 2, \ldots\}$ bezeichnet man als **Erneuerungsprozeß**, wenn alle X_n voneinander unabhängig sind und die gleiche Verteilungsfunktion besitzen. Hat X_1 eine andere Verteilungsfunktion, dann spricht man von einem verzögerten Erneuerungsprozeß. Hängt die mittlere Anzahl von Erneuerungen pro Zeiteinheit von der Zeit ab, dann spricht man von einem nicht-stationären Erneuerungsprozeß. Vgl. *Ross* (1997); *Nelson* (1995).

lich so vorstellen, daß die Regionallager durch ein virtuelles Regionallager ersetzt werden, das jetzt alle Kunden bedient und sich jeweils mit einer Bestellmenge q_R im Zentrallager versorgt. Der obere Teil des Bildes D.5 zeigt den aggregierten Nachfrageprozeß im virtuellen Regionallager und die aus den Bestellungen abgeleiteten Nachfragen im Zentrallager. Die Zwischenankunftszeiten dieser (Poisson-verteilten) Nachfragen sind mit dem Mittelwert $\frac{q_R}{\lambda_Z}$ Erlang-verteilt. Die Auftragsankünfte aus dem virtuellen Regionallager im Zentrallager bilden somit einen Erneuerungsprozeß mit Erlang-verteilten „Lebensdauern". Vergleicht man die Zeilen „ZL(exakt)" und „ZL(app.)" in Bild D.5, dann erkennt man, daß die beiden Nachfrageprozesse nicht identisch sind.

Die Nachfragemenge in der Wiederbeschaffungszeit L_Z des Zentrallagers ergibt sich dann aus den im Zeitablauf im Zentrallager eintreffenden Aufträgen aus dem virtuellen Regionallager. Zur Approximation von Mittelwert und Varianz der Anzahl von Erneuerungsereignissen (Auftragsankünften) pro Zeiteinheit greifen *Deuermeyer und Schwarz* auf asymptotische Ergebnisse der Erneuerungstheorie[21] zurück, die für den Fall mit $E\{X\} = \frac{q_R}{\lambda_Z}$ und $\mathrm{Var}\{X\} = \frac{q_R}{\lambda_Z^2}$ Erlang-verteilter Erneuerungsintervalle zu folgenden Abschätzungen führen:

$$\mu_Z = \frac{\lambda_Z \cdot L_Z}{q_R} + \frac{1 - q_R}{2 \cdot q_R} \tag{D.3}$$

$$\sigma_Z^2 = \frac{\lambda_Z \cdot L_Z}{q_R^2} \tag{D.4}$$

Die Nachfragemenge in der Wiederbeschaffungszeit des Zentrallagers (gemessen in „Anzahl Regionallager-Bestellungen") wird schließlich durch eine Normalverteilung mit den Parametern μ_Z und σ_Z^2 approximiert.

2) Bestimmung des mittleren Fehlbestands $E\{I_Z^f\}$ im Zentrallager für den Bestellpunkt s_Z.

3) Bestimmung der mittleren lagerbedingten Lieferzeit einer Regionallager-Bestellung im Zentrallager nach dem Gesetz von Little[22] unter Verwendung des unter 2) ermittelten Fehlbestands wie folgt:

$$E\{W_Z\} = \frac{E\{I_Z^f\} \cdot q_R}{\lambda_Z} \tag{D.5}$$

Dies ist die zentrale Beziehung des Dekompositionsverfahrens, die die Auswirkun-

---

21   vgl. *Cox* (1962)
22   siehe auch Abschnitt C.6.2.1, S. 240

gen einer Veränderung des Sicherheitsbestands im Zentrallager auf die Sicherheitsbestände in den Regionallagern transportiert.

4) Bestimmung der Bestellpunkte s_j in den Regionallagern für die gegebenen Wiederbeschaffungszeiten $L_j = L_j^T + E\{W_Z\}$ unter Beachtung der angestrebten Servicegrade β_j.

Zur Veranschaulichung der Vorgehensweise betrachten wir ein Beispiel mit drei Regionallagern. Tabelle D.3 enthält die Daten. Weiterhin sei $L_Z = 4$.

j	λ_j	q_j	L_j^T
1	10	10	2
2	10	10	2
3	10	10	2

Tabelle D.3: Daten der Regionallager

Nehmen wir zunächst an, daß das Zentrallager immer lieferfähig ist. In diesem Fall ist
die erwartete lagerbedingte Lieferzeit im Zentrallager gleich Null und die Regionallager
können unabhängig vom Zentrallager analysiert werden. Für einen Bestellpunkt der Höhe $s_j = 20$ erhält man bei einer deterministischen Wiederbeschaffungszeit $L_j = L_j^T = 2$
im Regionallager j den Servicegrad $\beta_j = 0.8255$ $(j = 1, 2, 3)$.[23]

Nehmen wir nun an, der Bestellpunkt im Zentrallager sei $s_Z = 100$. Dies entspricht zehn
Regionallager-Bestellmengen. Außerdem sei die Bestellmenge $q_Z = 80$. Dies entspricht
acht Regionallager-Bestellmengen. Dann sind folgende Berechnungen durchzuführen,
wobei für alle Mengengrößen die Dimension „Anzahl Regionallager-Bestellungen" gilt:

Schritt 1:

Im Zentrallager treffen Bestellungen aus den Regionallagern mit der Ankunftsrate
$\lambda_Z = 3 \cdot 10 = 30$ ein. Die Parameter der Nachfragemenge (Anzahl Regionallager-
Bestellungen) in der Wiederbeschaffungszeit des Zentrallagers lauten:

$$\mu_Z = \frac{30 \cdot 4}{10} + \frac{1 - 10}{2 \cdot 10} = 11.55$$

$$\sigma_Z^2 = \frac{30 \cdot 4}{10^2} = 1.2 \quad \text{bzw.} \quad \sigma_Z = 1.0954$$

Schritt 2:

Approximation der Nachfragemenge in der Wiederbeschaffungszeit des Zentrallagers durch eine Normalverteilung:

---

23 siehe Abschnitt C.2.2, S. 198

$$v_s = \frac{\frac{100}{10} - 11.55}{1.0954} = -1.4149 \quad \text{und} \quad v_{s+q} = \frac{\frac{100+80}{10} - 11.55}{1.0954} = 5.880$$

$$\Phi_N^2(v_s) = \Phi_N^2(-1.4149) = 1.4869$$

$$\Phi_N^2(v_{s+q}) = \Phi_N^2(5.880) = 0$$

Der mittlere Fehlbestand im Zentrallager ist dann gemäß (C.135):

$$E\{I_Z^f\} = \frac{\sigma_Z^2 \cdot q_R}{q_Z} \cdot \left[\Phi_N^2(v_s) - \Phi_N^2(v_{s+q})\right]$$

$$= \frac{1.2 \cdot 10}{80} \cdot \left[1.4869 - 0\right] = 0.2230$$

Schritt 3:

Die mittlere Wartezeit einer Regionallager-Bestellung im Zentrallager beträgt folglich:

$$E\{W_Z\} = \frac{E\{I_Z^f\} \cdot q_R}{\lambda_Z} = \frac{0.2230 \cdot 10}{30} = 0.07434$$

Schritt 4:

Die Transport- und Handlingzeit L_j^T wird um die in Schritt 3 ermittelte durchschnittliche Wartezeit erhöht. Damit erhalten wir die als deterministisch angenommene Wiederbeschaffungszeit eines Regionallagers

$$L_j = L_j^T + E\{W_Z\} = 2 + 0.07434 = 2.07434$$

Diese Größe bildet nun die Grundlage für die Analyse der Lagerhaltungspolitiken in den Regionallagern. Für einen Bestellpunkt $s_j = 20$ und die in der Analyse des Zentrallagers unterstellten Bestellmengen $q_j = q_R = 10$ $(j = 1, 2, 3)$ ergibt sich z. B. bei Anwendung des exakten Modells aus Abschnitt C.2.2 ein geschätzter Regionallager-Servicegrad in Höhe von $\beta = 0.7858$. Da die Höhe des Regionallager-Bestellpunkts den grundsätzlichen Charakter des Nachfrageprozesses im Zentrallager nicht beeinflußt, kann man mit gegebenem L_j-Wert denjenigen Bestellpunkt s_j bestimmen, der ein angestrebtes Serviceniveau im Regionallager sicherstellt. Für $\beta_j = 0.9792$ benötigt man z. B. $s_j = 27$, falls alle anderen Systemparameter unverändert bleiben.

Deuermeyer und Schwarz vergleichen die von ihnen vorgeschlagenen Approximationen mit Simulationsergebnissen. Sie kommen zu dem Schluß, daß für die meisten der betrachteten Datenkonstellationen gute Abschätzungen sowohl des Servicegrades des Zentrallagers als auch der Regionallager-Servicegrade erreicht werden. Vor allem die hohe

Qualität der Approximation der Regionallager-Servicegrade ist überraschend, wenn man bedenkt, daß lediglich der Erwartungswert der Wiederbeschaffungszeit des Regionallagers und keine Informationen über ihre Streuung in die Berechnungen einfließen.

Um die Approximationsgüte für das obige Beispiel zu überprüfen, greifen wir auf ein Simulationsmodell zurück. Tabelle D.4 stellt für verschiedene Werte des Zentrallager-Bestellpunkts s_Z die approximierten Kenngrößen des Zentrallagers den in der Simulation ermittelten Werten gegenüber.

s_Z	β_Z		$E\{I_Z^f\}$	
	analytisch	simuliert	analytisch	simuliert
120	0.9690	0.9633	0.0186	0.0232
110	0.9043	0.8995	0.0782	0.0850
100	0.8014	0.7991	0.2230	0.2297
90	0.6808	0.6801	0.4812	0.4856
80	0.5562	0.5573	0.8626	0.8615
70	0.4313	0.4311	1.3687	1.3657
60	0.3069	0.3075	1.9975	1.9878
50	0.1872	0.1896	2.7378	2.7393

Tabelle D.4: Kenngrößen des Zentrallagers

Sowohl der β-Servicegrad des Zentrallagers als auch der für Bestimmung der Wartezeit benötigte durchschnittliche Fehlbestand werden für alle untersuchten Fälle gut abgeschätzt. Dies legt den Schluß nahe, daß die Charakterisierung des Nachfrageprozesses im Zentrallager gut gelungen ist, obwohl das System nur drei Regionallager umfaßt.

s_Z	$E\{W_Z\}$	$\widehat{\beta_j}$		Differenz
		analytisch	simuliert	
120	0.0062	0.8224	0.8209	-0.0015
110	0.0261	0.8120	0.8080	-0.0040
100	0.0743	0.7858	0.7773	-0.0085
90	0.1604	0.7351	0.7260	-0.0091
80	0.2875	0.6534	0.6548	0.0014
70	0.4562	0.5382	0.5676	0.0294
60	0.6658	0.3978	0.4720	0.0742
50	0.9100	0.2564	0.3720	0.1156

Tabelle D.5: Approximation des Regionallager-Servicegrades für $s_j = 20$

Betrachten wir nun die Qualität der Approximation der Servicegrade in den Regionallagern. Für $q_R = 10$ und $s_j = 20$ $(j = 1, 2, 3)$ erhält man die in Tabelle D.5 angegebenen Werte ($\widehat{\beta}_j$ ist der Mittelwert über die drei Regionallager) in Abhängigkeit vom Bestellpunkt s_Z des Zentrallagers. Man erkennt, daß die Qualität der Approximation der Regionallager-Servicegrade mit sinkendem Zentrallager-Bestellpunkt s_Z nachläßt. Die Ursache für diesen Effekt zeigt Bild D.6. Hier sind die in der Simulation erfaßten Häufigkeitsverteilungen der Wartezeiten derjenigen Regionallager-Bestellungen dargestellt, die tatsächlich warten mußten.

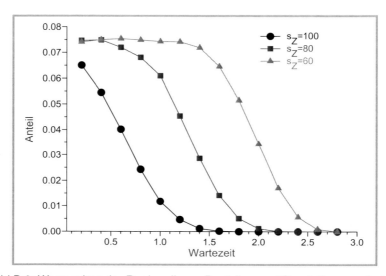

Bild D.6: Wartezeiten der Regionallager-Bestellungen (Simulationsergebnisse)

Die Streuung der Wartezeitverteilung nimmt mit sinkendem Zentrallager-Bestellpunkt s_Z zu. Da für die Bestimmung der Wiederbeschaffungszeit eines Regionallagers nur auf den Mittelwert der lagerbedingten Lieferzeit des Zentrallagers zurückgegriffen wird, wird das tatsächliche Systemverhalten mit sinkendem s_Z zunehmend ungenauer erfaßt.

Der beschriebene Ansatz wurde von *Svoronos und Zipkin* weiter verbessert. Sie verwenden die exakt berechnete Varianz der Nachfragemenge in der Wiederbeschaffungszeit des Zentrallagers anstelle der Approximation in Gleichung (D.4). Weiterhin beschreiben sie die Wartezeit einer Regionallager-Bestellung nicht durch eine Normalverteilung, sondern durch eine zusammengesetzte Poisson-Verteilung, wobei sie zur Parametrisierung nicht nur auf den Erwartungswert, sondern auch auf eine Approximation der Varianz der Wartezeit zurückgreifen.[24] Durch diese drei Maßnahmen wird die Qualität der Approximation gegenüber dem Ansatz von *Deuermeyer und Schwarz* weiter verbessert.

---

24   vgl. *Svoronos und Zipkin* (1988)

Allerdings muß bezweifelt werden, ob damit viel gewonnen ist. In der Praxis wird man wohl kein zweistufiges Logistiksystem finden, in dem in allen Regionallagern dieselben Bestellmengen verwendet werden. Dies würde ja bedeuten, daß in allen Regionallagern die Einflußgrößen der Bestellmenge, vor allem die fixen Beschaffungskosten, gleich hoch sein müßten. Da die Transportkosten einen wichtigen Bestandteil der fixen Beschaffungskosten ausmachen, würde dies bedeuten, daß alle Regionallager vom Zentrallager gleich weit entfernt sind. Schließlich kann die Realitätsnähe der Annahme einer kontinuierlichen Zeitachse bezweifelt werden.

Weiterhin wird es kaum vorkommen, daß in allen Regionallagern ausschließlich Poisson-verteilte Nachfragen auftreten und daß diese immer nur in einzelnen Mengeneinheiten vorkommen. Derartige Nachfrageprozesse dürften vorwiegend auf Ersatzteil-Lagersysteme beschränkt sein, die nur eine spezielle Ausprägung von Supply Chains darstellen. In einer anschließenden Untersuchung setzen *Schwarz, Deuermeyer und Badinelli* das Modell zur Bestimmung der optimalen Verteilung des Sicherheitsbestands auf die beiden Lagerstufen ein.[25]

Ein ähnliches Modell betrachtet *Axsäter*.[26] Alle Lager verfolgen (s, q)-Politiken mit kontinuierlicher Lagerüberwachung. Die Sicherheitsbestände der Lager werden duch die Vorgabe von Fehlmengenkosten gesteuert. *Axsäter* approximiert die Nachfragen in allen Lagern durch Normalverteilungen und greift zur Bestimmung der Wartezeiten der Regionallager-Bestellungen im Zentrallager auf Little's Gesetz zurück. Er schlägt ein Verfahren zur Bestimmung der optimalen Bestellpunkte und damit der optimalen Allokation der Sicherheitsbestände auf die Lager vor.

D.3.1.2 Allgemein verteilte Nachfrage in kontinuierlicher Zeit, nicht-identische Regionallager

De Kok[27] und später *Kiesmüller, de Kok, Smits und Laarhoven*[28] betrachten ebenso wie *Deuermeyer und Schwarz* ein Distributionssystem mit kontinuierlichen Nachfrageankünften. Allerdings wird jetzt angenommen, daß der Nachfrageprozeß im Regionallager j durch eine Folge von Aufträgen mit zufälligen Zwischenankunftszeiten A_j sowie jeweils zufälligen (kontinuierlichen) Auftragsgrößen D_j charakterisiert wird, wobei hinsichtlich der Wahrscheinlichkeitsverteilungen keine Einschränkungen gemacht werden („compound renewal demand"). Es ist nun aber zu beachten, daß es bei dieser Nachfragestruktur zu einem Defizit U kommen kann.[29] Sowohl das Zentrallager als auch

---

25 vgl. *Schwarz et al.* (1985)

26 vgl. *Axsäter* (2003a)

27 vgl. *de Kok* (1996)

28 vgl. *Kiesmüller et al.* (2004)

29 siehe Abschnitt C.1.1, S. 152

die Regionallager verfolgen $(s, n \cdot q)$-Politiken unter Beachtung von vorgegebenen β-Servicegraden in den Regionallagern.

Sowohl die Nachfrageparameter als auch die Bestellmengen der Regionallager können unterschiedlich sein. Damit ist das Modell wesentlich realitätsnäher als das Modell von *Deuermeyer und Schwarz*. Im Unterschied zu der in Abschnitt C.1.1 behandelten (s, q)-Politik mit konstanten Bestellmengen wird angenommen, daß die Größen q_j im Vergleich zur Periodennachfrage so niedrig sind, daß häufig mehrere solcher nun als Transportlosgrößen interpretierten Mengen zu einer Bestellung der Höhe $O_j \cdot q_j$ zusammengefaßt werden müssen, damit der disponible Lagerbestand nach Auslösung einer Lagerbestellung den Bestellpunkt s_j wieder überschreitet.[30]

Zur Auswertung des Modells schlägt *de Kok* ebenfalls ein Dekompositionsverfahren vor, bei dem wie folgt vorgegangen wird:

1) Transformation des Nachfrageprozesses (A_j, D_j) im **Regionallager** j mit der Zwischenankunftszeit A_j und der Nachfragemenge D_j in einen **Bestellprozeß** (T_j, M_j), der wie der Nachfrageprozeß durch das Wertepaar Bestellabstand T_j und Bestellmenge M_j beschrieben wird, wobei $M_j = O_j \cdot q_j$ nun eine Zufallsvariable ist.

2) Aggregation der Bestellprozesse (T_j, M_j) $(j = 1, 2, \ldots, J)$ der einzelnen Regionallager zu einem **Nachfrageprozeß** (A_Z, D_Z) für das **Zentrallager**.

3) Bestimmung des **Zentrallager-Bestellpunkts** s_Z im Hinblick auf einen vorgegebenen β-Servicegrad des Zentrallagers, β_Z.[31]

4) Bestimmung der ersten beiden Momente der lagerbedingten **Lieferzeit** (Wartezeit) W_Z einer Regionallager-Bestellung im Zentrallager.

5) Bestimmung der **Bestellpunkte** s_j in den **Regionallagern** für gegebene Wiederbeschaffungszeiten $L_j = L_j^T + E\{W_Z\}$ unter Beachtung der angestrebten externen Servicegrade β_j in den Regionallagern.

Da während des Verfahrensablaufs die Wahrscheinlichkeiten einer Vielzahl von Zufallsvariablen numerisch auszuwerten sind, schlägt *De Kok* vor, für **alle** vorkommenden **Zufallsvariablen** die Form einer **gemischten Erlang-Verteilung** anzunehmen und deren Parameter jeweils unter Verwendung des Erwartungswerts und des zweiten Moments zu approximieren.[32]

---

30 Bei dieser Betrachtung ist die Anzahl O_j und damit auch die tatsächliche Bestellmenge eine Zufallsvariable. Damit entfallen die Vorteile einer Politik mit fest vorgegebenen Bestellmengen. Nur bei großen q_j-Werten ist O_j deterministisch gleich 1.

31 Dieser interne β-Servicegrad, den die externen Kunden nicht beobachten können, sondern der nur von den Regionallagern gesehen wird, wird in einer Optimierungsrechnung als Stellgröße verwendet, mit der die lagerbedingte Lieferzeit beeinflußt werden kann.

32 vgl. *Tijms* (1994)

Der Bestellprozeß in einem Regionallager. Im Folgenden beziehen wir uns auf das Regionallager j und lassen der Einfachheit halber den Index j weg. Wir bezeichnen mit M die Bestellmenge, die ein Regionallager im Zentrallager abruft. Diese Größe hängt bei gegebener (Mindest-)Bestellmenge q von der Intensität des Nachfrageprozesses in dem Regionallager ab. Dieses löst eine Bestellung aus, wenn der disponible Bestand vor der Ankunft einer Nachfrage D höher als s ist und nach der Auslieferung der Nachfragemenge den Bestellpunkt s erreicht oder unterschreitet. Da Nachfragemengen in beliebiger Höhe auftreten können – und nicht auf einzelne Einheiten beschränkt sind – wird s i. d. R. unterschritten. Es tritt also ein Defizit auf, dessen Höhe die tatsächliche Bestellmenge (das Vielfache von q) bestimmt, die benötigt wird, um den Lagerbestand wieder auf das Niveau s anzuheben.

Da der disponible Lagerbestand bei der Ankunft eines Kunden unmittelbar vor dem Erreichen von s und der resultierenden Auslösung einer Bestellung im Intervall $[s, s+q]$ liegt, z. B. bei $s+x$, dann wird der Bestellpunkt durch eine Nachfrage unterschritten, wenn die Nachfragemenge D größer als oder gleich x ist. Die Wahrscheinlichkeit dafür ist bei kontinuierlichen Nachfragemengen $P\{D \geq x\} = 1 - F_D(x)$.[33] Da der disponible Lagerbestand im stationären Zustand im Intervall $[s, s+q]$ gleichverteilt ist[34], ist die Wahrscheinlichkeit für das Ereignis, daß eine Bestellung ausgelöst wird:

$$P\{\text{Bestellung wird ausgelöst}\} = \frac{1}{q} \cdot \int_0^q [1 - F_D(x)] \, dx \tag{D.6}$$

Die Wahrscheinlichkeit dafür, daß bei einem disponiblen Bestand $s+x$ eine Bestellung ausgelöst wird und daß dabei das Defizit $U \geq u$ ist, beträgt dann:

$$P\{U \geq u\} = P\{D \geq x+u | \text{Bestellung wird ausgelöst}\}$$

$$= \frac{\frac{1}{q} \cdot \int_0^q P\{D \geq x+u\} \, dx}{\frac{1}{q} \cdot \int_0^q P\{D \geq x\} \, dx} \tag{D.7}$$

$$= \frac{\int_0^q [1 - F_D(x+u)] \, dx}{\int_0^q [1 - F_D(x)] \, dx}$$

Kommt es zu einer Bestellung, dann hängt die Bestellmenge $M = O \cdot q$, die benötigt wird, um den disponiblen Bestand wieder über s anzuheben, von der Höhe des Defizits

---

33 Dies ist gleich der Wahrscheinlichkeit dafür, daß ein Defizit auftritt. Siehe Abschnitt C.1.1
34 vgl. *Sahin* (1990)

U ab. Dabei gilt:

$$O = o \quad \Leftrightarrow \quad (o-1) \cdot q \leq U < o \cdot q \qquad\qquad o = 1, 2, \dots \qquad (D.8)$$

Die **Bestellmenge** $M = O \cdot q$ ist damit eindeutig durch die **Anzahl Bestellungen** O bestimmt. Deren Erwartungswert beträgt:

$$
\begin{aligned}
E\{O\} &= \sum_{o=1}^{\infty} o \cdot P\{O = o\} \\
&= \sum_{o=1}^{\infty} o \cdot \left[P\{U \geq (o-1) \cdot q\} - P\{U \geq o \cdot q\} \right] \\
&= 1 \cdot P\{U \geq 0 \cdot q\} + 2 \cdot P\{U \geq 1 \cdot q\} + 3 \cdot P\{U \geq 2 \cdot q\} + \dots \\
&\qquad\qquad\qquad - 1 \cdot P\{U \geq 1 \cdot q\} - 2 \cdot P\{U \geq 2 \cdot q\} - \dots \\
&= 1 \cdot P\{U \geq 0 \cdot q\} + 1 \cdot P\{U \geq 1 \cdot q\} + 1 \cdot P\{U \geq 2 \cdot q\} + \dots \\
&= \sum_{o=0}^{\infty} P\{U \geq o \cdot q\}
\end{aligned}
\qquad (D.9)
$$

Der Erwartungswert der Bestellmenge beträgt dann:

$$E\{M\} = q \cdot \sum_{o=0}^{\infty} P\{U \geq o \cdot q\} \qquad\qquad (D.10)$$

Setzen wir nun (D.7) in (D.10) ein, dann erhalten wir:

$$E\{M\} = q \cdot \frac{\displaystyle\sum_{o=0}^{\infty} \int_0^q P\{D \geq x + o \cdot q\} \cdot dx}{\displaystyle\int_0^q P\{D \geq x\} \cdot dx} \qquad (D.11)$$

Der Zähler auf der rechten Seite von (D.11) kann weiter umgeformt werden[35]:

$$
\begin{aligned}
&\sum_{o=0}^{\infty} \int_0^q [1 - F_D(x + o \cdot q)] \cdot dx \\
&= \sum_{o=0}^{\infty} \int_{o \cdot q}^{(o+1) \cdot q} [1 - F_D(x)] \cdot dx \\
&= \int_o^q [1 - F_D(x)] \cdot dx + \int_q^{q+1} [1 - F_D(x)] \cdot dx + \int_{q+1}^{q+2} [1 - F_D(x)] \cdot dx \cdots \\
&= \int_0^{\infty} [1 - F_D(x)] \cdot dx = E\{D\}
\end{aligned}
\qquad (D.12)
$$

Ersetzt man den Zähler in (D.11), dann erhält man:

---

35 vgl. *de Kok et al.* (1996)

$$E\{M\} = \frac{q \cdot E\{D\}}{\int\limits_0^q P\{D \geq x\} \cdot dx} \tag{D.13}$$

Für den Fall, daß q so groß ist, daß bei jeder Bestellung immer nur q – und nicht ein Vielfaches davon – bestellt wird, müßte $E\{M\} = q$ sein. Dies ist tatsächlich der Fall, da der Nenner aus (D.13) für ausreichend große q (also $q \to \infty$) gleich dem Erwartungswert der Nachfragemenge $E\{D\}$ ist.

Das zweite Moment der Bestellmenge lautet:

$$\begin{aligned} E\{M^2\} &= q^2 \cdot \sum_{o=1}^{\infty} o^2 \cdot \left[P\{U \geq (o-1) \cdot q\} - P\{U \geq o \cdot q\}\right] \\ &= q^2 \cdot \big[\, 1^2 \cdot P\{U \geq 0 \cdot q\} - 1^2 \cdot P\{U \geq 1 \cdot q\} \\ &\qquad\qquad + 2^2 \cdot P\{U \geq 1 \cdot q\} - 2^2 \cdot P\{U \geq 2 \cdot q\} \\ &\qquad\qquad\qquad + 3^2 \cdot P\{U \geq 2 \cdot q\} - \cdots \,\big] \\ &= q^2 \cdot \sum_{j=0}^{\infty} \left[-j^2 + (j+1)^2\right] \cdot P\{U \geq j \cdot q\} \\ &= q^2 \cdot \sum_{j=0}^{\infty} (2 \cdot j + 1) \cdot P\{U \geq j \cdot q\} \end{aligned} \tag{D.14}$$

Auch hier ergibt sich eine Vereinfachung für große q. In diesem Fall sind die Wahrscheinlichkeiten in der Summe für alle Werte $j > 0$ gleich Null, so daß nur der Term für $j = 0$ übrigbleibt. Dieser nimmt den Wert 1 an, da $2 \cdot 0 + 1 = 1$ und $P\{U \geq 0\} = 1$ ist. Daraus ergibt sich dann $E\{M^2\} = q^2$.

Für den **Bestellabstand** T werden folgende Überlegungen angestellt. Es sei R die **Anzahl der in einem Bestellzyklus eintreffenden Kunden** im Regionallager und A deren Zwischenankunftszeit. Dann ist der Bestellabstand T eine zufällige Summe der Zufallsvariablen A. T ist gleich der Summe der Zwischenankunftszeiten der Anzahl Kunden, deren Gesamtnachfrage eine Bestellung des Regionallagers im Zentrallager auslöst, d. h.

$$T = \sum_{i=1}^{R} A_i \tag{D.15}$$

wobei A_i die Zwischenankunftszeit des i-ten Kunden ist. Der Erwartungswert des Bestellabstands beträgt:

$$E\{T\} = E\{R\} \cdot E\{A\} \tag{D.16}$$

Wegen $E\{X^2\} = \text{Var}\{X\} + E\{X\}^2$ erhalten wir:

$$E\{T^2 | R = r\} = r \cdot \mathrm{Var}\{A\} + r^2 \cdot E\{A\}^2 \tag{D.17}$$

und

$$E\{T^2\} = E\{R\} \cdot \mathrm{Var}\{A\} + E\{R^2\} \cdot E\{A\}^2 \tag{D.18}$$

$E\{A\}$ und $\mathrm{Var}\{A\}$ sind als Daten vorgegeben. Die Anzahl R der in einem Bestellzyklus des Regionallagers eintreffenden Kunden muß allerdings noch ermittelt werden. Ihr Erwartungswert ergibt sich aus der oben ermittelten durchschnittlichen Bestellmenge $E\{M\}$ dividiert durch die mittlere Nachfragemenge $E\{D\}$ eines Kunden:

$$E\{R\} = \frac{E\{M\}}{E\{D\}} \tag{D.19}$$

Zur Bestimmung von $E\{R^2\}$ greift *de Kok* auf eine Approximation aus der Erneuerungstheorie zurück, die für lange Bestellzyklen gilt:[36]

$$E\{R^2\} = \frac{q^2}{E\{D\}^2} + \frac{\mathrm{Var}\{\mathrm{D}\}}{E\{D\}^2} \cdot \frac{q}{E\{D\}} + \frac{E\{D^2\}^2}{2 \cdot E\{D\}^4} - \frac{E\{D^3\}}{3 \cdot E\{D\}^3} \tag{D.20}$$

 Betrachten wir als **Beispiel** eine Supply Chain mit einem Zentrallager und zwei Regionallagern sowie den in Tabelle D.6 angegebenen Daten.[37]

j	$E\{A_j\}$	$\mathrm{Var}\{A_j\}$	$\mathrm{CV}\{A_j\}$	$E\{D_j\}$	$\mathrm{Var}\{D_j\}$	$\mathrm{CV}\{D_j\}$	q_j	s_j
1	1	0.16	0.4	20	64	0.4	100	30
2	1	0.36	0.6	10	25	0.5	50	20

Tabelle D.6: Daten

Unterstellt man nun für die Nachfragemengen D_1 und D_2 jeweils gemischte Erlang-Verteilungen, dann sind zunächst deren Parameter zu schätzen (Tabelle D.7). Die genaue Vorgehensweise ist im Anhang 3 beschrieben.

j	k_{1,D_j}	p_{D_j}	λ_{1,D_j}
1	$\lfloor \frac{1}{0.4^2} \rfloor = 6$	$\frac{7 \cdot 0.16 - \sqrt{7 \cdot (1 - 6 \cdot 0.16)}}{1 + 0.16} = 0.509353$	$\frac{7 - 0.509353}{20} = 0.324532$
2	$\lfloor \frac{1}{0.5^2} \rfloor = 4$	$\frac{5 \cdot 0.25 - \sqrt{5 \cdot (1 - 4 \cdot 0.25)}}{1 + 0.25} = 1$	$\frac{5 - 1}{10} = 0.4$

Tabelle D.7: Parameter der Verteilungen der Nachfragemengen

---

36   R entspricht der Anzahl von Erneuerungsereignissen.

37   Das Symbol $\mathrm{CV}\{X\}$ bezeichnet den Variationskoeffizienten der Zufallsvariablen X.

Bild D.7 zeigt die Dichtefunktionen dieser beiden gemischten Erlang-Verteilungen.

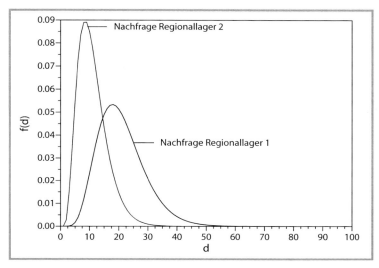

Bild D.7: Nachfrageverteilungen

Die Momente der **Bestellmengen** ergeben sich aus den Gleichungen (D.13) und (D.14), wobei aufgrund der ausreichend großen (Mindest-)Bestellmengen q_j der Fall vorliegt, daß $E\{M_j\} = q_j$ bzw. $E\{O_j\} = 1$ ist:

$$E\{M_1\} = \frac{100 \cdot 20}{20} = 100 \qquad E\{M_2\} = \frac{50 \cdot 10}{10} = 50$$

$$E\{M_1^2\} = 10000 \qquad\qquad E\{M_2^2\} = 2500$$

Die Parameter der **Bestellabstände** in den Regionallagern ergeben sich wie folgt:

$$E\{R_1\} = \frac{100}{20} = 5 \qquad E\{R_2\} = \frac{50}{10} = 5$$

$$E\{R_1^2\} = 25.9627 \qquad E\{R_2^2\} = 26.4063$$

$$E\{T_1\} = 5 \cdot 1 = 5 \qquad E\{T_2\} = 5 \cdot 1 = 5$$

$$E\{T_1^2\} = 26.7627 \qquad E\{T_2^2\} = 28.2063$$

Mit $E\{T_j\}$, $E\{T_j^2\}$ sowie $E\{M_j\}$ und $E\{M_j^2\}$ sind die Parameter des Bestellprozesses des Regionallagers j ($j = 1, 2, \ldots, J$) bekannt. Im nächsten Schritt wird aus den

Regionallager-spezifischen Bestellprozessen der Nachfrageprozeß des Zentrallagers abgeleitet. Bild D.8 veranschaulicht dies für zwei Regionallager.

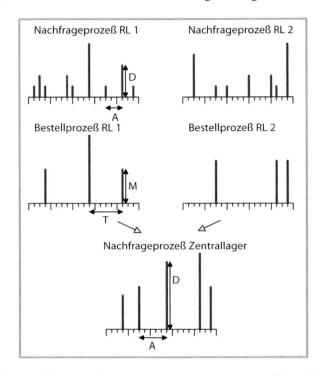

Bild D.8: Einflußgrößen des Nachfrageprozesses im Zentrallager

Aggregation der Bestellprozesse. Der Nachfrageprozeß im Zentrallager ergibt sich aus der Überlagerung der Regionallager-spezifischen Bestellprozesse. Zur Beschreibung der Zwischenankunftszeiten der aus den Regionallagern im Zentrallager eintreffenden Bestellungen greift *de Kok* wieder auf die gemischte Erlang-Verteilung zurück. Durch Anwendung von Konzepten aus der Erneuerungstheorie ergibt sich folgende Approximation der ersten beiden Momente der **Zwischenankunftszeit** A_Z zwischen zwei im Zentrallager eintreffenden Regionallager-Bestellungen. Da T_j der Bestellabstand des Regionallagers j ist, erhalten wir mit $\frac{1}{E\{T_j\}}$ die mittlere Ankunftsrate von Bestellungen aus dem Regionallager j im Zentrallager. Bildet man die Summe über alle J Regionallager, dann erhält man die aggregierte Ankunftsrate von Bestellungen im Zentrallager, deren Kehrwert

$$E\{A_Z\} = \left[\sum_{j=1}^{J} \frac{1}{E\{T_j\}}\right]^{-1} \tag{D.21}$$

den **mittleren Abstand zwischen zwei Nachfrageereignissen im Zentrallager** beschreibt. Für das Beispiel erhalten wir:

$$E\{A_Z\} = \frac{1}{\frac{1}{5} + \frac{1}{5}} = 2.5$$

Für das zweite Moment der aggregierten Zwischenankunftszeit von Bestellungen im Zentrallager wird folgende Approximation verwendet:[38]

$$E\{A_Z^2\} = 2 \cdot E\{A_Z\} \cdot \left[\prod_{j=1}^{J} \frac{1}{E\{T_j\}}\right] \cdot \int_0^\infty \left\{\prod_{j=1}^{J} \int_x^\infty [1 - F_{T_j}(y)] \cdot dy\right\} \cdot dx \tag{D.22}$$

Da die numerische Auswertung von (D.22) wegen der J-fachen Multiplikation von Integralen für eine große Anzahl J von Regionallagern sehr aufwendig ist, schlägt *de Kok* in Anlehnung an *Whitt* ein Iterationsverfahren zur Bestimmung von $E\{A_Z^2\}$ vor, wobei wieder für alle auftretenden Zufallsvariablen eine gemischte Erlang-Verteilung angenommen wird.

Im Beispiel mit zwei Regionallagern bestimmt man zunächst aus den oben ermittelten Momenten $E\{T_j\}$ und $E\{T_j^2\}$ die Parameter k_{T_j}, p_{T_j} und λ_{T_j} und setzt für $F_{T_j}(y)$ die Verteilungsfunktion der gemischten Erlang-Verteilung ein. Mit $k_{T_1} = 14$, $p_{T_1} = 0.57745$, $\lambda_{T_1} = 2.88451$, $k_{T_2} = 7$, $p_{T_2} = 0.107678$ und $\lambda_{T_2} = 1.57846$ erhält man für die ineinander verschachtelten Integrale auf der rechten Seite von (D.22):

$$\int_0^\infty \left\{\prod_{j=1}^{2} \int_x^\infty [1 - F_{T_j}(y)] \cdot dy\right\} \cdot dx = 42.7601$$

und schließlich

$$E\{A_z^2\} = 2 \cdot 2.5 \cdot \tfrac{1}{5} \cdot \tfrac{1}{5} \cdot 42.7601 = 8.5520$$

Die Momente der **Auftragsgröße** im Zentrallager, D_Z, ergeben sich wie folgt:

$$E\{D_Z\} = E\{A_Z\} \cdot \sum_{j=1}^{J} \frac{E\{M_j\}}{E\{T_j\}} \tag{D.23}$$

und

---

38 vgl. *Whitt* (1982), Gleichung 4.5

$$E\{D_Z^2\} = E\{A_Z\} \cdot \sum_{j=1}^{J} \frac{E\{M_j^2\}}{E\{T_j\}} \tag{D.24}$$

Für das Beispiel erhält man

$$E\{D_Z\} = 75 \qquad E\{D_Z^2\} = 6250$$

Damit liegt die Beschreibung des aggregierten Nachfrageprozesses (A_Z, D_Z) im Zentrallager vor.

Lagerbedingte Lieferzeit einer Regionallager-Bestellung im Zentrallager. Da auch die lagerbedingten Lieferzeiten der Regionallager-Bestellungen im Zentrallager durch gemischte Erlang-Verteilungen approximiert werden sollen, sind zunächst deren Momente für einen gegebenen Bestellpunkt s_Z bei Annahme des Nachfrageprozesses (A_Z, D_Z) im Zentrallager zu ermitteln. Da das k-te Moment einer Zufallsvariablen X allgemein als

$$E\{X^k\} = k \cdot \int_0^\infty x^{k-1} \cdot P\{X > x\} \cdot dx \qquad\qquad k = 1, 2, \ldots \tag{D.25}$$

geschrieben werden kann,[39] ergibt sich zunächst bei einer gegebenen Wiederbeschaffungszeit $L_Z = \ell$ für die ersten beiden Momente der Zufallsvariablen W_j eines Regionallagers j:

$$E\{W_j | L_Z = \ell\} = \int_0^\infty P\{W_j > w | L_Z = \ell\} \cdot dw \tag{D.26}$$

und

$$E\{W_j^2 | L_Z = \ell\} = 2 \cdot \int_0^\infty w \cdot P\{W_j > w | L_Z = \ell\} \cdot dw \tag{D.27}$$

Zur Bestimmung dieser Momente muß die Wahrscheinlichkeitsverteilung der lagerbedingten Lieferzeit des Zentrallagers, $P\{W_j > w | L_Z = \ell\}$, ermittelt werden. Dabei wird mit Beziehung (D.28) auf das sog. „lead time shift"-Theorem[40] zurückgegriffen.

$$P\{W > w | L\} = P\{W > 0 | L - w\} \tag{D.28}$$

Diese Beziehung besagt, daß die Wahrscheinlichkeit für eine Lieferzeit $> w$ in einem Lager mit einer Wiederbeschaffungszeit der Länge L gleich der Wahrscheinlichkeit für eine Lieferzeit > 0 in einem Lager mit einer Wiederbeschaffungszeit der Länge $L - w$

---

39 vgl. *Tijms* (1994), S. 348
40 vgl. *van der Wal* (1993)

ist. Unter Verwendung dieser Beziehung kommt *de Kok* schließlich zu folgender Approximation der Wahrscheinlichkeitsverteilung der lagerbedingten Lieferzeit einer auf der kontinuierlichen Zeitachse im Zentrallager eingetroffenen Bestellung der Größe M_j des Regionallagers j:

$$P\{W_j \leq w | L_Z = \ell\}$$

$$= 1 - \frac{E\{\left[Y_j^{(\ell-w)} + M_j - s_Z\right]^+\} - E\{\left[Y_Z^{(\ell-w)} + M_j - (s_Z + q_Z)\right]^+\}}{q_Z} \qquad (D.29)$$

Zur numerischen Berechnung von (D.26) und (D.27) mit Hilfe von (D.29) greift *de Kok* auf verschiedene weitere Approximationen zurück, die hier nicht im Detail dargestellt werden können. Dabei werden wieder alle in den Berechnungen auftretenden Zufallsvariablen als kontinuierlich und gemischt Erlang-verteilt angenommen. Dies gilt insbesondere auch für die Summe aus dem Defizit U_j und der Nachfragemenge in der stochastischen **Wiederbeschaffungszeit** L_j eines Regionallagers, $Y_j^{(L_j)}$, die in (D.30) zur Bestimmung des β-Servicegrades für einen gegebenen Bestellpunkt s_j verwendet wird.

$$\beta_j = 1 - \frac{E\{\left[Y_j^{(L_j)} + U_j - s_j\right]^+\} - E\{\left[Y_j^{(L_j)} + U_j - (s_j + q_j)\right]^+\}}{q_j} \qquad (D.30)$$

Die Wiederbeschaffungszeit des Regionallagers j, L_j, setzt sich zusammen aus der stochastischen Wartezeit W_j im Zentrallager und einer Transport- bzw. Handlingzeit L_j^T, die ebenfalls als kontinuierliche Zufallsvariable modelliert wird.

Kiesmüller, de Kok, Smits und Laarhoven haben die vorgeschlagenen Approximationen mit Hilfe eines Simulationsexperimentes überprüft und festgestellt, daß insbesondere die β-Servicegrade der Regionallager sehr gut abgeschätzt werden. Die Approximation des β-Servicegrades des Zentrallagers dagegen weicht in einigen Fällen beträchtlich von den Simulationsergebnissen ab. Dies ist vermutlich darauf zurückzuführen, daß die Nachfragemenge im Zentrallager als gemischt Erlang-verteilte kontinuierliche Variable modelliert wird, während sie in der Realität aufgrund der gegebenen Bestellmengen der Regionallager eine diskrete Zufallsvariable ist, deren Form sich aus den Unterschieden der Regionallager-Bestellmengen ergibt.

Das vorgeschlagene Konzept ist zwar realitätsnäher als das Modell von *Deuermeyer und Schwarz* und alle mathematisch eleganten Ansätze, die auf Poisson-verteilten Auftragsankünften basieren. Allerdings ist zu bezweifeln, ob die Beschreibung der Auftragsankunftsprozesse – nicht nur in den Regionallagern, sondern auch im Zentrallager – auf einer kontinuierlichen Zeitachse die Realität einer Supply Chain ausreichend genau trifft. Denn gerade in einer Supply Chain greifen mehrere unterschiedliche Prozeßtypen ineinander, vor allem Auftragsabwicklungsprozesse, Materialhandhabungsprozesse und Transportprozesse. Jeder dieser Prozesse trägt zu einer **Diskretisierung der Zeitachse** bei, deren Einfluß auf die Höhe der Sicherheitsbestände wir bereits mehrfach angesprochen haben. Eine kontinuierliche Betrachtung der Zeit gibt die tatsächliche Abfolge der Vorgänge in der Supply Chain oft nur unzureichend wieder. Diese Vermutung wird auch durch ein numerisches Experiment von *Kiesmüller, de Kok, Smits und Laarhoven* bestätigt, in dem das vorgeschlagene Konzept auf ein dreistufiges Distributionssystem angewandt wurde.

D.3.1.3   Allgemein verteilte Nachfrage in diskreter Zeit, nicht-identische Regionallager

In der betrieblichen Praxis findet man oft logistische Prozesse, die durch eine **diskrete Zeitachse** geprägt sind. So werden Auftragseingänge bestenfalls **täglich** erfaßt und – mit ihrem Datum versehen – in einer Datenbank als Basis für die Prognose gespeichert. Auch die Lagerüberwachung und die daraus resultierenden Aktionen finden in einem diskreten Zeitraster statt. Diese Sicht der Zeitachse, von der wir im Folgenden ausgehen wollen, bildet auch die Grundlage der deterministischen Modelle zur dynamischen Losgrößenplanung.[41]

Da man im Prinzip jeden liefernden Knoten als Lager- oder als Produktionsknoten modellieren kann und da in beiden Fällen die Möglichkeit einer weiteren Differenzierung besteht, erhält man eine große Anzahl unterschiedlicher Typen von Supply Chains, die sich durch die spezifischen Eigenschaften ihrer Knoten unterscheiden. Eine Variante eines zweistufigen Distributionssystems haben wir bereits in Abschnitt D.3.1 zur Erläuterung des Optimierungsproblems betrachtet. Selbst wenn vereinfachend angenommen wird, daß alle Knoten einer Stufe, z. B. alle Regionallager, immer dieselbe Lagerpolitik – möglicherweise mit unterschiedlichen Parametern – verwenden, erhält man bereits eine große Anzahl von Supply-Chain-Varianten. Die Zahl der Kombinationen vervielfacht sich, wenn man auch die Möglichkeit betrachtet, daß die Lagerpolitiken in den einzelnen Regionallagern unterschiedlich sein können. Darüberhinaus erhält man weitere Systemvarianten, wenn man als Lieferknoten nicht ein Zentrallager, sondern einen Produktionsknoten betrachtet, der z. B. durch ein $GI/G/1$-Warteschlangenmodell in diskreter Zeit[42] modelliert werden kann.

Auch bei der Analyse einer mehrstufigen Lagerpolitik mit diskreter Periodeneinteilung kann man dem bewährten Dekompositionskonzept folgen. Zunächst charakterisiert man die **Periodennachfrage im Zentrallager**. Anschließend leitet man die Wahrscheinlich-

---

41   vgl. *Tempelmeier* (2017), Kapitel C
42   siehe Abschnitt C.6, S. 234

keitsverteilung der **Lieferzeit des Zentrallagers** ab und verwendet diese als Bestandteil der Wiederbeschaffungszeiten der Regionallager bei der Berechnung der **Bestellpunkte** bzw. **Bestellniveaus**. Im Folgenden gehen wir jeweils davon aus, daß die Bestellmengen bzw. die Überwachungszyklen bereits festgelegt worden sind.

Aufgrund der Zerlegung der Zeitachse in diskrete Perioden wird es nun häufig vorkommen, daß sich die Periodennachfragemenge im Zentrallager aus mehreren Regionallager-Bestellungen zusammensetzt. In diesem Fall sind **Teillieferungen** der Periodennachfragemengen und deren Auswirkungen auf die Lieferzeitverteilung zu berücksichtigen. Wenn in einer Periode Bestellungen aus mehreren Regionallagern im Zentrallager eintreffen, werden häufig einige dieser Bestellungen noch ausgeliefert, während andere als Rückstandsaufträge im Zentrallager warten müssen.

Für die (s, q)-Politik (bzw. (r, s, q)-Politik) und die (r, S)-Politik liegen Vorschläge zur Approximation der Lieferzeitverteilung unter Berücksichtigung von Teillieferungen vor.[43] Für die Base-Stock- bzw. $(1, S)$-Politik wurde in Abschnitt C.2.4 ein exaktes Verfahren dargestellt, das mit einer Modifikation auch auf die hier betrachtete Situation angewandt werden kann.

Im Folgenden werden einige ausgewählte Supply Chains analysiert. Zu ihrer Charakterisierung verwenden wir eine Graphik, durch die sowohl die Systemstruktur als auch die Eigenschaften der einzelnen Knoten zum Ausdruck kommen. Dabei steht „L:" für Lagerknoten, „P:" für Produktionsknoten, „A/B/C" für ein Warteschlangensystem und „∞" für einen Produktionsknoten mit unbeschränkter Kapazität.

- **Supply Chain I**

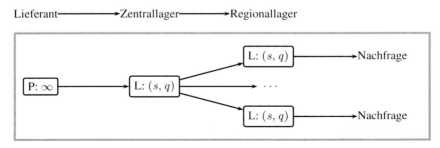

Bild D.9: Supply Chain I

Es werden J nicht-identische Regionallager betrachtet. Jedes Regionallager versorgt eine Menge von Kunden, deren Aufträge sich zu einer zufälligen Periodennachfragemenge

---

43 vgl. *Tempelmeier* (1985, 2000); *Fischer* (2008); *Tempelmeier und Fischer* (2010)

summieren. Für die Periodennachfragemengen können beliebige Wahrscheinlichkeitsverteilungen angenommen werden. Jedes Regionallager verfolgt eine (s, q)-Politik unter Berücksichtigung eines β-Servicegrades. Die Größen s_j, q_j und β_j können für jedes Lager unterschiedlich sein ($j = 1, 2, \ldots, J$). Die Regionallager werden aus einem Zentrallager Z versorgt, das ebenfalls eine (s, q)-Politik anwendet und dessen Wiederbeschaffungszeit L_Z beträgt. L_Z ist die Lieferzeit eines externen Lieferanten, der über unbeschränkte Kapazität verfügt.

Unter diesen Annahmen kann man in ähnlicher Weise wie von *de Kok* vorgeschlagen[44] vorgehen. Zunächst leitet man den Nachfrageprozeß im Zentrallager aus den Eigenschaften der Bestellprozesse in den Regionallagern ab. Anschließend bestimmt man die Wahrscheinlichkeitsverteilung der lagerbedingten Lieferzeit W_Z im Zentrallager für gegebene Werte s_Z und q_Z. Schließlich verwendet man W_Z – evtl. verlängert um eine Auftragsabwicklung- und Transportzeit – als diskrete stochastische Wiederbeschaffungszeit eines Regionallagers j, dessen Bestellpunkt s_j bei gegebenem Wert von q_j im Hinblick auf den angestrebten Servicegrad β_j festgelegt wird ($j = 1, 2, \ldots, J$).

Nachfrageprozeß im Zentrallager. Die Periodennachfragemenge im Zentrallager ist das Ergebnis der Bestellprozesse in den Regionallagern. Wir nehmen vereinfachend an, alle Regionallager-Bestellmengen seien identisch gleich $q_j = q$ ($j = 1, 2, \ldots, J$).[45] In diesem Fall ist die Periodennachfragemenge im Zentrallager gleich der Anzahl eintreffender Regionallager-Bestellungen multipliziert mit der Bestellmenge q. Sind die Regionallager-Bestellmengen ausreichend groß, dann kann die Zufallsvariable „Anzahl im Zentrallager eintreffender Bestellungen pro Periode" durch eine **Poisson-Verteilung** mit der Ankunftsrate

$$\lambda_Z = \frac{1}{q} \cdot \sum_{j=1}^{J} E\{D_j\} \tag{D.31}$$

approximiert werden.

Anzahl Regionallager-Bestellungen	Poisson-Verteilung	Simulation
0	0.7788	0.7739
1	0.1947	0.2050
2	0.0243	0.0211
3	0.0020	0.0000
4	0.0001	0.0000

Tabelle D.8: Auftragseingang im Zentrallager

---

44   siehe Abschnitt D.3.1.2
45   Zur Berücksichtigung unterschiedlicher Bestellmengen der Regionallager vgl. *Tempelmeier* (1985).

Zur Veranschaulichung betrachten wir z. B. $J = 5$ Regionallager mit **normalverteilten** Periodennachfragemengen und den Mittelwerten $\mu_1 = 8$, $\mu_2 = 12$, $\mu_3 = 10$, $\mu_4 = 15$, $\mu_5 = 5$ sowie Variationskoeffizienten von jeweils 0.4 und einheitlichen Bestellmengen $q_j = 200$ $(j = 1, 2, \ldots, 5)$. In Tabelle D.8 werden die theoretischen Werte für $\lambda_Z = \frac{50}{200} = 0.25$ mit Simulationsergebnissen verglichen.

	$s_Z = q_j = 100$	
w	$P\{W = w\}$ (approx.)	$P\{W = w\}$ (simul.)
0	0.8551	0.8598
1	0.0547	0.0501
2	0.0434	0.0406
3	0.0296	0.0304
4	0.0146	0.0161
5	0.0027	0.0029
	$s_Z = q_j = 200$	
w	$P\{W = w\}$ (approx.)	$P\{W = w\}$ (simul.)
0	0.9396	0.9189
1	0.0258	0.0309
2	0.0182	0.0235
3	0.0109	0.0169
4	0.0047	0.0086
5	0.0008	0.0013

Tabelle D.9: Lagerbedingte Lieferzeit des Zentrallagers (normalverteilte Nachfrage)

Lagerbedingte Lieferzeit des Zentrallagers. Ist der Nachfrageprozeß im Zentrallager charakterisiert, dann kann für einen vorgegebenen Bestellpunkt s_Z die Wahrscheinlichkeitsverteilung der lagerbedingten Lieferzeit des Zentrallagers berechnet werden. Hierzu eignet sich das von *Tempelmeier*[46] vorgeschlagene Approximationsverfahren. Im Beispiel erhalten wir für den Fall einer deterministischen Wiederbeschaffungszeit des Zentrallagers, $L_Z = 4$, und einer Zentrallager-Bestellmenge $q_Z = 600$ sowie für unterschiedliche Bestellpunkte s_Z und Regionallager-Bestellmengen q_j die in Tabelle D.9 wiedergegebenen Lieferzeitverteilungen.

Verschiedene Simulationsexperimente, z. B. mit Gamma-verteilten Nachfragemengen, haben gezeigt, daß die Approximation der lagerbedingten Lieferzeit des Zentrallagers weitgehend unbeeinflußt von der Form der Wahrscheinlichkeitsverteilung der Periodennachfragemengen in den Regionallagern ist.

Regionallager-Bestellpunkte. Erhöht man die lagerbedingte Lieferzeit des Zentralla-

---

46 vgl. *Tempelmeier* (1985)

gers um eine evtl. zu berücksichtigende Auftragsabwicklungs- und Transportzeit, dann erhält man die **Wiederbeschaffungszeit eines Regionallagers**. Zur Bestimmung des Bestellpunkts in einem Regionallager j, mit dem ein Servicegrad β_j erreicht werden kann, bieten sich die in Abschnitt C.1.1 dargestellten Methoden an, wobei diese für den Fall diskreter stochastischer Wiederbeschaffungszeiten angepaßt werden müssen. Für das Regionallager 3 ($\mu_3 = 10, \sigma_3 = 4$) erhält man bei Gültigkeit der im oberen Teil der Tabelle angegebenen Lieferzeitverteilung z. B. für $s_3 = 20$ und eine deterministische Transportzeit von zwei Perioden einen erwarteten Servicegrad von $\beta_3 = 0.9525$.

• **Supply Chain II**

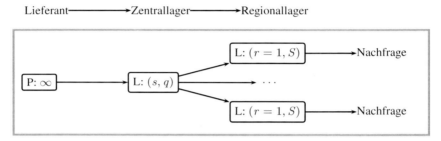

Bild D.10: Supply Chain II

Die Analyse des betrachteten zweistufigen Lagersystems, insbes. die Charakterisierung der Periodennachfragemenge im Zentrallager, vereinfacht sich, wenn jedes Regionallager eine ($r = 1, S$)-Politik (Base-Stock-Politik) verfolgt, wenn also am Ende jeder Periode eine Bestellung in Höhe der aktuell aufgetretenen Periodennachfrage an das Zentrallager gerichtet wird. In diesem Fall ist die Periodennachfragemenge im Zentrallager die Summe der Periodennachfragemengen aller Regionallager. Dadurch kann auf die Approximation des Nachfrageprozesses durch eine Poisson-Verteilung verzichtet werden. Im obigen Beispiel mit normalverteilten Periodennachfragemengen in den Regionallagern erhält man dann eine mit den Parametern

$$\mu_Z = 8 + 12 + 10 + 15 + 5 = 50$$

und

$$\sigma_Z = \sqrt{(0.4 \cdot 8)^2 + (0.4 \cdot 12)^2 + (0.4 \cdot 10)^2 + (0.4 \cdot 15)^2 + (0.4 \cdot 5)^2} = 9.45$$

normalverteilte Periodennachfragemenge im Zentrallager. Falls die Nachfragemengen in den Regionallagern nicht normalverteilt sind, kann man die Periodennachfragemenge im Zentrallager gemäß dem zentralen Grenzwertsatz durch eine Normalverteilung approximieren.

Wir betrachten wieder ein Beispiel mit $J = 5$ Regionallagern, in denen die Perioden-nachfragemengen mit den Mittelwerten $\mu_1 = 8$, $\mu_2 = 12$, $\mu_3 = 10$, $\mu_4 = 15$, $\mu_5 = 5$ sowie Variationskoeffizienten von jeweils 0.4 **Gamma-verteilt** sind. Es wird einheitlich ein Servicegrad $\beta_j = 0.95$ ($j = 1, 2, \ldots, 5$) angestrebt. Zu der lagerbedingten Liefer-zeit kommt in jedem Regionallager eine Handling- und Transportzeit in Höhe von vier Perioden hinzu. Im Zentrallager wird eine (s, q)-Politik und in den Regionallagern eine Base-Stock-Politik eingesetzt. Die Wiederbeschaffungszeit des Zentrallagers möge de-terministisch $L_Z = 5$ betragen. Für einen Bestellpunkt $s_Z = 94$ sowie eine Bestellmenge $q_Z = 600$ ergibt sich dann die in Tabelle D.10 wiedergegebene Lieferzeitverteilung.[47] Tabelle D.11 enthält die resultierenden Bestellniveaus (aufgerundete Werte) und die in einer Simulation erreichten Servicegrade in den Regionallagern.

w	$P\{W = w\}$ (approx.)	$P\{W = w\}$ (simul.)
0	0.7000	0.7014
1	0.0833	0.0803
2	0.0833	0.0803
3	0.0809	0.0800
4	0.0458	0.0536
5	0.0067	0.0043

Tabelle D.10: Wahrscheinlichkeitsverteilung der lagerbedingten Lieferzeit des Zentrallagers $(s_Z = 94, q_Z = 600)$

j	1	2	3	4	5
S_j	77	114	96	143	48
β_j	0.9553	0.9504	0.9542	0.9523	0.9556

Tabelle D.11: Regionallager-Bestellpunkte und Servicegrade

- **Supply Chain III**

Verfolgt auch das Zentrallager eine Base-Stock-Politik, dann kann zur Bestimmung der Wahrscheinlichkeitsverteilung der Lieferzeit auf das Verfahren von *Tempelmeier und Fischer*[48] zurückgegriffen werden. Wir ändern das Beispiel zur Supply Chain II insofern, als wir nun annehmen, daß im Zentrallager ebenso wie in den Regionallagern eine Base-Stock-Politik in diskreter Zeit eingesetzt wird.

---

47 vgl. *Tempelmeier* (1985); *Tempelmeier und Fischer* (2010)

48 vgl. *Tempelmeier und Fischer* (2018)

Lieferant ————————→ Zentrallager ———————→ Regionallager

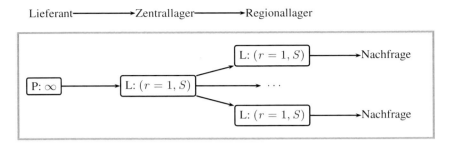

Bild D.11: Supply Chain III

Geht man zunächst davon aus, daß das Bestellniveau im Zentrallager so hoch ist, daß es niemals zu Fehlmengen kommt (d. h. $P\{W = 0\} = 1.0$), dann können die einzelnen Regionallager als unabhängig voneinander operierende Knoten in dem Logistiksystem behandelt werden. Der Risikozeitraum eines Regionallagers ist dann gleich der Summe aus der Überwachungsperiode im Zentrallager (1 Periode), der Transportzeit (4 Perioden) und der Überwachungsperiode im Regionallager (1 Periode). Strebt man in jedem Regionallager einen β-Servicegrad von 95% an, dann werden die in Tabelle D.12 angegebenen Bestellniveaus (aufgerundete Werte) benötigt.[49] Die mit einem Simulationsmodell ermittelten β-Servicegrade sind ebenfalls angegeben.

j	1	2	3	4	5
S_j	59	88	73	110	37
β_j (berechnet)	0.9568	0.9535	0.9506	0.9535	0.9587
β_j (simuliert)	0.9573	0.9540	0.9508	0.9544	0.9591

Tabelle D.12: Regionallager-Bestellniveaus und Servicegrade bei $P\{W = 0\} = 1.0$

Verwendet man nun im Zentrallager das Bestellniveau $S_Z = 300$, dann erhält man die in Tabelle D.13 angegebene Wahrscheinlichkeitsverteilung der Lieferzeit.

w	$P\{W = w\}$ (berechnet)	$P\{W = w\}$ (simuliert)
0	0.8166	0.8184
1	0.1821	0.1795
2	0.0013	0.0021

Tabelle D.13: Wahrscheinlichkeitsverteilung der lagerbedingten Lieferzeit des Zentrallagers

---

49 Für die Periodennachfragen wurde eine Gamma-Verteilung mit den oben angegebenen Mittelwerten und Variationskoeffizienten angenommen.

Mit dieser Wahrscheinlichkeitsverteilung der Lieferzeit kann nun für jedes Regionallager der Bestellpunkt errechnet werden. Man erhält dann die in Tabelle D.14 angegebenen Bestellniveaus (aufgerundete Werte). Die Tabelle zeigt auch die in einem Simulationsexperiment erreichten Servicegrade, die wegen der Aufrundung der Bestellniveaus geringfügig über dem angestrebten Wert von 0.95 liegen.

j	1	2	3	4	5
S_j	61	91	76	114	38
β_j (simuliert)	0.9578	0.9537	0.9555	0.9591	0.9607

Tabelle D.14: Regionallager-Bestellniveaus und Servicegrade

- **Supply Chain IV**

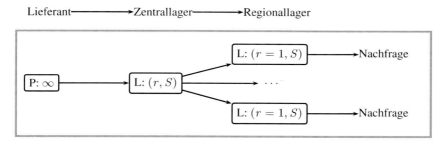

Bild D.12: Supply Chain IV

Schließlich kann das dargestellte Konzept zur Analyse eines zweistufigen Lagersystems in diskreter Zeit auch dann eingesetzt werden, wenn im Zentrallager eine (r, S)-Politik[50] verfolgt wird. In diesem Fall kann die Wahrscheinlichkeitsverteilung der lagerbedingten Lieferzeit mit dem in *Tempelmeier*[51] beschriebenen Approximationsverfahren bestimmt werden.

Für das obige Beispiel ergibt sich für $r_Z = 12$ und $S_Z = 700$ die in Tabelle D.15 angegebene Lieferzeitverteilung. Daraus resultieren dann die in Tabelle D.16 angegebenen Bestellniveaus der Regionallager. Die Tabelle enthält auch wieder die in einer Simulation realisierten Servicegrade.

---

50 siehe Abschnitt C.1.2

51 vgl. *Tempelmeier* (2000). Man kann hier auch das Verfahren von *Tempelmeier und Fischer* (2018) einsetzen.

w	$P\{W = w\}$ (approx.)	$P\{W = w\}$ (simul.)
0	0.7513	0.7475
1	0.0832	0.0819
2	0.0801	0.0803
3	0.0594	0.0638
4	0.0234	0.0239
5	0.0026	0.0026

Tabelle D.15: Wahrscheinlichkeitsverteilung der lagerbedingten Lieferzeit des Zentrallagers $(r_Z = 12, S_Z = 700)$

j	1	2	3	4	5
S_j	73	108	90	135	46
β_j	0.9566	0.9581	0.9503	0.9547	0.9604

Tabelle D.16: Regionallager-Bestellniveaus und Servicegrade

- **Supply Chain V**

Lieferant⟶Zentrallager⟶Regionallager

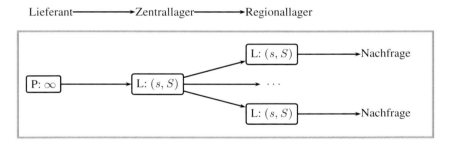

Bild D.13: Supply Chain V

Schneider, Rinks und Kelle[52]. betrachten eine zweistufige Supply Chain, in der in allen Knoten (s, S)-Politiken verfolgt werden. Sie leiten aus dem (internen) α-Servicegrad des Zentrallagers den Erwartungswert und die Varianz der stochastischen lagerbedingten Lieferzeit ab und setzen diese zur Bestimmung der Parameter der Nachfragemenge in der Wiederbeschaffungszeit der Regionallager ein.

---

52   vgl. *Schneider et al.* (1995)

- **Supply Chain VI**

Lieferant————————▶Zentrallager————————▶Regionallager

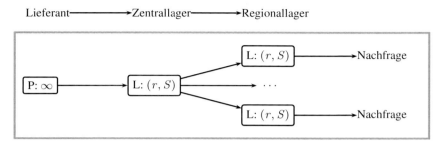

Bild D.14: Supply Chain VI

Tüshaus und Wahl[53] analysieren eine Supply Chain, in der alle Lagerknoten (r, S)-Politiken verfolgen. Die Nachfragen treffen auf einer diskreten Zeitachse in den Regionallagern ein. Zwischen den Bestellzyklen r_k der Regionallager und dem Bestellzyklus r_Z des Zentrallagers bestehen konstante ganzzahlige Verhältnisse $m_k = \frac{r_Z}{r_k}$ $(k = 1, 2, \ldots, K)$.[54] Ist der Bestellzyklus des Zentrallagers gegeben, dann ermöglicht dies eine genaue periodenspezifische Charakterisierung der im Zentrallager eintreffenden Regionallager-Bestellungen, aus denen ja die vom Zentrallager zu deckende Nachfrage resultiert.

Für die Bestimmung des mittleren physischen Lagerbestands und des Fehlbestands in einem Regionallager (als Funktion der Bestellniveaus im Zentrallager, S_Z, und in den Regionallagern, S_k) greifen *Tüshaus und Wahl* auf den Umstand zurück, daß in einem Bestellzyklus des Zentrallagers m_k Bestellzyklen des Regionallagers k liegen, die man zeitlich innerhalb des Bestellzyklus des Zentrallagers genau positionieren kann. Da die Zeitachse diskret ist, werden der physische Lagerbestand und der Fehlbestand im Zentrallager in gleicher Weise, wie dies auch in Abschnitt C.1.2 auf Seite 174 geschehen ist, periodenbezogen charakterisiert.[55] Aus der periodenspezifischen Entwicklung des Fehlbestands im Zentrallager werden dann nach Little's Gesetz periodenabhängige mittlere Wartezeiten der Regionallager-Bestellungen approximiert und bei der Berechnung der Kenngrößen der Regionallager berücksichtigt.

Anhand von Simulationsergebnissen konnten die Autoren nachweisen, daß die interessierenden Kenngrößen der betrachteten Supply Chain mit dem vorgeschlagenen Ansatz gut abgeschätzt werden können. Dies ist wohl vor allem auf die Diskretisierung der Zeitachse und die Möglichkeit der zeitlichen Positionierung der kritischen Ereignisse

---

53 vgl. *Tüshaus und Wahl* (1998); *Wahl* (1999)
54 vgl. auch Abschnitt D.4.2 dieser Arbeit
55 siehe die Gleichungen (C.58) und (C.60)

zurückzuführen. *Tüshaus und Wahl* schlagen auch vor, die Bedeutung eines Knotens für die Performance einer Supply-Chain durch eine Kennziffer zu beschreiben, die den Anteil der lagerbedingten Wartezeit an der gesamten Lieferzeit des Knotens zum Ausdruck bringt.

D.3.1.4   Allgemein verteilte Nachfrage in diskreter Zeit, nicht-identische Regionallager, Kundenklassen

Bislang wurde angenommen, daß das Zentrallager nur die Regionallager beliefert. Vor allem Großkunden werden oft aber nicht durch ein Regionallager, sondern direkt durch das Zentrallager beliefert. Bild D.15 zeigt ein solches Lagersystem.

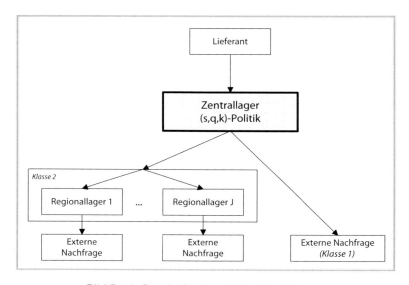

Bild D.15: Supply Chain mit Direktbelieferung

In dieser Situation, für die sich leicht Beispiele aus der betrieblichen Praxis nennen lassen, kann man in dem Zentrallager zwei Kundenklassen unterscheiden. Die direkt belieferten externen Kunden bilden die Kundenklasse 1 mit hohen Serviceanforderungen. So wird in einem Unternehmen für diese Kundenklasse ein β-Servicegrad von 98% angestrebt. Dagegen können die Regionallager der Kundenklasse 2 zugeordnet werden. Falls es kostengünstig ist, können diese mit langen lagerbedingten Lieferzeiten beliefert werden, da sie ja die Möglichkeit haben, sich gegen lange Wiederbeschaffungszeiten durch eine entsprechende Erhöhung ihrer Sicherheitsbestände abzusichern. In dem oben genannten Unternehmen wird diese Kundenklasse mit einem β-Servicegrad von 80% (und entsprechend langen Lieferzeiten) versorgt.

Liegen die Bestandsverantwortungen für das Zentrallager und die Regionallager bei demselben Entscheidungsträger, dann entsteht auch hier das Optimierungsproblem der Allokation des Sicherheitsbestands auf die verschiedenen Lagerstufen. Dieses Optimierungsproblem kann formal wie folgt beschrieben werden. Wir bezeichnen mit u die Zentrallagerstufe und mit d die Regionallagerstufe. Im Zentrallager wird eine (s_u, q_u, k_u)-Politik für zwei Kundenklassen eingesetzt, d. h. eine Bestellpunkt-Bestellmengen-Politik mit einem reservierten Bestand. In den Regionallagern (Kundenklasse 2) möge eine Base-Stock-Politik zum Einsatz kommen. Weiterhin seien h_i und I_i^p ($i\in\{u, d\}$) der Lagerkostensatz bzw. der durchschnittliche physische Lagerbestand der Lagerstufe i. Für die Endkunden der Regionallager wird ein Servicegrad $\hat{\beta}_d$ und für die Kundenklasse 1 des Zentrallagers wird ein Servicegrad $\hat{\beta}_1$ angestrebt. Die Funktion $\mathcal{L}_d(s_u, k_u)$ beschreibt die Abhängigkeit der Wiederbeschaffungszeit der Lagerstufe d von dem Bestellpunkt s_u und dem reservierten Bestand k_u im Zentrallager. Das Optimierungsproblem kann dann wie folgt formuliert werden:

Modell MLSSAP$_{CC}$[56]

Minimiere $C = h_u \cdot I_u^p(s_u, k_u) + h_d \cdot I_d^p[\mathcal{L}_d(s_u, k_u)]$ $\qquad$ (D.32)

u. B. d. R.

$\beta_1 \geq \hat{\beta}_1$ $\qquad$ (Kundenklasse 1 des Zentrallager) $\qquad\qquad$ (D.33)

$\beta_d \geq \hat{\beta}_d$ $\qquad$ (Endkunden der Regionallager) $\qquad\qquad$ (D.34)

Da in den Regionallagern annahmegemäß eine Base-Stock-Politik verfolgt wird, hängt der physische Lagerbestand von dem Bestellniveau in einem Regionallager ab, welches wiederum durch die vom Zentrallager abhängige Wiederbeschaffungszeit $\mathcal{L}_d(s_u, k_u)$ und den angestrebten Servicegrad $\hat{\beta}_d$ determiniert wird. Eine Approximation des physischen Lagerbestands $I_u^p(s_u, k_u)$ im Zentrallager findet sich bei *Tempelmeier*[57].

Für einen gegebenen Wert des reservierten Bestand k_u im Zentrallager kann wie folgt vorgegangen werden:

1.) Charakterisiere die im Zentrallager eintreffende Nachfragemenge.

2.) Bestimme den Bestellpunkt s_u, der zur Sicherung des Servicegrades $\hat{\beta}_1$ der direkt aus dem Zentrallager belieferten Kundenklasse 1 benötigt wird. Bestimme die

---

56 MLSSAP$_{CC}$ = **M**ulti-**L**evel **S**afety **S**tock **A**llocation **P**roblem with **C**ustomer **C**lasses
57 vgl. *Tempelmeier* (2006)

Wahrscheinlichkeitsverteilung der Lieferzeit der Regionallager als Funktion von s_u und k_u.

3.) Bestimme die Parameter der Regionallager für die zuvor berechnete Wahrscheinlichkeitsverteilung der Wiederbeschaffungszeit.

Das Optimierungsproblem soll anhand eines Beispiels erläutert werden. Wir betrachten die in Bild D.15 abgebildete Supply Chain mit einem Zentrallager und mehreren Regionallagern, die jeweils Base-Stock-Politiken verfolgen und deren gesamte Periodennachfragemenge aus der Sicht des Zentrallagers mit den Parametern $\mu_2 = 50$ und $\sigma_2 = 20$ normalverteilt ist. Die Periodennachfragemenge der Kundenklasse 1 des Zentrallagers sei mit den Parametern $\mu_1 = 150$ und $\sigma_1 = 50$ ebenfalls normalverteilt. Die Bestellmenge des Zentrallagers sei $q = 1000$. Der Servicegrad der Kundenklasse 1 sei $\hat{\beta}_1 = 0.99$ und der Servicegrad der Kunden der Regionallager sei ebenfalls $\hat{\beta}_d = 0.99$. Wir betrachten fünf Fälle mit unterschiedlichen Werten des reservierten Bestands k_u im Zentrallager. Tabelle D.17 zeigt die Höhe des Bestellpunkt s_u und der lagerbedingten Lieferzeit als Funktion von k_u.

Fall	1	2	3	4	5
k_u	100	200	300	400	500
s_u	1888	1861	1829	1801	1771
w	$P\{W = w\}$	$P\{W = w\}$	$P\{W = w\}$	$P\{W = w\}$	$P\{W = w\}$
0	0.9321	0.8544	0.7522	0.6436	0.5295
1	0.0605	0.1132	0.1548	0.1725	0.1771
2	0.0073	0.0308	0.0804	0.1337	0.1658
3	0.0001	0.0016	0.0123	0.0472	0.1061
4			0.0002	0.0030	0.0211
5				0.0000	0.0004

Tabelle D.17: Parameter des Zentrallagers und Wahrscheinlichkeitsverteilungen der Lieferzeit

Berechnet man für die Regionallagerstufe die resultierenden Bestellniveaus S_d unter Beachtung eines angestrebten Servicegrades $\hat{\beta}_d = 0.99$, dann erhält man die in Tabelle D.18 gezeigte Entwicklung der physischen Lagerbestände auf beiden Lagerstufen. Neben den analytisch berechneten Werten sind zum Vergleich auch Simulationsergebnisse angegeben. Man beachte, daß in allen Fällen die zu erreichenden Servicegrade für alle Endkunden (Kunden der Regionallager und Kundenklasse 1 des Zentrallagers) eingehalten werden.

Fall	I_u^p berechnet	I_u^p simuliert	I_d^p berechnet	I_d^p simuliert
1	586.21	592.37	73.74	74.01
2	566.84	570.47	99.55	99.85
3	544.86	547.77	124.86	124.64
4	531.30	532.82	146.85	145.57
5	519.16	520.22	162.91	160.23

Tabelle D.18: Mittlere Lagerbestände

Die optimale Allokation des Lagerbestands hängt nun von dem Verhältnis der Lagerkostensätze beider Lagerstufen ab. Bild D.16 zeigt die Entwicklung der gesamten Lagerkosten für unterschiedliche Werte des reservierten Bestands k_u und des Lagerkostensatzes h_d in den Regionallagern bei gegebenem Lagerkostensatz h_u im Zentrallager.

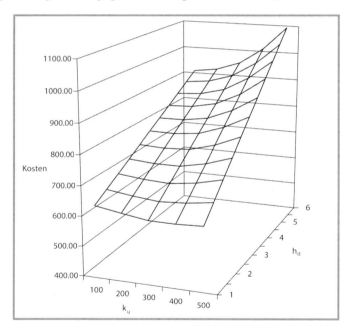

Bild D.16: Durchschnittliche Lagerkosten als Funktion des reservierten Bestands k_u und des Lagerkostensatzes h_d

Man erkennt, daß es bei hohen Lagerkosten h_d vorteilhaft ist, nur einen geringen Bestand für die Kundenklasse 1 zu reservieren ($k_u = 100$) und damit einen hohen Anteil des Risikos in den Regionallagern durch Sicherheitsbestand im Zentrallager zu absorbieren. Um eine solche zweistufige Supply Chain analysieren zu können, benötigt man ein Konzept zur Analyse eines einstufigen Lagersystems mit zwei Kundenklassen.[58]

D.3.2   Modelle für Systeme mit genereller Struktur

Zur Analyse von Supply Chains mit genereller Systemstruktur, in der Materialströme sowohl zusammenfließen als auch auseinanderfließen können, liegen nur sehr wenige Vorschläge vor. Die bekanntesten Ansätze stammen aus praktischen Anwendungen bei IBM und HP.

Cohen und Lee[59] präsentieren ein Konzept zur Analyse einer Supply Chain, in der mehrere Produktionsstandorte und Regionallager sowie mehrere Endprodukte und Materialarten berücksichtigt werden. Sie entwickeln mehrere Teilmodelle zur Abbildung der Supply Chain, und zwar ein Versorgungsmodell, ein Produktionsmodell und ein Distributionsmodell. Im **Versorgungsmodell** wird die Wiederauffüllung der Vorprodukt-Lagerbestände modelliert. Dabei wird davon ausgegangen, daß in jedem Vorproduktlager eine $(s, n \cdot q)$-Politik mit *kontinuierlicher* Lagerüberwachung eingesetzt wird, wobei allerdings von einer diskreten Zeitachse ausgegangen wird. Die Nachfrage nach Material wird als ein zusammengesetzter Poisson-Prozeß[60] modelliert. Die Höhe des Sicherheitsbestands in einem Materiallager wird durch einen internen β-Servicegrad gesteuert. Zur Bestimmung der resultierenden lagerbedingten **Wartezeit** in einem Materiallager wird nach dem Gesetz von Little[61] der mittlere Fehlbestand durch die Bedarfsrate für die betreffende Materialart dividiert. Die Wahrscheinlichkeit dafür, daß eine Nachfrage auf ein leeres Materiallager trifft, wird durch den β-Servicegrad wiedergegeben. Schließlich wird die gesamte Wartezeit, die ein aus mehreren Vorprodukten bestehendes Produkt auf Materialnachschub warten muß, durch Summation der mit den Eintrittswahrscheinlichkeiten gewichteten materialartspezifischen Wartezeiten über alle Vorprodukte approximiert.

Das **Produktionsmodell** greift auf einen warteschlangentheoretischen Ansatz zur Modellierung des Zusammenhangs zwischen Losgröße und Durchlaufzeit unter stationären Bedingungen zurück.[62] Wesentliches Ergebnis des Produktionsmodells ist die mittlere Gesamtdurchlaufzeit eines Produktionsauftrags (Rüsten, Warten auf Material, Warten auf das Freiwerden der Ressourcen, Produzieren), die als Wiederbeschaffungszeit des stromabwärts gelegenen Fertigproduktlagers dessen Sicherheitsbestand und die Lagerkosten beeinflußt.

---

58   vgl. *Tempelmeier* (2006)
59   vgl. *Cohen und Lee* (1988)
60   vgl. Abschnitt A.4.2
61   siehe auch Abschnitt C.6.2.1, S. 241
62   vgl. *Zimmermann* (1984); *Karmarkar* (1993)

Das **Distributionsmodell** schließlich erfaßt Lagerknoten für Fertigprodukte. In diesen Lagern werden (s, S)-Lagerpolitiken eingesetzt, deren Parameter u. a. von den im Produktionsmodell bestimmten Wiederbeschaffungszeiten abhängen.

Zur Bestimmung der optimalen Losgrößen und Parameter der Lagerpolitiken formulieren *Cohen und Lee* ein Optimierungsmodell, zu dessen Lösung sie ein heuristisches Lösungsverfahren vorschlagen. Die Autoren lassen die Frage offen, ob die vorgeschlagenen Approximationen eine real existierende Supply Chain tatsächlich ausreichend genau abbilden.

Lee und Billington[63] präsentieren einen Ansatz zur Analyse der Supply Chain für einen Drucker bei HP. Alle Lagerknoten arbeiten mit einer (r, S)-Politik. Die Autoren machen einen Vorschlag zur Approximation des Erwartungswertes und der Varianz der Durchlaufzeit in einem Produktionsknoten, wobei wieder durch mangelnde Lieferfähigkeit stromaufwärts gelegener Lager bedingte Verlängerungen der Durchlaufzeit in der Produktion berücksichtigt werden. Hervorzuheben ist, daß in diesem Modell zufällige (Poisson-verteilte) Produktionsstörungen berücksichtigt werden.

Ettl, Feigin, Lin und Yao[64] analysieren eine Supply Chain für Personal Computer der IBM. Diese Supply Chain besteht aus Knoten, die den gesamten Materialfluß abbilden, der sich aufgrund der Erzeugnis- und Prozeßstruktur im Zusammenhang mit der Beschaffung und der Produktion sowie der Struktur des Distributionssystems der Endprodukte ergibt. Es wird angenommen, daß in allen Knoten Base-Stock-Politiken eingesetzt werden. Die Nachfragen treten auf einer diskreten Zeitachse auf. Für die Bestimmung des Bestellniveaus S der Base-Stock-Politik eines Lagerknotens spielt die Wiederbeschaffungszeit eine wichtige Rolle. Diese zerlegen die Autoren in zwei Komponenten. Eine Komponente, die sog. „nominal lead time", ist die möglicherweise stochastische, aber exogen vorgegebene Produktions-, Handhabungs- und Transportzeit eines liefernden Knotens. Dazu kommt eine stochastische Wartezeit, die von der Höhe des Lagerbestands des liefernden Knotens abhängt.

Zur Modellierung eines Lagerknotens greifen die Autoren auf das $M^X/G/\infty$-Warteschlangenmodell zurück. In diesem Modell kommen jeweils X Aufträge gemeinsam auf einer kontinuierlichen Zeitachse mit exponentialverteilten Abständen an und werden dann einzeln verarbeitet. Wie in Abschnitt C.6.2.1 beschrieben, füllt die Produktion ein angeschlossenes Lager, wobei die Produktionsaktivitäten eingestellt werden, sobald der Lagerbestand S Einheiten enthält. Mit Hilfe der Anzahl Aufträge in der Produktion (bzw. in dem Warteschlangensystem), N, für deren Wahrscheinlichkeitsverteilung die Autoren eine Normalverteilung annehmen, wird der physische Lagerbestand und der Fehlbestand sowie der β-Servicegrad approximiert. Der β-Servicegrad wiederum bildet die Grundla-

---

63 vgl. *Lee und Billington* (1993)
64 vgl. *Ettl et al.* (2000); siehe auch *Lin et al.* (2000); *Liu et al.* (2004)

ge für die Bestimmung der mittleren Wartezeit (d. h. der lagerbedingten Lieferzeit) eines Auftrags in dem Lagerknoten, die mit der oben genannten „nominal lead time" die gesamte Lieferzeit des Knotens beschreibt. Zur Modellierung von Lagerknoten, in denen ein Produkt gelagert wird, zu dessen Herstellung mehrere Komponenten benötigt werden, die wiederum aus anderen Lagerknoten zugeliefert werden müssen, schlagen die Autoren eine Reihe weiterer Approximationen vor.

D.3.3 Abschließende Bemerkungen zu den Konzepten mit lokaler Disposition

Die meisten Ansätze zur Analyse mehrstufiger Supply Chains verfolgen eine **Dekompositionstrategie**. Dabei werden die einzelnen Knoten der Supply Chain isoliert betrachtet und analysiert. Beginnend mit den am weitesten stromabwärts gelegenen Knoten, also den Endproduktlagern, welche direkt an die Kunden liefern, werden die charakteristischen Eigenschaften des Nachfrageprozesses bestimmt, den der unmittelbar stromaufwärts gelegene Lieferknoten sieht. Eine besondere Rolle spielen dabei die verfolgten Lagerpolitiken der Abnehmerknoten. Setzen z. B. die Regionallager eine Base-Stock-Politik ein, in der die am Ende einer Periode ausgelöste Bestellung genau der in der Periode beobachteten Nachfrage entspricht,[65] dann ergeben sich die aggregierten Periodennachfragemengen im Lieferknoten, z. B. einem Zentrallager, als Summe der Periodennachfragemengen in den Regionallagern. Im einfachsten Fall kann dann die Wahrscheinlichkeitsverteilung der aggregierten Nachfrage durch Faltung der Nachfrageverteilungen in den Regionallagern ermittelt werden. Verfolgen die Regionallager (s, q)-Politiken, dann kommen als störende Einflußgrößen die Bestellmengen hinzu. In diesem Fall muß man zusätzliche Annahmen treffen. Bei der Bestimmung der Eigenschaften der Nachfrageprozesse wird die Supply Chain von den Endkunden in Richtung Lieferanten durchlaufen. Dies entspricht einer Sortierung der Supply Chain nach Dispositionsstufen.[66]

Sind die Nachfrageprozesse in allen liefernden Knoten der Supply Chain charakterisiert, dann können für jeden Knoten die Entscheidungsparameter bestimmt werden. Verfolgt ein Lagerknoten z. B. eine Base-Stock-Politik, dann ist das Bestellniveau S zu ermitteln. In diesem Verfahrensschritt wird die Supply Chain in entgegengesetzter Richtung, von den am weitesten stromaufwärts gelegenen Knoten in Richtung Endkunden, durchlaufen.

Die vorangegangenen Ausführungen sollten verdeutlicht haben, daß für die Kopplung

---

65 Diese Annahme bedeutet auch, daß in dem Regionallager kein Prognoseverfahren eingesetzt wird. Vgl. auch Abschnitt D.2.

66 vgl. *Günther und Tempelmeier* (2016)

der Knoten in der Supply Chain die Approximation der durch die mangelnde Lieferfähigkeit eines Lieferknotens verursachten **Wartezeiten** eines Abnehmerknotens eine
herausragende Rolle spielt. *Denn die Lieferzeit des Lieferknotens ist die Wiederbeschaffungszeit des Abnehmerknotens.* Lange Wiederbeschaffungszeiten, die u. U. auch noch
eine hohe Streuung aufweisen, erfordern beim Abnehmer aber einen größeren Sicherheitsbestand als kurze Wiederbeschaffungszeiten mit geringer Streuung.

Die wichtigsten Unterschiede zwischen den in der Literatur vorgeschlagenen mehrstufigen Supply-Chain-Modellen liegen wohl in der Weise, wie die von der Lagerhaltungspolitik des Lieferknotens maßgeblich beeinflußte, stochastische **Lieferzeit** abgebildet
wird. In der Literatur findet man verschiedene **Konzepte**:

- **Vollständige Vernächlässigung der Wartezeit**

  Einige Autoren vernachlässigen den stochastischen Einfluß der Wartezeit, indem sie
  die Annahme treffen, daß ein Abnehmerknoten mit einem Servicegrad von 100%,
  d. h. immer ohne eine lagerbedingte Wartezeit beliefert wird. Zur Rechtfertigung
  dieser Annahme werden verschiedene Argumente genannt. Einige Autoren gehen
  davon aus, daß es externe Lieferquellen gibt, die im Bedarfsfall die benötigten, aber
  nicht am Lager vorhandenen Mengen ohne zeitliche Verzögerung liefern.[67] Andere
  Autoren blenden die Möglichkeit, daß ein Lieferknoten erst mit Verzögerung liefert,
  aus der Betrachtung aus, weil das Management die daraus resultierenden Approxi-
  mationsfehler akzeptiert.[68]

- **Verwendung eines „internen" Servicegrades für den Lieferknoten**

  Hier wird das liefernde Lager durch Vorgabe eines angestrebten Servicegrades gesteuert. Daraus leitet man dann die Merkmale der lagerbedingten Wartezeit ab.[69]

- **Verwendung eines „internen" Fehlmengenkostensatzes für den Lieferknoten**

  Hier wird das liefernde Lager durch Vorgabe eines Fehlmengenkostensatzes gesteuert. Dieser wird im Lieferknoten eingesetzt, um den optimalen Erwartungswert der
  Fehlmenge zu bestimmen.[70]

- **Abschätzung der mittleren Wartezeit mit Little's Gesetz**

  Zahlreiche Autoren schätzen die mittlere Höhe des Fehlbestands und leiten daraus

---

67 siehe hierzu auch Abschnitt D.4.3
68 vgl. *Graves und Willems* (2000)
69 vgl. *Schneider et al.* (1995)
70 vgl. *Axsäter* (2005)

mit Hilfe von Little's Gesetz die mittlere Dauer der Wartezeit ab.[71] Bezugsgröße der Wartezeit ist dabei eine Produkteinheit.[72]

- **Abschätzung mehrerer Momente der Wartezeit**

  Wenige Autoren versuchen die Qualität der Abschätzung der Wartezeit dadurch zu verbessern, daß sie neben dem Mittelwert auch höhere Momente bestimmen.[73]

- **Approximation der Wartezeit durch eine gemischte Erlang-Verteilung**

  Eine weitere Strategie besteht darin, die Moment der Wartezeitverteilung zu schätzen und dann eine geeignete theoretische Wahrscheinlichkeitsverteilung mit diesen Momenten zu verwenden. Dies ist die Vorgehensweise von *Kiesmüller, de Kok, Smits und Laarhoven.*[74] Sie bestimmen zunächst die Momente der Wartezeitverteilung und approximieren letztere dann durch eine gemischte Erlang-Verteilung.

- **Approximation der gesamten Wahrscheinlichkeitsverteilung der Wartezeit**

  Eine weitere Möglichkeit besteht darin, die gesamte diskrete Wahrscheinlichkeitsverteilung der Wartezeit zu bestimmen und diese zur Bestimmung des Sicherheitsbestands in den Abnehmerknoten zu verwenden.[75]

Die Anwendungsmöglichkeiten dieser Konzepte zur Erfassung der lagerbedingten Lieferzeit werden sehr stark durch die charakteristischen Merkmale der betrachteten Supply Chain bestimmt.

In einem Literaturüberblick stellen *de Kok, Grob, Laumanns, Minner und Rambau*[76] fest, daß in 76% von 394 bis zum Ende des Jahres 2016 gesichteten Publikationen zur mehrstufigen Lagerhaltung eine *konstante Wiederbeschaffungszeit* aus der Sicht des empfangenden Knotens angenommen wird. Dies bedeutet in vielen Fällen, daß die durch mangelnden Lagerbestand verursachten stochastischen Lieferverzögerungen des liefernden Knoten praktisch vernachlässigt werden. Weiterhin stellt dieselbe Untersuchung fest, daß in ca. 50% aller Publikationen eine *kontinuierliche Zeitachse* der Nachfrage angenommen wird. Dies liegt vor allem daran, daß elegante mathematische Analysen – wie sie von vielen wissenschaftlichen Zeitschriften verlangt werden – oft nur bei Annahme einer Nachfrage, die in kontinuierlicher Zeit eintrifft, möglich sind.

Schließlich sei noch Folgendes angemerkt. In allen oben diskutierten Ansätzen zur mehrstufigen Optimierung von Sicherheitsbeständen werden nur die Lagerprozesse mehr oder

---

71   vgl. *Deuermeyer und Schwarz* (1981); *Ettl et al.* (2000); *Axsäter* (2003a)
72   Zur Anwendung dieser Formel siehe auch *Diks et al.* (1996).
73   vgl. *Svoronos und Zipkin* (1988)
74   vgl. *Kiesmüller et al.* (2004)
75   vgl. *Tempelmeier* (1993); *Tempelmeier* (2006); *Tempelmeier* (2013)
76   vgl. *de Kok et al.* (2018)

weniger detailliert betrachtet. Auswirkungen der anderen logistischen Teilprozesse, z. B. des Transports, auf die optimalen Sicherheitsbestände in den einzelnen Lagerknoten werden vernachlässigt. Die obigen Modelle können daher zu suboptimalen Empfehlungen über die optimale Positionierung von Sicherheitsbeständen führen. Ein interessantes Beispiel hierzu findet sich bei *Tempelmeier und Bantel*.[77]

Bevor die Praxis den sog. „Managerial Implications" folgt, die in vielen Veröffentlichungen zu finden sind, sollten die Modellannahmen daher im Hinblick auf ihre Praxisrelevanz sorgfältig überprüft werden.

Ergänzende Literatur zu Abschnitt D.3:
Beamon (1998)
Diks et al. (1996)
de Kok et al. (2018)
de Kok und Fransoo (2003)
Swaminathan und Tayur (2003)

D.4 Mehrstufige Lagerhaltungspolitiken mit zentraler Disposition

D.4.1 Das Konzept des systemweiten Lagerbestands

Wie in Abschnitt D.2 erläutert, liegt eine der Ursachen des Bullwhip-Effekts darin, daß die Dispositionsentscheidungen für stromaufwärts gelegene Stufen der Supply Chain ohne Kenntnis der aktuellen Nachfrageentwicklung getroffen werden. Denn bei lokaler Disposition wird für jeden Lagerknoten auf der Grundlage lokaler Informationen geplant. Die lokalen Nachfrageinformationen in einem Lieferknoten sind aber oft nicht aktuell. Das Informationsdefizit kann vermieden werden, wenn für jeden Knoten der Supply Chain auf der Grundlagen **systemweiter Planungsgrößen** geplant wird. Dabei wird die systemweite Betrachtung auf den Lagerbestand und die Wiederbeschaffungszeit übertragen.[78]

---

77 vgl. *Tempelmeier und Bantel* (2015)
78 vgl. *Clark und Scarf* (1960)

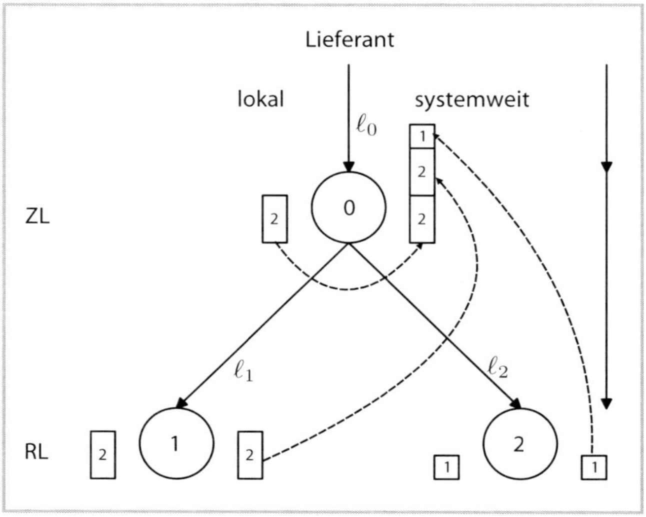

Bild D.17: Systemweite Lagerbestände

Der systemweite Lagerbestand E_{jt}[79] eines Knotens in der Supply Chain erfaßt den lokalen Lagerbestand an dem Knoten zuzüglich aller Lagermengen, die den Knoten bereits verlassen haben, aber noch nicht an die Endkunden ausgeliefert worden sind. Der systemweite disponible Lagerbestand für den Lagerknoten j am Ende der Periode t ist formal wie folgt definiert:

$$E_{jt}^d = I_{jt}^d + \sum_{k \in \mathcal{N}_j^*} I_{kt}^d \qquad\qquad j = 1, 2, ..., J;\ t = 1, 2, ..., T$$

$\llcorner$ Gesamt-Lagerbestand in allen stromabwärts gelegenen Knoten

$\llcorner$ lokaler Lagerbestand im Knoten j

(D.35)

Dabei ist $\mathcal{N}_j^*$ die Menge aller stromabwärts gelegenen Knoten der Supply Chain aus der Sicht des Knotens j. Bild D.17 illustriert das Konzept anhand eines zweistufigen Lagersystems. Die Kästen links neben den Knoten stellen die lokalen disponiblen Lagerbestände dar, während rechts die systemweiten disponiblen Lagerbestände angezeigt werden. Der systemweite disponible Lagerbestand des Zentrallagers (ZL) setzt sich also aus seinem lokalen Bestand und den Beständen in den stromabwärts gelegenen Knoten (RL 1 und RL 2) zusammen. Auf der Ebene der Regionallager (bzw. in allen Knoten, die nur an externe Nachfrager liefern) sind die lokalen und die systemweiten Größen identisch.

---

79 vgl. auch *Tempelmeier* (2017), Abschnitt C.3

Im Bild D.17 beträgt der systemweite Lagerbestand des Zentrallagers fünf Mengeneinheiten, während der lokale Lagerbestand nur zwei Mengeneinheiten umfaßt. Der lokale Lagerbestand des Zentrallagers kann auch null sein, obwohl der systemweite Bestand positiv ist. Das ist der Fall, wenn stromabwärts noch Lagerbestand vorhanden ist.

Für den Transfer vom Zentrallager zum Regionallager j wird Handling- und Transportzeit ℓ_j benötigt. Während dieser Zeit wird der Bestand bereits dem Regionallager zugerechnet (In-Transit-Bestand).

Bei der **zentralen Disposition** stellt man nun den systemweiten Lagerbestand dem kumulierten Risikozeitraum eines Knotens in der Supply Chain gegenüber. Was heißt das? Betrachten wir zwei Knoten der Supply Chain aus Bild D.17, das Regionallager 1 und das Zentrallager 0, und nehmen wir an, daß beide Lagerknoten eine Base-Stock-Politik in diskreter Zeit verfolgen. Das Zentrallager wird von einem externen Lieferanten mit der Wiederbeschaffungszeit ℓ_0 beliefert. Die Wiederbeschaffungszeit des Regionallagers, die im Wesentlichen der Auftragsabwicklungszeit im Zentrallager und der Transportzeit zwischen dem Zentrallager und dem Regionallager entspricht, beträgt ℓ_1. Da das Regionallager die letzte Stufe der Supply Chain ist, kann hier die Logik einer einstufigen Lagerpolitik mit lokaler Kontrolle verfolgt werden, wie sie in Kapitel C beschrieben wurde. Das Bestellniveau S_1 muß demnach ausreichen, um die Unsicherheit im Risikozeitraum $(1 + \ell_1)$ abzufangen. Für das Zentrallager dagegen beträgt der Risikozeitraum $(1 + \ell_0 + \ell_1)$ Perioden. Denn wenn im Zeitpunkt t eine Bestellung an den externen Lieferanten gesandt worden ist, dann steht die entsprechende Menge erst in Periode $(t + 1 + \ell_0 + \ell_1)$ zur Deckung der Nachfrage im Regionallager 1 zur Verfügung. Diesem systemweiten Risikozeitraum steht allerdings der systemweite disponible Lagerbestand gegenüber.

Bei Anwendung der zentralen Disposition wird für jeden Lagerknoten der disponible Lagerbestand auf der Grundlage der Entwicklung der externen Nachfrage (der Regionallager) aktualisiert. Zu diesem Zweck muß auch das Zentrallager ständig ohne Verzögerung aktuelle Informationen über den eingetretenen Verlauf des Nachfrage in den Regionallagern erhalten. Da der lokale und der systemweite Lagerbestand differieren können, tritt oft auch der Fall ein, daß keine Bestandsauffüllung initiiert werden muß, obwohl der lokale Lagerbestand des Zentrallagers bereits auf Null gesunken ist. Diese Situation entsteht dann, wenn in den stromabwärts gelegenen Lagern noch ausreichend Bestände vorhanden sind, mit denen das aus der Stochastik der externen Nachfrage resultierende Risiko gedeckt werden kann.

Zur Verdeutlichung der Planungslogik der zentralen Disposition betrachten wir das Zentrallager und das Regionallager 1 aus Bild D.17. Die wöchentlichen Nachfragemengen im Regionallager haben einer Normalverteilung mit $\mu = 20$ und $\sigma = 4.5$ folgend in einem Beobachtungszeitraum von fünf Wochen $\{21, 15, 23, 16, 11\}$ betragen.

t	Zentrallager 0: $s_0 = 95$				Regionallager 1: $s_1 = 51$				
	0	0	0	60	0	60	0	60	Anfangsbestand
1								21	Bedarf Periode 1
					0	39	0	39	Bestand$_1$ < s_1? Ja
					60	39	0	99	Auftrag für 1 auslösen
	0	0	0	39					Bestand$_0$ < s_0? Ja
	120	0	0	159					Auftrag für 0 auslösen
2								15	Bedarf Periode 2
					60	24	0	84	Bestand$_1$ < s_1? Nein
					60	24	0	84	keinen Auftrag auslösen
	120	0	60	144					Bestand$_0$ < s_0? Nein
	120	0	60	144					keinen Auftrag auslösen
3								23	Bedarf Periode 3
					60	1	0	61	Bestand$_1$ < s_1? Nein
					60	1	0	61	keinen Auftrag auslösen
	120	0	60	121					Bestand$_0$ < s_0? Nein
	120	0	60	121					keinen Auftrag auslösen
4								16	Bedarf Periode 4
					60	0	15	45	Bestand$_1$ < s_1? Ja
					120	0	15	105	Auftrag für 1 auslösen
									Wareneingang für 2
									Auslieferung an 1
	0	60	0	105					Bestand$_0$ < s_0? Nein
	0	60	0	105					keinen Auftrag auslösen
5								11	Bedarf Periode 5
									Wareneingang für 1
					60	34	0	94	Bestand$_1$ < s_1? Nein
					60	34	0	94	keinen Auftrag auslösen
	0	0	0	94					Bestand$_0$ < s_0? Ja
	120	0	0	214					Auftrag für 0 auslösen

Spaltenlegende (von oben nach unten):
- disponibler Lagerbestand 1
- Fehlmenge 1
- physischer Lagerbestand 1
- Bestellbestand 1
- disponibler Lagerbestand 0
- Fehlmenge 0
- physischer Lagerbestand 0
- Bestellbestand 0

Erläuterung der Tabelle:

Zeile 1: Lagerbestand vor der Bestandsüberwachung im Regionallager, nach Abbuchung der Endproduktbedarfsmenge.

Zeile 2: Lagerbestand nach der Bestandsüberwachung und eventueller Auftragsauslösung im Regionallager. Mit der Produktion soll zu Beginn der nächsten Periode begonnen werden. Der Lagerbestand im Zentrallager bleibt unverändert.

Zeile 3: Lagerbestand vor der Bestandsüberwachung im Zentrallager.

Zeile 4: Lagerbestand nach der Bestandsüberwachung und eventueller Auftragsauslösung im Zentrallager.

Tabelle D.19: Zweistufige Supply Chain mit zentraler Disposition

Die Wiederbeschaffungszeit des Regionallagers (im Zentrallager, falls dieses lieferfähig ist) ist $\ell_1 = 1$ und die Wiederbeschaffungszeit des Zentrallagers ist $\ell_0 = 2$. Für beide Lagerknoten wird eine (s, q)-Lagerhaltungspolitik verfolgt, d. h. es wird am Ende jeder Woche der disponible Lagerbestand mit dem Bestellpunkt s verglichen (periodische Überwachung; $r = 1$). Dabei werden die disponiblen Bestände in beiden Lagern unmittelbar nach der Auslieferung der Nachfrage an die Endkunden (also praktisch simultan) und vor der Entscheidung über die Auslösung einer Lagerbestellung ermittelt. Ist der Bestellpunkt des Regionallagers ($s_1 = 51$) erreicht, dann wird eine Bestellung der Höhe $q_1 = 60$ an das Zentrallager geschickt. Für das Zentrallager beträgt der Bestellpunkt $s_0 = 95$ und die Bestellmenge $q_0 = 120$. Eine (am Periodenende) aufgegebene Lagerbestellung trifft zu Beginn der nächsten Periode im Lieferknoten (Zentrallager oder Fremdlieferant) als Nachfrage ein und führt bei dessen Lieferfähigkeit nach ℓ_0 bzw. ℓ_1 Wochen (wiederum Periodenbeginn) zu einem Wareneingang im Zentral- bzw. Regionallager. Ist das Zentrallager nicht lieferfähig, dann verstreicht zusätzlich eine lagerbedingte Lieferzeit.

Tabelle D.19 zeigt die Lagerbuchhaltung bei Anwendung der zentralen Disposition im Überblick. Es ist eine Situation dargestellt, in der sich die Wiederbeschaffungszeit des Regionallagers aufgrund bestehender Lieferunfähigkeit des Zentrallagers um eine lagerbedingte Lieferzeit erhöht.

Zu Beginn ist physischer Bestand nur im Regionallager vorhanden. Der systemweite Bestand des Zentrallagers ist die im Regionallager vorhandene Menge. Nach Überprüfung des disponiblen Lagerbestands im Regionallager (und zeitgleich im Zentrallager) am Ende der Periode 1 wird eine Lagerbestellung ausgelöst, die zu Beginn der Periode 2 im Zentrallager eintrifft und dort eine Nachfrage darstellt. Da der physische Lagerbestand im Zentrallager erschöpft ist, wird die bestellte Menge als Fehlmenge verbucht und die Belieferung des Regionallagers verzögert. Im vorliegenden Fall wurde am Ende der Periode 0 im Zentrallager versäumt, eine Bestellung an den externen Lieferanten zu richten, obwohl der systemweite disponible Lagerbestand mit 60 Mengeneinheiten den (systemweiten) Bestellpunkt $s_2 = 95$ bereits unterschritten hatte. Die am Ende der Periode 1 ausgelöste Bestellung des Zentrallagers führt erst zu Beginn der Periode 4 zu einem Wareneingang, sodaß die wartende Bestellung aus dem Regionallager 1 (aus Periode 1) erst in dieser Periode ausgeliefert werden kann.

Nach einer Handling- und Transportzeit von $\ell_1 = 1$ trifft die bestellte Menge im Regionallager ein. Der beschriebene Ablauf hat zu einer lagerbedingten Lieferzeit von 2 Perioden geführt.

Wie man erkennt, wird der systemweite disponible Lagerbestand des Zentrallagers gleichzeitig mit dem disponiblen Lagerbestand des Regionallagers aktualisiert. Bei der Entscheidung über die Auslösung einer Bestellung beim Lieferanten kann damit bereits die aktuelle Nachfragemenge (insb. deren Abweichung von der prognostizierten Menge) berücksichtigt werden.

Der **Vorteil** der systemweiten Betrachtung des disponiblen Lagerbestands liegt darin, daß im Zentrallager Entscheidungen zur Vorratsergänzung auf der Grundlage der aktuellen Entwicklung der Nachfrage in dem Regionallager **ohne zeitliche Verzögerung** getroffen werden. Außerdem werden im Fall der Zusammenfassung von mehreren Periodenbedarfen zu einem Auftrag die Bedarfsschwankungen nicht kumuliert, was eine höhere Variabilität der vom Zentrallager beobachteten Nachfrage zur Folge hätte, sondern einzeln an alle stromaufwärts gelegenen Lagerstufen gemeldet. Diese schnelle und unverzerrte Informationsweitergabe kann beträchtliche Auswirkungen auf die Höhe des zur Aufrechterhaltung eines angestrebten Servicegrades notwendigen Lagerbestands haben.

Zur Quantifizierung der positiven Effekte der zentralen Disposition betrachten wir das Beispiel aus Tabelle D.19 mit einem Zentrallager und einem Regionallager.

Wir nehmen an, daß in beiden Lagern eine **Base-Stock-Politik** in diskreter Zeit verfolgt wird. Das heißt, für jedes Lager wird am Ende jeder Periode ein Auftrag ausgelöst, der den disponiblen Lagerbestand wieder auf das Niveau S anhebt. Für das Regionallager soll ein α_{Per}-Servicegrad[80] von 90% erreicht werden. Die deterministischen Wiederbeschaffungszeiten sind $\ell_0 = 2$ und $\ell_1 = 1$.

Lokale Disposition. Zum Vergleich sei zunächst angenommen, daß beide Lagerstufen lokal disponiert werden. Für die betrachtete Base-Stock-Politik beträgt der periodenspezifische α-Servicegrad:

$$\alpha = P\{Y \leq S\} = \Phi_N\left(\frac{S - \mu_Y}{\sigma_Y}\right) \tag{D.36}$$

Dabei ist Y die Nachfragemenge in der Wiederbeschaffungszeit des Regionallagers. Diese setzt sich aus der deterministischen Handling- und Transportzeit ℓ sowie der stochastischen Wartezeit W zusammen. Letztere tritt immer dann auf, wenn das Zentrallager lieferunfähig ist. Um allerdings den Problemen der Bestimmung von W aus dem Wege zu gehen, verwenden wir für das Zentrallager einen sehr hohen α-Servicegrad von 99%. Dadurch wird $E\{W\} \approx 0$ und es bleibt nur noch die deterministische Handling- und Transportzeit ℓ zu berücksichtigen. Die Sicherheitsfaktoren für beide Lager sind dann $v(\alpha_0 = 0.99) = 2.33$ und $v(\alpha_1 = 0.90) = 1.28$. Damit betragen die Bestellniveaus beider Lager bei **lokaler Kontrolle**:

---

80   Siehe Abschnitt A.4.3.1.1. Im Folgenden schreiben wir vereinfachend α.

$$S_0^l = \underbrace{3 \cdot 20}_{} + 2.33 \cdot \underbrace{\sqrt{3 \cdot 4.5^2}}_{} = 60 + 2.33 \cdot 7.79 = 78.15$$

$\quad$ └ Standardabweichung der Nachfragemenge im Zeitraum $(\ell_0 + 1)$

$\quad$ └ Sicherheitsfaktor $v(99\%)$ $\hspace{4cm}$ (D.37)

$\quad$ └ Erwartungswert der Nachfragemenge im Zeitraum $(\ell_0 + 1)$

$$S_1^l = \underbrace{2 \cdot 20}_{} + 1.28 \cdot \underbrace{\sqrt{2 \cdot 4.5^2}}_{} = 40 + 1.28 \cdot 6.36 = 48.14$$

$\quad$ └ Standardabweichung der Nachfragemenge im Zeitraum $(\ell_1 + 1)$

$\quad$ └ Sicherheitsfaktor $v(90\%)$ $\hspace{4cm}$ (D.38)

$\quad$ └ Erwartungswert der Nachfragemenge im Zeitraum $(\ell_1 + 1)$

Zentrale Disposition. Bei zentraler Disposition werden systemweite Bestellniveaus S_0^e bzw. S_1^e mit den systemweiten disponiblen Beständen verglichen. Die für die Bestimmung von S_0^e bzw. S_1^e verwendeten Servicegrade α_0 und α_1 sind jetzt Steuergrößen, mit denen man den durch die Endkunden (des Regionallagers) beobachteten Servicegrad α erreichen will. S_1^e deckt die Unsicherheit im Risikozeitraum $(\ell_1 + 1)$ im Hinblick auf α_1 ab. S_0^e deckt die Unsicherheit im Risikozeitraum $(\ell_0 + \ell_1 + 1)$ im Hinblick auf α_0 ab. Da Nachfragen nur aus dem Bestand im Regionallager erfüllt werden können, ist nur dieser Bestand für den Servicegrad α, den die Kunden beobachten, relevant. Falls im Zentrallager kein physischer Bestand gelagert würde, dann wäre der systemweite Lagerbestand des Zentrallagers gleich dem Lagerbestand des Regionallagers. In dem Maße, wie der lokale Lagerbestand im Zentrallager erhöht wird, reduziert sich der Anteil des systemweiten Lagerbestands des Zentrallagers, der im Regionallager vorhanden ist. Der Servicegrad, den die Kunden beobachten, kann somit nicht größer als α_0 sein. Eine zweite obere Schranke erhält man aus dem Servicegrad α_1 des Regionallagers. Daraus folgt:

$$\alpha \leq \min\{\alpha_0, \alpha_1\} \tag{D.39}$$

Eine untere Schranke für α ist das Produkt aus α_0 und α_1, so daß für die betrachtete zweistufige Supply Chain gilt:[81]

$$\alpha_1 \cdot \alpha_0 < \alpha \leq \min\{\alpha_1, \alpha_0\} \tag{D.40}$$

Dabei tendiert α zur oberen (unteren) Schranke, wenn die Wiederbeschaffungszeit ℓ_0 des Zentrallagers im Vergleich zum gesamten Risikozeitraum relativ niedrig (hoch) ist. Geht man im betrachteten Beispiel wegen $\ell_0 = 2 > \ell_1 = 1$ von der Gültigkeit der unteren Schranke aus, dann kann der angestrebte α-Servicegrad durch mehrere Kombinationen von α_1 und α_0 erreicht werden. Wählt man z. B. $\alpha_0 = 94\%$ und $\alpha_1 = 96\%$, dann ergibt sich $\alpha_1 \cdot \alpha_0 = 90.24\%$. Damit wird der Servicegrad α gemäß Beziehung (D.40)

---

81 vgl. *van Donselaar* (1989)

zwischen 90.24% und 94% liegen. Die zur Erreichung von $\alpha_0 = 94\%$ bzw. $\alpha_1 = 96\%$ erforderlichen (systemweiten) Bestellniveaus betragen mit $v(\alpha_0 = 0.94) = 1.55$ und $v(\alpha_1 = 0.96) = 1.75$:

$$S_0^e = 4 \cdot 20 + 1.55 \cdot \sqrt{4 \cdot 4.5^2} = 80 + 1.55 \cdot 9 = 93.95 \tag{D.41}$$

      ↳ systemweiter Risikozeitraum $(\ell_1 + \ell_0 + 1)$

$$S_1^e = 2 \cdot 20 + 1.75 \cdot \sqrt{2 \cdot 4.5^2} = 40 + 1.75 \cdot 6.36 = 51.14 \tag{D.42}$$

Die gewählte Kombination von α_1 und α_0 ist nur eine von mehreren Möglichkeiten, mit denen bei Anwendung des Systems der Base-Stock-Kontrolle ein Servicegrad von $\alpha = 90\%$ erreicht werden kann. Verwendet man statt dessen die „internen" Servicegrade $\alpha_1 = 91\%$ und $\alpha_0 = 99\%$, dann ergibt sich $\alpha_1 \cdot \alpha_0 = 90.09\%$. Diese Parameter-Konstellation entspricht der Strategie, den angestrebten Servicegrad durch einen hohen Sicherheitsbestand im Zentrallager zu gewährleisten. Die resultierenden Bestellniveaus sind mit $v(\alpha_0 = 0.99) = 2.23$ und $v(\alpha_1 = 0.91) = 1.34$:

$$S_0^e = 4 \cdot 20 + 2.23 \cdot \sqrt{4 \cdot 4.5^2} = 80 + 2.23 \cdot 9 = 100.07 \tag{D.43}$$

$$S_1^e = 2 \cdot 20 + 1.34 \cdot \sqrt{2 \cdot 4.5^2} = 40 + 1.34 \cdot 6.36 = 48.52 \tag{D.44}$$

Zur Überprüfung beider Dispositionskonzepte wurde ein Simulationsmodell eingesetzt. In Tabelle D.20 werden die in den Simulationsläufen ermittelten physischen Lagerbestände (jeweils am Periodenende) miteinander verglichen.

	lokale Disposition	zentrale Disposition	
		$\alpha_0 = 94\%; \alpha_1 = 96\%$	$\alpha_0 = 99\%; \alpha_1 = 91\%$
Zentrallager	18.22	4.20	11.67
Regionallager	8.44	10.09	8.74
α	90%	91.85%	90.70%

Tabelle D.20: Vergleich der durchschnittlichen physischen Lagerbestände

Im ersten Fall betrug der mit der zentralen Disposition erreichte α-Servicegrad in Übereinstimmung mit Beziehung (D.40) 91.85%. Im zweiten Fall betrug der α-Servicegrad 90.86%. Der Lagerbestand könnte somit noch geringfügig durch Verringerung des (systemweiten) Bestellniveaus reduziert werden. Bei der Simulation des Lagersystems mit lokaler Disposition, d. h. bei isolierter Bestandskontrolle, wurde der angestrebte α-Servicegrad von 90% genau erreicht. Die unterschiedlichen Bestandshöhen bei zentraler Disposition zeigen, daß es schlechte Möglichkeiten der Verteilung des gesamten Sicherheitsbestands auf die Lagerstufen gibt.

D.4.2 Modelle mit internen Wartezeiten

Clark und Scarf[82] haben gezeigt, daß die optimale Lagerpolitik für eine Supply Chain mit linearer Struktur unter bestimmten Annahmen[83] darin besteht, daß in jedem Lagerknoten k eine Base-Stock-Politik verfolgt wird, nach der man den systemweiten disponiblen Lagerbestand bei jeder Lagerüberwachung durch eine Bestellung beim stromaufwärts gelegenen Knoten $(k-1)$ wieder auf das Bestellniveau S_k^e anhebt.

Das optimale Bestellniveau jedes Lagerknotens k kann durch ein einstufiges Optimierungsmodell bestimmt werden. Dabei ist neben der Struktur der Nachfrage vor allem die Wiederbeschaffungszeit ℓ_k, d. h. die Lieferzeit des stromaufwärts gelegenen Lieferknotens $k-1$ von Bedeutung. Diese besteht aus der Handling- und Transportzeit ℓ_k sowie einer **Wartezeit**, die nur dann auftritt, wenn der Lieferknoten nicht genügend Lagerbestand hat, um den stromabwärts gelegenen Knoten vollständig zu beliefern. Um dieses Problem zu erfassen, führen *Clark und Scarf* **Strafkosten** ein, die bei der Bestimmung des Bestellniveaus des Lieferknotens berücksichtigt werden. Die optimale Höhe dieser Fehlmengenkosten hängt von den Auswirkungen der Lieferunfähigkeit auf die stromabwärts gelegenen Lagerknoten ab. Die ursprüngliche Modellformulierung wurde von verschiedenen Autoren erweitert.[84]

DeBodt und Graves betrachten eine lineare Supply Chain, in der jeder Knoten eine (s, q)-Lagerpolitik mit kontinuierlicher Lagerüberwachung verfolgt. Das Modell ist eine direkte Erweiterung der (s, q)-Lagerpolitik bei kontinuierlicher Lagerüberwachung mit simultaner Optimierung von q und s.[85] Für die Darstellung des Ansatzes treffen wir folgende Annahmen:

- Die betrachtete Supply Chain besteht aus einem Regionallager (Knoten 1) und einem Zentrallager (Knoten 2).

- Externe Nachfrage trifft nur im Regionallager ein. Die Periodennachfragemengen sind normalverteilt.

---

82 vgl. *Clark und Scarf* (1960)

83 Die von *Clark und Scarf* getroffenen Annahmen sind: diskrete Zeitachse; periodische Lagerüberwachung; Vormerkung von Bedarfsmengen bei Lieferunfähigkeit auf allen Lagerstufen; Fehlmengenkosten auf der letzten Stufe; Fixkosten nur auf der ersten Stufe; deterministische Wiederbeschaffungszeiten auf allen Stufen; endlicher Planungshorizont.

84 vgl. *Langenhoff und Zijm* (1990); *Federgruen* (1993); *Houtum et al.* (1996); *Minner* (2000)

85 vgl. Abschnitt C.1.1.3

- Die Wiederbeschaffungszeit der Zentrallagers ist deterministisch ℓ_2. Die Handling- und Transportzeit vom Zentrallager zum Regionallager beträgt ℓ_1.

- Beide Knoten der Supply Chain verfolgen eine (s, q)-Politik mit kontinuierlicher Lagerüberwachung auf der Grundlage des systemweiten Lagerbestands.

- Die Bestellmenge q_2 des Zentrallagers ist ein ganzzahliges Vielfaches der Bestellmenge des Regionallagers q_1, d. h. $q_2 = m_2 \cdot q_1$. Das Zentrallager sendet eine Bestellung an den externen Lieferanten, wenn sein systemweiter disponibler Lagerbestand den Bestellpunkt s_2^e erreicht hat. Nach dem Eingang der bestellten Menge im Zentrallager wird sofort die Menge q_1 abgezweigt und an das Regionallager weitergeleitet.[86]

  Ansonsten bestellt das Regionallager die Menge q_1 im Zentrallager, wenn der disponible Lagerbestand den Bestellpunkt s_1 erreicht hat.

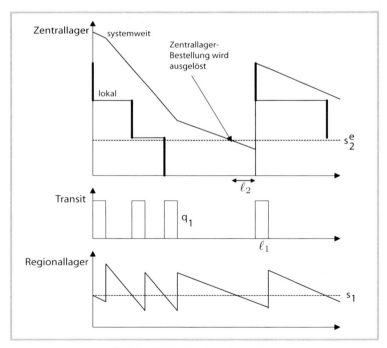

Bild D.18: Bestandsentwicklung

---

86 Diese Kopplung von Bestellzyklen findet man auch in Modellen zur Losgrößenplanung. Vgl. *Tempelmeier* (2017), Abschnitt C.3.2.2.2.

Die Entwicklung der Lagerbestände in beiden Lagern ist in Bild D.18 illustriert. In einem Bestellzyklus des Zentrallagers liegen drei Bestellzyklen des Regionallagers. Man erkennt die stufenweise Entwicklung des physischen Lagerbestands im Zentrallager als Folge der Belieferung des Regionallagers. Nachdem eine Menge aus dem physischen Bestand der Zentrallagers entnommen worden ist, wird sie Bestandteil des Transit-Bestands bis zu dem Zeitpunkt ihrer Ankunft im Regionallager. Man sieht auch, daß in einem Bestellzyklus des Regionallagers der physische Lagerbestand des Zentrallagers auf Null gesunken ist. Während die zweite und die dritte Bestellung im Regionallager durch das Erreichen des Bestellpunkts s_1 ausgelöst worden sind, ist die vierte Bestellung des Regionallagers direkt an den Wareneingang im Zentrallager gekoppelt.

Entscheidungsvariablen des Modells sind die Größen s_1 und q_1 im Regionallager sowie s_2^e und q_2 im Zentrallager. Da wegen der Kopplung der Bestellzyklen bzw. Bestellmengen $q_2 = m_2 \cdot q_1$ ist, kann q_2 durch m_2 als Entscheidungsvariable ersetzt werden. Die zu minimierende Zielfunktion umfaßt die Summe aus bestellfixen Kosten, Lagerkosten und Fehlmengenkosten.

DeBodt und Graves beschreiben die **Kosten** in beiden Lagerknoten entsprechend den obigen Annahmen wie folgt.

Kosten im Zentrallager. Das Zentrallager hat einen Risikozeitraum von ℓ_2 Perioden. Die durchschnittlichen Lagerkosten sind ist dann approximativ:[87]

$$C_2^h = e_2 \cdot \left(\frac{m_2 \cdot q_1}{2} + s_2^e - E\{ Y^{(\ell_2)} \} \right) \tag{D.45}$$

Dabei bezeichnet e_2 den systemweiten Lagerkostensatz des Zentrallagers.

Kosten im Regionallager. Die Bestimmung des Lagerbestands im Regionallager ist etwas komplizierter. Hierzu wird angenommen, daß aufgrund der gekoppelten Bestellungen bei jeder m_2-ten Regionallager-Bestellung eine Zentrallager-Bestellung an den externen Lieferanten geschickt wird. Es gibt also im Regionallager $(m_2 - 1)$ Bestellzyklen, in denen der Lagerbestand im Zentrallager weit über dessen Bestellpunkt s_2^e liegt und somit auch nicht die Gefahr der Lieferunfähigkeit des Zentrallagers besteht. Daher kann davon ausgegangen werden, daß in dieser Phase die Wiederbeschaffungszeit für das Regionallager genau ℓ_1 beträgt. In $(m_2 - 1)$ von m_2 Bestellzyklen beträgt der physische Lagerbestand im Regionallager somit:

$$I_{1,a}^p = \frac{q_1}{2} + s_1 - E\{ Y^{(\ell_1)} \} \tag{D.46}$$

Der zeitliche Anteil an einem Bestellzyklus des Zentrallagers, an dem das Regionallager diesen Lagerbestand hat, ist $\frac{m_2-1}{m_2}$. Im m_2-ten Bestellzyklus des Regionallagers wird der

---

87 vgl. Abschnitt C.1.1.3

Bestellpunkt des Zentrallagers s_2^e erreicht und eine Bestellung an den externen Lieferanten ausgelöst. Sobald diese im Zentrallager eingetroffen ist (nach ℓ_2 Perioden), wird
unverzüglich die Auslieferung der Bestellmenge q_1 an das Regionallager gestartet. Diese
trifft nach weiteren ℓ_1 Perioden im Regionallager ein. Die letzte Bestandsauffüllung im
Regionallager wird also nicht durch den Bestellpunkt s_1, sondern durch den Bestellpunkt
im Zentrallager, s_2^e, ausgelöst. Geschieht dies in Periode t, dann trifft die Menge q_1 erst
in Periode $(t + \ell_2 + \ell_1)$ im Regionallager ein. Der Risikozeitraum, der durch den Bestellpunkt s_2^e abgesichert werden muß, ist demnach $(\ell_2 + \ell_1)$. Der physische Lagerbestand
im Regionallager beträgt dann in dieser Phase:

$$I_{1,b}^p = \frac{q_1}{2} + s_2^e - E\{ Y^{(\ell_2 + \ell_1)} \} \tag{D.47}$$

Dieser Bestand ist mit dem Faktor $\frac{1}{m_2}$ zu gewichten. Fassen wir beide Komponenten des
durchschnittlichen Lagerbestands im Regionallager zusammen, dann erhalten wir:

$$
\begin{aligned}
I_1^p \quad &= \frac{m_2 - 1}{m_2} \cdot I_{1,a}^p + \frac{1}{m_2} \cdot I_{1,b}^p \\
&= \frac{m_2 - 1}{m_2} \cdot \left(\frac{q_1}{2} + s_1 - E\{ Y^{(\ell_1)} \} \right) + \frac{1}{m_2} \cdot \left(\frac{q_1}{2} + s_2^e - E\{ Y^{(\ell_2 + \ell_1)} \} \right) \\
&= \frac{q_1}{2} + \frac{m_2 - 1}{m_2} \cdot \left(s_1 - E\{ Y^{(\ell_1)} \} \right) + \frac{1}{m_2} \cdot \left(s_2^e - E\{ Y^{(\ell_2 + \ell_1)} \} \right)
\end{aligned}
\tag{D.48}
$$

Die Lagerkosten des Regionallagers betragen damit:

$$C_1^h = e_1 \cdot \left[\frac{q_1}{2} + \frac{m_2 - 1}{m_2} \cdot \left(s_1 - E\{ Y^{(\ell_1)} \} \right) + \frac{1}{m_2} \cdot \left(s_2^e - E\{ Y^{(\ell_2 + \ell_1)} \} \right) \right] \tag{D.49}$$

Fehlmengenkosten entstehen nur im Regionallager. Sie können analog zu den Lagerkosten hergeleitet werden und betragen:

$$C^f = c_f \cdot E\{ F(s_1, s_2^e, m_2) \} \cdot \frac{E\{D\}}{q_1} \tag{D.50}$$

mit

$$
\begin{aligned}
E\{ F(s_1, s_2^e, m_2) \} = \frac{m_2 - 1}{m_2} \cdot \int_{s_1}^{\infty} (y - s_1) \cdot f_{Y^{(\ell_1)}}(y) \cdot dy \\
+ \frac{1}{m_2} \cdot \int_{s_2^e}^{\infty} (y - s_2^e) \cdot f_{Y^{(\ell_2 + \ell_1)}}(y) \cdot dy
\end{aligned}
\tag{D.51}
$$

Schließlich sind noch die bestellfixen Kosten in beiden Lagerknoten zu berücksichtigen:

$$C_b = c_{b,1} \cdot \frac{E\{D\}}{q_1} + c_{b,2} \cdot \frac{E\{D\}}{m_2 \cdot q_1} \tag{D.52}$$

Die Gesamtkosten für beide Lagerstufen betragen dann:

$$C(s_1, s_2^e, q_1, m_2) = C_1^h + C_2^h + C^f + C^b \tag{D.53}$$

Zur Minimierung dieser Zielfunktion geht man wie in Abschnitt C.1.1.3 vor. Für $m_2 > 1$, also wenn die Bestellmenge des Zentrallagers größer ist als die Bestellmenge des Regionallagers, erhält man:

$$q_{1,\mathrm{opt}} = \sqrt{\frac{2 \cdot E\{D\} \cdot \left(c_{b,1} + \dfrac{c_{b,2}}{m_{2,\mathrm{opt}}} + c_f \cdot E\{F(s_1, s_2^e, m_{2,\mathrm{opt}})\} \right)}{e_1 + e_2 \cdot m_{2,\mathrm{opt}}}} \tag{D.54}$$

sowie

$$P\{Y^{(\ell_1)} > s_{1,\mathrm{opt}}\} = \frac{e_1 \cdot q_{1,\mathrm{opt}}}{c_f \cdot E\{D\}} \tag{D.55}$$

und

$$P\{Y^{(\ell_1 + \ell_1)} > s_{2,\mathrm{opt}}^e\} = \frac{(e_1 + e_2 \cdot m_{2,\mathrm{opt}}) \cdot q_{1,\mathrm{opt}}}{c_f \cdot E\{D\}} \tag{D.56}$$

Die Bestellpunkte betragen dann für den Fall, daß die Nachfragemenge normalverteilt ist:

$$s_{1,\mathrm{opt}} = E\{Y^{(\ell_1)}\} + v_{1,\mathrm{opt}} \cdot \sigma_{Y^{(\ell_1)}} \tag{D.57}$$

$$s_{2,\mathrm{opt}}^e = E\{Y^{(\ell_2 + \ell_1)}\} + v_{2,\mathrm{opt}} \cdot \sigma_{Y^{(\ell_2 + \ell_1)}} \tag{D.58}$$

Es wird deutlich, daß die Abstimmung der Entscheidungsvariablen zwischen den beiden Lagerstufen hier in ähnlicher Weise wie bei der mehrstufigen Losgrößenplanung durch eine **Kostenanpassung** erreicht wird.[88] Wir haben aus Darstellungsgründen lediglich eine zweistufige Supply-Chain betrachtet. Prinzipiell kann der Ansatz auch auf K-stufige lineare Supply-Chains angewendet werden.[89]

Zur simultanen Bestimmung der optimalen Bestellmengen und Bestellpunkte kann man ein heuristisches iteratives Verfahren einsetzen, das dem zur Lösung des Modells SQ_p eingesetzten Verfahren ähnelt.[90] Wie bei der einstufigen (s, q)-Lagerpolitik besteht aber

---

88 vgl. *Tempelmeier* (2017), Abschnitt C.3.2.2.1, Modell BM
89 vgl. *DeBodt und Graves* (1985)
90 vgl. Abschnitt C.1.1.3

auch die Möglichkeit, sequentiell vorzugehen und zunächst die Bestellmengen mit einem geeigneten Verfahren festzulegen und im Anschluß daran die Bestellpunkte gemäß den Beziehungen (D.55) und (D.56) zu bestimmen. Dies ist vor allem dann angeraten, wenn die Bestellmengen bestimmten Restriktionen gehorchen müssen.

 Wir betrachten wieder ein Beispiel: $E\{D\} = 100$; $\mathrm{Var}\{D\} = 900$; $e_1 = 0.006$; $e_2 = 0.024$; $c_f = 2$; $\ell_1 = 1$; $\ell_2 = 5$. Für extern vorgegebene Bestellmengen $q_{1,\mathrm{opt}} = 500$ und $q_{2,\mathrm{opt}} = 1000$ (d. h. $m_{1,\mathrm{opt}} = 2$) erhält man folgende Ergebnisse:

$$P\{ Y > s_{1,\mathrm{opt}} \} = \frac{0.006 \cdot 500}{2 \cdot 100} = 0.015$$

$$v_{1,\mathrm{opt}} = \min \left[v | \Phi_N^1(v) = 0.0150 \right] = 2.1701$$

$$s_{1,\mathrm{opt}} = 100 + 2.1701 \cdot 30 = 165.1$$

$$P\{ Y > s_{2,\mathrm{opt}} \} = \frac{(0.006 + 0.024 \cdot 2) \cdot 500}{2 \cdot 100} = 0.135$$

$$v_{2,\mathrm{opt}} = \min \left[v | \Phi_N^1(v) = 0.135 \right] = 1.1031$$

$$s_{2,\mathrm{opt}} = 600 + 1.1031 \cdot 73.48 = 681.06$$

Mitra und Chatterjee[91] weisen darauf hin, daß für die Berechnung des Lagerbestands und der Fehlmenge im Regionallager während des Risikozeitraums $\ell_2 + \ell_1$ der gesamte Bestand s_2^e auf der Regionallagerstufe verfügbar sein muß. Auch soll nochmals betont werden, daß das Modell auf der Annahme kontinuierlicher Lagerüberwachung basiert. Auf die Problematik dieser Annahme sind wir bereits in Abschnitt C.1.1.2 ausführlich eingegangen.

Allgor, Graves und Xu[92] übertragen das obige Modellierungskonzept auf eine zweistufige lineare Supply Chain, in der jeder Lagerknoten eine (r, S)-Politik verfolgt.

Wendet man das Konzept der zentralen Disposition auf Supply Chains an, in denen ein Knoten **mehrere Nachfolger** hat, dann kann der Fall eintreten, daß der physische Lagerbestand nicht mehr zur vollständigen Belieferung aller Bestellungen ausreicht. In diesem Fall muß darüber entschieden werden, wie die knappe verfügbare Menge auf die Nachfrage aufgeteilt werden soll (Bestandsrationierung). Zu dieser Frage sei auf die Literatur verwiesen.[93]

---

91   vgl. *Mitra und Chatterjee* (2004)
92   vgl. *Allgor et al.* (2004)
93   vgl. *Lagodimos* (1992); *Verrijdt und de Kok* (1995); *Diks et al.* (1996); *van der Heijden et al.* (1999); *Zipkin* (2000)

D.4.3   Modelle ohne interne Wartezeiten

In diesem Abschnitt wird nun angenommen, daß jeder Lieferknoten im Fall der Lieferunfähigkeit in der Lage ist, den fehlenden Bestand aus externen Quellen bereitzustellen.
Unter dieser Annahme kommt es niemals zu einer ungeplanten Wartezeit. *Simpson*[94] betrachtet eine lineare Supply Chain mit K ($k = 1, 2, ..., K$) Produktions- und Lagerstufen,
wobei davon ausgegangen wird, daß die bislang berücksichtigten Wartezeiten aufgrund
von Lieferunfähigkeit nicht auftreten. Er nimmt an, daß alle Lagerstufen Base-Stock-
Politiken mit zentraler Disposition verfolgen. Am Ende einer Periode werden sämtliche
systemweiten disponiblen Lagerbestände unter Berücksichtigung des eingetretenen Endproduktbedarfs aktualisiert, und es wird für jedes Lager k ein Auftrag zur Vorratsergänzung (in Höhe des aufgetretenen Endproduktbedarfs) ausgelöst, der an die unmittelbar
vorgelagerte Produktionsstufe ($k - 1$) gerichtet wird.

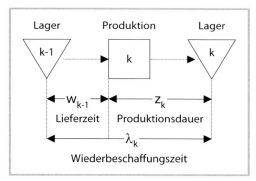

Bild D.19: Zusammensetzung der maximalen Wiederbeschaffungszeit des Lagers k

Unter „normalen" Umständen werden die benötigten Mengen (einschl. zufälliger Erhöhungen einer Periodenbedarfsmenge) sofort an die anfordernde Produktionsstufe k
weitergegeben, und sie führen nach einer Bearbeitungszeit von z_k Perioden zu einem
Wareneingang im Lager k. Ist aber der Bestand im Lager der Produktionsstufe ($k - 1$)
erschöpft, dann muß die Produktionsstufe k mit dem Beginn der Produktion solange
warten, bis die Produktionsstufe ($k - 1$) den Bestand wieder aufgefüllt hat. Beginnt die
Produktionsstufe ($k - 1$) zum Zeitpunkt der Anforderung an das Lager ($k - 1$) mit der
Produktion, dann muß die Produktionsstufe k genau z_{k-1} Perioden auf den Produktionsbeginn warten. Erst dann kann sie selbst – nach weiteren z_k Perioden – ihr eigenes
Lager k füllen. Wir bezeichnen nun mit w_{k-1} die maximale Lieferzeit einer Materialanforderung, die von der Produktionsstufe k an das Lager ($k - 1$) gerichtet wird. Ferner sei

---

94   vgl. *Simpson* (1958)

λ_k die maximale Wiederbeschaffungszeit des Lagers k und z_k die Produktionsdauer der Produktionsstufe k. Dann gilt (siehe auch Bild D.19):

$$\lambda_k = w_{k-1} + z_k \qquad\qquad\qquad\qquad k = 1, 2, ..., K$$

┌ Produktionsdauer der Produktionsstufe k

└ maximale Lieferzeit der Vorstufe (= maximale Wartezeit der Stufe k)

└ maximale Wiederbeschaffungszeit des Lagers k

(D.59)

Die maximale Wiederbeschaffungszeit des Lagers k, λ_k, hängt offenbar davon ab, ob eine Materialanforderung, die die Produktionsstufe $(k-1)$ an das ihr vorgelagerte Lager $(k-2)$ richtet, unverzüglich erfüllt werden kann oder ob auch hier eine Lieferzeit w_{k-2} verstreicht. Im letztgenannten Fall beträgt die Wiederbeschaffungszeit des Lagers $(k-1)$: $\lambda_{k-1} = w_{k-2} + z_{k-1}$. Die Wiederbeschaffungszeit λ_k ist eine deterministische, geplante Größe. Sie entsteht durch Kumulation der deterministischen Produktionsdauern aufeinanderfolgender Produktionsstufen. *Simpson* geht davon aus, daß im Rohstofflager (Stufe 0) und im Endproduktlager (Stufe K) keine geplanten Lieferzeiten auftreten ($w_0 = 0$; $w_K = 0$). Davon zu unterscheiden ist die Wartezeit, die sich aufgrund einer zufälligen Lieferunfähigkeit eines Lagers ergibt. Im Endproduktlager K wird sie durch den Sicherheitsbestand beeinflußt. Letzterer wird so festgelegt, daß ein angestrebter α-Servicegrad erreicht wird. Auf den anderen Produktionsstufen wird angenommen, daß durch Maßnahmen im Bereich der Fertigungssteuerung, z.B. durch Bereitstellung von Reservekapazitäten, oder durch externe Zukäufe gewährleistet werden kann, daß niemals ungeplante, lagerbedingte Wartezeiten auftreten. Allerdings lassen sich zur Steuerung der Höhe der Sicherheitsbestände auf diesen Lagerstufen ebenfalls α-Servicegrade verwenden. Diese Größen dienen jedoch nur dazu, das Ausmaß zu beeinflussen, in dem auf die genannten außerordentlichen Maßnahmen zur Auffüllung des Lagerbestands zurückgegriffen werden muß.

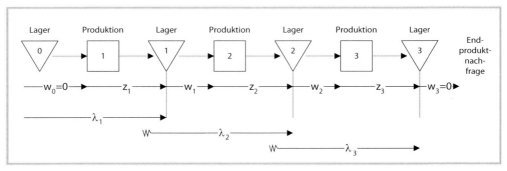

Bild D.20: Durchlaufzeiten in einem dreistufigen Produktions- und Lagersystem

Betrachten wir das in Bild D.20 dargestellte dreistufige Produktionssystem. Die (deterministischen) Produktionsdauern seien $z_1 = 2$, $z_2 = 4$ und $z_3 = 3$. Das Endproduktlager steht einer stochastischen Nachfrage gegenüber, die nach dem Konzept der Base-Stock-Kontrolle an jeder Produktionsstelle durch entsprechende Produktion wieder ersetzt wird. Die kumulierte Durchlaufzeit eines Auftrags beträgt damit 9 Perioden. Berücksichtigt man den Überwachungszyklus ($r = 1$), dann muß in diesem Lagersystem Bedarfsunsicherheit über eine Zeitspanne von 10 Perioden durch Bevorratung von Sicherheitsbeständen absorbiert werden.

Es sei zunächst angenommen, daß in keinem Lager ein Sicherheitsbestand gehalten wird. Ein durch eine zufällige Erhöhung des Endproduktbedarfs ausgelöster Auftrag zur Versorgung der Produktionsstufe 1 muß wegen $w_0 = 0$ (das Rohstofflager ist immer lieferfähig) niemals warten. Daher vergehen maximal $\lambda_1 = w_0 + z_1 = 0 + 2 = 2$ Perioden, bis ein Produktionsauftrag der Stufe 1 zu einem Wareneingang im Lager 1 geführt hat. Das bedeutet aber: ist der Bestand des Lagers 1 erschöpft, dann muß ein Produktionsauftrag der Produktionsstufe 2 maximal $w_1 = 2$ Perioden warten, bis mit seiner Bearbeitung begonnen werden kann. Nach weiteren $z_2 = 4$ Perioden, d. h. nach maximal $\lambda_2 = w_1 + z_2 = 2 + 4 = 6$ Perioden, kann dieser Auftrag zu einem Wareneingang im Lager 2 führen. Setzen wir die Überlegungen für die dritte Produktionsstufe fort, dann gilt $\lambda_3 = w_2 + z_3 = 6 + 3 = 9$. Dies ist die über alle Produktionsstufen kumulierte Durchlaufzeit. Wird also vollständig auf die Haltung von Sicherheitsbeständen verzichtet, dann können unvorhergesehene Bedarfe erst nach der kumulierten Durchlaufzeit erfüllt werden. Bei normalverteilter Endproduktnachfrage würde in diesem Fall ein α-Servicegrad von 50% erreicht werden.

Soll der den Kunden offerierte Servicegrad verbessert werden, dann sind Sicherheitsbestände zu halten. Es bestehen nun mehrere Möglichkeiten, einen vorgegebenen α-Servicegrad auf der Endproduktstufe zu erreichen. So könnte man z. B. einen Sicherheitsbestand für das Endprodukt halten, der die gesamte Unsicherheit über die Wiederbeschaffungszeit aus der Sicht des Endproduktlagers von 9 bzw. bei periodischer Lagerüberwachung von $(9+1)$ Perioden abdeckt. In diesem Fall beträgt der Sicherheitsbestand $SB_3 = v(\alpha) \cdot \sigma \cdot \sqrt{9+1}$.

Man kann aber auch auf jeder Produktionsstufe einen Sicherheitsbestand bevorraten und diesen jeweils so festsetzen, daß das Lager k mit der Wahrscheinlichkeit α_k lieferfähig ist. Dies führt in den betreffenden Lagern zu einer Reduktion der maximalen Lieferzeit. Bevorraten wir z. B. für die Produktionsstufe 1 ($z_1 = 2$) einen Sicherheitsbestand, der ungeplante Bedarfsschwankungen einer Periode abfängt, dann reduziert sich die maximale Lieferzeit in diesem Lager um eine Periode.[95] Treten z. B. in beiden Teilperioden von z_1 zufällige Bedarfserhöhungen ein, dann kann die Bedarfserhöhung der ersten Pe-

---

95 Diese Vorgehensweise ist aber nicht optimal. Vgl. weiter unten.

riode aus dem vorhandenen Sicherheitsbestand gedeckt werden, während die Bedarfserhöhung der zweiten Periode erst nach einer Periode erfüllt werden kann.

Beträgt nun die maximale Lieferzeit einer Produktionsstufe w_k und die maximale Wiederbeschaffungszeit eines Lagers λ_k, dann muß durch den Sicherheitsbestand die Zeitspanne $(\lambda_k - w_k) = (w_{k-1} + z_k - w_k)$ überbrückt werden. Für das Bestellniveau der Produktionsstufe k, S_k, ergibt sich damit:

$$S_k = \underbrace{(w_{k-1} + z_k - w_k) \cdot \mu}_{} + \underbrace{SB_k}_{} \qquad\qquad k = 1, 2, ..., K \qquad (D.60)$$

<small>⌐ Sicherheitsbestand der Produktionsstufe k</small>

<small>⌐ erwartete Endproduktnachfragemenge im relevanten Zeitraum</small>

Der Sicherheitsbestand der Produktionsstufe k wird bei Verfolgung eines α-Servicegrades und N(μ, σ)-normalverteilten Periodenbedarfsmengen wie folgt berechnet:[96]

$$SB_k = v_k(\alpha) \cdot \sigma \cdot \sqrt{w_{k-1} + z_k - w_k} \qquad\qquad k = 1, 2, ..., K - 1 \qquad (D.61)$$

<small>⌐ Sicherheitsfaktor für Lager k</small>

Da für das Endprodukt (im Lager K) keine Wartezeiten auftreten dürfen ($w_K = 0$), beträgt dessen Sicherheitsbestand unter Berücksichtigung der Länge der Überwachungsperiode:

$$SB_K = v_K(\alpha) \cdot \sigma \cdot \sqrt{w_{k-1} + z_k + 1} \qquad\qquad (D.62)$$

Damit sind die Sicherheitsbestände als Funktion der maximalen Wartezeiten beschrieben. Berücksichtigt man nun noch Lagerkostensätze h_k, dann kann das Problem der Bestimmung der optimalen Verteilung der Sicherheitsbestände in einem linearen Produktions- und Lagersystem mit K Stufen durch das folgende Modell BASEOPT abgebildet werden.

Modell BASEOPT

$$\text{Minimiere } Z = \sum_{k=1}^{K-1} c_k \cdot \sqrt{w_{k-1} + z_k - w_k} + c_K \cdot \sqrt{w_{K-1} + z_K + 1} \qquad (D.63)$$

u. B. d. R.

$$w_k \leq w_{k-1} + z_k \qquad\qquad k = 1, 2, ..., K - 1 \qquad (D.64)$$

---

96   vgl. *Inderfurth* (1991b)

$$w_0 = 0 \tag{D.65}$$

mit

$$c_k = h_k \cdot v_k(\alpha_k) \cdot \sigma_k \qquad\qquad K = 1, 2, ..., K \tag{D.66}$$

Dabei bedeuten:

h_k Lagerkostensatz im Lager k

$v_k(\alpha_k)$ Sicherheitsfaktor als Funktion des Servicegrades im Lager k

w_k maximale Wartezeit einer Materialanforderung im Lager k

z_k Produktionsdauer der Stufe k

σ_k Standardabweichung der Bedarfsmenge für Stufe k (unter Berücksichtigung des Verflechtungsbedarfs zwischen den Stufen k und K)

Entscheidungsvariablen dieses Modells sind die maximalen Lieferzeiten der Produktionsstufen, die durch Sicherheitsbestände abgedeckt werden müssen. *Simpson* hat nachgewiesen, daß die optimale Lösung dieses Modells dadurch gekennzeichnet ist, daß auf jeder Stufe entweder die gesamte Lieferzeit abgesichert oder überhaupt kein Sicherheitsbestand gehalten wird. Damit gilt für die optimale maximale Lieferzeit einer Produktionsstufe:

$$w_k^{\text{opt}} \in \left\{ 0, \, w_{k-1}^{\text{opt}} + z_k \right\} \qquad\qquad k = 1, 2, ..., K - 1 \tag{D.67}$$

Aufgrund dieser Eigenschaft lassen sich 2^{K-1} zulässige Lösungen unterscheiden, die man für geringe Anzahlen von Produktionsstufen vollständig enumerieren kann. Im vorliegenden Beispiel mit $K = 3$ gibt es 4 zulässige Lösungen. Sie sind in Tabelle D.21 zusammengestellt.

Die insgesamt über alle Produktionsstufen durch Sicherheitsbestände abzudeckende Zeitspanne beträgt immer 10 Perioden. Sie entspricht der um die Länge der Überwachungsperiode erhöhten kumulierten Durchlaufzeit. Die erste Lösung ist dadurch gekennzeichnet, daß auf jeder Stufe ein Sicherheitsbestand gehalten wird, der die Unsicherheit bezüglich der Endproduktnachfrage während der Produktionsdauer der betreffenden Stufe abdeckt (vollständig dezentrale Sicherheitsbestände). In der zweiten Lösung deckt der Sicherheitsbestand der Stufe 3 die Unsicherheit während der Produktionsdauern der Stufen 2 und 3 ab. Auf Stufe 2 wird daher kein Sicherheitsbestand gehalten. In der dritten Lösung deckt der Sicherheitsbestand der Stufe 2 die Unsicherheit während der Produktionsdauern der Stufen 1 und 2 ab. In der vierten Lösung schließlich wird die gesamte Unsicherheit während der kumulierten Durchlaufzeit durch einen Sicherheitsbestand für das Endprodukt abgefangen (zentraler Sicherheitsbestand). Die optimale Lösung kann nach Berechnung der jeweils entstehenden Lagerkosten ermittelt werden. *Inderfurth*[97] beschreibt ein effizientes Verfahren der dynamischen Optimierung zur Lösung des Modells BASEOPT.

Nr.	w_1	w_2	durch Sicherheitsbestand abzusichernder Zeitraum für Stufe k		
			1	2	3
1	0	0	$2 \,(= 0 + 2 - 0)$	$4 \,(= 0 + 4 - 0)$	$4 \,(= 0 + 3 + 1)$
2	0	4	$2 \,(= 0 + 2 - 0)$	$0 \,(= 0 + 4 - 4)$	$8 \,(= 4 + 3 + 1)$
3	2	0	$0 \,(= 0 + 2 - 2)$	$6 \,(= 2 + 4 - 0)$	$4 \,(= 0 + 3 + 1)$
4	2	6	$0 \,(= 0 + 2 - 2)$	$0 \,(= 2 + 4 - 6)$	$10 \,(= 6 + 3 + 1)$

Tabelle D.21: Berechnung der abzusichernden Zeiträume

Eine wichtige Voraussetzung des dargestellten Ansatzes zur Sicherheitsbestandsoptimierung besteht darin, daß zwischen den Produktionsstufen keine lagerbedingten Lieferzeiten auftreten dürfen. Innerhalb des mehrstufigen Lagersystems muß immer vollständige Lieferfähigkeit bestehen. Wurde z. B. der im Lager 1 vorhandene Sicherheitsbestand durch eine zufällige Bedarfserhöhung verbraucht und tritt dann eine weitere ungeplante Bedarfserhöhung auf, dann führt die resultierende Lieferunfähigkeit nicht zu einer Erhöhung der Wartezeit der nachfolgenden Produktionsstufe. Vielmehr wird dieses Problem durch „externe" Bereitstellung der benötigten Mengen beseitigt.

Dies muß durch ein Flexibilitätspotential des Produktionssystems gesichert werden, das immer dann genutzt wird, wenn der Sicherheitsbestand eines Produkts aufgezehrt ist und die Gefahr des Auftretens einer lagerbedingten Lieferzeit entsteht. Das Ausmaß, in dem dieses Flexibilitätspotential (z. B. quantitative, zeitliche oder intensitätsmäßige Anpassung; Fremdbezug) in Anspruch genommen wird, hängt von der Höhe der Sicherheitsbestände ab. Die für die Berechnung der stufenbezogenen Sicherheitsbestände verwendeten „internen" α-Servicegrade haben damit die Funktion, das Ausmaß zu steuern, in dem auf das Flexibilitätspotential des Produktionssystems zurückgegriffen wird. Sind z. B. die Produktionskapazitäten so hoch ausgelastet, daß die Möglichkeit der Bearbeitung von Eilaufträgen weitgehend ausgeschlossen ist, dann kann dies durch entsprechend hohe α_k-Werte berücksichtigt werden. Offensichtlich liegt auch hier ein Optimierungsproblem vor.

Inderfurth[98] erweitert den beschriebenen Ansatz von *Simpson* auf den Fall divergierender Erzeugnisstrukturen (mit mehreren Endprodukten), wobei auch die Korrelation zwischen den Periodenbedarfsmengen der Endprodukte sowie Autokorrelation der Peri-

---

97   vgl. *Inderfurth* (1991b, 1992)

98   vgl. *Inderfurth* (1992)

odenbedarfe berücksichtigt werden. Er entwickelt ein effizientes Verfahren zur Lösung des resultierenden Entscheidungsmodells. Aus der Analyse der Struktur der optimalen Lösungen leitet er allgemeine Aussagen über die Vorteilhaftigkeit bestimmter Regeln für die Verteilung des Sicherheitsbestands ab. Er zeigt, daß in mehrstufigen Produktionssystemen die Bevorratung von Sicherheitsbeständen auf allen Stufen sinnvoll sein kann und daß die in Literatur und Praxis vielfach diskutierten Extremstrategien der Pufferung ausschließlich auf der Endproduktstufe (K) bzw. ausschließlich auf der Rohmaterialstufe (0) nur unter bestimmten Bedingungen optimal sind. Ihre konkrete Verteilung wird von der Varianz der Endproduktbedarfsmengen, von deren Korrelation, der Höhe der Verflechtungsbedarfskoeffizienten, dem stufenbezogenen Wertzuwachs der Erzeugnisse (marginale Lagerkostensätze) sowie von der Struktur der Produktionszeiten auf den einzelnen Stufen beeinflußt.

Inderfurth weist darauf hin, daß in divergierenden Produktionsstrukturen im Fall nicht vollständig positiver Korrelation risikoreduzierende Effekte auftreten. Daraus wird deutlich, daß die Erhöhung der Verwendungsmöglichkeiten eines untergeordneten Produkts, z. B. einer standardisierten Baugruppe, sich günstig auf den insgesamt zur Aufrechterhaltung eines Servicegrades notwendigen Sicherheitsbestand auswirken kann. In weiteren Untersuchungen analysiert *Inderfurth*[99] die Möglichkeit, die bisher als gegeben angenommenen Bearbeitungszeiten z_k innerhalb bestimmter Grenzen als variabel zu betrachten.

Ergänzende Literatur zu Abschnitt D.4:
Axsäter (2003b)
Diks et al. (1996)
Inderfurth und Minner (1998)
de Kok und Fransoo (2003)
Minner (2000)

D.5 Vendor-Managed Inventory

In enger Beziehung zu den oben beschriebenen Lagerhaltungspolitiken mit zentraler Disposition steht das sog. Konzept des „Vendor-Managed Inventory" (VMI). Hier disponiert ein Lieferant das Lager des Abnehmers (z. B. ein Händler). Da der Abnehmer in gleicher Weise wie bei eigener Lagerdisposition einen bestimmten Servicegrad erreichen will, wird dieser vertraglich vereinbart.

---

99 vgl. *Inderfurth* (1991a, 1993)

VMI bedeutet, daß der Lieferant und nicht der Abnehmer die Wiederauffüllung des Lagerbestands initiiert. Bild D.21 zeigt den üblichen Geschäftsprozeß, wenn der Abnehmer die Bestandsdisposition selbst ausführt.

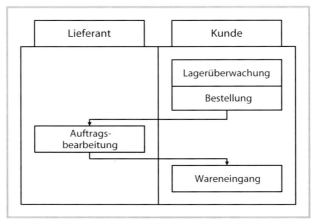

Bild D.21: Geschäftsprozeß ohne VMI

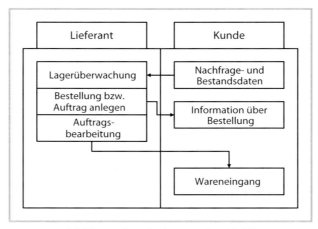

Bild D.22: Geschäftsprozeß mit VMI

Im Vergleich zu Bild D.21 zeigt Bild D.22 den Geschäftsprozeß bei Anwendung des VMI-Konzepts. Hier sieht man, daß der Abnehmer lediglich seine Bestands- und Nachfragedaten übermittelt und dem Lieferanten die Bestandsverantwortung überträgt. Damit dies funktioniert, muß der Lieferant jederzeit aktuelle Informationen über den disponiblen Lagerbestand und über den aktuellen Verlauf der Nachfrageentwicklung seines

Abnehmers haben. Der Austausch von Informationen ist allerdings oft nicht unproblematisch, da viele Unternehmen Mitglieder mehrerer Supply Chains sind und daher nicht ohne Gegenleistung Informationen herausgeben.

Als Vorteile, die man in der Praxis der Einführung des VMI zurechnet, werden z. B. genannt:

- kürzere Reaktionszeit des Lieferanten auf Bedarfsschwankungen,

- geringere Lagerbestände bei dem Abnehmer (Händler),

- höherer Servicegrad beim Abnehmer,

- verbesserte Möglichkeit der Optimierung der logistischen Prozesse beim Lieferanten.

Die in der Literatur zu findenden Anwendungsberichte und die vorwiegend praxisorientierte Literatur erwecken den Eindruck, daß VMI ein rein organisatorisches Konzept sei und daß es ausreicht, den Datenaustausch richtig zu organisieren.[100] Es ist allerdings – wie so oft bei „Vorher/Nachher"-Vergleichen in der Praxis – zu vermuten, daß die beobachteten Verbesserungen zu einem großen Teil auf die intensivere Beschäftigung mit dem vorher vernachlässigten Bestandsmanagement zurückzuführen sind.

Vielfach wird übersehen, daß die mit dem VMI einhergehende zentrale Disposition und die verbesserte Informationslage die Möglichkeit einer echten Optimierung des Bestandsmanagements bietet. Der Disponent beim Lieferanten kann nun auch über die optimale Plazierung des Sicherheitsbestands in der Supply Chain entscheiden, und zwar auf der Basis von echten Optimierungsüberlegungen. Diese Möglichkeit hatte er bei der herkömmlichen Disposition nicht. Ein **Planungskonzept**, das die durch VMI verbesserte Informationsbasis sinnvoll nutzen kann, arbeitet nicht mehr mit lokalen sondern mit systemweiten Lagerbeständen und Wiederbeschaffungszeiten.[101]

In den Advanced Planning Systemen[102] wird das VMI-Konzept – zumindest bezüglich der Bereitstellung der planungsrelevanten Daten – softwaretechnisch unterstützt.

Ergänzende Literatur zu Abschnitt D.5:
de Kok und Fransoo (2003)
Småros et al. (2003)
Zipkin (2000)

---

100 vgl. *Senger und Österle* (oJ)
101 siehe Abschnitt D.4.1
102 vgl. *Stadtler und Kilger* (2004)

Kapitel E

Praxisorientierte Heuristiken

Die vorangegangenen Kapitel haben gezeigt, daß zur Berücksichtigung der Unsicherheit unter stationären Bedingungen zahlreiche in der Praxis einsetzbare Ansätze zur Verfügung stehen. Diese wurden allerdings vor allem zur Unterstützung von Bevorratungsentscheidungen in Lagersystemen entwickelt. Die vorausschauende Planung von Produktionsvorgängen und die damit verbundene mehrstufige dynamische Losgrößenplanung bei beschränkten Kapazitäten wurden vollständig ausgeklammert.

Nun enthält eine Supply Chain jedoch nicht nur Lager, sondern – wie Bild A.1 zeigt – in vielen Fällen auch Produktionsressourcen, die nicht erst dann mit der Wertschöpfung beginnen, wenn eine Nachfrage bereits aufgetreten ist (Pull-Prinzip). Vielmehr wird für zahlreiche Ressourcen auf der Basis zukünftiger Nachfrageprognosen ein detaillierter Produktionsplan aufgestellt und weitgehend unabhängig von der Realisation der aktuellen Nachfrage ausgeführt (Push-Prinzip). Auf der Planungsebene der dynamischen Losgrößen- und Ressourceneinsatzplanung werden z. B. Produktionsaufträge auf der Basis der prognostizierten Nettobedarfsentwicklung mengen- und terminmäßig definiert.

Die Umsetzung eines solchen deterministischen Produktionsplans wird in der Praxis durch zahlreiche stochastische Einflußgrößen beeinträchtigt, wobei im Einzelfall oft nicht einmal klar ist, auf welche Ursache eine Abweichung des tatsächlichen von dem geplanten Produktionsablauf zurückgeht. Denn die auftretenden Zufallseinflüsse sind nun nicht mehr auf ein Produkt bzw. eine Produktionsstufe beschränkt und es kommt oft zu stufenübergreifenden Interdependenzen. Außerdem „stören" die Entscheidungen der operativen Produktionsplanung und -steuerung die Harmonie der stochastischen Prozesse, so daß man im konkreten Fall oft nicht einmal feststellen kann, ob ein beobachteter unerwarteter Anstieg des Sekundärbedarfs infolge eines Anstiegs der Endproduktnachfrage oder durch die Veränderung der Losgröße für ein übergeordnetes Produkt entstanden ist. Dies ist bekanntlich – wie in Abschnitt D.2 erläutert – eine der Ursachen des Bullwhip-Effekts.

Unter stochastischen Bedingungen tritt regelmäßig die Situation auf, daß der in einer Periode vorhandene physische Lagerbestand nicht zur Deckung des Periodenbedarfs für ein bestimmtes Produkt ausreicht. Es entsteht eine **Fehlmenge**, die als vorgemerkter Bestand bei nächster Gelegenheit nachproduziert werden muß. Dies wird durch eine entsprechende Erhöhung des Nettobedarfs veranlaßt. Ist die Produktionskapazität unbegrenzt (was ja im MRP-Konzept unterstellt wird), dann wird der fehlende Lagerbestand der MRP-Logik folgend mit dem nächsten Produktionsauftrag wieder aufgefüllt. Ist die Produktionskapazität dagegen beschränkt, dann muß die vorhandene Kapazität rationiert werden.[1] Dies kann mit komplexen Änderungen des aktuellen Produktionsplanes und der resultierenden Lagerbestandsentwicklung verbunden sein.

Ebenso wie in mehrstufigen Lagersystemen ist auch in einem mehrstufigen Produktionssystem unter dynamischen Bedingungen insb. die Frage zu beantworten, an welcher Stelle und mit welchen Mitteln die von außen (z. B. durch die Nachfrage) oder von innen (z. B. durch Produktionsstörungen) auf das System einwirkende Unsicherheit abgefangen werden kann. Hierzu gibt es nur wenige theoretisch fundierte Vorschläge. In der Literatur werden vor allem aus der Praxis heraus entwickelte Vorschläge zum Umgang mit der Unsicherheit in mehrstufigen Produktionssystemen unter dynamischen Bedingungen gemacht:[2]

- **Verwendung von Pufferungsmechanismen**
  - *Sicherheitsbestand*
  - *Sicherheitsvorlaufzeit*
  - *Überschätzung der Nachfragemenge*

---

1   vgl. *Wagner* (2003)
2   vgl. *Guide, Jr. und Srivastava* (2000)

- ○ *Unterschätzung der Ausbringungsmenge einer Produktionsstufe*
- ○ *Bestandsrationierung*
- ○ *Produktsubstitution und Kannibalisierung*
- **Fixierung von Primärbedarfsmengen** bzw. Planvorgaben in den ersten Perioden eines Planungszeitraums (frozen schedule)
- **Neueinplanung** von Produktionsaufträgen (rescheduling)
  - ○ *mit verkürzter Plandurchlaufzeit (Freigabe von Eilaufträgen)*
  - ○ *mit veränderter Produktionsmenge*
  - ○ *mit verändertem Fertigstellungstermin*
- **Vorankündigung von Aufträgen**

Diese Ansätze werden i. d. R. in einem Planungssystem eingesetzt, in dem nach dem Konzept der rollenden Planung vorgegangen wird. Danach werden in regelmäßigen Abständen aktualisierte Produktionspläne entworfen, die sich auf einen über die Zeitachse hinweggleitenden Zeitraum von H Perioden beziehen. Nur die auf wenige unmittelbar bevorstehende Perioden bezogenen Planungsergebnisse werden umgesetzt, während die (Teil-)Produktionspläne für die restlichen Perioden lediglich vorläufigen Charakter haben und in weiteren Planungsläufen revidiert werden können.

E.1 Mengen- und Zeitpuffer

Die Verwendung von mengenmäßigen und zeitlichen Puffern ist in den in der betrieblichen Praxis eingesetzten Systemen zur Produktionsplanung und -steuerung weit verbreitet. Der Logik der Materialbedarfsrechnung folgend[3] muß für ein betrachtetes Produkt k zu jedem Zeitpunkt t sichergestellt sein, daß die bereits bis zum Zeitpunkt $t - z_k$ eingeplante kumulierte Produktionsmenge mindestens so groß ist wie die bis zum Zeitpunkt t kumulierte Nettobedarfsmenge. Dies wurde durch folgende Beziehung sichergestellt:

$$\sum_{\tau=1}^{t-z_k} X_{k\tau} \geq \sum_{\tau=1}^{t} \text{NETTO}_{k\tau} \qquad \begin{array}{l} k = 1, 2, ..., K \\ t = z_k + 1, z_k + 2, ..., T \end{array} \qquad \text{(E.1)}$$

mit

$$\text{NETTO}_{k\tau} = \max\{\text{BRUTTO}_{k\tau} - \text{DISPON}_{k\tau}, 0\} \qquad \begin{array}{l} k = 1, 2, ..., K \\ t = 1, 2, ..., T \end{array} \qquad \text{(E.2)}$$

Mit $\text{DISPON}_{k\tau}$ bezeichnen wir die Summe aus dem physischen Bestand und dem Bestellbestand abzüglich dem Fehlbestand. Da ein eingeplanter Produktionsauftrag erst

---

3   vgl. *Günther und Tempelmeier* (2016), Abschnitt 11.1.2

nach z_k Perioden zur Bedarfsdeckung zur Verfügung steht, muß der Produktionsplan also einen zeitlichen Vorlauf vor der Entwicklung des Nettobedarfs haben. Beziehung (E.1) bietet mehrere Ansatzpunkte zur Berücksichtigung der Unsicherheit:

- $X_{k\tau}$, die (kumulierten) Produktionsmengen,
- z_k, die geplante Vorlaufzeit und
- NETTO$_{k\tau}$, die (kumulierten) Nettobedarfe bzw. deren Komponenten.

Besonders hervorzuheben ist die Tatsache, daß die Vorlaufzeit z_k in den seltensten Fällen bekannt ist. Die Vorlaufzeit soll die erwartete Zeitspanne zwischen der Produktionsfreigabe eines Loses und seinem Wareneingang im (Zwischenprodukt-)Lager erfassen. Bekanntlich hängt diese Durchlaufzeit aber von der Kapazitätsauslastung der Ressourcen ab. Diese ist jedoch erst der nach Aufstellung eines Produktionsplans bekannt. Da im MRP-Konzept bei der Losgrößenplanung die Kapazität der Ressourcen vernachlässigt wird, kommt es zu unvorhersehbaren – und somit aus der Sicht des Planers stochastischen – Durchlaufzeiten.

E.1.1   Sicherheitsbestand

Eine sehr einfach erscheinende Vorgehensweise zur Berücksichtigung der Unsicherheit besteht darin, daß man einen bestimmten Teil des unter deterministischen Bedingungen verfügbaren Lagerbestands der „deterministischen" Planung entzieht. Dies erreicht man durch die Reservierung eines sog. Sicherheitsbestands SB$_k$. Dadurch verringert sich der disponible Lagerbestand und der Nettobedarf des Produkts k in Periode τ erhöht sich entsprechend:

$$\text{NETTO}_{k\tau} = \max\{\text{BRUTTO}_{k\tau} - (\text{DISPON}_{k\tau} - \text{SB}_k), 0\} \qquad \text{(E.3)}$$

Tabelle E.1 zeigt die Entwicklung des Lagerbestands in einem Beispiel, in dem die Nachfrage pro Periode zunächst deterministisch 50 Einheiten beträgt. Die Vorlaufzeit beträgt $z = 2$ Perioden. Bei einem physischen Lagerbestand von 150 Einheiten zu Beginn der Periode 1 muß bereits in Periode 2 ein neues Produktionslos aufgelegt werden, das zu Beginn der Periode 4 zur Bedarfsdeckung zur Verfügung steht. In Periode 4 wird die verbleibende Bedarfsmenge produziert.

Periode	1	2	3	4	5	6
vorher						
Bruttobedarf	50	50	50	50	50	50
physischer Bestand	150	100	50	0	-50	-100
disponibler Bestand	150	100	50	0	-50	-100
Nettobedarf	0	0	0	50	100	150
Fehlbestand	0	0	0	-50	-100	-150
nachher						
Produktionsmenge	0	100	0	50	0	0
Lagerzugang	0	0	0	100	0	50
physischer Bestand	150	100	50	100	50	50
disponibler Bestand	150	100	50	100	50	50
Fehlbestand	0	0	0	0	0	0

Tabelle E.1: Ausgangssituation

Es sei nun angenommen, daß die Bedarfsmenge der Periode 3 nicht 50, sondern 74 beträgt. Da kein Sicherheitsbestand bevorratet wird, führt diese Nachfrage sofort zu einem Fehlbestand, der durch eine Produktionsentscheidung in Periode 3, die in Periode 5 zu einem Lagerzugang führt, ausgeglichen wird.

Periode	1	2	3	4	5	6
vorher						
Bruttobedarf	50	50	<u>74</u>	50	50	50
physischer Bestand	150	100	50	-24	-74	-124
disponibler Bestand	150	100	50	-24	-74	-124
Nettobedarf	0	0	24	74	124	174
Fehlbestand	0	0	-24	-74	-124	-174
nachher						
Produktionsmenge	0	100	<u>24</u>	50	0	0
Lagerzugang	0	0	0	100	24	50
physischer Bestand	150	100	50	76	50	50
disponibler Bestand	150	100	50	76	50	50
Fehlbestand	0	0	-24	0	0	0

Tabelle E.2: Unvorhergesehene Nachfrage in Periode 3 – kein Sicherheitsbestand

Es ist ein Fehlbestand aufgetreten, der durch die Neueinplanung eines Produktionsauftrags in Periode 3 wieder ausgeglichen wird. Allerdings wirkt sich das Auftreten des Fehlbestands auf den Servicegrad des Lagers aus. Der Fehlbestand hätte durch einen ausreichend dimensionierten Sicherheitsbestand vermieden werden können. Beträgt der Sicherheitsbestand z. B. 24 Einheiten, dann ergibt sich die in Tabelle E.3 dargestellte Entwicklung.

Periode	1	2	3	4	5	6
vorher						
Bruttobedarf	50	50	74	50	50	50
physischer Bestand	174	124	74	0	-50	-100
disponibler Bestand	150	100	50	-24	-74	-124
Nettobedarf	0	0	24	74	124	174
Fehlbestand	0	0	0	-50	-100	-150
nachher						
Produktionsmenge	0	100	24	50	0	0
Lagerzugang	0	0	0	100	24	50
physischer Bestand	174	124	74	100	74	74
disponibler Bestand	150	100	50	76	50	50
Fehlbestand	0	0	0	0	0	0

Tabelle E.3: Unvorhergesehene Nachfrage in Periode 3 – Sicherheitsbestand 24

Wie Tabelle E.3 zeigt, tritt in diesem Fall kein Fehlbestand auf, da der vorhandene Sicherheitsbestand ausreicht. Allerdings muß die ungeplante Nachfragemenge, wie der Anstieg des Nettobedarfs in Periode 3 zeigt, unverzüglich nachproduziert werden. Geschieht dies nicht, dann ist der angestrebte Servicegrad in der Zukunft nicht garantiert. In Tabelle E.3 wurde die ursprünglich für Periode 4 geplante Produktionsmenge nicht verschoben. In der Praxis wird es überlegenswert sein, die beiden Produktionsmengen aus den Perioden 3 und 4 zu einem Produktionsauftrag zusammenzufassen. Die Nettobedarfe in den Tabellen E.2 und Tabellen E.3 sind identisch, da wir den physischen Lagerbestand in Tabelle E.3 in Periode 1 um den Sicherheitsbestand erhöht haben.

In der betrieblichen Praxis versucht man häufig, durch andere Maßnahmen zu verhindern, daß der Sicherheitsbestand überhaupt angegriffen wird. So wird eine zufällige Erhöhung der Nachfrage z. B. oft durch Änderung der Prioritäten und Neueinplanung der bereits eingeplanten Produktionsaufträge ("rescheduling") gedeckt. Dies zeugt von einem fehlerhaften Verständnis der Funktion des Sicherheitsbestands, der dann praktisch nie in Anspruch genommen wird und demzufolge überflüssig ist (toter Lagerbestand). Die buchhalterisch2e Berücksichtigung des Sicherheitsbestands ist nicht schwierig. Allerdings sind zwei wichtige Fragen zu klären, die eng miteinander zusammenhängen:

- Wie hoch ist der optimale Sicherheitsbestand?

- Wie soll die durch die ungeplante Nachfrage aufgetretene Bestandslücke wieder gefüllt werden?

Zur Beantwortung der Frage nach der Höhe des optimalen Sicherheitsbestands kann auf die in Abschnitt C behandelten Konzepte zurückgegriffen werden, wenn man Informationen über die **Wahrscheinlichkeitsverteilung der Nachfrage** und über die Länge des **Risikozeitraums** hat.

Wahrscheinlichkeitsverteilung der Nachfrage. Nimmt man an, daß das im obigen Beispiel betrachtete Produkt ein Vorprodukt mit vorwiegend abgeleitetem Bedarf ist, dann sind die zufälligen Veränderungen der Nachfrage dieses Produkts das Ergebnis der Weiterwälzung von Nachfrageschwankungen der Endprodukte. Je tiefer das Produkt in der Erzeugnisstruktur angesiedelt ist und je größer seine Verflechtungsbedarfskoeffizienten in Bezug auf die Endprodukte sind, umso größer sind die Schwankungen der Nachfragen des Vorprodukts im Vergleich zu den Bedarfsschwankungen der Endprodukte. Werden darüberhinaus rüstzeit- oder rüstkostenbedingt mehrere Periodenbedarfe zu Produktionslosen zusammengefaßt, dann kommt es durch die **Losbildung** zu einer weiteren Verstärkung der Nachfragevarianz. Werden dagegen große Periodenbedarfsmengen aufgrund **knapper Kapazitäten** auf mehrere Produktionsperioden verteilt, dann kommt es zu einer Glättung der zufälligen Nachfrageschwankungen. Diese Effekte müssen bei der Festlegung des Sicherheitsbestands berücksichtigt werden.

In der betrieblichen Praxis neigt man dazu, die zufällige Komponente der Periodennachfrage eines Produkts als normalverteilt anzunehmen. Dem herkömmlichen MRP-Konzept folgend wird zunächst auf der Grundlage von prognostizierten Primärbedarfen die Materialbedarfsrechnung durchgeführt. Für die zufällige Komponente des Periodenbedarfs eines untergeordneten Produkts (d. h. den Prognosefehler) wird die **Normalverteilung** dann i. d. R. ohne weitere Prüfung unterstellt. Dabei wird übersehen, daß die beobachtete Bedarfsentwicklung für ein untergeordnetes Produkt nur teilweise zufallsbedingt ist, zu einem möglicherweise großen Teil aber aus der Produktionsplanung für übergeordnete Produkte resultiert.

Die Bestimmung der Wahrscheinlichkeitsverteilung der Nachfrage eines untergeordneten Produkts in einer mehrstufigen Erzeugnisstruktur ist vor allem dann schwierig, wenn in größeren Losen produziert wird. Denn die Losgrößenentscheidungen einer übergeordneten Stufe beeinflussen die zeitliche Struktur der Bedarfsmengen, die im Rahmen der Materialbedarfsrechnung auf die untergeordneten Erzeugnisstufen überwälzt werden. Im obigen Beispiel wurde wegen der zufällig eingetretenen Nachfrageerhöhung in Periode 3 ein neuer Produktionsauftrag über 24 Einheiten ausgelöst. Für ein untergeordnetes Erzeugnis würde dies einen entsprechenden Sekundärbedarf bedeuten. Man hätte aber auch die neue Bedarfsmenge mit der geplanten Produktionsmenge aus Periode 4 zusammenfassen können und die Produktionsmenge 74 in Periode 3 vorsehen können.

Risikozeitraum. Die zweite Einflußgröße des Sicherheitsbestands ist die Länge des Risikozeitraums. Zunächst ist zu berücksichtigen, daß im MRP-Konzept die Zeitachse in diskrete Perioden aufgeteilt ist. Alle aus der Lagerhaltungstheorie entlehnten Planungskonzepte, die auf einer kontinuierlichen Zeitachse aufbauen, verursachen daher einen Abbildungsfehler. Die Länge des Risikozeitraums besteht damit aus dem Überwachungsintervall und der Länge der Wiederbeschaffungszeit.

Die **Wiederbeschaffungszeit** (aus der Sicht des aufzufüllenden Lagers) ist die Zeitspanne zwischen der Freigabe eines Produktionsauftrags und dem Zeitpunkt, an dem der Lagerzugang erfolgt und die produzierte Menge zur Bedarfsdeckung zur Verfügung steht. Diese Zeitspanne ist **nicht** identisch mit der geplanten Durchlaufzeit, mit der im MRP-Konzept gerechnet wird. Letztere wird von einem Planer als ein Vielfaches der Zeitspanne festgelegt, die ein Produktionsauftrag ohne Wartezeiten und Produktionsstörungen mindestens im Produktionsbereich verbringt. Ein Produktionsauftrag wird somit weit vor dem Termin zur Produktion freigegeben, der unter deterministischen Bedingungen spätestzulässig wäre.

Für die Festlegung des Sicherheitsbestand dagegen sind nicht der Termin der Auftragsfreigabe durch den Planer, sondern die tatsächlichen Unsicherheitsursachen von Bedeutung, die sich aus der Natur der Nachfrage und der Produktion ergeben. Hier ist es hilfreich, die Einflußgrößen zu identifizieren, die die Bewegung eines Auftrags in der Produktion hemmen.[4] Vor allem drei Zeiten sind zu nennen:

- Die Zeit, während der sich ein Auftrag an einer Ressource in Bearbeitung befindet (Rüsten, Bearbeiten, Störzeiten).
- Wartezeiten auf das Freiwerden einer Ressource.
- Wartezeiten auf die Koordination mit anderen Produkten, z. B. zu montierende Komponenten.

Die erste Komponente ist bei Kleinserienfertigung weitgehend technisch bedingt. Besondere Aufmerksamkeit verdienen dagegen die **Wartezeiten**. Werden bei der deterministischen Losgrößenplanung die Kapazitäten berücksichtigt, dann kommt es nicht mehr zu systematischen Wartezeiten, sondern bei Kapazitätsknappheit zu einer Vorratsproduktion. Lediglich Zufallseinflüsse und die Notwendigkeit, die in der Losgrößenplanung bestimmten Produktionsmengen noch weiter zu detaillieren, können unvorhergesehene, zufällige Wartezeiten verursachen.

Die konkrete Ermittlung der relevanten Wiederbeschaffungszeit ist sehr schwierig. Aus warteschlangentheoretischer Sicht könnte man argumentieren, daß die Durchlaufzeit eines Auftrags von der Kapazitätsauslastung der Ressourcen abhängt.[5] Dies gilt jedoch nicht für den Fall, daß in der Losgrößenplanung beschränkte Kapazitäten berücksichtigt

---

4   vgl. *Enns* (2001)
5   vgl. *Karmarkar* (1993)

werden und damit die „Ankunft" von Aufträgen in der Warteschlange zeitlich beeinflußt wird. Bei kapazitätssensitiver Planung kommt es dagegen verstärkt zu einer Produktion auf Vorrat und damit zu Lagerbeständen, aus denen unvorhergesehene Nachfragen gedeckt werden können. Diese kapazitätsbedingte Vorratsproduktion hat dieselbe positive Wirkung auf den Servicegrad eines Lagers wie ein Sicherheitsbestand.

Falls der Sicherheitsbestand aufgrund eines ungeplanten Bedarfs angegriffen wurde oder es sogar zu einem Fehlbestand gekommen ist, muß die fehlende Menge unverzüglich wieder aufgefüllt werden. Bei knappen Kapazitäten kann dann ein Allokationsproblem entstehen, da z. B. zu entscheiden ist, ob knappe Kapazität zur Auffüllung des Sicherheitsbestands für das Produkt A oder aus Kosten- oder Kapazitätsgründen zur Vorratsproduktion des Produkts B verwendet werden soll. Die ungeplante Nachfrage für Produkt A kann somit die Produktionsmengenentscheidung für das Produkt B beeinflussen.[6]

Die bisherigen Ausführungen zum Sicherheitsbestand beschreiben die Vorgehensweise der Praxis, die weitgehend dem MRP-Konzept folgt. Prinzipiell muß man sich aber bei **dynamischer Nachfrage und dynamischer Losgrößenplanung** folgende Fragen stellen:

- Ist es sinnvoll, einen konstanten Sicherheitsbestand zu verwenden?

  Aus Abschnitt C.1.1.3 wissen wir, daß die Höhe des optimalen Sicherheitsbestands von der Losgröße (bzw. Bestellmenge) abhängt. Wird die Losgröße im Zeitablauf verändert, dann muß sich auch der Sicherheitsbestand ändern.

- Benötigen wir das Konstrukt „Sicherheitsbestand" überhaupt noch?

  Eine von der jeweiligen Losgröße abhängige Festlegung des Sicherheitsbestands erreicht man, wenn man die Losgrößen mit einem **dynamischen stochastischen Losgrößenmodell** bestimmt. In diesem Fall legt man Losgrößen unter Berücksichtigung der Tatsache fest, daß die Nachfrage (oder auch die Produktionsausbeute) Zufallsvariablen sind. Da die Losgrößen dann einen modellintern optimierten Sicherheitszuschlag enthalten, wird das Konzept des „Sicherheitsbestands" nicht mehr benötigt. Modelle und Lösungsansätze dieses Typs sind in *Tempelmeier*[7] ausführlich beschrieben.

E.1.2 Sicherheitsvorlaufzeit

Ist eine Sicherheitsvorlaufzeit SZ vorgesehen, dann wird ein Auftrag für das Produkt k anstatt in Periode $(t - z_k)$ schon eine oder mehrere Perioden früher, also in der Periode $(t - z_k - \text{SZ})$, ausgelöst. Die Verwendung der Sicherheitsvorlaufzeit verschiebt den

---

6   vgl. *Wagner* (2003)
7   vgl. *Tempelmeier* (2017)

spätestzulässigen Produktions- bzw. Beschaffungstermin in die Periode $(t - z_k - SZ)$. Dadurch ist die unter deterministischen Bedingungen in Periode $(\tau + z_k)$ fertiggestellte Menge im Normalfall nun schon in der Periode $(\tau + z_k - SZ)$, d. h. SZ Perioden früher, im Lager verfügbar. Durch die Verlängerung der Lagerdauer (Lagerung nach der Produktion) entstehen zusätzliche Lagerkosten. Die tatsächliche Durchlaufzeit des Produktionsauftrags kann sich um die Sicherheitsvorlaufzeit erhöhen, ohne daß Probleme bei der Versorgung des nachfolgenden Produktionsprozesses mit Material auftreten.

Die Bestimmung der optimalen Sicherheitszeit bereitet erhebliche Schwierigkeiten. Hierauf wurde bereits in Abschnitt E.1.1 eingegangen. Wird für jeden Arbeitsgang bzw. für jede Produktstufe eine Sicherheitsvorlaufzeit vorgesehen, dann besteht die Gefahr, daß sich diese Zeiten über die mehrstufige Erzeugnisstruktur kumulieren und überhöhte Lagerbestände zur Folge haben. Dies ist ein Problem, das in der betrieblichen Praxis häufig auftritt.

Bei beiden beschriebenen Pufferungsmechanismen – sowohl bei Verwendung eines Sicherheitsbestands als auch bei Einsatz einer Sicherheitsvorlaufzeit – wird der durchschnittliche Lagerbestand eines Produkts erhöht. Die Auswirkungen beider Methoden zur Absorption der Unsicherheit auf die Höhe des Lagerbestands sind aber unterschiedlich. Während die Verwendung eines Sicherheitsbestands zu einer konstanten, von einzelnen Produktionsaufträgen unabhängigen Erhöhung des Lagerbestands führt, tritt ein erhöhter Lagerbestand bei Verwendung einer Sicherheitsvorlaufzeit nur dann auf, wenn auch ein bestehender Produktionsauftrag früher ausgelöst worden ist. Die Höhe des aus Sicherheitsgründen überhöhten Lagerbestands entspricht dabei der Menge des zeitlich vorgezogenen Produktionsauftrags.

Der durch die Unsicherheit induzierte Lagerbestand ist damit umso größer, je mehr Aufträge eingeplant und um die Sicherheitsvorlaufzeit verfrüht eingelagert werden. Da auf den unteren Erzeugnisstufen die Bedarfe zunehmend sporadischer und demzufolge Produktionsaufträge seltener aufgelegt werden, ist zu erwarten, daß die Sicherheitszeit insb. für untergeordnete Produkte bei gleichem Lieferunfähigkeitsrisiko gegenüber dem Sicherheitsbestand mit einem niedrigeren Lagerbestand verbunden ist.[8] Ein Nachteil der Sicherheitsvorlaufzeit besteht darin, daß mengenmäßige Unsicherheit nicht ohne die Beeinflussung anderer Produktionsaufträge aufgefangen werden kann.

E.1.3   Überschätzung der Nettobedarfsmengen

Als weiterer Mechanismus zur Absorption der Unsicherheit bietet es sich an, die Bedarfsmengen zu überschätzen.[9] Der Nettobedarf wird in diesem Fall wie in Gleichung

---

8   vgl. *Wijngaard und Wortmann* (1985)
9   vgl. *Wijngaard und Wortmann* (1985); *Kamp et al.* (1989); *Bartezzaghi und Verganti* (1995); *Murthy und Ma* (1996)

(E.2), S. 325, bestimmt, wobei anstelle der prognostizierten Bruttobedarfsmengen überhöhte Werte angegeben werden, mit denen alle relevanten Unsicherheitsfaktoren erfaßt werden sollen. So wird z. B. Unsicherheit hinsichtlich der Produktionsergebnisses, d. h. der erwartete Ausschuß, durch einen Zuschlag auf den Bedarf erfaßt.[10]

E.1.4 Bestandsrationierung

Sieht man einmal von der in Abschnitt C.3 behandelten Lagerpolitik mit mehreren Kundenklassen ab, dann wurde bisher immer davon ausgegangen, daß der gesamte physische Lagerbestand zur Erfüllung der vorhandenen Nachfragemengen verwendet wird. In manchen Fällen kann es jedoch sinnvoll sein, nicht die gesamte Nachfragemenge eines Kunden zu erfüllen, sondern zunächst nur einen bestimmten Anteil und den Rest später, wenn sich die Bestandssituation wieder entspannt hat. Man definiert dann eine Bestandshöhe, ab der alle eintreffenden Aufträge nur noch zu einem bestimmten Prozentsatz erfüllt werden. Diese Bestandshöhe kann absolut oder auch relativ zum prognostizierten Nettobedarf definiert sein. Bestandsrationierung wird vor allem im Zusammenhang mit mehrstufigen Supply Chains und zentraler bzw. systemweiter Bestandskontrolle diskutiert.[11] Sie hat den Vorteil, daß alle Aufträge – solange positiver Bestand vorhanden ist – wenigstens zum Teil erfüllt werden. Der Nachteil ist allerdings, daß die Restlieferungen vielfach auf Kosten des Lieferanten ausgeliefert werden müssen. Auch kann der Effekt eintreten, daß die Abnehmer ihren Bedarf um die erwartete Mindermenge erhöhen und damit mehr bestellen, als sie eigentlich benötigen. Dies kann insb. dann problematisch werden, wenn die Abnehmer stromabwärts gelegene Lager sind, die zu demselben Unternehmen gehören wie das liefernde Lager.

E.1.5 Produktsubstitution und Kannibalisierung

Eine interessante Option ergibt sich, wenn ein Produkt, für das eine unvorgesehene Nachfrage aufgetreten und daher Unsicherheit abzudecken ist, aus Komponenten besteht, die in leicht veränderter Form auch in andere Produkte eingebaut werden. So findet man z. B. in einer PC-Produktlinie Geräte mit unterschiedlich leistungsfähigen Netzgeräten. Tritt ein Nachschubproblem für ein Netzgerät einer niedrigeren Leistungsstufe auf, dann kann dieses durch ein Netzgerät einer höheren Leistungsstufe ersetzt werden. Dies verursacht zwar höhere Kosten, die vom Kunden nicht ausgeglichen werden, kann aber im Einzelfall günstiger sein als die Bevorratung eines hohen Sicherheitsbestands. Insbesondere bei hoher Nachfragevarianz kann diese **Produktsubstitution** zur Absicherung gegen extrem hohe Nachfrage sinnvoll sein.[12]

---

10 Zur Berücksichtigung stochastischer Ausbeute in einem dynamischen Losgrößenmodell vgl. *Kirste* (2017); *Tempelmeier* (2017).

11 vgl. *Lagodimos* (1992)

12 vgl. *McGillivray und Silver* (1978); *Bassok und Anupindi* (1999); *Balakrishnan und Geunes* (2000)

Es ist zu erwarten, daß der Sicherheitsbestand durch die Möglichkeit der Produktsubstitution sinkt, da es zu stochastischen Ausgleichseffekten zwischen den substituierbaren Produkten kommt. Bei vollständiger Substituierbarkeit ist der ingesamt benötigte Sicherheitsbestand identisch mit dem Sicherheitsbestand, der sich bei einem Produkt ergibt, dessen Nachfrage gleich der Gesamtnachfrage aller substituierbaren Produkte ist.[13]

Eine weitere Möglichkeit besteht darin, eine bereits in ein anderes, auf Lager produziertes Produkt eingebaute Komponente wieder auszubauen und zur Deckung des dringenderen Bedarfs zu verwenden. Diese **Produktkannibalisierung** wird in manchen Unternehmen in der Ersatzteilversorgung für Produkte angewandt, deren Bedarf extrem sporadisch, z. B. einmal pro Jahr, auftritt.[14] Die Kosten für den Wiederausbau des Ersatzteils aus einem Fertigprodukt – und der späteren Wiederherstellung des Fertigprodukts – können niedriger sein als die Kosten der Bevorratung von Sicherheitsbestand über einen langen Zeitraum, in dem keine Lagerbewegung auftritt. In beiden Fällen wirken die verwendeten Produkte wie Sicherheitsbestand.

E.2   Partielle Fixierung des Produktionsplans

In Abschnitt A.3, S. 5 ff., wurde bereits darauf hingewiesen, daß bei rollender Planung die Bedarfsprognosen mehr oder weniger großen Schwankungen unterliegen können. Die resultierende Unsicherheit bezüglich der Dauerhaftigkeit der Bedarfsprognosewerte wird verstärkt, wenn jeder neu eingegangene Kundenauftrag oder jede Änderung eines Prognosewertes unverzüglich zu einer Veränderung des Produktionsplans führt.

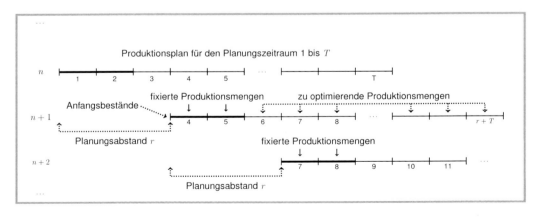

Bild E.1: Rollende Planung mit partiell fixiertem Produktionsplan

---

13   vgl. *McGillivray und Silver* (1978)

14   vgl. *Sherbrooke* (1992)

Es liegt nun nahe, ein Zeitfenster festzulegen, innerhalb dessen die in der Produktionsplanung festgelegten Produktionsmengen nicht mehr verändert werden dürfen.[15] Je länger der Planungszeitraum ist, für den verbindliche Produktionsmengen festgelegt werden, die sich auch dann nicht ändern, wenn aktualisierte Bedarfsprognosen bekannt werden, umso seltener verändern sich die Planungsgrundlagen und umso seltener wird eine Veränderung der Produktionspläne für die untergeordneten Produkte notwendig.

Die Auswirkungen der Verwendung eines Zeitfensters mit fixiertem Produktionsplan (engl. frozen schedule) zeigt Bild E.1.

Im Planungslauf n erfolgt die Produktionsplanung für einen Planungshorizont von T Perioden. Für die ersten 5 Perioden dieses Planungszeitraums wird das Produktionsprogramm als Planvorgabe für die Losgrößen- und Ressourceneinsatzplanung der untergeordneten Produkte fixiert. Nach Ablauf von $r = 3$ Perioden wird der Planungslauf $n + 1$ durchgeführt. Es werden nun zunächst aktualisierte Bedarfsprognosen für die Perioden $r + 1$ bis $r + T$ ermittelt. Diese gehen zusammen mit den aktualisierten Lagerbeständen am Ende der Periode r in die Produktionsplanung ein. Da sich letztere nun auf einen um r Perioden in die Zukunft verschobenen Planungszeitraum mit geänderten Bedarfsprognosen bezieht, kann es zu Veränderungen des optimalen Produktionsplans im Vergleich zum Planungslauf n kommen. Um Planänderungen in den unmittelbar bevorstehenden Perioden $r + 1, r + 2, \ldots$ und die damit verbundene Planungsnervosität zu vermeiden, fixiert man üblicherweise die Produktionsmengen aus dem vorangegangenen Planungslauf für f Perioden (im Bild ist $f = 2$). Änderungen der Nachfrageprognosen wirken sich somit erst im Produktionsplan für die Perioden aus, die jenseits von $r + f$ liegen.

Es wird deutlich, daß die Länge des Planungsintervalls (r) sowie die Länge der Zeitspanne mit fixierten geplanten Produktionsmengen (f) die Qualität der Planungsergebnisse beeinflussen können. Je länger das Planungsintervall r ist, umso seltener werden die Planungsdaten aktualisiert und umso schwerfälliger reagiert das Planungssystem auf Datenänderungen.[16] Bei unerwartet hohen Bedarfsmengen besteht hier z. B. die Gefahr von Lieferunfähigkeit (Fehlmengen). Die Unsicherheit bezüglich der Primärbedarfsmengen kann dann durch Sicherheitsbestände auf der Ebene der Endprodukte abgefangen werden. Die in der betrieblichen Praxis in beträchtlichem Ausmaß bestehende Unsicherheit bezüglich der Durchlaufzeiten der einzelnen Arbeitsgänge kann jedoch auf diesem Wege nicht absorbiert werden.

Zur Festlegung der Länge der Zeitspanne mit fixierten Produktionsmengen bieten sich zwei Methoden an.[17] Zum einen kann eine konstante Anzahl von f Perioden vorgegeben werden. Dies ist in Bild E.1 dargestellt. Zum anderen kann die Anzahl der Produktions-

---

15 vgl. *Wijngaard und Wortmann* (1985); *Kadipasaoglu und Sridharan* (1995)
16 vgl. *Sridharan et al.* (1987); *Sridharan und LaForge* (1994)
17 vgl. *Sridharan et al.* (1987); *Zhao und Lee* (1993)

aufträge fixiert werden, deren Mengen und Termine nicht verändert werden dürfen. Je kürzer dieser Zeitraum f ist, umso häufiger werden geplante Produktionsmengen verändert.

Dies ist dann problematisch, wenn dadurch auch bereits zur Produktion freigegebene Aufträge betroffen sind. Aufgrund der notwendigen zeitlichen Vorlaufverschiebungen in mehrstufigen Erzeugnisstrukturen kann der Fall eintreten, daß die Veränderung des Produktionsplans für ein Endprodukt zu Veränderungen der Sekundärbedarfsmengen eines untergeordneten Erzeugnisses in Perioden führt, für die bereits Produktionsaufträge freigegeben worden sind. Um dann z. B. Fehlmengen für das untergeordnete Erzeugnis zu verhindern, muß u. U. ein bereits freigegebener Auftrag verändert werden. Auf die dann entstehenden Probleme der Neueinplanung von Aufträgen wird im folgenden Abschnitt eingegangen.

E.3   Neueinplanung von Aufträgen

Die Neueinplanung von Produktionsaufträgen, die zwar schon terminiert und freigegeben sind, mit deren Bearbeitung aber noch nicht begonnen wurde (rescheduling) ist eine häufig eingesetzte Form der Reaktion auf Änderungen in der Datengrundlage der kurzfristigen Produktionsplanung. Das Ausmaß der Neueinplanung wird unmittelbar von der im vorangegangenen Abschnitt diskutierten Länge des Planungshorizonts mit verbindlich fixierten Planvorgaben beeinflußt. Dabei ist nach dem geänderten Auftragsmerkmal zu unterscheiden zwischen einer Veränderung des geplanten **Fertigstellungstermins**, einer Veränderung der geplanten **Auftragsgröße** und einer Veränderung der geplanten **Durchlaufzeit**.

Die Veränderung des geplanten **Fertigstellungstermins** (due date) eines Auftrags infolge einer Veränderung der Bedarfsmenge wird in der Literatur als eine einfach zu implementierende Methode empfohlen.[18] In diesem Fall wird ein Auftrag für ein Erzeugnis, dessen Bedarf sich in einer Periode gegenüber dem Plan erhöht hat, soweit vorgezogen, daß der zusätzliche Bedarf gedeckt werden kann. Das ist jedoch nur dann möglich, wenn genügend zeitlicher Spielraum (Pufferzeit) für die Terminverschiebung des Auftrags besteht. Wurde die Losgröße des vorgezogenen Auftrags nach einem Verfahren der dynamischen Losgrößenbestimmung durch Zusammenfassung einer ganzzahligen Anzahl zukünftiger Periodenbedarfsmengen gebildet, dann bedeutet die Verwendung eines Teils dieses Loses zur Abdeckung des ungeplanten zusätzlichen Bedarfs, daß die verbleibende Reichweite des Loses sich verringert. Dies wiederum kann alle in folgenden Perioden eingeplanten Aufträge beeinflussen. Die negativen Folgen einer zeitlichen Ver-

---

18   vgl. *Penlesky et al.* (1989); *Penlesky et al.* (1991)

schiebung des Produktionstermins sind dabei umso größer, je weiter ein Los vorgezogen werden muß, d. h. je größer die Reichweiten der Lose sind.

Bei Veränderung der **Auftragsgröße** aufgrund einer kurzfristigen Veränderung der Bedarfsmenge eines Erzeugnisses wird die Losgröße um den zusätzlichen Bedarf erhöht bzw. verringert. Die Verringerung der Losgröße kann in mehrstufigen Erzeugnisstrukturen Probleme aufwerfen, da aufgrund der zeitlichen Vorlaufverschiebung evtl. bereits produzierte untergeordnete Einzelteile und Baugruppen nach Verringerung der Auftragsmenge des übergeordneten Produkts nicht mehr benötigt werden. Bei Erhöhung der Losgröße kann dagegen das Problem auftreten, daß die benötigten Vorprodukte nicht verfügbar sind.

Die geplante **Durchlaufzeit** (Vorlaufverschiebung; planned lead time) eines Auftrags wird in der betrieblichen Praxis häufig verändert. Das liegt vor allem daran, daß bereits bei der Prognose der Durchlaufzeit eines Auftrags wegen der bestehenden Unsicherheit mit einem überhöhten Zeitzuschlag gerechnet wird. Da ohnehin kein Vertrauen in die Realitätsnähe eines solchen Planwertes besteht, wird eine Anpassung der Plandurchlaufzeit oft zur Adaption des Produktionsplans an eine geänderte Datensituation eingesetzt. Die Veränderung der Plandurchlaufzeit wird in vielen Fällen auch von Maßnahmen zur tatsächlichen Beschleunigung des Bearbeitungsfortschritts eines Auftrags begleitet. So kann ein kritischer Auftrag als Eilauftrag deklariert und bevorzugt bearbeitet werden. Dabei ist jedoch zu beachten, daß die Verkürzung der Durchlaufzeit eines bevorzugten Auftrags zu Lasten mindestens eines anderen Auftrags geht, dessen Durchlaufzeit sich erhöht.

Von der rechtzeitigen Anpassung der Auftragsdaten (Liefertermin, Auftragsgröße, geplante Durchlaufzeit) an geänderte Datenkonstellationen werden ein höherer Servicegrad sowie niedrigere Lagerbestände erwartet, da auf diese Weise die Produktionsplanung immer auf der Grundlage aktueller Daten stattfindet. Ein höherer Servicegrad wird z. B. erreicht, wenn ein zeitlich vorgezogener Endproduktbedarf durch eine entsprechende Anpassung der Produktionstermine rechtzeitig erfüllt wird. Ein bestandssenkender Effekt ist zu erwarten, wenn aufgrund einer Bedarfsverschiebung in die Zukunft durch die Verschiebung des geplanten Produktionstermins vermieden wird, daß die Auftragmenge zu früh im Lager eintrifft und dort auf den Bedarfszeitpunkt wartet. *Penlesky, Berry und Wemmerlöv*[19] vergleichen in einer Simulationsstudie die Strategie der dynamischen Neueinplanung von Aufträgen infolge geänderter Primärbedarfsmengen und -termine mit dem vollständigen Verzicht auf eine Anpassung der Produktionspläne. Sie simulieren ein aus acht Maschinen bestehendes Produktionssystem, in dem vier Endprodukte mit jeweils drei Einzelteilen nach festen Arbeitsplänen hergestellt werden. Die Simulationsergebnisse deuten darauf hin, daß die dynamische Neueinplanung der Aufträge

---

19   vgl. *Penlesky et al.* (1989)

bezüglich der Kriterien Servicegrad und Gesamt-Lagerbestandsmenge in vielen Fällen zu besseren Ergebnissen führt als der Verzicht auf eine Plananpassung. Allerdings wurde eine Tendenz zur Verschiebung der Lagerbestände von der Ebene der Einzelteile zur Ebene der Endprodukte festgestellt, so daß bei dynamischer Neueinplanung die Gefahr einer Erhöhung des Lagerbestandswertes besteht. Der Einfluß der im Abschnitt A.4.3, S. 17 ff., diskutierten Mengen- und Zeitpuffer wurde nicht systematisch in die Simulationsstudie einbezogen. Es ist zu erwarten, daß hierdurch beträchtliche Interaktionseffekte hervorgerufen werden.[20]

Mit der Neueinplanung von Aufträgen entsteht das Problem der **Nervosität** des Planungssystems.[21] Um zu verhindern, daß bereits geringfügige Datenänderungen zu einem neuen Planungslauf mit resultierender Neueinplanung von Aufträgen führen, wird empfohlen, Filtermechanismen zu verwenden, mit denen wichtige von unwichtigen Datenänderungen getrennt werden können.[22]

Ein indirekter Filtermechanismus wird von *Carlson, Jucker und Kropp*[23] vorgeschlagen. Sie erweitern die Zielfunktion des dynamischen Einprodukt-Losgrößenproblems[24] um Planänderungskosten, um die Rüstkosten einer Periode erhöht werden, wenn nach dem Produktionsplan des letzten Planungslaufs keine Produktion in dieser Periode vorgesehen war. *Kazan, Nagi und Rump*[25] differenzieren in einem ähnlichen Ansatz zwischen Kosten der Auflösung eines Loses, der Neueinplanung eines Loses sowie Kosten der Veränderung der Losgröße. Der Ansatz, Planänderungskosten in die Optimierung einzubeziehen, ist konzeptionell beeindruckend. Seine Anwendbarkeit hängt jedoch davon ab, daß die tatsächlich mit einer Planänderung verbundenen Kosten quantifiziert werden können. Diese Voraussetzung wird i. d. R. nicht erfüllt sein.

Eine andere Möglichkeit zur Reduzierung der Nervosität des Planungssystems besteht darin, nur solche Datenänderungen zum Anlaß für die Neueinplanung von Aufträgen zu nehmen, die ein bestimmtes als kritisch angesehenes Ausmaß überschreiten. *Penlesky, Wemmerlöv und Berry*[26] untersuchen verschiedene Strategien zur Beruhigung des Planungssystems, wobei sie insb. auf Terminverschiebungen der Aufträge abstellen. Zur Identifizierung eines unwichtigen Auftrags berücksichtigen sie das Ausmaß der Verschiebung, den Planungshorizont sowie die verbleibende Zeit vom Planungszeitpunkt bis

---

20 vgl. *Carlson und Yano* (1986); *Yano und Carlson* (1985, 1987, 1988)

21 Vgl. *Steele* (1975); *Mather* (1977); *Carlson et al.* (1979); *Blackburn et al.* (1985, 1986, 1987); *Minifie und Davis* (1990); *Ho et al.* (1995); *Ho und Carter* (1996). Zum Problem der Nervosität in einstufigen Lagerhaltungssystemen vgl. insb. *Inderfurth* (1994); *Jensen* (1993).

22 vgl. *Ho et al.* (1986); *Ho* (1989)

23 Vgl. *Carlson et al.* (1979). Zur Berücksichtigung von Planänderungskosten vgl. auch *Ho et al.* (1986).

24 vgl. *Tempelmeier* (2017), Modell SLULSP

25 vgl. *Kazan et al.* (2000)

26 vgl. *Penlesky et al.* (1991)

zum neuen Wunschtermin des Auftrags. Aufgrund eines Simulationsexperiments kommen sie zu dem Ergebnis, daß die Anwendung eines Filtermechanismus im Vergleich zur vollständigen Umsetzung aller Datenänderungen vorteilhaft sein kann.

E.4 Vorankündigung von Aufträgen

Bei der obigen Analyse der Lagerpolitiken wurde deutlich, daß die Länge der Wiederbeschaffungszeit einen maßgeblichen Einfluß auf die Höhe des Sicherheitsbestands hat. Will man letzteren senken, dann kann man einmal versuchen, auf den Lieferanten Einfluß zu nehmen mit dem Ziel, die Wiederbeschaffungszeit zu verkürzen und ihre Streuung zu reduzieren. Alternativ kann man versuchen, die Abnehmer dazu zu bewegen, ihre Aufträge mit einem **zeitlichen Vorlauf** bereits einige Perioden vor dem eigentlichen Bedarfstermin verbindlich zu erteilen. Die zeitliche Differenz zwischen dem Zeitpunkt der Auftragserteilung und dem gewünschten Liefertermin wirkt in gleicher Weise wie eine Verkürzung der Wiederbeschaffungszeit des Lagers.[27] Ist die Nachfrage z. B. immer schon zwei Perioden vor ihrem Liefertermin mit Sicherheit bekannt, dann kann man ihre Entwicklung bei der Bestimmung des disponiblen Lagerbestands mit berücksichtigen. Steht nun die Entscheidung über die Größe der auszulösenden Bestellung an, dann kennt man bereits die tatsächliche Nachfrage aus den unmittelbar bevorstehenden zwei Perioden des Risikozeitraums und muß für diese beiden Perioden keinen Sicherheitsbestand vorhalten.

Da sich aber das Risiko beim Abnehmer erhöht – denn wenn er einen Auftrag fest erteilt hat, kann er diesen nicht mehr ändern und seinerseits nicht mehr auf unvorhergesehene Ereignisse reagieren –, muß der Abnehmer dafür belohnt werden. Das kann z. B. durch einen Preisnachlaß geschehen.[28] Insb. in mehrstufigen Logistikketten, in denen die Beteiligten systematisch planen und nicht nur reagieren, hat ein „Abnehmer" als Ergebnis der Produktionsplanung oft bereits für mehrere Perioden im voraus genaue Vorstellungen über den Ablauf seines Wertschöpfungsprozesses. Er kann daher mit mäßigem Anstieg seines Risikos Informationen über die unmittelbar bevorstehenden geplanten Bestellungen an seinen Lieferanten weiterleiten. In vielen Fällen ist dies für den Abnehmer sogar mit überhaupt keinem Nachteil verbunden, weil aufgrund schlecht strukturierter Geschäftsprozesse bereits definierte Aufträge in der Einkaufsabteilung sinnlos herumliegen und auf ihre „Bearbeitung" warten, anstatt direkt an den Lieferanten weitergeleitet zu werden.

Der Einfluß der Vorankündigung von Aufträgen auf die Höhe der Lagerkosten des Lie-

---

27 vgl. *Hariharan und Zipkin* (1995); *Gallego und Özalp Özer* (2001)
28 vgl. *Gilbert und Ballou* (1999)

feranten kann recht einfach wie folgt quantifiziert werden. Nehmen wir an, die tägliche Nachfragemenge sei mit $\mu = 2000$ und $\sigma = 500$ normalverteilt. Bei Anwendung einer (r, S)-Politik mit täglicher Lagerüberwachung ($r = 1$) und einem angestrebten Servicegrad von $\beta = 0.95$ ergibt sich die in Bild E.2 wiedergegebene Entwicklung des Sicherheitsbestands als Funktion der Wiederbeschaffungszeit.

Sind nun alle Kunden bereit, ihre Aufträge mit einem Vorlauf von zwei Tagen vor dem gewünschten Liefertermin verbindlich anzukündigen, dann wirkt das so, als ob der Lieferant anstatt z. B. $\ell = 8$ nur eine Wiederbeschaffungszeit von $\ell^* = 6$ hätte. Ohne Beeinträchtigung seines β−Servicegrades kann er dann den Sicherheitsbestand von 1671 auf 1389 senken.

Die mit einem späteren Liefertermin versehenen Kundenaufträge werden in dem Lagerdispositionssystem des Lieferanten unmittelbar nach Auftragseingang von dem verfügbaren Lagerbestand abgezogen und als Bestandteil des reservierten Bestands behandelt. Bei der nächsten Lagerüberwachung und Vorratsergänzung werden sie dann bereits berücksichtigt, obwohl sie erst später ausgeliefert werden müssen.

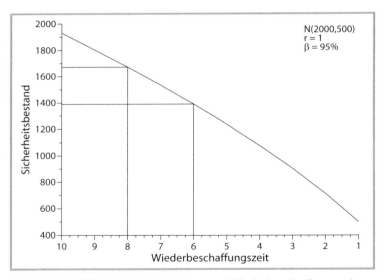

Bild E.2: Sicherheitsbestand versus Wiederbeschaffungszeit

Das einfache Beispiel zeigt, daß durch einen systematischen Informationsaustausch das durch Sicherheitsbestand abzufangende Risiko beträchtlich gesenkt werden kann. Dies ist auch das Ziel der in den Advanced-Planning-Softwaresystemen implementierten Konzepte zum „Collaborative Planning, Forecasting and Replenishment", die es den

Partnern in einem Logistik-Netz gestatten sollen, alle für sie relevanten Informationen einzusehen und auszutauschen.

Anstelle einer verbindlichen Vorankündigung eines zukünftigen Kundenauftrags besteht für den Lieferanten auch die Möglichkeit, den Zeitpunkt des nächsten Auftragseingangs zu **prognostizieren**. Dies ist vor allem dann eine realistische Möglichkeit, wenn der Lieferant (z. B. ein Zentrallager) Einblick in die aktuellen Lagerbestände seiner Kunden (z. B. Regionallager) und deren Nachfrageentwicklung hat, wie das bei zentraler Disposition[29] der Fall ist.

Betrachten wir folgendes Szenario. Der Disponent eines Zentrallagers hat am Ende der Periode t über das Internet den aktuellen Lagerbestand eines Regionallagers abgerufen. Außerdem ist ihm die Wahrscheinlichkeitsverteilung der Periodennachfragemenge in dem Regionallager bekannt. Der Einfachheit halber nehmen wir an, diese sei mit dem Mittelwert $\mu = 100$ und der Standardabweichung $\sigma = 30$ normalverteilt. Ist der Zentrallager-Disponent nun in der Lage, aus der aktuellen Bestandssituation des Regionallagers den vermutlichen Termin des nächsten Bestelleingangs aus dem Regionallager abzuleiten, dann kann er seine eigene Bevorratungsentscheidung darauf abstimmen. Verfolgt das Regionallager eine (s, q)-Politik, dann wird es eine Bestellung an das Zentrallager richten, wenn der disponible Lagerbestand I_t^d den Bestellpunkt s erreicht hat.

Der Zentrallager-Disponent muß somit lediglich die Reichweite der Menge $(I_t^d - s)$ prognostizieren. Aus Abschnitt A.4.3.1.5 wissen wir, daß die Reichweite $N(x)$ einer Menge x eine Zufallsvariable ist, die wie folgt von der kumulierten Nachfragemenge abhängt:

$$P\{N(x) = 0\} = P\{D > x\} = 1 - P\{D \le x\} \tag{E.4}$$

$$P\{N(x) \ge n\} = P\{Y^{(n)} \le x\} \qquad n = 1, 2, \ldots \tag{E.5}$$

Liegt im obigen Beispiel der disponible Lagerbestand des Regionallagers 270 Mengeneinheiten über dem Bestellpunkt, dann ergeben sich die in Bild E.3 dargestellten Wahrscheinlichkeiten dafür, daß das Regionallager erst nach n Perioden eine Bestellung auslöst.

So wird der Lagerbestand mit einer Wahrscheinlichkeit $P\{N \ge 2\} = 0.2819$ noch mindestens zwei Perioden ausreichen. $P\{N \ge 3\}$ ist nur noch 0.0151. Daß der Bestand für eine Periode ausreicht, ist nahezu sicher. Beträgt die Wiederbeschaffungszeit des Zentrallagers $\ell = 3$ Perioden, dann kann der Zentrallager-Disponent bereits in der aktuellen Periode t die entsprechende Menge beim Lieferanten bestellen. Die Prognose des Auftragseingangs ist zwar mit einem Prognosefehler verbunden. Im Prinzip verkürzt

---

29   siehe Abschnitt D.4

sich aber der Risikozeitraum, wodurch eine Senkung des Sicherheitsbestands möglich wird.[30]

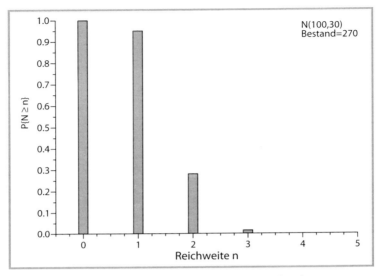

Bild E.3: Wahrscheinlichkeiten der Reichweiten

Ergänzende Literatur zu Abschnitt E.4:

Koh et al. (2002)
Tempelmeier (2017)
Wagner (2003)
Wijngaard und Wortmann (1985)
Yeung et al. (1998)
Zhao et al. (1995)

---

30   vgl. *Moinzadeh* (2002)

Literaturverzeichnis

Adelson, R. (1966). Compound poisson distributions. *Operations Research Quarterly 17*, 73–75.

Allgor, R., S. Graves und P. Xu (2004). Traditional inventory models in an e-retailing setting: A two-stage serial system with space constraints. In: *Proceedings of 2004 SMA Conference*. Singapore.

Arnold, D. und K. Furmans (2005). *Materialfluss in Logistiksystemen* (4. Aufl.). Berlin: Springer.

Axsäter, S. (2003a). Approximate optimization of a two-level distribution inventory system. *International Journal of Production Economics 81–82*, 545–553.

Axsäter, S. (2003b). Supply chain operations: Serial and distribution systems. In: A. de Kok und S. Graves (Hrsg.), *Handbooks in Operations Research and Management Science, Volume 11: Supply Chain Management: Design, Coordination and Operation*, Chapter 10, S. 525–559. Amsterdam: Elsevier. Chapter 10, S. 525–559.

Axsäter, S. (2005). A simple decision rule for decentralized two-echelon inventory control. *International Journal of Production Economics 93–94*, 53–59.

Axsäter, S. (2015). *Inventory Control* (3. Aufl.). Cham: Springer.

Baganha, M., D. Pyke und G. Ferrer (1996). The undershoot of the reorder point: Tests of an approximation. *International Journal of Production Economics 45*, 311–320.

Bagchi, U., J. Hayya und J. Ord (1982). Modelling demand during lead time. *Decision Sciences 15*, 157–169.

Balakrishnan, A. und J. Geunes (2000). Requirements planning with substitutions: Exploiting Bill-of-Materials flexibility in production planning. *Manufacturing & Service Operations Management 2*, 166–185.

Banks, J., J. Carson und B. Nelson (1996). *Discrete Event Simulation*. Upper Saddle River: Prentice-Hall.

Bantel, O. (2014). *Integriertes Bestandsmanagement in mehrstufigen Supply Chains*. Aachen: Shaker.

Bartezzaghi, E. und R. Verganti (1995). Managing demand uncertainty through order overplanning. *International Journal of Production Economics 40*, 107–120.

Bassok, Y. und R. Anupindi (1999). Single-period multiproduct inventory models with substitution. *Operations Research 47*, 632–642.

Beamon, B. M. (1998). Supply chain design and analysis: Models and methods. *International Journal of Production Economics 55*, 281–294.

Beutel, A.-L. und S. Minner (2012). Safety stock planning under causal demand forecasting. *International Journal of Production Economics 140*, 637–645.

Bhargava, H. K., D. Sun und S. H. Xu (2006). Stockout compensation: Joint inventory and price optimization in electronic retailing. *INFORMS Journal on Computing 18*, 255–266.

Blackburn, J., D. Kropp und R. Millen (1985). MRP system nervousness: Causes and cures. *Engineering Costs and Production Economics 9*, 141–146.

Blackburn, J., D. Kropp und R. Millen (1986). A comparison of strategies to dampen nervousness in MRP systems. *Management Science 32*, 413–429.

Blackburn, J., D. Kropp und R. Millen (1987). Alternative approaches to schedule instability: A comparative analysis. *International Journal of Production Research 25*, 1739–1749.

Brown, R. (1984). *Materials Management Systems - A Modular Library* (2. Aufl.). Malabar: Krieger.

Brown, R. G. (1963). *Smoothing, Forecasting and Prediction of Discrete Time Series*. Englewood Cliffs: Prentice Hall.

Buzacott, J. A. und J. G. Shanthikumar (1993). *Stochastic Models of Manufacturing Systems*. Englewood Cliffs: Prentice Hall.

Cachon, G. P. (1999). Managing supply chain demand variability with scheduled ordering policies. *Management Science 45*, 843–856.

Carlson, P. G. (1982). An alternative model for lead-time demand: Continous-review inventory systems. *Decision Sciences 13*, 120–128.

Carlson, R., J. Jucker und D. Kropp (1979). Less nervous MRP systems: A dynamic economic lot-sizing approach. *Management Science 25*, 754–761.

Carlson, R. und C. Yano (1986). Safety stocks in MRP-systems with emergency setups for components. *Management Science 32*, 403–412.

Chang, C.-T. (2005). A linearization approach for inventory models with variable lead time. *International Journal of Production Economics 96*, 263–272.

Charnes, A., W. Cooper und R. Ferguson (1955). Optimal estimation of executive compensation by linear programming. *Management Science 1*, 138–151.

Chen, F., J. Ryan und D. Simchi-Levi (2000). The impact of exponential smoothing forecasts on the bullwhip effect. *Naval Research Logistics 47*, 269–286.

Chen, F. und R. Samroengraja (2000). A staggered ordering policy for one-warehouse multiretailer systems. *Operations Research 48*, 281–293.

Chopra, S. und P. Meindl (2004). *Supply Chain Management – Strategy, Planning, and Operation* (2. Aufl.). Upper Saddle River, N.J.: Prentice Hall.

Clark, A. und H. Scarf (1960). Optimal policies for a multi-echelon inventory problem. *Management Science 6*, 475–490.

Cohen, M. und H. Lee (1988). Strategic analysis of integrated production-distribution systems: Models and methods. *Operations Research 36*, 216–228.

Cox, D. (1962). *Renewal Theory*. London: Chapman and Hall.

Crocker, D. C. (1969). Linear programming techniques in regression analysis: The hidden danger. *AIIE Transactions 1*(2), 112–116.

Croston, J. (1972). Forecasting and stock control for intermittent demands. *Operational Research Quarterly 23*(3), 289–303.

de Kok, A. (1996). Analysis of (s, nQ)-installation stock policies in divergent multi-echelon networks. Working Paper TUE/TM/LBS/96-09, Eindhoven University of Technology, Faculty of Technology Management.

de Kok, A. und J. Fransoo (2003). Planning supply chain operations: Definition and comparison of planning concepts. In: A. de Kok und S. Graves (Hrsg.), *Handbooks in Operations Research and Management Science, Volume 11: Supply Chain Management: Design, Coordination and Operation*, Chapter 12, S. 597–675. Amsterdam: Elsevier. Chapter 12, S. 597–675.

de Kok, T., C. Grob, M. Laumanns, S. Minner und J. Rambau (2018). A typology and literature review on stochastic multi-echelon inventory models. *European Journal of Operational Research 269*, 955–983.

de Kok, T., D. Pyke und M. Baganha (1996). The undershoot of the reorder-level in an (s, nq) model and its relation to the replenishment order size distribution. Working paper, Eindhoven University of Technology.

DeBodt, M. und S. Graves (1985). Continuous-review policies for a multi-echelon inventory problem with stochastic demand. *Management Science 31*, 1286–1299.

DeLurgio, S. A. (1998). *Forecasting Principles and Applications*. Boston, Mass.: Irwin/McGraw-Hill.

Deuermeyer, B. und L. Schwarz (1981). A model for the analysis of system service level in warehouse-retailer distribution systems: The identical retailer case. In: L. Schwarz (Hrsg.), *Multi-Level Production/Inventory Control Systems: Theory and Practice*. Amsterdam: North-Holland. S. 163–193.

Diks, E., A. de Kok und A. Lagodimos (1996). Multi-echelon systems: A service measure perspective. *European Journal of Operational Research 95*, 241–263.

Dominey, M. und R. Hill (2004). Performance of approximations for compound Poisson distributed demand in the newsboy problem. *International Journal of Production Economics 92*, 145–155.

Domschke, W., A. Drexl, R. Klein und A. Scholl (2015). *Einführung in Operations Research* (9. Aufl.). Berlin: Springer.

Drexl, A., B. Fleischmann, H.-O. Günther, H. Stadler und H. Tempelmeier (1994). Konzeptionelle Grundlagen kapazitätsorientierter PPS-Systeme. *Zeitschrift für betriebswirtschaftliche Forschung 46*, 1022–1045.

Enns, S. (2001). MRP performance effects due to lot size and planned lead time settings. *International Journal of Production Research 39*, 461–480.

Eppen, G. und R. Martin (1988). Determining safety stock in the presence of stochastic lead time and demand. *Management Science 34*, 1380–1390.

Ernst, R. und D. F. Pyke (1993). Optimal base stock policies and truck capacity in a two-echelon system. *Naval Research Logistics Quarterly 40*, 879–903.

Ettl, M., G. E. Feigin, G. Y. Lin und D. D. Yao (2000). A supply network model with base-stock control and service requirements. *Operations Research 48*, 216–232.

Federgruen, A. (1993). Centralized planning models for multi-echelon inventory systems under uncertainty. In: S. Graves, A. Rinnooy Kan und P. Zipkin (Hrsg.), *Handbooks in Operations Research and Management Science, Volume 4: Logistics of Production and Inventory*, Chapter 3, S. 133–173. Amsterdam: North-Holland. Chapter 3, S. 133–173.

Fischer, L. (2008). *Bestandsmanagement für das Supply Chain Management*. Norderstedt: Books on Demand.

Fleischmann, B. (1996). Management of finished product inventory in the consumer goods industry. Working paper, Universität Augsburg.

Fliedner, E., B. Flores und V. Mabert (1986). Evaluating adaptive smoothing models: some guidelines for implementation. *International Journal of Production Research 24*, 955–970.

Foote, B. L. (1995). On the implementation of a control-based forecasting system for aircraft spare parts procurement. *IIE Transactions 27*, 210–216.

Fransoo, J. C. und M. J. Wouters (2000). Measuring the bullwhip effect in the supply chain. *Supply Chain Management: An International Journal 5*(2), 78–89.

Gabor, A. F., L. A. van Vianen, G. Yang und S. Axsäter (2018). A base-stock inventory model with service differentiation and response time guarantees. *European Journal Of Operational Research 269*, 900–908.

Gallego, G. und Özalp Özer (2001). Integrating replenishment decisions with advance demand information. *Management Science 47*, 1344–1360.

Gardner, E. (1980). Forecasting with exponential smoothing: Some guidelines for model selection. *Decision Sciences 11*, 370–383.

Gardner, E. (1983). The trade-offs in choosing a time series method. *Journal of Forecasting 2*, 263–267.

Gardner, E. (1984). The strange case of the lagging forecasts. *Interfaces 14*(3), 47–50.

Gaynor, P. und R. Kirkpatrick (1994). *Introduction to Times-Series Modeling and Forecasting in Business and Economics*. New York: McGraw-Hill.

Geunes, J. und A. Zeng (2001). Impacts of inventory shortage policies on transportation requirements in two-stage distribution systems. *European Journal of Operational Research 129*, 299–310.

Gilbert, S. M. und R. H. Ballou (1999). Supply chain benefits from advanced customer commitments. *Journal of Operations Management 18*, 61–73.

Glasserman, P. und Y. Wang (1999). Fill-rate bottlenecks in production-inventory networks. *Manufacturing & Service Operations Management 1*, 62–76.

Günther, H.-O. und H. Tempelmeier (2016). *Produktion und Logistik* (12. Aufl.). Norderstedt: Books on Demand.

Grassmann, W. und J. Jain (1989). Numerical solutions of the waiting time distribution and idle time distribution of the arithmetic $GI/G/1$ queue. *Operations Research 37*, 141–150.

Graves, S. und S. Willems (2000). Optimizing strategic safety stock placement in supply chains. *Manufacturing & Service Operations Management 2*, 68–83.

Gross, D. und C. Harris (1998). *Queueing Theory* (3. Aufl.). New York: Wiley.

Guide, Jr., V. und R. Srivastava (2000). A review of techniques for buffering against uncertainty with MRP systems. *Production Planning & Control 11*, 223–233.

Hadley, G. und T. Whitin (1963). *Analysis of Inventory Systems*. Englewood Cliffs, N.J.: Prentice-Hall.

Hariharan, R. und P. Zipkin (1995). Customer-order information, leadtimes, and inventories. *Management Science 41*, 1599–1607.

Harrison, P. (1967). Exponential smoothing and short-term sales forecasting. *Management Science 13*, 821–842.

Hausman, W., H. Lee und A. Zhang (1998). Joint demand fulfillment probability in a multi-item inventory system with independent order-up-to policies. *European Journal of Operational Research 109*, 646–659.

Hax, A. und D. Candea (1984). *Production and Inventory Management*. Englewood Cliffs: Prentice Hall.

Hübner, G. (1996). *Stochastik*. Braunschweig: Vieweg.

Ho, C. (1989). Evaluating the impact of operating environments on MRP system nervousness. *International Journal of Production Research 27*, 1115–1135.

Ho, C., P. Carter, S. Melnyk und R. Narasimhan (1986). Quantity versus timing change in open order: A critical evaluation. *Production and Inventory Management 27*, 123–137.

Ho, C.-J. und P. Carter (1996). An investigation of alternative dampening procedures to cope with MRP system nervousness. *International Journal of Production Research 34*, 137–156.

Ho, C.-J., W.-K. Law und R. Rampal (1995). Uncertainty-dampening methods for reducing MRP system nervousness. *International Journal of Production Research 33*, 483–496.

Hoel, P. (1962). *Introduction to Mathematical Statistics* (3. Aufl.). New York: Wiley.

Holt, C. (1957). Forecasting seasonals and trends by exponentially weighted moving averages. Working Paper 42, Carnegie Institute of Technology, Pittsburgh.

Houtum, G. V., K. Inderfurth und W. Zijm (1996). Materials coordination in stochastic multi-echelon systems. *European Journal of Operational Research 95*, 1–23.

Inderfurth, K. (1991a). Combined optimization of safety stocks and processing lead times in multi-stage production systems. In: G. Fandel und G. Zäpfel (Hrsg.), *Modern Production Concepts – Theory and Applications*. Berlin: Springer.

Inderfurth, K. (1991b). Safety stock optimization in multi-stage inventory systems. *International Journal of Production Economics 24*, 103–113.

Inderfurth, K. (1992). Mehrstufige Sicherheitsbestandsplanung mit Dynamischer Optimierung. *OR-Spektrum 14*, 19–32.

Inderfurth, K. (1993). Valuation of leadtime reduction in multi-stage production system. In: G. Fandel, T. Gulledge und A. Jones (Hrsg.), *Operations Research in Production Planning and Control*. Berlin: Springer. S. 413–427.

Inderfurth, K. (1994). Nervousness in inventory control: Analytical results. *OR Spektrum 16*, 113–123.

Inderfurth, K. und S. Minner (1998). Safety stocks in multi-stage inventory systems under different service measures. *European Journal of Operational Research 106*, 57–73.

Jensen, T. (1993). Measuring and improving planning stability of reorder-point lot-sizing policies. *International Journal of Production Economics 30–31*, 167–178.

Johnson, L. und D. Montgomery (1974). *Operations Research in Production Planning, Scheduling, and Inventory Control*. New York: Wiley.

Johnson, M., T. Davis und H. Lee (1996). Robustness of order reliability models with applications to order aging. *International Journal of Production Research 34*, 3499–3514.

Kadipasaoglu, S. N. und V. Sridharan (1995). Alternative approaches for reducing schedule instability in multistage manufacturing under demand uncertainty. *Journal of Operations Management 13*, 193–211.

Kamp, A., G. Polderman, P. Striekwold und P. Weeda (1989). On the determination of overplanning margins for components in a consumer electronics factory. *Engineering Costs and Production Economics 16*, 183–193.

Karmarkar, U. (1993). Manufacturing lead times, order release and capacity loading. In: S. Graves, A. Rinnooy Kan und P. Zipkin (Hrsg.), *Handbooks in Operations Research and Management Science, Volume 4: Logistics of Production and Inventory*, Chapter 6, S. 287–329. Amsterdam: North-Holland. Chapter 6, S. 287–329.

Kazan, O., R. Nagi und C. Rump (2000). New lot-sizing formulations for less nervous production schedules. *Computers & Operations Research 27*, 1325–1345.

Kendall, M. und J. Ord (1990). *Times Series* (3. Aufl.). London: Edward Arnold.

Kiesmüller, G. P., T. G. de Kok, S. R. Smits und P. J. V. Laarhoven (2004). Evaluation of divergent n-echelon (s, nQ)-policies under compound renewal demand. *OR Spectrum 26*, 547–577.

Kirste, M. (2017). *Dynamic lot sizing problems with stochastic production output*. Norderstedt: Books on Demand.

Kleijn, M. und R. Dekker (1998). Using break quantities for tactical optimisation in multi-stage distribution systems. In: B. Fleischmann, J. A. A. E. van Nunen, M. G. Speranza und P. Stähly (Hrsg.), *Advances in Distribution Logistics*, S. 305–317. Berlin: Springer. S. 305–317.

Kleinrock, L. (1975). *Queueing Systems – Volume I: Theory*. New York: Wiley.

Koh, S., S. Saad und M. Jones (2002). Uncertainty under MRP-planned manufacture: Review and categorization. *International Journal of Production Research 40*, 2399–2421.

Kutner, M., C. Nachtsheim, J. Neter und W. Li (2005). *Applied Linear Statistical Models* (5. Aufl.). McGraw-Hill/Irwin: McGraw-Hill/Irwin.

Lagodimos, A. (1992). Multi-echelon service models for inventory systems under different rationing policies. *International Journal of Production Research 30*, 939–958.

Langenhoff, L. und W. Zijm (1990). An analytical theory of multi-echelon production/distribution systems. *Statistica Neerlandica 44*, 149–174.

Lau, A. H.-H. und H.-S. Lau (2002). A comparison of different methods for estimating the average inventory level in a (q, r) system with backorders. *International Journal of Production Economics 79*, 303–316.

Lau, H.-S. und A. H.-L. Lau (2003). Nonrobustness of the normal approximation of lead-time demand in a (q, r) system. *Naval Research Logistics 50*, 149–166.

Lee, H. und C. Billington (1993). Material management in decentralized supply chains. *Operations Research 41*, 835–847.

Lee, H., P. Padmanabhan und S. Whang (1997). Information distortion in a supply chain: The bullwhip effect. *Management Science 43*, 546–558.

Lee, H. L. und C. Billington (1992). Managing supply chain inventory: Pitfalls and opportunities. *Sloan Management Review 33*, 65–73.

Lewandowski, R. (1974). *Prognose- und Informationssysteme und ihre Anwendungen*. Berlin: DeGruyter.

Lin, G., M. Ettl, S. Buckley, S. Bagchi, D. D. Yao, B. L. Naccarato, R. Allan, K. Kim und L. Koenig (2000). Extended-enterprise supply-chain management at IBM personal systems group and other divisions. *Interfaces 30*(1), 7–25.

Liu, L., X. Liu und D. D. Yao (2004). Analysis and optimization of a multistage inventory-queue system. *Management Science 50*, 365–380.

Makridakis, S. und S. Wheelwright (1978). *Interactive Forecasting* (2. Aufl.). San Francisco: Holden-Day.

Makridakis, S. und S. Wheelwright (1989). *Forecasting Methods for Management* (5. Aufl.). New York: Wiley.

Mather, H. (1977). Reschedule the schedule you just rescheduled – Way of life in MRP. *Production and Inventory Management 18*(1), 60–79.

McFadden, F. (1972). On lead time demand distributions. *Decision Sciences 3*, 106–126.

McGillivray, A. und E. Silver (1978). Some concepts for inventory control under substitutable demand. *INFOR 16*, 47–63.

Minifie, J. und R. Davis (1990). Interaction effects on MRP nervousness. *International Journal of Production Research 28*, 173–183.

Minner, S. (2000). *Strategic Safety Stocks in Supply Chains*. Berlin: Springer.

Mitra, S. und A. Chatterjee (2004). Echelon stock based continuous review (r, q) policy for fast moving items. *Omega 32*, 161–166.

Moinzadeh, K. (2002). A multi-echelon inventory system with information exchange. *Management Science 48*, 414–426.

Montgomery, D. und L. Johnson (1976). *Forecasting and Time Series Analysis*. New York: McGraw-Hill.

Morey, R. (1985). Estimating service level impacts from changes in cycle count, buffer stock, or corrective action. *Journal of Operations Management 5*(4), 411–418.

Murthy, D. und L. Ma (1996). Material planning with uncertain product quality. *Production Planning & Control 7*, 566–576.

Nahmias, S. (2005). *Production and Operations Analysis* (5. Aufl.). Burr Ridge, Illinois: Irwin/McGraw Hill.

Nahmias, S. und W. Demmy (1981). Operating characteristics of an inventory system with rationing. *Management Science 27*, 1236–1245.

Nelson, R. (1995). *Probability, Stochastic Processes, and Queueing Theory*. New York: Springer.

Neter, J., W. Wassermann und M. Kutner (1989). *Applied Linear Regression Models* (2. Aufl.). Homewood: Irwin.

Panagiotopoulos, A. (2012). *Optimising time series forecasts through linear programming*. Ph. D. thesis, University of Nottingham, Nottingham, GB.

Penlesky, R. J., W. Berry und U. Wemmerlöv (1989). Open order due date maintenance in MRP systems. *Management Science 35*, 571–584.

Penlesky, R. J., U. Wemmerlöv und W. Berry (1991). Filtering heuristics for rescheduling open orders in MRP systems. *International Journal of Production Research 29*, 2279–2296.

Pfohl, H.-C. (2004). *Logistik-Systeme* (7. Aufl.). Berlin: Springer.

Robrade, A. (1991). *Dynamische Einprodukt-Lagerhaltungsmodelle bei periodischer Bestandsüberwachung*. Heidelberg: Physica.

Ross, S. M. (1997). *Introduction to Probability Models* (6. Aufl.). San Diego: Academic Press.

Sachs, A.-L. (2015). *Retail Analytics*. Cham: Springer.

Sahin, I. (1990). *Regenerative Inventory Systems*. New York: Springer.

Scarf, H. E. (1963). A survey of analytical techniques in inventory theory. In: H.E.Scarf, D. Gilford und M. Shelly (Hrsg.), *Multistage Inventory Models and Techniques*, S. 185–225. Standford: Stanford University Press. S. 185–225.

Schneider, H. (1978). Die Einhaltung eines Servicegrades bei (s, S)-Lagerhaltungspolitiken - eine Simulationsstudie. *Zeitschrift für Operations Research 22*, B119–B144.

Schneider, H. (1979a). Lieferbereitschaft bei sporadischem Bedarf. *Operations Research Spektrum 1*, 115–122.

Schneider, H. (1979b). *Servicegrade in Lagerhaltungsmodellen.* Berlin: M+M Wissenschaftsverlag.

Schneider, H. (1981). Effect of service-levels on order-points or order-levels in inventory models. *International Journal of Production Research 19*, 615–631.

Schneider, H. und D. Rinks (1989). Optimal policy surfaces for a multi-item inventory problem. *European Journal of Operational Research 39*, 180–191.

Schneider, H., D. Rinks und P. Kelle (1995). Power approximations for a two-echelon inventory system using service levels. *Production and Operations Management 4*, 381–400.

Schwarz, L. (1981). Physical distribution: The analysis of inventory and location. *AIIE Transactions 13*, 138–150.

Schwarz, L., B. Deuermeyer und R. Badinelli (1985). Fill-rate optimization in a one-warehouse n-identical retailer distribution system. *Management Science 31*, 488–498.

Senger, E. und H. Österle (o.J.). Vendor managed inventory zwischen L'Oreal und „dm-drogerie markt". Working paper, Hochschule Sankt Gallen, Institute of Information.

Sherbrooke, C. C. (1992). *Optimal Inventory Modeling of Systems – Multi-Echelon Techniques.* New York: Wiley.

Silver, E., D. F. Pyke und R. Peterson (1998). *Inventory Management and Production Planning and Scheduling* (3. Aufl.). New York: Wiley.

Silver, E. und B. Switzer (1985). Indices versus transcendental functions in seasonal forecasting: Reaping the benefits of both. *Journal of the Operational Research Society 36*(1), 49–54.

Simpson, K. F. (1958). In-process inventories. *Operations Research 6*, 863–873.

Småros, J., J.-M. Lehtonen, P. Appelqvist und J. Holmström (2003). The impact of increasing demand visibility on production and inventory control efficiency. *International Journal of Physical Distribution & Logistics Management 33*, 336–354.

So, K. C. und X. Zheng (2003). Impact of supplier's lead time and forecast demand updating on retailer's order quantity variability in a two-level supply chain. *International Journal of Production Economics 86*, 169–179.

Song, J.-S. und P. Zipkin (2003). Supply chain operations: Assemble-to-order systems. In: A. de Kok und S. Graves (Hrsg.), *Handbooks in Operations Research and Management Science, Volume 11: Supply Chain Management: Design, Coordination and Operation*, Chapter 11, S. 561–596. Amsterdam: Elsevier. Chapter 11, S. 561–596.

Sridharan, V., W. Berry und V. Udayabhanu (1987). Freezing the master production schedule und rolling planning horizons. *Management Science 33*, 1137–1149.

Sridharan, V. und R. L. LaForge (1994). A model to estimate service levels when a portion of the master production schedule is frozen. *Computers & Operations Research 21*, 477–486.

Stadtler, H. und C. Kilger (Hrsg.) (2004). *Supply Chain Management and Advanced Planning* (3. Aufl.). Berlin: Springer.

Steele, D. (1975). The nervous MRP system: How to do the battle. *Production and Inventory Management 16*(4), 83–88.

Suchanek, B. (1996). *Sicherheitsbestände zur Einhaltung von Servicegraden*. Frankfurt: Peter Lang.

Svoronos, A. und P. Zipkin (1988). Estimating the performance of multi-level inventory systems. *Operations Research 36*, 57–72.

Swaminathan, J. und S. Tayur (2003). Tactical planning models for supply chain management. In: A. de Kok und S. Graves (Hrsg.), *Handbooks in Operations Research and Management Science, Volume 11: Supply Chain Management: Design, Coordination and Operation*, Chapter 8, S. 423–454. Amsterdam: Elsevier. Chapter 8, S. 423–454.

Taha, H. A. (2003). *Operations Research – An Introduction* (7. Aufl.). London: Prentice-Hall International.

Tempelmeier, H. (1985). Inventory control using a service constraint on the expected customer order waiting time. *European Journal of Operational Research 19*, 313–323.

Tempelmeier, H. (1993). Safety stock allocation in a two-echelon distribution system. *European Journal of Operational Research 63*, 96–117.

Tempelmeier, H. (2000). Inventory service levels in the customer supply chain. *OR Spektrum 22*, 361–380.

Tempelmeier, H. (2006). Supply chain inventory optimization with two customer classes in discrete time. *European Journal of Operational Research 174*, 600–621.

Tempelmeier, H. (2013). A multi-level inventory system with a make-to-order supplier. *International Journal of Production Research 51*, 6880–6890.

Tempelmeier, H. (2016). *Supply Chain Management und Produktion – Übungen und Mini-Fallstudien* (5. Aufl.). Norderstedt: Books on Demand.

Tempelmeier, H. (2017). *Produktionsplanung in Supply Chains* (5. Aufl.). Norderstedt: Book-on-Demand.

Tempelmeier, H. und O. Bantel (2015). Integrated optimization of safety stock and transportation capacity. *European Journal of Operational Research 247*, 101–112.

Tempelmeier, H. und L. Fischer (2010). Approximation of the probability distribution of the customer waiting time under an (r, s, q) inventory policy in discrete time. *International Journal of Production Research 48*, 5181–5193.

Tempelmeier, H. und L. Fischer (2018). A procedure for the approximation of the waiting time distribution in a discrete time (r, S) inventory system. *International Journal of Production Research 56*, to appear.

Thomas, D. (2005). Measuring item fill-rate performance in a finite horizon. *Manufacturing & Service Operations Management 7*, 74–80.

Thomas, D. J. (2002). Customer service models for bricks, clicks and in between. In: J. Geunes, P. M. Pardalos und H. Romeijn (Hrsg.), *Supply Chain Management: Models, Applications, and Research Directions*, Chapter 2, S. 19–32. Kluwer Academic Publishers. Chapter 2, S. 19–32.

Tijms, H. (1994). *Stochastic Models - An Algorithmic Approach*. Chichester: Wiley.

Tijms, H. und H. Groenevelt (1984). Simple approximations for the reorder point in periodic and continuous review (s, S) inventory systems with service level constraints. *European Journal of Operational Research 17*, 175–190.

Tran-Gia, P. (1996). *Analytische Leistungsbewertung verteilter Systeme*. Heidelberg: Sringer-Verlag.

Trigg, D. (1964). Monitoring a forecasting system. *Operational Research Quarterly 15*, 271–274.

Trigg, D. und A. Leach (1967). Exponential smoothing with an adaptive response rate. *Operational Research Quarterly 18*(1), 53–59.

Trux, W. (1972). *Einkauf und Lagerdisposition mit Datenverarbeitung* (2. Aufl.). München: Moderne Industrie.

Tüshaus, U. und C. Wahl (1998). Inventory positioning in a two-stage distribution system with service-level constraints. In: B. Fleischmann, J. A. van Nunen, M. Speranza und P. Stähly (Hrsg.), *Advances in Distribution Logistics*. Heidelberg: Springer. S. 501–532.

van der Heijden, M., E. Diks und T. de Kok (1999). Inventory control in multi-echelon divergent systems with random lead times. *OR Spectrum 21*, 331–359.

van der Heijden, M. C. und T. de Kok (1998). Estimating stock levels in periodic review inventory systems. *Operations Research Letters 22*, 179–182.

van der Wal, J. (1993). The lead time shift theorem for the continuous review (s, Q) and (s, S) inventory systems. Working Paper COSOR 93-34, Eindhoven University of Technology.

van Donselaar, K. (1989). *Material Coordination under Uncertainty*. Ph. D. thesis, Technische Universiteit Eindhoven.

Verrijdt, J. und A. de Kok (1995). Distribution planning for a divergent N-echelon network without intermediate stocks under service restrictions. *International Journal of Production Economics 38*, 225–243.

Vollmann, T. E., W. L. Berry, D. C. Whybark und F. Jacobs (2004). *Manufacturing Planning and Control Systems* (5. Aufl.). Homewood, Ill.: Irwin.

Wagner, M. (2003). *Bestandsmanagement in Produktions- und Distributionssystemen*. Aachen: Shaker-Verlag.

Wahl, C. (1999, July). *Bestandsmanagement in Distributionssystemen mit dezentraler Disposition*. Dissertation Nr. 2313, Universität St. Gallen, Dufourstrasse 50, CH-9000 St. Gallen.

Waldmann, K.-H. und U. Stocker (2004). *Stochastische Modelle*. Berlin: Springer.

Wang, Y., M. Cohen und Y. Zheng (2002). Differentiating customer service on the basis of delivery lead-times for repairables. *IIE Transactions 34*, 979–989.

Weber, K. (1990). *Wirtschaftsprognostik*. München: Vahlen.

Wedekind, H. (1968). Ein Vorhersagemodell für sporadische Nachfragemengen bei der Lagerhaltung. *Ablauf- and Planungsforschung 9*, 1–11.

Whitt, W. (1982). Approximating a point process by a renewal process, I: Two basic methods. *Operations Research 30*, 125–147.

Whybark, D. und J. Williams (1976). Material requirements planning under uncertainty. *Decision Sciences 7*, 595–606.

Wijngaard, J. und J. Wortmann (1985). MRP and inventories. *European Journal of Operational Research 20*, 281–293.

Winters, P. (1960). Forecasting sales by exponentially weighted moving averages. *Management Science 6*(3), 324–342.

Yano, C. und R. Carlson (1985). An analysis of scheduling policies in multiechelon production systems. *IIE Transactions 17*, 370–377.

Yano, C. und R. Carlson (1987). Interaction between frequency of rescheduling and the role of safety stock in material requirements planning systems. *International Journal of Production Research 25*, 221–232.

Yano, C. und R. Carlson (1988). Safety stocks for assembly systems with fixed production intervals. *Journal of Manufacturing and Operations Management 1*, 182–201.

Yano, C. und Y. Gerchak (1989). Transportation contracts and safety stocks for Just-in-Time deliveries. *Journal of Manufacturing and Operations Management 2*, 314–330.

Yeung, J., W. Wong und L. Ma (1998). Parameters affecting the effectiveness of MRP systems: A review. *International Journal of Production Research 36*, 313–331.

Zhao, X., J. Goodale und T. Lee (1995). Lot-sizing rules and freezing the master production schedule in material requirements planning systems under demand uncertainty. *International Journal of Production Research 33*, 2241–2276.

Zhao, X. und T. Lee (1993). Freezing the master production schedule for material requirements planning systems under demand uncertainty. *Journal of Operations Management 11*, 185–205.

Zillus, A. (2003). *Untersuchung der Wartezeit von Kundenaufträgen in der Supply Chain*. Wissenschaftliche Berichte des Institutes für Fördertechnik und Logistiksysteme der Universität Karlsruhe. Karlsruhe: Universität Karlsruhe.

Zimmermann, G. (1984). Quantifizierung der Bestimmungsfaktoren von Durchlaufzeiten und Werkstattbeständen. *Zeitschrift für Betriebswirtschaft 54*, 1016–1032.

Zipkin, P. H. (2000). *Foundations of Inventory Management*. Boston: McGraw-Hill.

Sachverzeichnis

Anhang

Anhang 1: Normalverteilung

Ist eine Zufallsvariable mit dem Mittelwert μ_Y und der Standardabweichung σ_Y normalverteilt, dann gilt folgende Dichtefunktion:

$$f_Y(y) = \frac{1}{\sigma_Y \cdot \sqrt{2 \cdot \pi}} \cdot e^{-\frac{(y - \mu_Y)^2}{2 \cdot \sigma_Y^2}} \qquad \text{(Anh.1)}$$

Durch die Transformation $x = \dfrac{y - \mu_Y}{\sigma_Y}$ bzw. $y = \mu_Y + x \cdot \sigma_Y$ erhält man die standardnormalverteilte Zufallsvariable mit dem Mittelwert 0 und der Standardabweichung 1 sowie der Dichtefunktion:

$$\phi(x) = \frac{1}{\sqrt{2 \cdot \pi}} \cdot e^{-\frac{x^2}{2}} \qquad \text{(Anh.2)}$$

Die Transformation entspricht einer horizontalen Verschiebung und einer Stauchung bzw. Streckung der Dichtefunktion:

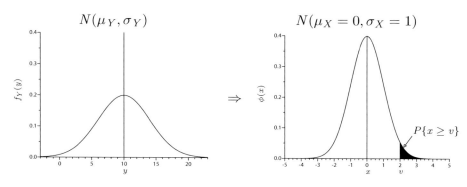

Für die standardisierte Normalverteilung mit der Dichtefunktion $\phi(x)$ und der Verteilungsfunktion $\Phi(x)$ gelten folgende Beziehungen[31]:

$$\Phi^0(v) = \int_v^\infty \phi(x) \cdot dx = 1 - \Phi(v) \qquad \text{(Anh.3)}$$

$$\int_v^\infty x \cdot \phi(x) \cdot dx = \phi(v) \qquad \text{(Anh.4)}$$

$$\int_v^\infty x^2 \cdot \phi(x) \cdot dx = \Phi^0(v) + v \cdot \phi(v) \qquad \text{(Anh.5)}$$

$$\int_v^\infty \Phi^0(x) \cdot dx = \phi(v) - v \cdot \Phi^0(v) \qquad \text{(Anh.6)}$$

$$\int_v^\infty x \cdot \Phi^0(x) \cdot dx = 0.5 \cdot \left[(1 - v^2) \cdot \Phi^0(v) + v \cdot \phi(v)\right] \qquad \text{(Anh.7)}$$

Die „first-order loss function"´ (Verlustfunktion) ist:

$$
\begin{aligned}
\Phi^1(v) &= \int_v^\infty (x - v) \cdot \phi(x) \cdot dx \\
&= \int_v^\infty x \cdot \phi(x) \cdot dx - v \cdot \int_v^\infty \phi(x) \cdot dx \\
&= \phi(v) - v \cdot \{1 - \Phi(v)\} \\
&= \phi(v) - v \cdot \Phi^0(v)
\end{aligned}
\qquad \text{(Anh.8)}
$$

Diese Größe ist der standardisierte Erwartungswert der Fehlmenge, d. h. der Betrag, um den die (standardisierte) Nachfragemenge X (z. B. in der Wiederbeschaffungszeit) einen gegebenen Bestand v übersteigt. Sie kann sehr einfach in MS-Excel durch folgende Zellendefinition berechnet werden:

```
NORMVERT(x;0;1;FALSCH)-x*(1-NORMVERT(x;0;1;WAHR))
```

Bild 1 zeigt das entsprechende Kalkulationsblatt. Für eine (s, q)-Politik kann im Feld B6 der Bestellpunkt eingegeben werden. Es werden dann der standardisierte Bestellpunkt (Feld B7), der zugehörige standardisierte Fehlmengen-Erwartungswert (Feld B8) und der nicht-standardisierte Fehlmengen-Erwartungswert (Feld B9) angezeigt.

---

31 vgl. *Hadley und Whitin* (1963), Anhang 4

	A	B	C
1	Normalverteilung		
2			
3	My	100	
4	Sigma	40	
5			
6	x	113.795	
7	v	0.3449	=(B6-My)/Sigma
8	EF(v)	0.2500	=NORMVERT(B7;0;1;FALSCH)-B7*(1-NORMVERT(B7;0;1;WAHR))
9	EF(x)	10.00	=B8*Sigma

Bild 1: Berechnung des Erwartungswertes der Fehlmenge in MS-Excel (Normalverteilung)

Ist die Variable Y mit μ_Y und σ_Y normalverteilt, dann gilt:

$$G^1(s) = \sigma_Y \cdot \Phi^1(v) \tag{Anh.9}$$

mit $v = \dfrac{s - \mu_Y}{\sigma_Y}$

Die standardisierte „second-order loss function" ist:

$$\Phi^2(v) = \int\limits_v^\infty \Phi^1(x) \cdot dx = \int\limits_v^\infty (x - v) \cdot \Phi^0(x) \cdot dx$$

$$= \int\limits_v^\infty x \cdot \Phi^0(x) \cdot dx - v \cdot \int\limits_v^\infty \Phi^0(x) \cdot dx$$

$$= 0.5 \cdot \left[(1 - v^2) \cdot \Phi^0(v) + v \cdot \phi(v) \right] - v \cdot \left[\phi(v) - v \cdot \Phi^0(v) \right]$$

$$= 0.5 \cdot (1 - v^2) \cdot \Phi^0(v) + v^2 \cdot \Phi^0(v) + 0.5 \cdot v \cdot \phi(v) - v \cdot \phi(v) \tag{Anh.10}$$

$$= (0.5 - 0.5 \cdot v^2 + v^2) \cdot \Phi^0(v) - 0.5 \cdot v \cdot \phi(v)$$

$$= 0.5 \cdot (1 + v^2) \cdot \Phi^0(v) - 0.5 \cdot v \cdot \phi(v)$$

$$= 0.5 \cdot \left[(1 + v^2) \cdot \Phi^0(v) - v \cdot \phi(v) \right]$$

Man benötigt diese Größe zur Bestimmung des durchschnittlichen Fehlbestands am Periodenende. In MS-Excel schreibt man:

```
0.5*((1+x*x)*(1-NORMVERT(x;0;1;WAHR))-x*NORMVERT(x;0;1;FALSCH))
```

Ist die Variable Y mit μ_Y und σ_Y normalverteilt, dann gilt:

$$G^2(s) = \sigma_Y^2 \cdot \Phi^2(v) \qquad \text{(Anh.11)}$$

Bei der simultanen Optimierung des Bestellpunkts s und der Bestellmenge q wird die Funktion

$$v_{\text{opt}} = \min \left[v | \Phi^1(v) = x \right] \qquad \text{(Anh.12)}$$

für einen gegebenen Wert von x (zulässige Fehlmengenwahrscheinlichkeit) benötigt. Hierzu bietet MS-Excel folgende Funktion:

`NORMINV(1-x;0;1)`

Für die Berechnung der Zielfunktion im Newsvendor-Modell in Abschnitt C.2.1 ist der Lagerbestand als Funktion von S zu bestimmen. Ist die Nachfragemenge normalverteilt, dann gilt für den Fall, daß negative Nachfragemengen ausgeschlossen sind:

$$
\begin{aligned}
\int_0^S (S - x) \cdot f(x) \cdot dx &= \int_0^S S \cdot f(x) \cdot dx - \int_0^S x \cdot f(x) \cdot dx \\
&= S \cdot \int_0^S f(x) \cdot dx - \int_0^S x \cdot f(x) \cdot dx \qquad \text{(Anh.13)} \\
&= S \cdot \Phi(v) - \int_0^S x \cdot f(x) \cdot dx
\end{aligned}
$$

Das Integral kann weiter umgeformt werden:

$$
\begin{aligned}
\int_0^S x \cdot f(x) \cdot dx &= \int_0^\infty x \cdot f(x) \cdot dx - \int_S^\infty x \cdot f(x) \cdot dx \\
&= \mu_X - \int_S^\infty x \cdot f(x) \cdot dx \qquad \text{(Anh.14)}
\end{aligned}
$$

Umformen des Integrals ergibt:

$$\int\limits_{S}^{\infty} x \cdot f(x) \cdot dx = \int\limits_{S}^{\infty} (x - S) \cdot f(x) \cdot dx + \int\limits_{S}^{\infty} S \cdot f(x) \cdot dx$$

$$= \sigma_X \cdot \Phi^1(v) + S \cdot \Phi^0(v) \qquad \text{(Anh.15)}$$

Damit erhält man schließlich:

$$\int\limits_{0}^{S} (S - x) \cdot f(x) \cdot dx = S \cdot \Phi(v) - \mu_X + \sigma_X \cdot \Phi^1(v) + S \cdot \Phi^0(v_S)$$

$$= S \cdot \Phi(v) - \mu_X + \sigma_X \cdot \Phi^1(v) + S \cdot [1 - \Phi(v)] \qquad \text{(Anh.16)}$$

$$= S - \mu_X + \sigma_X \cdot \Phi^1(v)$$

Die Funktionen $\Phi(v)$, $\Phi^0(v)$ und $\Phi(v)^1$ wurden bereits weiter oben definiert.

Anhang 2: Gamma-Verteilung

Für die Gamma-Verteilung mit dem Formparameter

$$k_Y = \frac{E\{Y\}^2}{\text{Var}\{Y\}}$$

und dem Lageparameter

$$\alpha_Y = \frac{E\{Y\}}{\text{Var}\{Y\}}$$

ist die „first-order loss function"´ wie folgt definiert:

$$G^1(s) = \frac{k}{\alpha} - s - \frac{k}{\alpha} \cdot I[k+1, s \cdot \alpha] + s \cdot I[k, s \cdot \alpha] \qquad \text{(Anh.17)}$$

In MS-Excel schreibt man für $I[k, s \cdot \alpha]$:

```
GAMMAVERT(x;Parameter_k;1/Parameter_alpha;WAHR)
```

Bild 2 zeigt das entsprechende Kalkulationsblatt. Für eine (s, q)-Politik kann im Feld B9 der Bestellpunkt eingegeben werden. Der Fehlmengen-Erwartungswert wird im Feld B13 angezeigt.

	A	B	C
1	Gamma-Verteilung		
2			
3	EX	5.8	EX
4	VarX	18.3184	VARX
5	k	1.8364	=EX^2/VARX
6	alpha	0.3166	=EX/VARX
7	CV	0.737931034	
8			
9	x	12.92	
10	k/alpha	5.8000	=PARK/PARALPHA
11	I(k+1,s*alpha)	0.8023	=GAMMADIST(B9;PARK+1;1/PARALPHA;WAHR)
12	I(k,s*alpha)	0.9309	=GAMMADIST(B9;PARK;1/PARALPHA;WAHR)
13	EF(x)	0.2534	=B10-B9-B10*B11+B9*B12

Bild 2: Berechnung des Erwartungswertes der Fehlmenge in MS-Excel (Gamma-Verteilung)

Anhang 3: Gemischte Erlang-Verteilung

Es wird angenommen, daß eine Wahrscheinlichkeitsverteilung durch die Mischung aus zwei Erlang-Verteilungen mit den Parametern k_1 bzw. k_2 und λ_1 bzw. λ_2 beschrieben werden kann. Die Parameter k_1 und k_2 geben die Anzahl der exponentialverteilten Phasen in den beiden Erlang-Verteilungen an (natürliche Zahlen). Die Parameter λ_1 und λ_2 sind positive reelle Zahlen. Die Größe p ist eine Wahrscheinlichkeit, d. h. $0 \leq p \leq 1$. Sie gibt das Mischungsverhältnis zwischen den beiden Erlang-Verteilungen an.

Die Dichte- und die Verteilungsfunktion einer derart beschriebenen Zufallsvariablen X lauten unter den getroffenen Verteilungsannahmen wie folgt:[32]

$$f_X(x) = p \cdot \frac{\lambda_1^{k_1} x^{k_1-1}}{(k_1-1)!} \, e^{-\lambda_1 x} + (1-p) \cdot \frac{\lambda_2^{k_2} x^{k_2-1}}{(k_2-1)!} \, e^{-\lambda_2 x} \qquad \text{(Anh.18)}$$

---

32 vgl. *Tijms* (1994), S. 355.

$$F_X(x) = p \cdot \left(1 - \sum_{n=0}^{k_1-1} \frac{(\lambda_1 \cdot x)^n}{n!} e^{-\lambda_1 x} \right)$$

$$+ (1-p) \cdot \left(1 - \sum_{n=0}^{k_2-1} \frac{(\lambda_2 \cdot x)^n}{n!} e^{-\lambda_2 x} \right) \tag{Anh.19}$$

Diese Wahrscheinlichkeitsverteilung hat fünf Parameter: $p, \lambda_1, k_1, \lambda_2, k_2$. Möchte man die Verteilung mit nur zwei Momenten beschreiben, so müssen die Funktionen (Anh.18) und (Anh.19) weiter spezifiziert werden. Man setzt daher fest:

$k_2 = k_1 + 1$ bzw. $k_1 = k_2 - 1 =: k$

$\lambda_2 = \lambda_1 =: \lambda$

Man unterstellt für X somit eine Wahrscheinlichkeitsverteilung mit folgender Dichte- und Verteilungsfunktion:

$$f_X(x) = p \cdot \frac{\lambda^k x^{k-1}}{(k-1)!} e^{-\lambda x} + (1-p) \cdot \frac{\lambda^{k+1} x^k}{k!} e^{-\lambda x} \tag{Anh.20}$$

$$F_X(x) = p \cdot \left(1 - \sum_{n=0}^{k-1} \frac{(\lambda \cdot x)^n}{n!} e^{-\lambda x} \right) + (1-p) \cdot \left(1 - \sum_{n=0}^{k} \frac{(\lambda \cdot x)^n}{n!} e^{-\lambda x} \right) \tag{Anh.21}$$

Ist der quadrierte Variationskoeffizient $\mathrm{CV}\{X\}^2 < 1$, dann werden die Funktionsparameter wie folgt geschätzt:

$$k_1 = \left\lfloor \frac{1}{\mathrm{CV}\{X\}^2} \right\rfloor \tag{Anh.22}$$

$$k_2 = k_1 + 1 \tag{Anh.23}$$

$$p = \frac{(k_1+1) \cdot \mathrm{CV}\{X\}^2 - \sqrt{(k_1+1) \cdot (1 - k_1 \cdot \mathrm{CV}\{X\}^2)}}{1 + \mathrm{CV}\{X\}^2} \tag{Anh.24}$$

$$\lambda_1 = \frac{k_1 + 1 - p}{E\{X\}} \tag{Anh.25}$$

$$\lambda_2 = \lambda_1 \tag{Anh.26}$$

Ist der quadrierte Variationskoeffizient $\mathrm{CV}\{X\}^2 \geq 1$, dann kann eine Mischung aus zwei Exponentialverteilungen verwendet werden.

Anhang 4: Ableitung eines Integrals

Bei der Analyse des Newsvendor-Problems ist folgende Ableitung eines Integrals zu bestimmen:

$$\frac{d}{dS}\left[c_o \cdot \int_0^S (S-x) \cdot f(x) \cdot dx\right] \tag{Anh.27}$$

Für die Ableitung eines bestimmten Integrals, bei dem beide Integrationsgrenzen und die zu integrierende Funktion von einer Variablen y abhängen, über die aber nicht integriert wird, gilt:

$$\frac{d}{dy}\left[\int_{a(y)}^{b(y)} f(x,y) \cdot dx\right]$$

$$= \int_{a(y)}^{b(y)}\left[\frac{\partial f(x,y)}{\partial y}\right] \cdot dx + f[b(y),y] \cdot \frac{db(y)}{dy} - f[a(y),y] \cdot \frac{da(y)}{dy} \tag{Anh.28}$$

Für die Funktion (Anh.27) gilt dann:

$$y \qquad\qquad = S$$

$$a(y) \qquad\qquad = 0$$

$$b(y) \qquad\qquad = S$$

$$f(x,y) \qquad\qquad = f(x,S) = (S-x) \cdot f(x)$$

$$f[a(y),y] \qquad\qquad = f(0,S) = (S-0) \cdot f(x) = S \cdot f(x)$$

$$f[b(y),y] \qquad\qquad = f(S,S) = (S-S) \cdot f(x) = 0$$

$$\frac{\partial f(x,y)}{\partial y} \qquad = \frac{\partial f(x,S)}{dS} = \frac{\partial\big[(S-x)\cdot f(x)\big]}{dS} = f(x)$$

$$\frac{da(y)}{dy} \qquad = \frac{d0}{dS} = 0$$

$$\frac{db(y)}{dy} \qquad = \frac{dS}{dS} = 1$$

$$\int_0^S\left[\frac{\partial f(x,y)}{\partial y}\right] \cdot dx = \int_0^S f(x) \cdot dx = F(S)$$

$$f\left[a(y), y\right] \cdot \frac{da(y)}{dy} = f(0, S) \cdot \frac{d0}{dS} = S \cdot f(x) \cdot \frac{d0}{dS} = 0$$

$$f\left[b(y), y\right] \cdot \frac{db(y)}{dy} = f(S, S) \cdot \frac{dS}{dS} = (S - S) \cdot f(x) \cdot \frac{dS}{dS} = 0$$

Ergebnis:

$$\frac{d}{dS}\left[c_o \cdot \int\limits_0^S (S - x) \cdot f(x) \cdot dx\right] = \int\limits_0^S f(x) \cdot dx + 0 + 0 = F(S) \qquad \text{(Anh.29)}$$

Anhang 5: Lernmaterial, Internet

Zahlreiche der in diesem Buch dargestellten Berechnungen können mit dem unter Windows lauffähigen Übungsprogramm, dem *Produktions-Management-Trainer* (PMT), nachvollzogen werden.

Eine detaillierte Beschreibung der Module dieses Programms ist unter

`http://www.pom-consult.de`

zu finden.

Weiterhin sei auf die folgenden URLs

`http://www.advanced-planning.de`

`http://www.produktion-und-logistik.de`

und in englischer Sprache

`http://www.advanced-planning.eu`

`http://www.inventory-management.de`

verwiesen, in denen ergänzende Erläuterungen zu den Themengebieten des Supply Chain Managements und der Produktion zu finden sind.

Abschließend sei noch das Übungsbuch

Horst Tempelmeier, Supply Chain Management und Produktion – Übungen und Mini-Fallstudien, 5. Auflage, Norderstedt (Books on Demand) 2016

erwähnt, in dem ein Kapitel mit zahlreichen Übungsaufgaben zu diesem Buch enthalten ist.